中国政法大学70周年校庆

校史系列丛书

中国政法大学 70 周年校庆校史系列丛书

编 委 会

中国政法大学
1952—2022
70周年校庆
CHINA UNIVERSITY OF
POLITICAL SCIENCE AND LAW
70th ANNIVERSARY

总主编 李秀云

中国政法大学70周年校庆校史系列丛书

雷 磊
杨婷婷 主编

法大群英

参与共和国立法
的法大人

中国政法大学出版社

2022·北京

图书在版编目（ＣＩＰ）数据

法大群英：参与共和国立法的法大人/雷磊, 杨婷婷主编. —北京：中国政法大学出版社，2022.5

ISBN 978-7-5764-0303-9

Ⅰ.①法… Ⅱ.①雷…②杨… Ⅲ.①中国政法大学－教师－生平事迹 Ⅳ.①K825.46

中国版本图书馆CIP数据核字(2022)第012369号

法大群英

书　　名	参与共和国立法的法大人
	FADAQUNYING　CANYU GONGHEGUO LIFA DE FADAREN
出 版 者	中国政法大学出版社
地　　址	北京市海淀区西土城路 25 号
邮　　箱	fadapress@163.com
网　　址	http://www.cuplpress.com (网络实名：中国政法大学出版社)
电　　话	010-58908466(第七编辑部) 010-58908334(邮购部)
承　　印	北京中科印刷有限公司
开　　本	720mm×960mm　1/16
印　　张	24
字　　数	415 千字
版　　次	2022 年 5 月第 1 版
印　　次	2022 年 5 月第 1 次印刷
定　　价	98.00 元

中国政法大学 70 周年校庆校史系列丛书
总　序

　　1952 年，中国政法大学的前身北京政法学院在沙滩红楼正式成立。自创立之初，北京政法学院就秉承了北京大学、清华大学、燕京大学、辅仁大学和华北人民革命大学的红色基因和优良传统，为新中国培养了大量亟需的政法干部和高素质法律人才。同时，为共和国的法治建设、经济建设、社会发展贡献了不可或缺的智力支持。

　　1983 年，在邓小平同志的亲切关怀下，在彭真同志的提议下，在"把中国政法大学办成我国政法教育的中心"精神的指导下，中国政法大学应运而生。伴随着改革开放的历史变革和法治建设的持续完善，在无数先贤前辈和所有法大人的不懈努力下，中国政法大学不断发展壮大，一步一步成长为"中国法学教育的最高学府"和"中国人文社会科学领域的学术重镇"。

　　2017 年 5 月 3 日，习近平总书记考察中国政法大学，并围绕"立德树人德法兼修抓好法治人才培养，励志勤学刻苦磨炼促进青年成长进步"发表重要讲话。习近平总书记的重要讲话精神为全面依法治国和法学教育提供了根本遵循，也为中国政法大学的建设发展指明了方向。

　　七十载艰苦奋斗，七十载成就辉煌。在七十年的办学历程中，中国政法大学历经创办与建设、停办与撤销、复办与合并、划归教育部、进入"211"、进入"双一流"等一系列重大事件。在党和国家的高度重视下，中国政法大学不断改革创新、开拓进取，坚持党的教育方针，坚守为党育人、为国育才的初心和使命，在人才培养、师资力量建设、学科建设、科学研究、对外合作与交流、社会服务、文化建设等各个方面取得令人瞩目的成就，在全国高等院校中脱颖而出，成为一所特色鲜明的国家"双一流"建设高校。

德法兼修，明法笃行。中国政法大学始终不忘立德树人初心，牢记办学使命，秉持校训精神，赓续红色血脉，不忘优良传统，锤炼法大精神，传承学术薪火。一代又一代的法大人投身国家建设、致力于民主法治、推动社会进步，一批又一批理想信念坚定、学术功底扎实、勇于开拓创新的优秀学人脱颖而出。他们中有新中国法治建设的奠基人和先行者，有中国特色社会主义法律体系的开创者和亲历者，有在全面依法治国新时代各条战线上矢志坚守、一心奉献的杰出代表。

七十年来，中国政法大学始终坚持社会主义办学方向，与祖国共进、与时代同行，经过一代代法大人的艰苦奋斗，现已成为国家法学教育和法治人才培养的主力军、法学研究和法治理论创新的主阵地，在新时代推进全面依法治国和建设社会主义现代化国家的伟大征程中持续贡献法大智慧和法大力量。在七十年的办学历程中，学校为国家培养了各类优秀人才 30 余万人，参与了自建校以来国家几乎所有的立法活动，对外开展了广泛的法学学术和法治文化交流，引领着中国法学教育的发展方向，朝着中国特色世界一流大学阔步前进。

在中国政法大学七十周年校庆即将来临之际，我们既要在七十年的辉煌历程中回顾历史成就、凝练优良传统、发扬法大精神，也要在全面建设社会主义现代化国家的新征程上展望美好未来，为中国特色世界一流大学建设蓄积力量，再铸辉煌！

这套校史丛书从几个不同的方面系统总结了中国政法大学建校七十年来的成就，生动刻画了不同时代的法大人为党育人、为国育才的奋斗身影，在历史的大事件和小细节中深刻表现了法大人点滴熔铸、代代相传、引以为傲的法大精神。

丛书共包含《七秩辉煌：中国政法大学校史（1952—2022）》《法大凝眸：老照片背后的故事》《法大记忆：70 年变迁档案选编》《法大群英：参与共和国

立法的法大人》四个分册，首次出版于2012年法大甲子校庆之际，本次出版增补了近十年来学校的发展成就，并对部分史实进行勘误。希望丛书的修订再版对于师生校友进一步凝练法大精神、传承优良传统有所助益，对于社会各界了解法大、携手共进发挥桥梁和纽带的作用。

七秩辉煌筑基业，德法兼修创未来。站在七十年的新起点上，我们愿与所有关心爱护法大的师生校友和社会各界人士一起，继续为法大更加美好的明天而不懈奋斗！

中国政法大学党委书记　胡　明
中国政法大学校长　　马怀德
2022年4月

修订说明

中国政法大学 70 周年校庆校史系列丛书之《法大群英：参与共和国立法的法大人》一书，系在对中国政法大学 60 年校庆校史系列同名书（出版于 2012 年）进行补充、修订的基础上编纂形成。修订的主要内容包括：

（1）补充十年来的立法编年统计。原书第一编"立法年鉴"包括三个时间段，新书增加了第四个阶段（2012—2021 年），对十年来法大教师参与国家各级立法的情况进行了统计和增添。

（2）在第二编"法治印记"中增加第四部分"法治新时代：法治中国的日臻成熟（2012—2021 年）"，对八组十三位具有代表性的法大教师参与立法的情况进行了采访、誉写记录，主题遍及民法典、生态环境、生物安全法、反垄断法、消费者权益保护法、知识产权法、国家安全法、体育法、党内法规和法律援助法等热点领域。

（3）根据与新增加之内容相协调的原则，对于原书第二编第三部分"法治昌荣：大时代的立法繁盛（1999—2011 年）"的部分内容进行了调整：

①将原书该部分"焦洪昌、王小平、马宏俊　燃奥林匹克之光　走科学规范之路"一篇删去，在第四部分根据新的采访内容纳入该篇内容。

②对部分受访者的个人信息进行了更新。

（4）对全书采访稿个别内容根据 70 周年校庆的语境进行了微调。

（5）对"前言""后记"进行了修改和补充。

（6）本书新增内容的采访、编录誉写由中国政法大学法学院实验班研究生具体实施，法学院院长助理、团委书记杨婷婷老师为此承担了大量的组织协调工作，因此将杨老师增补为本书共同主编。

编　者

2021 年 10 月

前　言

在历史的长河中，共和国七十余年的历程只可算得上是惊鸿一瞥。而在这七十余年的国家治理体系和治理能力现代化的过程中，法治的建构、完善、创新与发展无疑构成了最为耀眼的一条主线。也就是在这七十余年中，从筚路蓝缕、举步维艰到大业初创，从风声鹤唳、风雨如晦到柳暗花明，再到海阔天空、大道康庄，共和国开始迈向中国特色社会主义法治的新时代。

习近平总书记指出，坚持建设中国特色社会主义法治体系是全面依法治国的重要组成部分，是推进全面深化改革在法治领域的具体投射，是中国特色社会主义制度日趋成熟定型在法治领域的实际表现形式。中国特色社会主义法律规范体系是中国特色社会主义法治体系的首要环节。新中国成立以来，特别是改革开放四十多年来，我国立法工作取得了举世瞩目的巨大成就。一个立足中国国情和实际、适应改革开放和社会主义现代化建设需要、集中体现党和人民意志的，以宪法为统帅，以宪法相关法、民法商法等多个法律部门的法律为主干，由法律、行政法规、地方性法规等多个层次的法律规范构成的法律体系已经形成。

作为共和国法学的最高学府，法大从成立之日起，就注定了她不只是闭目塞听、不问世事的象牙塔，而是经受风雨、关怀家国事的桥头堡。从新中国迈出法律制度建设的第一步开始，法大人就以自己的力量参与中国法治建设，在国家法制现代化的道路上留下了自己的脚印。刻画这样一个群体无疑需要的是多时段、多维度、多声部的"复调"：他们中，有知名的大家学者，有特定领域的专家；他们，有的在 20 世纪 50 年代初作为法律顾问为新中国基本制度框架的草构呕心沥血，有的在最近一年作为立法起草小组的成员为新时代法律体系的完善献计献策；他们，有的几十年如一日坚守信念，虽历经坎坷而其犹未悔，老骥伏枥为生民立命，有的正当壮年，肩负社会责任而为国家民族的未来殚精竭虑；他们有的已故去而音容笑貌依旧，有的就迈着淡定的步子经过我们的身旁……

法大人的智慧绝不仅仅是书本上的智慧、知识里的智慧，也是实践的智慧和政治的智慧。法大人七十年来贡献的也决不仅是个人的智慧，而是一种群体的社会责任感与良知。我们该如何记录这样一个群体？无所遗漏又有血有肉？思虑再三，本书进行了一种不失机巧但也略有无奈和遗憾的安排。我们将全书内容分作两个部分：第一编为"立法年谱"，即编年史式的立法统计，意在按照年份的方式依次统计和展现法大教师曾以各种形式参与过的国家立法，以为全面的史证和实证；第二编为"法治印记"，以访谈为据侧重刻画了三十多位法大人在不同时期所参与的立法经历、心路历程与亲身体会，以求以点带面、形象饱满。在两个部分，我们都以时间为序作了阶段的划分，即分为"1949—1977 年""1978—1998 年""1999—2011 年""2012—2021 年"四个时间段。之所以作如此划分，是因为在各个时间的开端上都有意味着法制建设里程碑的立法事件发生：1949 年新中国的诞生为法制的更新提供了政治契机；20 世纪 70 年代末各项立法的新创，尤其是 1982 年宪法的制定意味着我国从"非常状态"过渡到了"常态治理"阶段；1999 年"建设社会主义法治国家"的入宪则意味着我国法治进程的崭新阶段；2012 年党的十八大的召开则标志着中国特色社会主义进入了新时代，中国法治建设也进入了法治中国时代。

现代大学具有人才培养、科学研究、服务经济社会发展和文化传承创新四大职能。参与国家立法就是法律人服务经济社会发展的重要方面。法大群英，在共和国的法制史上烙下了自己的印记，为中华民族的伟大复兴贡献了自己的智慧和力量，也将伴随法治中国时代卷轴的展开开启新的征程。

目 录

第一编 立法年鉴

第二编 法治印记

第一部分

法治先声：新制度的曲折开端（1949—1977 年）

第三部分

法治昌荣：大时代的立法繁盛（1999—2011 年）

第四部分

法治新时代：法治中国的日臻成熟（2012—2021 年）

第一编

立法年鉴

第一阶段（1949—1977 年）

年份	参与教师姓名	参与立法名称	参与形式
1954	钱端升	中华人民共和国宪法	宪法起草委员会法律顾问
1954	张晋藩		整理各国宪法比较资料
1955	巫昌祯	中华人民共和国民法典	起草小组成员
1956	巫昌祯	中华人民共和国民法典	起草小组成员
1957	巫昌祯	中华人民共和国民法典	起草小组成员

第二阶段（1978—1998 年）

年份	参与教师姓名	参与立法名称	参与形式
1978	巫昌祯	中华人民共和国婚姻法（修改）	修改小组成员
	巫昌祯	中华人民共和国人口与计划生育法	起草小组成员
1979	巫昌祯	中华人民共和国婚姻法（修改）	修改小组成员
	巫昌祯	中华人民共和国人口与计划生育法	起草小组成员
	杨荣新	中华人民共和国民事诉讼法（试行）	起草小组成员
	崔炳锡	中华人民共和国刑法	审查分则专家
	宁汉林	中华人民共和国刑法	提供专家意见

	何炳松	中华人民共和国刑法	提供专家意见
	梁华仁	中华人民共和国刑法	提供专家意见
	马登民	中华人民共和国刑法	提供专家意见
	杨福盛	中华人民共和国刑法	提供专家意见
	侯国云	中华人民共和国刑法	提供专家意见
1980	廉希圣	中华人民共和国宪法	作为法律专家参与秘书处
	巫昌祯	中华人民共和国婚姻法（修改）	修改小组成员
	巫昌祯	中华人民共和国人口与计划生育法	起草小组成员
	杨荣新	中华人民共和国民事诉讼法（试行）	起草小组成员
1981	廉希圣	中华人民共和国宪法	作为法律专家参与秘书处
	巫昌祯	中华人民共和国人口与计划生育法	起草小组成员
	黄勤南	中华人民共和国商标法	专家咨询委员会委员
	杨荣新	中华人民共和国民事诉讼法（试行）	起草小组成员
1982	廉希圣	中华人民共和国宪法	作为法律专家参与秘书处
	巫昌祯	中华人民共和国人口与计划生育法	起草小组成员
	杨荣新	中华人民共和国民事诉讼法（试行）	起草小组成员
	黄勤南	中华人民共和国商标法	专家咨询委员会委员
	黄勤南	中华人民共和国森林法	起草小组成员
	黄勤南	中华人民共和国专利法	起草小组成员
	吴焕宁	中华人民共和国海商法	参加各类调查会、研讨会
	张晋藩	中华人民共和国教育法	参加研讨会
1983	巫昌祯	中华人民共和国人口与计划生育法	起草小组成员
	黄勤南	中华人民共和国森林法	起草小组成员
	黄勤南	中华人民共和国专利法	起草小组成员
	吴焕宁	中华人民共和国海商法	参加各类调查会、研讨会
	吴焕宁	中华人民共和国涉外经济合同法	参加条文起草
	郭　翔	中华人民共和国未成年人保护法	起草小组成员
1984	杨荣新	中华人民共和国企业破产法（试行）	起草小组副组长
	黄勤南	中华人民共和国森林法	起草小组成员

		黄勤南	中华人民共和国专利法	起草小组成员
		吴焕宁	中华人民共和国海商法	参加各类调查会、研讨会
1985		廉希圣	中华人民共和国香港特别行政区基本法	作为专家参与起草委员会
		杨荣新	中华人民共和国企业破产法（试行）	起草小组副组长
		吴焕宁	中华人民共和国海商法	参加各类调查会、研讨会
1986		廉希圣	中华人民共和国香港特别行政区基本法	作为专家参与起草委员会
		巫昌祯	中华人民共和国人口与计划生育法	起草小组成员
		杨荣新	中华人民共和国破产法（试行）	起草小组副组长
		吴焕宁	中华人民共和国海商法	参加各类调查会、研讨会
		陈光中	中华人民共和国国家赔偿法	参加草案讨论
		郭翔	中华人民共和国社会治安综合治理法	参与调研与起草工作
1987		廉希圣	中华人民共和国香港特别行政区基本法	作为专家参与起草委员会
		吴焕宁	中华人民共和国海商法	参加各类调查会、研讨会
1988		廉希圣	中华人民共和国香港特别行政区基本法	作为专家参与起草委员会
		巫昌祯	中华人民共和国人口与计划生育法	起草小组成员
		黄勤南	中华人民共和国土地管理法（修改）	起草小组成员
		薛瑞麟	中华人民共和国刑法	起草与论证
		吴焕宁	中华人民共和国进出口商品检验法	参加终稿的审稿会
		吴焕宁	中华人民共和国海商法	参加各类调查会、研讨会
1989		廉希圣	中华人民共和国香港特别行政区基本法	作为专家参与起草委员会
		廉希圣	中华人民共和国集会游行示威法	提供专家意见稿
		巫昌祯	中华人民共和国人口与计划生育法	起草小组成员
		巫昌祯	中华人民共和国妇女权益保障法	起草组副组长，兼办公室主任
		薛瑞麟	中华人民共和国刑法	起草与论证
		吴焕宁	中华人民共和国海商法	参加各类调查会、研讨会
		梁淑英	中华人民共和国领事特权与豁免条例	草案条文论证
		应松年	中华人民共和国行政诉讼法	参与起草论证
1990		廉希圣	中华人民共和国香港特别行政区基本法	作为专家参与起草委员会

	廉希圣	中华人民共和国澳门特别行政区基本法	作为专家参与起草委员会
	巫昌祯	中华人民共和国人口与计划生育法	起草小组成员
	巫昌祯	中华人民共和国妇女权益保障法	起草组副组长，兼办公室主任
	黄勤南	中华人民共和国著作权法	咨询与论证
	王灿发	中华人民共和国固体废物污染环境防治法	主要执笔起草
	吴焕宁	中华人民共和国海商法	参加各类调查会、研讨会
	薛瑞麟	中华人民共和国刑法	起草与论证
	费安玲	中华人民共和国著作权法	草案论证
	应松年	中华人民共和国行政诉讼法（修改）	参与起草论证
1991	廉希圣	中华人民共和国澳门特别行政区基本法	作为专家参与起草委员会
	巫昌祯	中华人民共和国妇女权益保障法	起草组副组长，兼办公室主任
	巫昌祯	中华人民共和国人口与计划生育法	起草小组成员
	杨荣新	中华人民共和国民事诉讼法	起草、修改
	王灿发	中华人民共和国固体废物污染环境防治法	主要执笔起草
	薛瑞麟	中华人民共和国刑法	起草与论证
	吴焕宁	中华人民共和国海商法	参加各类调查会、研讨会
	梁淑英	中华人民共和国领海及毗连区法	草案条文论证
	应松年	中华人民共和国行政诉讼法（修改）	参与起草论证
1992	廉希圣	中华人民共和国澳门特别行政区基本法	作为专家参与起草委员会
	巫昌祯	中华人民共和国妇女权益保障法	起草组副组长，兼办公室主任
	巫昌祯	中华人民共和国人口与计划生育法	起草小组成员
	王灿发	中华人民共和国固体废物污染环境防治法	主要执笔起草
	王灿发	中华人民共和国大气污染防治法（修订）	参与起草
	薛瑞麟	中华人民共和国刑法	起草与论证
	吴焕宁	中华人民共和国海商法	参加各类调查会、研讨会
	应松年	中华人民共和国行政诉讼法（修改）	参与起草论证
1993	廉希圣	中华人民共和国澳门特别行政区基本法	作为专家参与起草委员会

	巫昌祯	中华人民共和国人口与计划生育法	起草小组成员
	黄勤南	中华人民共和国商标法（修改）	专家咨询委员会委员
	黄勤南	中华人民共和国专利法（修改）	咨询与论证
	王灿发	中华人民共和国固体废物污染环境防治法	主要执笔起草
	王灿发	中华人民共和国水污染防治法（修订）	参与起草
	王灿发	中华人民共和国大气污染防治法（修订）	参与起草
	薛瑞麟	中华人民共和国刑法	起草与论证
	陈光中	中华人民共和国刑事诉讼法修正案	起草建议稿
	应松年	中华人民共和国行政诉讼法（修改）	参与起草论证
	李曙光	中华人民共和国企业破产法	起草小组成员
1994	巫昌祯	中华人民共和国人口与计划生育法	起草小组成员
	王灿发	中华人民共和国固体废物污染环境防治法	主要执笔起草
	王灿发	中华人民共和国固体废物污染环境防治法实施细则	项目负责人、执笔人
	王灿发	建设项目环境保护管理条例	草案主要执笔人
	王灿发	中华人民共和国水污染防治法（修订）	参与起草
	王灿发	中华人民共和国大气污染防治法（修订）	参与起草
	王灿发	中华人民共和国放射性污染防治法	主要执笔人
	岳礼玲	中华人民共和国刑事诉讼法（修正案）	执笔起草，调研，论证
	王顺安	中华人民共和国监狱法	起草、修改
	王顺安	中华人民共和国治安管理处罚条例	起草、论证
	兰　洁	中华人民共和国监狱法	参与起草论证
	邵名正	中华人民共和国监狱法	参与起草论证
	薛梅卿	中华人民共和国监狱法	参与起草论证
	曹子丹	中华人民共和国监狱法	参与起草论证
	应松年	中华人民共和国行政诉讼法（修改）	参与起草论证
	应松年	中华人民共和国国家赔偿法	参与起草论证
1995	巫昌祯	中华人民共和国婚姻法（修改）	起草组副组长，兼办公室主任
	巫昌祯	中华人民共和国人口与计划生育法	起草小组成员

	王灿发	中华人民共和国固体废物污染环境防治法	主要执笔起草
	王灿发	中华人民共和国固体废物污染环境防治法实施细则	项目负责人，执笔人
	王灿发	建设项目环境保护管理条例	草案主要执笔人
	王灿发	中华人民共和国海洋环境保护法（修订）	国家海洋局草案执笔人
	王灿发	中华人民共和国水污染防治法（修订）	参与起草
	王灿发	中华人民共和国大气污染防治法（修订）	参与起草
	王灿发	中华人民共和国放射性污染防治法	主要执笔人之一
	岳礼玲	中华人民共和国刑事诉讼法（修正案）	执笔起草，调研，论证
	王顺安	中华人民共和国治安管理处罚条例	起草，论证
	应松年	中华人民共和国行政诉讼法（修改）	参与起草论证
	应松年	中华人民共和国国家赔偿法（修改）	参与起草论证
	应松年	中华人民共和国行政处罚法	参与起草论证
	李曙光	中华人民共和国企业破产法	起草小组成员
	李曙光	国务院关于若干城市试行国有企业破产有关问题的通知	国务院国家经贸委起草组成员
	李曙光	中华人民共和国反垄断法	国家经贸委起草组专家
1996	巫昌祯	中华人民共和国婚姻法（修改）	起草组副组长，兼办公室主任
	巫昌祯	中华人民共和国人口与计划生育法	起草小组成员
	王灿发	中华人民共和国固体废物污染环境防治法实施细则	项目负责人，执笔人
	王灿发	建设项目环境保护管理条例	草案主要执笔人
	王灿发	中华人民共和国海洋环境保护法（修订）	国家海洋局草案执笔人
	王灿发	中华人民共和国水污染防治法（修订）	参与起草
	王灿发	中华人民共和国放射性污染防治法	主要执笔人之一
	符启林	中华人民共和国合同法	参加起草部分条款
	樊崇义	中华人民共和国刑事诉讼法（修正案）	起草论证
	岳礼玲	中华人民共和国刑事诉讼法（修正案）	执笔起草，调研，论证
	王顺安	中华人民共和国治安管理处罚条例	起草，论证
	应松年	中华人民共和国行政诉讼法（修改）	参与起草论证

	应松年	中华人民共和国国家赔偿法（修改）	参与起草论证
	李曙光	中华人民共和国企业破产法	起草小组成员
1997	巫昌祯	中华人民共和国婚姻法（修改）	起草组副组长，兼办公室主任
	巫昌祯	中华人民共和国人口与计划生育法	起草小组成员
	王灿发	中华人民共和国固体废物污染环境防治法实施细则	项目负责人，执笔人
	王灿发	建设项目环境保护管理条例	草案主要执笔人
	王灿发	中华人民共和国海洋环境保护法修订	国家海洋局草案执笔人
	王灿发	中华人民共和国放射性污染防治法	主要执笔人之一
	梁淑英	中华人民共和国专属经济区和大陆架法	草案法条论证
	应松年	中华人民共和国行政诉讼法（修改）	参与起草论证
	应松年	中华人民共和国国家赔偿法（修改）	参与起草论证
1998	廉希圣	中华人民共和国宪法修正案（三）	提供专家意见稿
	巫昌祯	中华人民共和国婚姻法（修改）	起草组副组长，兼办公室主任
	巫昌祯	中华人民共和国人口与计划生育法	起草小组成员
	黄勤南	中华人民共和国土地管理法（修改）	起草小组成员
	黄勤南	中华人民共和国土地管理法实施条例	起草小组成员
	王灿发	中华人民共和国固体废物污染环境防治法实施细则	项目负责人，执笔人
	王灿发	建设项目环境保护管理条例	草案主要执笔人
	王灿发	中华人民共和国海洋环境保护法（修订）	国家海洋局草案执笔人
	王灿发	中华人民共和国放射性污染防治法	主要执笔人之一
	王灿发	中华人民共和国化学物质污染环境防治法	主要执笔人之一
	应松年	中华人民共和国行政诉讼法（修改）	参与起草论证
	应松年	中华人民共和国国家赔偿法（修改）	参与起草论证
	应松年	中华人民共和国行政复议法	参与起草论证
	张晋藩		参加讨论中华人民共和国法律体系的完善
	李曙光	中华人民共和国企业破产法	起草小组成员
	李曙光	中华人民共和国证券法	国务院法制办论证专家

刘纪鹏　中华人民共和国公司法　　　　　　国务院法制办论证专家

陈光中　中华人民共和国宪法　　　　　　　参加专家座谈会

第三阶段（1999—2011 年）

年份	参与教师姓名	参与立法名称	参与形式
1999	廉希圣	中华人民共和国宪法修正案（三）	提供专家意见稿
	巫昌祯	中华人民共和国婚姻法（修改）	起草组副组长，兼办公室主任
	巫昌祯	中华人民共和国人口与计划生育法	起草小组成员
	王灿发	中华人民共和国海洋环境保护法（修订）	草案执笔人
	王灿发	中华人民共和国环境影响评价法	参与起草
	王灿发	中华人民共和国放射性污染防治法	主要执笔人之一
	王灿发	中华人民共和国水法（修订）	参与人
	王灿发	中华人民共和国化学物质污染环境防治法	主要执笔人之一
	王灿发	中华人民共和国生物安全条例	草案执笔人
	王灿发	中华人民共和国防治机动车排放污染监督管理条例	草案执笔人之一
	王灿发	中华人民共和国大气污染防治法（第二次修订）	参与人
	郭　翔	中华人民共和国预防未成年人犯罪法	调研，起草
	张建荣	中华人民共和国预防未成年人犯罪法	调研，起草
	梁淑英	中华人民共和国引渡法	草案条文论证
	应松年	中华人民共和国行政诉讼法及修改	参与起草论证
	应松年	中华人民共和国国家赔偿法及修改	参与起草论证
	应松年	中华人民共和国立法法	参与起草论证
	应松年	中华人民共和国行政复议法及修改	参与起草论证
	谷安梁	中华人民共和国立法法	参与起草论证
	马怀德	中华人民共和国立法法	参与起草论证
	李曙光	中华人民共和国企业破产法	全国人大财经委、法工委起草小组成员

	刘纪鹏	中华人民共和国公司法	国务院法制办、国家体改委、国家经贸委论证专家
2000	巫昌祯	中华人民共和国婚姻法（修改）	起草组副组长兼办公室主任
	巫昌祯	中华人民共和国人口与计划生育法	起草小组成员
	王灿发	中华人民共和国环境影响评价法	参与起草
	王灿发	中华人民共和国清洁生产法	参与起草
	王灿发	中华人民共和国放射性污染防治法	主要执笔人之一
	王灿发	中华人民共和国水法（修订）	参与人
	王灿发	中华人民共和国化学物质污染环境防治法	主要执笔人之一
	王灿发	新化学物质环境管理办法	参与起草人
	王灿发	中华人民共和国防治机动车排放污染监督管理条例	草案执笔人之一
	王灿发	中华人民共和国大气污染防治法（第二次修订）	参与人
	符启林	中华人民共和国保险法	参与修改讨论
	王顺安	中华人民共和国道路交通安全法	调研、论证
	应松年	中华人民共和国行政诉讼法及修改	参与起草论证
	应松年	中华人民共和国国家赔偿法及修改	参与起草论证
	应松年	中华人民共和国行政复议法及修改	参与起草论证
	李曙光	中华人民共和国企业破产法	全国人大财经委、法工委起草小组成员
	刘纪鹏	中华人民共和国公司法	国务院法制办、国家体改委、国家经委论证专家
	谭秋桂	中华人民共和国民事强制执行法	论证专家、撰写专家建议稿
	刘金友	律师办理刑事案件规范	论证专家
2001	巫昌祯	中华人民共和国婚姻法（修改）	起草组副组长，兼办公室主任
	巫昌祯	中华人民共和国人口与计划生育法	起草小组成员
	黄勤南	中华人民共和国商标法（修改）	专家咨询委员会委员
	黄勤南	中华人民共和国专利法（修改）	咨询与论证
	黄勤南	中华人民共和国著作权法（修改）	咨询与论证

	朱晓娟	中华人民共和国土地管理法（修改）	国土资源部论证专家
	王灿发	中华人民共和国环境影响评价法	参与起草
	王灿发	中华人民共和国清洁生产促进法	参与起草
	王灿发	中华人民共和国放射性污染防治法	主要执笔人之一
	王灿发	中华人民共和国水法（修订）	参与人
	王灿发	中华人民共和国化学物质污染环境防治法	主要执笔人之一
	王灿发	新化学物质环境管理登记办法	参与起草人
	王灿发	中华人民共和国生物安全条例	草案执笔人
	王灿发	中华人民共和国生物安全法	草案主要执笔人
	王灿发	中华人民共和国固体废物污染环境防治法（修订）	参与人
	王顺安	中华人民共和国道路交通安全法	调研、论证
	刘革新	医疗事故处理条例	参与论证
	吴焕宁	最高人民法院关于海事诉讼特别程序法的司法解释	提出修改意见
	费安玲	中华人民共和国著作权法	论证专家
	应松年	中华人民共和国行政诉讼法及修改	参与起草论证
	应松年	中华人民共和国国家赔偿法及修改	参与起草论证
	应松年	中华人民共和国行政复议法及修改	参与起草论证
	李曙光	中华人民共和国企业破产法	全国人大财经委、法工委起草小组成员
	李曙光	关于审理国际贸易行政案件若干问题的规定	最高人民法院专家组成员
	刘纪鹏	中华人民共和国公司法	国务院法制办、国家体改委、国家经委论证专家
	谭秋桂	中华人民共和国民事强制执行法	论证专家、撰写专家建议稿
2002	张 锋	物业管理条例	提供专家意见
	张 锋	中华人民共和国城乡规划法	提供专家意见
	薛刚凌	中华人民共和国行政许可法	提供专家意见
	薛刚凌	特种设备安全监察条例	提供专家意见

薛刚凌	关于审理反倾销行政案件应用法律若干问题的规定	提供专家意见
薛刚凌	关于审理反补贴行政案件应用法律若干问题的规定	提供专家意见
马怀德	中华人民共和国道路交通安全法	参与制定
马怀德	中华人民共和国行政程序法	专家试拟稿起草论证
巫昌祯	中华人民共和国妇女权益保障法（修改）	专家组组长
朱晓娟	中华人民共和国土地管理法（修改）	国土资源部论证专家
王灿发	中华人民共和国清洁生产法	参与起草
王灿发	中华人民共和国放射性污染防治法	主要执笔人之一
王灿发	中华人民共和国水法（修订）	参与人
王灿发	中华人民共和国化学物质污染环境防治法	主要执笔人之一
王灿发	新化学物质环境管理办法	参与起草人
王灿发	中华人民共和国生物安全法	草案主要执笔人
王灿发	黑龙江省湿地保护条例	草案参与人
王灿发	中华人民共和国固体废物污染环境防治法（修订）	参与人
王顺安	中华人民共和国道路交通安全法	调研、论证
刘革新	医疗事故处理条例	论证
费安玲	中华人民共和国著作权法实施条例	主要论证专家之一
费安玲	中华人民共和国民法典	论证专家之一
费安玲	中华人民共和国物权法（征求意见稿）	研究小组的成员和报告的主要执笔者
费安玲	中华人民共和国知识产权海关保护条例	论证专家之一
应松年	中华人民共和国行政诉讼法及修改	参与起草论证
应松年	中华人民共和国国家赔偿法及修改	参与起草论证
应松年	中华人民共和国行政复议法及修改	参与起草论证
席　涛	中华人民共和国商业银行法	全国人大常委会法工委论证专家
李曙光	中华人民共和国企业破产法	全国人大财经委、法工委起草小组成员

	李曙光	中华人民共和国中小企业促进法	全国人大专家组成员
	刘纪鹏	中华人民共和国公司法	国务院法制办、国家体改委、国家经委论证专家
	谭秋桂	中华人民共和国民事强制执行法	论证专家、撰写专家建议稿
	民法所	中华人民共和国物权法（征求意见稿）	撰写意见
2003	廉希圣	中华人民共和国宪法修正案（四）	提供专家意见稿
	舒国滢	中华人民共和国宪法修正案（四）	提供专家意见
	马宏俊	中华人民共和国律师法	提供专家意见
	张　锋	风景名胜区管理条例	提供专家意见
	薛刚凌	国务院全面推进依法行政实施纲要	提供专家意见
	薛刚凌	中华人民共和国行政程序法	提供专家试拟稿
	马怀德	突发公共卫生事件应急条例	参与制定
	王进喜	中华人民共和国律师法	提供专家意见
	刘善春	中华人民共和国野生动物保护法	提供专家意见
	张　生	中国共产党地方委员会工作条例	提供专家意见
	张　生	中国共产党组织工作条例	提供专家意见
	李本森	中华人民共和国律师法	提供专家意见
	陈　宜	中华人民共和国律师法	提供专家意见
	赵　燕	中华人民共和国律师法	提供专家意见
	解志勇	国务院全面推进依法行政实施纲要	提供专家意见
	巫昌祯	中华人民共和国妇女权益保障法（修改）	专家组组长
	巫昌祯	中华人民共和国民法典	九人起草小组成员
	费安玲	著作权集体管理条例（草案）	撰写意见
	孙邦清	中华人民共和国民事诉讼法	起草修改建议稿
	王灿发	新化学物质环境管理办法	参与起草人
	王灿发	中华人民共和国生物安全法	草案主要执笔人
	王灿发	黑龙江省湿地保护条例	草案参与人
	王灿发	中华人民共和国固体废物污染环境防治法修订	参与人
	王顺安	中华人民共和国道路交通安全法	调研、论证
	薛瑞麟	中华人民共和国刑法（信用卡犯罪）	专家论证

费安玲	著作权集体管理条例	论证与修改者之一
费安玲	中华人民共和国物权法	论证专家之一
应松年	中华人民共和国行政诉讼法及修改	参与起草论证
应松年	中华人民共和国国家赔偿法及修改	参与起草论证
应松年	中华人民共和国行政许可法	参与起草论证
应松年	中华人民共和国行政复议法及修改	参与起草论证
应松年	城市生活无着的流浪乞讨人员救助管理办法	参与起草论证
席　涛	中华人民共和国企业破产法	全国人大财经委起草小组成员
席　涛	中华人民共和国企业国有资产法	全国人大常委会财经委起草小组成员
席　涛	中华人民共和国反垄断法	发改委、商务部、工商总局联合起草小组成员
席　涛	中华人民共和国商业银行法	全国人大常委会法工委论证专家
李曙光	中华人民共和国企业破产法	全国人大财经委、法工委起草小组成员
李曙光	中华人民共和国企业国有资产法	全国人大财经委、法工委起草小组成员
李曙光	中华人民共和国合伙企业法（修改）	全国人大财经委起草小组成员
刘纪鹏	中华人民共和国企业国有资产法	全国人大财经委、法工委起草小组成员
王进喜	中华人民共和国律师法	参与起草、修改
陈光中	中华人民共和国宪法	参加宪法修改专家座谈会
谭秋桂	中华人民共和国民事强制执行法	论证专家、撰写专家建议稿
2004 廉希圣	中华人民共和国宪法修正案（四）	提供专家意见稿
张　锋	中医药科研实验室分级登记管理办法	提供专家意见
马怀德	中华人民共和国传染病防治法	参与修改的论证咨询工作
马怀德	中华人民共和国义务教育法	参与修改
解志勇	中华人民共和国反洗钱法	提供专家意见
杨玉圣	高等学校哲学社会科学研究学术规范（试行）	提供专家意见

侯淑雯	中华人民共和国科学技术普及法实施细则	提供专家意见
王称心	水行政许可听证规定	提供专家意见
王称心	水行政许可评价管理办法	提供专家意见
巫昌祯	中华人民共和国妇女权益保障法（修改）	专家组组长
巫昌祯	中华人民共和国民法典	九人起草小组成员
杨荣新	中华人民共和国公证法	起草小组顾问
夏吟兰	中华人民共和国未成年人保护法（修订）	专家顾问组成员
费安玲	中华人民共和国农民专业合作经济组织法	撰写意见
赵旭东	中华人民共和国公司法	专家工作组成员并起草修改建议稿
赵旭东	中华人民共和国农民合作经济组织法	参加会议
王灿发	中华人民共和国生物安全法	草案主要执笔人
王灿发	中华人民共和国固体废物污染环境防治法（修订）	参与人
王灿发	中华人民共和国水污染防治法（第二次修订）	修订草案送审稿负责人
王灿发	消耗臭氧层物质管理条例	项目负责人，草案执笔人
王灿发	中华人民共和国自然保护区法	环保部送审稿起草人
王灿发	畜禽养殖污染防治管理办法	项目主持人，草案执笔人
王灿发	环境保护违法违纪行为处分暂行规定	项目主持人，草案执笔人
阮齐林	中华人民共和国治安管理处罚法	参与论证
刘金友	中华人民共和国刑事诉讼法（修正案）	提供专家意见
岳礼玲	中华人民共和国刑事诉讼法（修正案）	执笔起草，调研
王顺安	北京市道路交通管理规定	调研、论证
王顺安	北京市社区矫正实施细则（试行）	调研、论证
薛瑞麟	中华人民共和国刑法（信用卡犯罪）	专家论证
王顺安	中华人民共和国治安管理处罚法	论证，修改
林灿铃	中华人民共和国环境保护法	顾问组专家
应松年	中华人民共和国行政诉讼法及修改	参与起草论证
应松年	中华人民共和国国家赔偿法及修改	参与起草论证
应松年	中华人民共和国行政复议法及修改	参与起草论证
席涛	中华人民共和国企业破产法	全国人大财经委起草小组成员

席　涛	中华人民共和国企业国有资产法	全国人大财经委起草小组成员
席　涛	中华人民共和国反垄断法	发改委、商务部、工商总局联合起草小组成员
李曙光	中华人民共和国企业破产法	全国人大财经委、法工委起草小组成员
李曙光	中华人民共和国企业国有资产法	全国人大财经委、法工委起草小组成员
李曙光	中华人民共和国合伙企业法（修改）	全国人大财经委起草小组成员
李曙光	中华人民共和国期货法	全国人大财经委起草小组成员
李曙光	中华人民共和国公司法（修改）	国务院法制办论证专家
李曙光	关于鼓励支持和引导个体私营等非公有制经济发展的若干意见	国务院研究室与国家发改委起草专家组
刘纪鹏	中华人民共和国企业国有资产法	全国人大财经委、法工委起草小组成员
刘纪鹏	中华人民共和国期货法	全国人大财经委起草小组成员
刘纪鹏	中华人民共和国电力法	全国人大财经委起草小组成员
王进喜	中华人民共和国律师法	参与起草、修改
张　中	中华人民共和国人民法院组织法	参与调研、讨论和拟定条文及论证
刘　鑫	中华人民共和国传染病防治法	立法论证、讨论
陈光中	中华人民共和国刑事诉讼法	专家座谈会，主编专家建议稿
陈光中	中华人民共和国律师法	专家顾问小组成员，参加修改讨论
谭秋桂	中华人民共和国民事强制执行法	论证专家、撰写专家建议稿
2005 马宏俊	中华人民共和国公证法	提供专家意见
张　锋	中医药继续教育项目管理办法	提供专家意见
张　锋	中医药继续教育学分管理办法	提供专家意见
张　锋	中医药继续教育基地建设标准	提供专家意见
张　锋	中医药继续教育基地管理办法	提供专家意见
薛刚凌	中华人民共和国公务员法	提供专家意见
薛刚凌	北京市城市基础设施特许经营条例	提供专家意见

薛刚凌	娱乐场所管理条例	提供专家意见
薛刚凌	中华人民共和国标准化法（修订）	提供专家意见
刘红婴	水利部水利立法技术规范	提供专家意见
马怀德	中华人民共和国铁路法（修改）	参与论证咨询工作
李本森	中华人民共和国律师法	提供专家意见
王新宇	中华人民共和国就业促进法	提供专家意见
巫昌祯	中华人民共和国妇女权益保障法（修改）	专家组组长
巫昌祯	中华人民共和国民法典	九人起草小组成员
杨荣新	中华人民共和国公证法	起草小组顾问
夏吟兰	中华人民共和国残疾人保障法	专家组专家
费安玲	商标代理管理办法（草案）	撰写征求意见
费安玲	中华人民共和国非物质文化遗产保护法（征求意见稿）	撰写意见
郑尚元	中华人民共和国劳动合同法	撰写修改意见
王灿发	中华人民共和国生物安全法	草案主要执笔人
王灿发	中华人民共和国水污染防治法（第二次修订）	修订草案送审稿负责人
王灿发	消耗臭氧层物质管理条例	项目负责人，草案执笔人
王灿发	中华人民共和国循环经济促进法	项目负责人，草案执笔人
王灿发	中华人民共和国自然保护区法	环保部送审稿起草人
王灿发	畜禽养殖污染防治条例	项目主持人，草案执笔人
王灿发	最高人民法院关于审理环境污染刑事案件具体应用法律若干问题的解释	参与人
王灿发	环境保护违法违纪行为处分暂行规定	项目主持人，草案执笔人
王灿发	环境行政复议办法	项目主持人，草案执笔人
阮齐林	中华人民共和国刑法修正案（六）	参与论证
阮齐林	中华人民共和国治安管理处罚法	参与论证
曲新久	中华人民共和国刑法修正案（六）	参与论证
刘金友	中华人民共和国刑事诉讼法修正案	提供专家意见
岳礼玲	中华人民共和国刑事诉讼法修正案	执笔起草，调研
王顺安	中华人民共和国治安管理处罚法	论证，修改

梁淑英	中华人民共和国外国中央银行财产司法强制措施豁免法	专家论证
应松年	中华人民共和国行政诉讼法及修改	参与起草论证
应松年	中华人民共和国国家赔偿法及修改	参与起草论证
应松年	中华人民共和国行政复议法及修改	参与起草论证
席　涛	中华人民共和国企业破产法	全国人财经委起草小组成员
席　涛	中华人民共和国企业国有资产法	全国人大财经委起草小组成员
席　涛	中华人民共和国反垄断法	发改委、商务部、工商总局联合起草小组成员
李曙光	中华人民共和国企业破产法	全国人大财经委、法工委起草小组成员
李曙光	中华人民共和国企业国有资产法	全国人大财经委、法工委起草小组成员
李曙光	中华人民共和国合伙企业法（修改）	全国人大财经委起草小组成员
李曙光	关于鼓励支持和引导个体私营等非公有制经济发展的若干意见	国务院研究室与国家发改委起草专家组
刘纪鹏	中华人民共和国企业国有资产法	全国人大财经委、法工委起草小组成员
刘纪鹏	中华人民共和国证券法（修改）	全国人大财经委修改小组专家组成员
王进喜	中华人民共和国律师法	参与起草、修改
张　中	中华人民共和国人民法院组织法	参与调研、讨论和拟定条文及论证
陈光中	中华人民共和国刑事诉讼法	专家座谈会，主编专家建议稿
谭秋桂	中华人民共和国民事强制执行法	论证专家、撰写专家建议稿
经济法所	中华人民共和国循环经济促进法	撰写修改意见
财税法所	中华人民共和国审计法修正案（草案）	撰写意见
商法所	中华人民共和国证券法（修订草案）	撰写意见

	民法所	关于审理人身损害赔偿案件有关残疾 赔偿金和死亡赔偿金适用标准问题的 批复（稿）	撰写意见
2006	马宏俊	中华人民共和国体育仲裁条例	提供专家意见
	王成栋	中华人民共和国合同法（草案）	提供专家意见
	张　锋	法律咨询论证办法	提供专家意见
	张　锋	中华人民共和国资产评估法（草案）	提供专家意见
	薛刚凌	中华人民共和国行政监察法（修订）	提供专家意见
	薛刚凌	地方各级人民政府机构设置和 编制管理条例	提供专家意见
	薛刚凌	中华人民共和国突发事件应对法（草案）	提供专家意见
	薛刚凌	中华人民共和国农民权益保障法（草案）	提供专家意见
	刘红婴	中华人民共和国旅游法	提供专家意见
	李本森	中华人民共和国残疾人保障法	提供专家意见
	刘　莘	中华人民共和国动物防疫法（修订）	提供专家意见
	巫昌祯	中华人民共和国民法典	九人起草小组成员
	赵旭东	中华人民共和国合伙企业法（修订草案）	撰写修改意见
	于文轩	中华人民共和国转基因生物安全法	起草立法草案，编写论证材料
	于文轩	北京市环境保护公众参与办法	起草立法草案，编写论证材料
	王灿发	中华人民共和国生物安全法	草案主要执笔人
	王灿发	中华人民共和国水污染防治法 （第二次修订）	修订草案送审稿负责人
	王灿发	消耗臭氧层物质管理条例	项目负责人，草案执笔人
	王灿发	中华人民共和国循环经济促进法	项目负责人，草案执笔人
	王灿发	中华人民共和国自然保护区法	环保部送审稿起草人
	王灿发	饮用水源污染防治管理条例	草案主要执笔人
	王灿发	生物遗传资源管理条例	项目负责人和草案执笔人
	王灿发	最高人民法院关于审理环境污染刑事 案件具体应用法律若干问题的解释	参与人
	王灿发	环境行政复议办法	项目主持人，草案执笔人
	阮齐林	中华人民共和国刑法修正案（六）	参与论证

曲新久	中华人民共和国刑法修正案（六）	参与论证
刘金友	中华人民共和国刑事诉讼法（修正案）	提供专家意见
岳礼玲	中华人民共和国刑事诉讼法（修正案）	执笔起草，调研
王顺安	北京市社区矫正实施细则	调研、论证
赵宝成	中华人民共和国刑事被害人国家补偿法	起草
皮艺军	中华人民共和国未成年人保护法（修正）	提供修改论证意见
梁淑英	中华人民共和国公民出入境管理法	提供修改论证意见
刘承韪	中华人民共和国侵权责任法	参加立法研讨会
刘承韪	国土资源部土地权利纠纷解决机制	调研、研讨
应松年	中华人民共和国行政诉讼法及修改	参与起草论证
应松年	中华人民共和国国家赔偿法及修改	参与起草论证
应松年	中华人民共和国行政复议法及修改	参与起草论证
席　涛	中华人民共和国企业破产法	全国人大财经委起草小组成员
席　涛	中华人民共和国企业国有资产法	全国人大财经委起草小组成员
席　涛	中华人民共和国反垄断法	发改委、商务部、工商总局联合起草小组成员
李曙光	中华人民共和国企业破产法	全国人大财经委、法工委起草小组成员
李曙光	中华人民共和国企业国有资产法	全国人大财经委、法工委起草小组成员
李曙光	中华人民共和国合伙企业法（修改）	全国人大财经委起草小组成员
李曙光	证券公司风险处置条例	国务院法制办起草组专家
李曙光	中华人民共和国物权法	全国人大常委会法工委起草组论证专家
刘纪鹏	中华人民共和国企业国有资产法	全国人大财经委、法工委起草小组成员
王进喜	中华人民共和国律师法	参与起草、修改
陈光中	中华人民共和国刑事诉讼法	专家座谈会，主编专家建议稿
谭秋桂	中华人民共和国民事强制执行法	论证专家、撰写专家建议稿
樊崇义	中华人民共和国刑事诉讼法	参加专家论证会
经济法所	中华人民共和国反垄断法（草案）	撰写修改意见

	民诉所	中华人民共和国农村土地承包经营纠纷调解仲裁法（第一次征求意见稿）	撰写修改意见
2007	张　锋	中华人民共和国资产评估法（草案）	提供专家意见
	张　锋	医院中药饮片管理规范	提供专家意见
	刘红婴	国家旅游局《旅游立法两会提案》	提供专家意见
	刘红婴	立法技术规范标准	提供专家意见
	刘红婴	立法用语规范化专家咨询委员会工作规则	提供专家意见
	刘红婴	突发事件应对法	提供专家意见
	刘红婴	中华人民共和国反垄断法	提供专家意见
	刘红婴	旅行社条例	提供专家意见
	刘红婴	中华人民共和国禁毒法	提供专家意见
	何　兵	建筑节能条例	提供专家意见
	何　兵	安全监察处罚条例	提供专家意见
	刘金友	中华人民共和国律师法（修改）	提供专家意见
	巫昌祯	中华人民共和国民法典	九人起草小组成员
	夏吟兰	北京市实施《中华人民共和国妇女权益保障法》办法	修订起草工作专家组组长
	费安玲	中华人民共和国海关事务担保条例（送审稿）	撰写意见
	翟继光	中华人民共和国税收基本法	参与起草立法专家建议稿
	于文轩	中华人民共和国能源法	起草立法草案，编写论证材料
	于文轩	中华人民共和国转基因生物安全法	起草立法草案，编写论证材料
	于文轩	中华人民共和国石油天然气法	编写论证材料
	于文轩	中华人民共和国环境保护法（修订）	编写论证材料
	于文轩	公众参与环境保护办法	起草立法草案，编写论证材料
	于文轩	转基因生物环境安全管理办法	起草立法草案，编写论证材料
	王灿发	转基因生物环境安全管理办法	草案主要执笔人
	王灿发	中华人民共和国水污染防治法（第二次修订）	修订草案送审稿负责人
	王灿发	消耗臭氧层物质管理条例	项目负责人，草案执笔人

王灿发	中华人民共和国循环经济促进法	项目负责人，草案执笔人
王灿发	中华人民共和国自然保护区法	环保部送审稿起草人
王灿发	限期治理管理办法（试行）	项目主持人，草案执笔人
王灿发	饮用水源污染防治管理条例	草案主要执笔人
王灿发	生物遗传资源管理条例	项目负责人，草案执笔人
王灿发	环境行政复议办法	项目主持人，草案执笔人
莫世健	中华人民共和国领事保护与协助工作条例（草案）	项目研究、草案起草、讨论
杜新丽	中华人民共和国涉外民事关系法律适用法	条款起草论证
梁淑英	中国反对拐卖妇女儿童行动计划（2008—2012 年）	参加讨论文本并执笔修改行动计划
吴焕宁	关于审理民事案件适用诉讼时效制度若干问题的规定	提出修改意见
崔 威	企业所得税法实施条例	出席听证会、提出书面意见
刘承韪	中华人民共和国侵权责任法	参加立法研讨会
李 超	中华人民共和国老年人权益保障法（修订研究）	主持人
应松年	中华人民共和国行政诉讼法及修改	参与起草论证
应松年	中华人民共和国国家赔偿法及修改	参与起草论证
应松年	中华人民共和国行政复议法及修改	参与起草论证
席 涛	中华人民共和国企业国有资产法	全国人大财经委起草小组成员
席 涛	中华人民共和国反垄断法	发改委、商务部、工商总局联合起草小组成员
席 涛	关于行政法规、规章立法后评估的指导意见	国务院法制办论证专家
李曙光	中华人民共和国企业破产法	全国人大财经委、法工委起草小组成员
李曙光	中华人民共和国企业国有资产法	全国人大财经委、法工委起草小组成员
李曙光	金融机构风险处置条例	国务院法制办论证专家
李曙光	最高人民法院关于破产法司法解释	最高人民法院起草组顾问

刘纪鹏	国有股东转让所持上市公司 股份管理暂行办法	国务院国资委起草论证专家
刘纪鹏	国有单位受让上市公司股份暂行规定	国务院国资委起草论证专家
刘纪鹏	上市公司国有股东标识管理暂行规定	国务院国资委起草论证专家
胡继晔	社会保险基金监督管理规定	主持人，主起草人
武长海	与对外贸易许可合同有关的知识产权 保护办法	起草小组成员
武长海	与进出口货物有关的知识产权保护办法	起草小组成员
王进喜	中华人民共和国律师法	参与起草、修改
张　中	人民法院统一证据规定	参与调研、讨论和拟定 条文及论证
陈光中	中华人民共和国刑事诉讼法	专家座谈会，主编专家建 议稿
陈光中	中华人民共和国国家赔偿法	参加座谈会提出修改意见
卞建林	中华人民共和国国家赔偿法	参加专家座谈会
谭秋桂	最高人民法院关于适用 《中华人民共和国民事诉讼法》 执行程序若干问题的解释	参加征求意见会并 提供书面意见
谭秋桂	中华人民共和国民事强制执行法	参加征求意见会并撰写 专家建议稿
张保生、 王进喜、 常　林、 房保国、 张　中、 李训虎等	人民法院统一证据规定	调研、试点、提供专家 意见稿
法律职 业伦理 教研室	中华人民共和国律师法（修改）	提供专家意见
环境 法所	防治海岸工程建设项目污染损害海洋 环境管理条例修正案	撰写修改意见

	经济 法所	中华人民共和国循环经济法	撰写意见
2008	马宏俊	北京市奥运相关立法	提供专家意见
	郎佩娟	北京市实施《中华人民共和国突发 事件应对法》办法	提供专家意见
	郎佩娟	商业特许经营行政处罚程序规定	提供专家意见
	郎佩娟	境外投资管理办法	提供专家意见
	王天华	北京市广播电视公共服务保障条例	提供专家意见
	薛刚凌	湖南省行政程序规定（草案）	提供专家意见
	薛刚凌	国务院工作规则	提供专家意见
	刘红婴	中华人民共和国禁毒法	提供专家意见
	刘红婴	中华人民共和国残疾人保障法	提供专家意见
	刘红婴	中华人民共和国食品安全法	提供专家意见
	刘善春	商务行政处罚程序规定	提供专家意见
	陈　宜	律师执业行为规范（修订）	提供专家意见
	陈　宜	律师事务所管理办法	提供专家意见
	解志勇	中华人民共和国国家赔偿法	提供专家意见
	解志勇	教育部高校实施办法	提供专家意见
	何　兵	中华人民共和国国家赔偿法（修改草案）	提供专家意见
	何　兵	中华人民共和国防震减灾法草案	提供专家意见
	侯淑雯	彩票管理条例实施细则	提供专家意见
	张　莉	中华人民共和国侵权责任法	提供专家意见
	巫昌祯	中华人民共和国民法典	九人起草小组成员
	翟继光	财政转移支付法	参与起草立法专家建议稿
	施正文	中华人民共和国税收征收管理法	税收征管法修订小组成员
	于文轩	中华人民共和国能源法	起草立法草案，编写论证材料
	于文轩	中华人民共和国石油天然气法	编写论证材料
	于文轩	中华人民共和国环境保护法（修订）	编写论证材料
	于文轩	中华人民共和国大气污染防治法（修订）	起草修订草案，编写论证材料
	王灿发	转基因生物环境安全管理办法	草案主要执笔人
	王灿发	中华人民共和国水污染防治法 （第二次修订）	修订草案送审稿负责人

王灿发	消耗臭氧层物质管理条例	项目负责人，草案执笔人
王灿发	中华人民共和国循环经济促进法	项目负责人，草案执笔人
王灿发	中华人民共和国自然保护区法	环保部送审稿起草人
王灿发	北京市水污染防治条例	参与人
王灿发	限期治理管理办法（试行）	项目主持人，草案执笔人
王灿发	饮用水源污染防治管理条例	草案主要执笔人
莫世健	领事保护条例	项目研究，草案起草，条例草案讨论
杜新丽	中华人民共和国涉外民事关系法律适用法	条款起草论证
姜茹娇	中华人民共和国涉外民事关系法律适用法	条款起草论证
崔威	关于企业重组业务企业所得税处理若干问题的通知	参加会议，提出书面意见
崔威	关于企业清算业务企业所得税处理若干问题的通知	参加会议，提出书面意见
刘承韪	中华人民共和国侵权责任法	参加立法研讨会
费安玲	中华人民共和国侵权责任法	论证专家之一
辛崇阳	海上巡航执法条例	专家组成员之一
应松年	中华人民共和国行政诉讼法及修改	参与起草论证
应松年	中华人民共和国国家赔偿法及修改	参与起草论证
应松年	中华人民共和国行政复议法及修改	参与起草论证
席涛	中华人民共和国企业国有资产法	全国人大财经委起草小组成员
席涛	关于行政法规、规章立法后评估的指导意见	国务院法制办论证专家
李曙光	中华人民共和国企业国有资产法	全国人大财经委、法工委起草小组成员
李曙光	放贷人条例、贷款通则修改	中国人民银行总行起草组顾问
刘纪鹏	中华人民共和国企业国有资产法	全国人大财经委、法工委起草小组成员
刘纪鹏	关于规范国有股东所持上市公司股份变动行为的指导意见	国务院国资委论证专家
刘纪鹏	关于规范国有股东与上市公司进行重大资产重组有关问题的通知	国务院国资委论证专家

胡继晔	社会保险基金监督管理规定	主持人，主起草人
张　中	人民法院统一证据规定	参与调研、讨论和拟定条文及论证
刘　鑫	中华人民共和国侵权责任法	立法论证、讨论
王　旭	人身损害护理依赖程度评定 GA/T800-2008	参与公安部颁鉴定标准制定
陈光中	中华人民共和国刑事诉讼法	专家座谈会，主编专家建议稿
谭秋桂	中华人民共和国民事强制执行法	论证专家、撰写专家建议稿
张保生、王进喜、常　林、房保国、张　中、李训虎等	人民法院统一证据规定	调研、试点、提供专家意见稿

2009	舒国滢	北京市实施《中华人民共和国农民专业合作社法》办法	提供专家意见
	李卫海	中华人民共和国国防动员法	提供专家意见
	郎佩娟	中华人民共和国水土保持法（修订）	提供专家意见
	王成栋	西藏自治区民用机场保护条例	提供专家意见
	张　锋	中医药报刊审读规定	提供专家意见
	刘红婴	中华人民共和国刑法修正案（七）	提供专家意见
	刘红婴	中华人民共和国保险法	提供专家意见
	刘红婴	中华人民共和国统计法	提供专家意见
	刘红婴	中华人民共和国农村土地承包经营纠纷调解仲裁法	提供专家意见
	刘红婴	中华人民共和国国家赔偿法	提供专家意见
	刘红婴	中华人民共和国驻外外交人员法	提供专家意见
	刘红婴	北京市绿化条例	提供专家意见
	何　兵	中华人民共和国人民调解法（草案）	提供专家意见
	何　兵	中华人民共和国国家赔偿法（草案）	提供专家意见
	何　兵	中华人民共和国食品安全法（草案）	提供专家意见

冷新宇	中华人民共和国驻外外交人员法	提供专家意见
冷新宇	中华人民共和国国防动员法	提供专家意见
蔡定剑	中华人民共和国保密法	提供专家意见
蔡定剑	中华人民共和国选举法	提供专家意见
汪庆华	关于建立健全诉讼与非诉讼相衔接的矛盾纠纷解决机制的若干意见	提供专家意见
刘莘	中华人民共和国大气污染法	提供专家意见
李卫海	中华人民共和国国防动员法	提供专家意见
李卫海	中华人民共和国驻外外交人员法	提供专家意见
王称心	农村供水管理条例	提供专家意见
巫昌祯	中华人民共和国民法典	九人起草小组成员
刘继峰	关于禁止垄断协议行为的规定	初稿和修改稿的修订意见
刘继峰	关于禁止滥用市场支配地位行为的规定	初稿和修改稿的修订意见
翟继光	中华人民共和国预算法	座谈会、征求意见
施正文	中华人民共和国预算法	座谈会、征求意见
施正文	中华人民共和国税收征收管理法	税收征管法修订小组成员
孙邦清	中华人民共和国民事强制执行法	起草论证
于文轩	中华人民共和国石油天然气法	编写论证材料
于文轩	中华人民共和国环境保护法（修订）	编写论证材料
于文轩	中华人民共和国大气污染防治法（修订）	起草修订草案，编写论证材料
史飚	中华人民共和国反家庭暴力法	参与立法草案的论证
王灿发	转基因生物环境安全管理办法	草案主要执笔人
王灿发	消耗臭氧层物质管理条例	项目负责人，草案执笔人
王灿发	中华人民共和国自然保护区法	环保部送审稿起草人
王灿发	北京市水污染防治条例	参与人
王灿发	限期治理管理办法（试行）	项目主持人，草案执笔人
黄进、杜新丽、宣增益、曾涛、齐湘泉、姜茹娇等	中华人民共和国涉外民事关系法律适用法	起草建议稿

黄　进	中华人民共和国涉外民事关系法律适用法	参加立法研讨会、对法案提出修改建议、向全国人大法工委提供法案说明、名词解释等
朱利江	中华人民共和国驻外外交人员法	对草案提供意见
姜茹娇	中华人民共和国涉外民事关系法律适用法	起草草案、专家论证
辛崇阳	海上巡航执法条例	专家论证
吴焕宁	最高人民法院关于审理海事赔偿责任限制相关纠纷案件的若干规定	提出修改意见
崔　威	中华人民共和国增值税法草案（专家稿）	拟写两章，参加会议
崔　威	关于企业境外所得税收抵免有关问题的通知	提供书面意见
刘承韪	中华人民共和国消费者权益保护法（修改）	参加研讨会、主持立法课题、完成条文起草
刘承韪	中华人民共和国侵权责任法	参加立法研讨会
费安玲	医疗事故处理条例	修订会议成员之一
费安玲	城市房屋拆迁管理条例	论证专家之一
邹玉华	中华人民共和国人民武装警察法（草案）	审读法律草案、撰写报告
邹玉华	中华人民共和国农村土地承包经营纠纷仲裁法（草案）	审读法律草案、撰写报告
邹玉华	中华人民共和国防震减灾法（修订草案）	审读法律草案、撰写报告
邹玉华	科学技术名词管理条例（草案）	审读法律草案、撰写报告
慕凤丽	村庄与集镇规划建设管理条例（修订）	参与相关课题
应松年	中华人民共和国行政诉讼法及修改	参与起草论证
应松年	中华人民共和国国家赔偿法及修改	参与起草论证
应松年	中华人民共和国行政复议法及修改	参与起草论证
班文战	残疾预防与残疾人康复条例	条例起草、修订
席　涛	关于行政法规、规章立法后评估的指导意见	国务院法制办论证专家
胡继晔	社会保险基金监督管理规定	主持人，主起草人
胡继晔	重庆市骗取社会保险基金处理办法	国务院法制办论证专家
刘　鑫	中华人民共和国侵权责任法	立法论证、讨论

	刘　鑫	脑死亡判定标准（成人）	卫生部论证
	刘　鑫	医疗事故技术鉴定暂行办法	卫生部论证
	王　旭	北京司法鉴定业协会关于办理医疗过失司法鉴定案件的若干意见（2009）	主持起草
	陈光中	中华人民共和国刑事诉讼法	专家座谈会，主编专家建议稿
	谭秋桂	中华人民共和国民事强制执行法	论证专家、撰写专家建议稿
	谭秋桂	中华人民共和国人民调解法	参加立法研讨会并提供书面意见
	谭秋桂	最高人民法院关于限制被执行人高消费若干问题的规定	参加专家论证会并提供书面意见
	张保生、王进喜、常　林、房保国、张　中、李训虎等	人民法院统一证据规定	调研、试点、提供专家意见稿
2010	舒国滢	北京市实施《中华人民共和国农民专业合作社法》办法	提供专家意见
	舒国滢	北京市节约用水办法	提供专家意见
	马宏俊	中华人民共和国体育法（修改）	提供专家意见
	李卫海	中华人民共和国国防动员法	提供专家意见
	姜　涛	中华人民共和国预备役军官法	提供专家意见
	焦洪昌	中华人民共和国全国人民代表大会和地方各级人民代表大会代表法	提供专家意见
	罗晓军	中华人民共和国全国人民代表大会和地方各级人民代表大会代表法	提供专家意见
	韩春晖	中华人民共和国行政强制法	提供专家意见
	王成栋	城市房屋拆迁管理条例	提供专家意见
	王成栋	中华人民共和国行政复议法	提供专家意见
	张　锋	国家中医药管理局政府信息公开办法	提供专家意见
	薛刚凌	中华人民共和国行政监察法	提供专家意见

薛刚凌	机关事务管理条例	提供专家意见
薛刚凌	中华人民共和国行政强制法	提供专家意见
薛刚凌	关于进一步加强法治政府建设的意见	提供专家意见
刘红婴	中华人民共和国拍卖法	提供专家意见
刘红婴	中华人民共和国保守国家秘密法	提供专家意见
刘红婴	北京市实施《中华人民共和国节约能源法》办法	提供专家意见
刘红婴	云南省红河哈尼族彝族自治州梯田保护管理条例	提供专家意见
刘红婴	北京市大型群众性活动安全管理条例	提供专家意见
刘红婴	北京市水污染防治条例	提供专家意见
刘红婴	中关村国家自主创新示范区条例	提供专家意见
吉雅杰	广州市公共场所控制吸烟条例	提供专家意见
吉雅杰	北京市社区卫生服务管理制度	提供专家意见
王称心	水资源调度管理办法	提供专家意见
施正文	中华人民共和国车船税法（草案）	撰写修改意见
巫昌祯	中华人民共和国民法典	九人起草小组成员
翟继光	中华人民共和国车船税法	向全国人大提供立法建议
施正文	中华人民共和国预算法	座谈会、征求意见
施正文	中华人民共和国税收征收管理法	税收征管法修订小组成员
于文轩	生物遗传资源获取与惠益分享管理条例（草案）	起草立法草案，编写论证材料
王灿发	消耗臭氧层物质管理条例	项目负责人，草案执笔人
王灿发	中华人民共和国自然保护区法	环保部送审稿起草人
王灿发	北京市水污染防治条例	参与人
符启林	中华人民共和国城市房地产管理法	专家组成员
阮齐林	中华人民共和国刑法修正案（八）	研讨会
曲新久	中华人民共和国刑法修正案（八）	研讨会
黄 进、杜新丽宣增益、曾 涛齐湘泉、姜茹娇等	中华人民共和国涉外民事关系法律适用法	起草建议稿

黄 进	中华人民共和国涉外民事关系法律适用法	参加立法研讨会、对法案提出修改建议、向全国人大法工委提供法案说明、名词解释等
辛崇阳	中华人民共和国海洋基本法	论证专家
梁淑英	中华人民共和国刑法修改意见	最高人民法院、公安部刑法修改草案论证
崔 威	中华人民共和国车船税法	提供执行情况报告及立法意见
刘承韪	中华人民共和国消费者权益保护法修改	参加研讨会，主持立法课题，完成条文起草
费安玲	中华人民共和国典当法	论证专家之一
邹玉华	中华人民共和国国防动员法（草案）	审读法律草案、撰写报告
邹玉华	中华人民共和国预备役军官法修正案（草案）	审读法律草案、撰写报告
邹玉华	中华人民共和国全国人民代表大会和地方各级人民代表大会代表法修正案（草案）	审读法律草案、撰写报告
李 超	北京市老年人权益保障条例（修订研究）	主持人
应松年	中华人民共和国行政诉讼法及修改	参与起草论证
应松年	中华人民共和国国家赔偿法及修改	参与起草论证
应松年	中华人民共和国行政复议法及修改	参与起草论证
应松年	中华人民共和国行政强制法	参与起草论证
应松年	国有土地上房屋征收与补偿条例	参与起草论证
李曙光	中华人民共和国证券投资基金法（修改）	全国人大财经委起草小组成员
李曙光	中华人民共和国旅游法	全国人大财经委起草小组成员
李曙光	国有土地上房屋征收与补偿条例	国务院法制办论证专家
刘纪鹏	企业国有资产基础管理条例	国务院国资委起草论证专家
刘纪鹏	中华人民共和国证券投资基金法（修改）	全国人大财经委起草小组成员
胡继晔	社会保险基金监督管理规定	主持人，主起草人
陈光中	中华人民共和国刑事诉讼法	专家座谈会，主编专家建议稿
顾永忠	中华人民共和国刑事诉讼法	专家论证
谭秋桂	中华人民共和国民事强制执行法	论证专家、撰写专家建议稿

	樊崇义	关于办理死刑案件审查判断证据若干问题的规定和关于办理刑事案件排除非法证据若干问题的规定	参加论证会
	张保生、王进喜、常 林、房保国、张 中、李训虎等	人民法院统一证据规定	调研、试点、提供专家意见稿
	民诉所	中华人民共和国人民调解法（草案）	撰写修改意见
	民诉所	中华人民共和国涉外民事关系法律适用法	撰写修改意见
	环境法所	中华人民共和国大气污染防治法（修订草案送审稿）	撰写修改意见
	环境法所	畜禽规模养殖污染防治条例	撰写意见
	环境法所	中华人民共和国自然遗产保护法（征求意见稿）	撰写意见
2011	巫昌祯	中华人民共和国民法典	九人起草小组成员
	翟继光	中华人民共和国个人所得税法	参加全国人大专家座谈会
	施正文	中华人民共和国预算法	座谈会、征求意见
	施正文	中华人民共和国税收征收管理法	税收征管法修订小组成员
	孙邦清	中华人民共和国民事诉讼法	最高人民法院民事诉讼法修改论证
	孙邦清	中华人民共和国民事诉讼法	全国人大法工委民事诉讼法修改论证
	孙邦清	中华人民共和国民事诉讼法	参与最高人民法院起草部分条文
	于文轩	生物遗传资源获取与惠益分享管理条例	起草立法草案，编写论证材料
	史 飚	中华人民共和国民事诉讼法	参与专家建议稿的起草和论证
	符启林	国有土地上房屋征收与补偿条例	参与立法讨论
	阮齐林	中华人民共和国刑法修正案（八）	专家论证研讨

林灿铃	中华人民共和国应对气候变化法	参加起草
李居迁	国家及其财产豁免法	专家咨询、论证、调研
崔　威	中华人民共和国车船税法	提供执行情况报告及立法意见
崔　威	中华人民共和国船舶吨税暂行条例（征求意见稿）	提供书面意见
崔　威	中华人民共和国个人所得税法（修改）	出席专家座谈会，提交书面意见
辛崇阳	中华人民共和国海洋基本法	专家组成员之一
应松年	中华人民共和国行政诉讼法及修改	参与起草论证
应松年	中华人民共和国行政复议法及修改	参与起草论证
胡继晔	社会保险基金监督管理规定	主持人，主起草人
王　旭	人身损害受伤人员误工期、营养期、护理期评定准则（北京司法鉴定业协会 2011）	起草
刘　鑫	北京医学会医疗损害责任技术鉴定办法	论证及征求意见
陈光中	中华人民共和国刑事诉讼法	专家座谈会，主编专家建议稿
卞建林	中华人民共和国刑事诉讼法	参加座谈会
卞建林	中华人民共和国国际刑事司法协助法	参加专家讨论会
卞建林	中华人民共和国看守所条例	出席修改征求意见座谈会
卞建林	醉酒驾车行为定罪标准解释问题立法	参加会议
顾永忠	中华人民共和国刑事诉讼法	参加座谈会
顾永忠	中华人民共和国看守所条例	出席修改征求意见座谈会
肖建华	中华人民共和国民事诉讼法	出席修改论证会
肖建华	中华人民共和国食品安全法	出席修改研讨会
谭秋桂	中华人民共和国民事强制执行法	论证专家、撰写专家建议稿
谭秋桂	中华人民共和国民事诉讼法	课题组成员提供专家建议稿
张保生、王进喜、常　林、房保国、张　中、李训虎等	人民法院统一证据规定	调研、试点、提供专家意见稿

第四阶段（2012—2021 年）

年份	参与 教师姓名	参与立法名称	参与形式
2012	高　祥	最高人民法院关于审理独立保函纠纷案件若干问题的规定	专家论证会
	应松年	中华人民共和国国家赔偿法（修正）	提供专家意见
	林灿铃	中华人民共和国南极活动管理条例	专家论证
	李显冬	中华人民共和国矿产资源法	起草论证
	李显冬	中华人民共和国能源法	起草论证
	李显冬	中华人民共和国土地法	起草论证
	解志勇	中华人民共和国中医药法（草案送审稿）	修改意见
	王涌	中华人民共和国证券投资基本法（修订草案）	提出修改意见
	贺少齐	中华人民共和国证券投资基本法（修订草案）	提出修改意见
	管晓峰	中华人民共和国证券投资基本法（修订草案）	提出修改意见
	范中超	中华人民共和国证券投资基本法（修订草案）	提出修改意见
	李东方	中华人民共和国证券投资基本法（修订草案）	提出修改意见
	李爱君	中华人民共和国证券投资基本法（修订草案）	提出修改意见
	马更新	中华人民共和国证券投资基本法（修订草案）	提出修改意见
	金英杰	中华人民共和国劳动合同法修正案（草案）	提出修改意见
	赵红梅	中华人民共和国劳动合同法修正案（草案）	提出修改意见

胡彩霄	中华人民共和国劳动合同法 修正案（草案）	提出修改意见
郎佩娟	中华人民共和国特种设备 安全法（草案）	提出修改意见
王灿发	中华人民共和国环境保护法 修正案（草案）	提出修改意见
李永军	中华人民共和国旅游法（草案）	提出修改意见
解志勇	残疾预防和残疾人康复条例（送审稿）	提出修改意见
孙 颖	中华人民共和国消费者权益保护法 修正案（草案）	提出修改意见
徐晓松	中华人民共和国消费者权益保护法 修正案（草案）	提出修改意见
李东方	中华人民共和国消费者权益保护法 修正案（草案）	提出修改意见
薛克鹏	中华人民共和国消费者权益保护法 修正案（草案）	提出修改意见
吴景明	中华人民共和国消费者权益保护法 修正案（草案）	提出修改意见
赵红梅	中华人民共和国消费者权益保护法 修正案（草案）	提出修改意见
孙 虹	中华人民共和国消费者权益保护法 修正案（草案）	提出修改意见
张 挥	中华人民共和国消费者权益保护法 修正案（草案）	提出修改意见
霍玉芬	中华人民共和国消费者权益保护法 修正案（草案）	提出修改意见
刘 丹	中华人民共和国消费者权益保护法 修正案（草案）	提出修改意见
金英杰	中华人民共和国消费者权益保护法 修正案（草案）	提出修改意见
魏敬淼	中华人民共和国消费者权益保护法 修正案（草案）	提出修改意见

	范世乾	中华人民共和国消费者权益保护法 修正案（草案）	提出修改意见
2013	高 祥	最高人民法院独立保函指导意见 （征求意见稿）	提出专家意见
	高 祥	最高人民法院关于审理独立保函 纠纷案件若干问题的规定	提出专家意见
	林灿铃	危险废物出口核准管理办法	提出专家建议
	赵天书	中华人民共和国价格法	提出立法建议
	来小鹏	中华人民共和国商标法修正案（草案）	提出修改意见
	李玉香	中华人民共和国商标法修正案（草案）	提出修改意见
	周长玲	中华人民共和国商标法修正案（草案）	提出修改意见
	冯晓青	中华人民共和国商标法修正案（草案）	提出修改意见
	张 今	中华人民共和国商标法修正案（草案）	提出修改意见
	陈丽苹	中华人民共和国商标法修正案（草案）	提出修改意见
	杨丽华	中华人民共和国商标法修正案（草案）	提出修改意见
	陈 健	中华人民共和国商标法修正案（草案）	提出修改意见
	李祖明	中华人民共和国商标法修正案（草案）	提出修改意见
	崔 平	中华人民共和国商标法修正案（草案）	提出修改意见
	薛刚凌	中华人民共和国国防生条例（送审稿）	提出修改意见
	李卫海	中华人民共和国国防生条例（送审稿）	提出修改意见
	肖凤城	中华人民共和国国防生条例（送审稿）	提出修改意见
	谢 丹	中华人民共和国国防生条例（送审稿）	提出修改意见
	孙 颖	中华人民共和国消费者权益保护法 修正案（草案）（征求意见稿）	提出修改意见
	李东方	中华人民共和国消费者权益保护法 修正案（草案）（征求意见稿）	提出修改意见
	徐晓松	中华人民共和国消费者权益保护法 修正案（草案）（征求意见稿）	提出修改意见
	薛克鹏	中华人民共和国消费者权益保护法 修正案（草案）（征求意见稿）	提出修改意见
	刘继峰	中华人民共和国消费者权益保护法 修正案（草案）（征求意见稿）	提出修改意见

	孙　虹	中华人民共和国消费者权益保护法修正案（草案）（征求意见稿）	提出修改意见
	符启林	中华人民共和国消费者权益保护法修正案（草案）（征求意见稿）	提出修改意见
	吴景明	中华人民共和国消费者权益保护法修正案（草案）（征求意见稿）	提出修改意见
	郑俊果	中华人民共和国消费者权益保护法修正案（草案）（征求意见稿）	提出修改意见
	刘　丹	中华人民共和国消费者权益保护法修正案（草案）（征求意见稿）	提出修改意见
	张　挥	中华人民共和国消费者权益保护法修正案（草案）（征求意见稿）	提出修改意见
	霍玉芬	中华人民共和国消费者权益保护法修正案（草案）（征求意见稿）	提出修改意见
	范世乾	中华人民共和国消费者权益保护法修正案（草案）（征求意见稿）	提出修改意见
	吴景明	中华人民共和国消费者权益保护法修正案（草案）（征求意见稿）	提出修改意见
	赵红梅	中华人民共和国消费者权益保护法修正案（草案）（征求意见稿）	提出修改意见
	张　红	中华人民共和国消费者权益保护法修正案（草案）（征求意见稿）	提出修改意见
	解志勇	中华人民共和国食品安全法（修订草案送审稿）	提出修改意见
	李培磊	中华人民共和国食品安全法（修订草案送审稿）	提出修改意见
2014	张　南	中华人民共和国专利法（第四次修改）	参与起草论证
	应松年	北京市控制吸烟条例	起草小组组长
	林灿铃	北京市气象灾害防御条例	专家论证意见
	王小平	中华人民共和国体育法	修改小组成员
	王　旭	人身损害误工期、护理期、营养期评定规范 GA/T1193-2014	主笔起草

刘　飞　中华人民共和国行政诉讼法　　　　参与立法论证

王　涌　融资担保公司管理条例（送审稿）　提出修改意见

赵旭东　融资担保公司管理条例（送审稿）　提出修改意见

管晓峰　融资担保公司管理条例（送审稿）　提出修改意见

胡利玲　融资担保公司管理条例（送审稿）　提出修改意见

郭宏彬　融资担保公司管理条例（送审稿）　提出修改意见

王玉梅　融资担保公司管理条例（送审稿）　提出修改意见

周　昀　融资担保公司管理条例（送审稿）　提出修改意见

沈　净　融资担保公司管理条例（送审稿）　提出修改意见

吴日焕　融资担保公司管理条例（送审稿）　提出修改意见

王　萍　融资担保公司管理条例（送审稿）　提出修改意见

朱晓娟　融资担保公司管理条例（送审稿）　提出修改意见

陈景善　融资担保公司管理条例（送审稿）　提出修改意见

王光进　融资担保公司管理条例（送审稿）　提出修改意见

金英杰　中华人民共和国安全生产法　　　　提出修改意见
　　　　修正案（草案）

赵红梅　中华人民共和国安全生产法　　　　提出修改意见
　　　　修正案（草案）

胡彩霄　中华人民共和国安全生产法　　　　提出修改意见
　　　　修正案（草案）

陆伟丰　中华人民共和国安全生产法　　　　提出修改意见
　　　　修正案（草案）

郭忠臣　中华人民共和国安全生产法　　　　提出修改意见
　　　　修正案（草案）

杨　飞　中华人民共和国安全生产法　　　　提出修改意见
　　　　修正案（草案）

李　娟　中华人民共和国安全生产法　　　　提出修改意见
　　　　修正案（草案）

李东方　中华人民共和国安全生产法　　　　提出修改意见
　　　　修正案（草案）

薛克鹏　中华人民共和国安全生产法　　　　提出修改意见
　　　　修正案（草案）

霍玉芬	中华人民共和国安全生产法修正案（草案）	提出修改意见
徐晓松	中华人民共和国安全生产法修正案（草案）	提出修改意见
刘 丹	中华人民共和国安全生产法修正案（草案）	提出修改意见
范世乾	中华人民共和国安全生产法修正案（草案）	提出修改意见
张 挥	中华人民共和国安全生产法修正案（草案）	提出修改意见
刘继峰	中华人民共和国安全生产法修正案（草案）	提出修改意见
王 涌	私募投资基金管理暂行条例（送审稿）	提出修改意见
王光进	私募投资基金管理暂行条例（送审稿）	提出修改意见
郭宏彬	私募投资基金管理暂行条例（送审稿）	提出修改意见
管晓峰	私募投资基金管理暂行条例（送审稿）	提出修改意见
胡利玲	私募投资基金管理暂行条例（送审稿）	提出修改意见
李建伟	私募投资基金管理暂行条例（送审稿）	提出修改意见
王玉梅	私募投资基金管理暂行条例（送审稿）	提出修改意见
周 昀	私募投资基金管理暂行条例（送审稿）	提出修改意见
吴日焕	私募投资基金管理暂行条例（送审稿）	提出修改意见
孙 强	私募投资基金管理暂行条例（送审稿）	提出修改意见
刘亚天	私募投资基金管理暂行条例（送审稿）	提出修改意见
谢华宁	私募投资基金管理暂行条例（送审稿）	提出修改意见
沈 净	私募投资基金管理暂行条例（送审稿）	提出修改意见
朱晓娟	私募投资基金管理暂行条例（送审稿）	提出修改意见
陈景善	私募投资基金管理暂行条例（送审稿）	提出修改意见
王 萍	私募投资基金管理暂行条例（送审稿）	提出修改意见
杨春治	中华人民共和国中医药法（草案）	提出修改意见
王灿发	中华人民共和国大气污染防治法（修订草案送审稿）	提出修改意见
解志勇	中华人民共和国食品安全法（修订草案）	提出修改意见

	王万华	中华人民共和国食品安全法（修订草案）	提出修改意见
	余凌云	中华人民共和国食品安全法（修订草案）	提出修改意见
	李洪雷	中华人民共和国食品安全法（修订草案）	提出修改意见
	阮齐林	中华人民共和国刑法修正案（九）（草案）	提出修改意见
	赵天红	中华人民共和国刑法修正案（九）（草案）	提出修改意见
	于　冲	中华人民共和国刑法修正案（九）（草案）	提出修改意见
	阮齐林	中华人民共和国反恐怖主义法（草案）	提出修改意见
	赵天红	中华人民共和国反恐怖主义法（草案）	提出修改意见
	于　冲	中华人民共和国反恐怖主义法（草案）	提出修改意见
2015	谢立斌	行政法规制定程序条例	提出专家意见
	薄燕娜	中华人民共和国人民防空法（修订）	提出专家意见
	林灿铃	中华人民共和国华侨权益保护法	提出专家意见
	林灿铃	中华人民共和国野生动物保护法（修改）	提出专家论证意见
	林灿铃	中华人民共和国深海海底区域资源勘探开发法（草案）	提出专家意见
	王　旭	中华人民共和国医疗纠纷预防和处理条例（送审稿）	提出修改意见
	冯晓青	中华人民共和国促进科技成果转化法修正案（草案）	提出修改意见
	王夏昊	中华人民共和国国家安全法（草案）	提出修改意见
	于文轩	中华人民共和国大气污染防治法	提出修改意见
	王青斌	中华人民共和国国家勋章和国家荣誉称号法（草案）	提出修改意见
	赵红梅	中华人民共和国慈善法（草案）	提出修改意见
	吴日焕	非存款类放贷组织条例（草案）	提出修改意见
	万　蓉	中华人民共和国电影产业促进法（草案）	提出修改意见
	王敬波	教育法律一揽子修正案	提出修改意见
	解志勇	中华人民共和国网络安全法（草案）	提出修改意见
2016	赵　鹏	中华人民共和国测绘法（修订草案）	提交建议稿，修改意见
	林　华	中华人民共和国人类遗传资源管理条例	起草小组成员
	于文轩	中华人民共和国环境保护税法（草案）	提出修改意见

	李永军	中华人民共和国民法总则	提出修改意见
	于文轩	中华人民共和国土壤污染防治法 （草案征求意见稿）	提出修改意见
	林灿铃	中华人民共和国深海海底区域资源 勘探开发法（草案）	提出修改意见
2017	谢立斌	中华人民共和国宪法（修订）	提出专家意见
	刘 艺	中华人民共和国行政诉讼法（修订）	参与起草论证
	刘 艺	中华人民共和国民事诉讼法（修订）	参与起草论证
	应松年	中华人民共和国行政诉讼法（修订）	提供专家意见
	梁淑英	中华人民共和国海洋基本法	提供专家意见
	王 晶	法庭科学摹仿笔迹检验技术规程	起草小组成员
	曹洪林	法庭科学语音同一认定技术规范 （GA/T 1433—2017）	起草和修改
	曹洪林	法庭科学语音人身分析技术规范 （GA/T 1432—2017）	起草和修改
	曹洪林	法庭科学降噪及语音增强技术规范 （GA/T 1431—2017）	起草和修改
	曹洪林	法庭科学录音的真实性检验技术规范 （GA/T 1430—2017）	起草和修改
	雷 磊	最高人民法院关于人民法院裁判文书 说理若干问题的意见	参加专家论证会
	李 蕊	中华人民共和国土地承包法 修正案（草案）	提出修改意见
	夏吟兰	中华人民共和国民法婚姻法 家庭编（草案）室内稿	提出修改意见
	刘家安	中华人民共和国民法侵权责 任编（草案）	（2017年10月31日法工委 民法室室内稿）修改意见
	刘家安	中华人民共和国民法人格权编 草案	（2017年11月15日法工委 民法室内稿）修改意见
	刘家安	中华人民共和国民法物权编草案	（2017年11月8日法工委 民法室内稿）修改意见

	民商法学院民法所全体老师	中华人民共和国民法典各分编（草案）	提出修改意见
2018	李晓辉	中华人民共和国中外合作办学条例	修订研讨
	李显冬	中华人民共和国不动产登记法	参加专家论证会
	曹洪林	法庭科学语音及音频检验术语（GB/T 35048—2018）	起草和修改
	王元凤	非药用类麻醉药品和精神药品管制品种增补目录（修订）	专家咨询委员会成员
	刘 飞	中华人民共和国民法典	参与立法论证
	张丽英	中华人民共和国海商法（修订征求意见稿）	提出修改意见
	陈光中	中华人民共和国刑事诉讼法（修正案）	提出修改意见
	卞建林	中华人民共和国刑事诉讼法（修正案）	提出修改意见
	杨宇冠	中华人民共和国刑事诉讼法（修正案）	提出修改意见
	顾永忠	中华人民共和国刑事诉讼法（修正案）	提出修改意见
	李本森	中华人民共和国刑事诉讼法（修正案）	提出修改意见
	刘根菊	中华人民共和国刑事诉讼法（修正案）	提出修改意见
	洪道德	中华人民共和国刑事诉讼法（修正案）	提出修改意见
	卫跃宁	中华人民共和国刑事诉讼法（修正案）	提出修改意见
	岳礼玲	中华人民共和国刑事诉讼法（修正案）	提出修改意见
	元 轶	中华人民共和国刑事诉讼法（修正案）	提出修改意见
	施正文	中华人民共和国个人所得税法修正案（草案）	提出修改意见
	李美云	中华人民共和国个人所得税法修正案（草案）	提出修改意见
	翁武耀	中华人民共和国个人所得税法修正案（草案）	提出修改意见
	翟继光	中华人民共和国个人所得税法修正案（草案）	提出修改意见
	杜元航	中华人民共和国个人所得税法修正案（草案）	提出修改意见

	徐　妍	中华人民共和国个人所得税法修正案（草案）	提出修改意见
	李　蕊	中华人民共和国个人所得税法修正案（草案）	提出修改意见
	吴日焕	中华人民共和国个人所得税法修正案（草案）	提出修改意见
	施正文	中华人民共和国车辆购置税法（草案）	提出修改意见
	李美云	中华人民共和国车辆购置税法（草案）	提出修改意见
	翁武耀	中华人民共和国车辆购置税法（草案）	提出修改意见
	翟继光	中华人民共和国车辆购置税法（草案）	提出修改意见
	杜元航	中华人民共和国车辆购置税法（草案）	提出修改意见
	吴日焕	中华人民共和国车辆购置税法（草案）	提出修改意见
	李卫海	中华人民共和国综合性消防救援队伍消防救援衔条例（草案）	提出修改意见
	蔡乐渭	中华人民共和国公务员法（修订草案）	提出修改意见
	马宏俊	张家口市人大常委会关于促进2022年北京冬奥会和冬残奥会（张家口赛区）志愿服务的决定	提出修改意见
	解志勇	中华人民共和国药品管理法（修正草案）	提出修改意见
	赵一单	立法技术规范（征求意见稿）	提出修改意见
	民商法学院民法所全体老师	中华人民共和国民法典各分编（草案）（征求意见稿）	提出修改意见
	民商法学院民法所全体老师	中华人民共和国土地管理法（修正案草案）（第二次征求意见稿）	提出修改意见
2019	李晓辉	北京市外籍人员子女学校管理办法	修订研讨
	薄燕娜	中华人民共和国人民防空法（修订）	参加专题研讨会
	马怀德	人民检察院行政诉讼监督规则（试行）	参与起草论证

李红勃	中华人民共和国未成年人保护法（修订）	参与草案论证
李红勃	中华人民共和国中外合作办学 条例（修订）	参与草案论证
应松年	中华人民共和国行政许可法（修正）	提供专家意见
张 南	专利法实施细则（第四次修改）	参与起草论证
林灿铃	碳排放权交易管理办法（意见稿）	提出专家意见
林灿铃	中华人民共和国生物安全法（草案）	修改专家意见
郭红岩	中华人民共和国南极法	提出专家意见
马呈元	中华人民共和国刑法第九修正案	提出专家意见
马呈元	中华人民共和国反恐怖主义法	提出专家意见
马呈元	中华人民共和国国家安全法	提出专家意见
马呈元	中华人民共和国陆地边界法	提出专家意见
范晓波	中华人民共和国对外投资法实施 条例（征求意见稿）	提出专家意见
孔庆江	中华人民共和国对外投资法实施 条例（征求意见稿）	提出专家意见
孔庆江	外国国家豁免法	提出专家意见
孙理理	外国国家豁免法	提出专家意见
王元凤	关于将芬太尼类物质列入《非药用类 麻醉药品和精神药品管制品种增补 目录》的公告	专家咨询委员会成员
王元凤	北京市生态环境损害赔偿改革 工作实施方案	起草小组组长
王元凤	非药用类麻醉药品和精神药品 管制品种增补目录	修订专家咨询 委员会成员
张保生	人民法院诉讼证据规定适用指南	起草小组成员
张 中	人民法院诉讼证据规定适用指南	起草小组成员
王进喜	人民法院诉讼证据规定适用指南	起草小组成员
吴洪淇	人民法院诉讼证据规定适用指南	起草小组成员
褚福民	人民法院诉讼证据规定适用指南	起草小组成员
房保国	人民法院诉讼证据规定适用指南	起草小组成员
李训虎	人民法院诉讼证据规定适用指南	起草小组成员

汪诸豪	人民法院诉讼证据规定适用指南	起草小组成员
王　旭	法庭科学视觉功能障碍鉴定技术 规范 GA/T 1582—2019	参与起草
王　旭	法医临床学视觉电生理检查规范 SF/Z JD0103010—2018	主笔起草
王　旭	法庭科学 人身损害受伤人员后续诊疗 项目评定技术规程 GA/T 1555—2019	主笔起草
雷　磊	北京市历史文化名城保护条例	参与专家论证咨询
祁　欢	中华人民共和国外商投资法（草案）	提出修改意见
翁武耀	中华人民共和国资源税法（草案）	提出修改意见
刘家安	中华人民共和国土地管理法 修正案（草案）	提出修改意见
冯晓青	中华人民共和国专利法修正案（草案）	提出修改意见
付继存	中华人民共和国专利法修正案（草案）	提出修改意见
杨利华	中华人民共和国专利法修正案（草案）	提出修改意见
陈　健	中华人民共和国专利法修正案（草案）	提出修改意见
王青斌	中华人民共和国疫苗管理法（草案）	提出修改意见
肖承海	中华人民共和国社区矫正法（草案）	提出修改意见
王志远	中华人民共和国社区矫正法（草案）	提出修改意见
邹玉华	信息技术产品语言文字使用管理规定 （征求意见稿）	提出修改意见
崔玉珍	信息技术产品语言文字使用管理规定 （征求意见稿）	提出修改意见
于国旦	中华人民共和国预防未成年人犯罪法 （修订草案）	提出修改意见
涂欣筠	中华人民共和国预防未成年人犯罪法 （修订草案）	提出修改意见
张建荣	中华人民共和国预防未成年人犯罪法 （修订草案）	提出修改意见
于国旦	中华人民共和国未成年人保护法 （修订草案）	提出修改意见

	涂欣筠	中华人民共和国未成年人保护法 （修订草案）	提出修改意见
	张建荣	中华人民共和国未成年人保护法 （修订草案）	提出修改意见
	民商法 学院经 济法所	中华人民共和国食品安全法等 食品安全法律、行政法规	提出修改意见
2020	谢立斌	中华人民共和国全国人民代表大会组织法	专家座谈
	薄燕娜	北京市人民防空条例	执笔起草
	马怀德	中华人民共和国野生动物保护法（修订）	提交修改意见
	林鸿潮	中华人民共和国突发公共卫生 事件应对法	参与起草
	林鸿潮	中华人民共和国传染病防治法（修订）	提供专家意见
	李红勃	中华人民共和国预防未成年人犯罪法 （修订）	参与草案论证
	林　华	中华人民共和国学位法	参与起草论证
	张　莉	中华人民共和国行政处罚法（修订）	参加征求意见会
	刘　艺	中华人民共和国妇女权益保障法（修订）	提交修改意见
	曹　鎏	中华人民共和国行政复议法（修订）	参加专家座谈会
	曹　鎏	中华人民共和国行政处罚法（修订）	参加专家评估会
	张　南	辽宁省知识产权保护条例	参与起草论证
	朱子勤	中华人民共和国民用航空法	提出专家意见
	张丽英	中华人民共和国海上交通安全法 （修订草案）	提出专家意见
	李伯轩	中华人民共和国海上交通安全法 （修订草案）	提出专家意见
	陈儒丹	中华人民共和国海南自由贸易港法（草案）	提出专家意见
	孔庆江	中华人民共和国海南自由贸易港法（草案）	提出专家意见
	李显冬	中华人民共和国自然资源开发保护法	参加专家论证会
	梁淑英	中华人民共和国外国人永久居留 管理条例	提出书面修改意见

马长锁	最高人民法院关于审理国家赔偿案件确定精神损害赔偿责任若干问题的规定	参加研讨会
王元凤	关于将合成大麻素类物质和氟胺酮等18种物质列入非药用类麻醉药品和精神药品管制品种增补目录的公告	专家咨询委员会成员
张　中	最高人民法院关于适用《中华人民共和国刑事诉讼法》的解释	提供专家意见
雷　磊	最高人民法院关于规范类案检索促进法律适用统一的指导意见（试行）	提出专家意见
翁武耀	中华人民共和国契税法（草案）	提出修改意见
翁武耀	中华人民共和国城市维护建设税法（草案）	提出修改意见
于文轩	中华人民共和国长江保护法（草案）	提出修改意见
于文轩	中华人民共和国有毒有害化学物质环境风险管理条例（草案送审稿）	提出修改意见
胡　静	中华人民共和国有毒有害化学物质环境风险管理条例（草案送审稿）	提出修改意见
庄敬华	中华人民共和国有毒有害化学物质环境风险管理条例（草案送审稿）	提出修改意见
杨　源	中华人民共和国有毒有害化学物质环境风险管理条例（草案送审稿）	提出修改意见
朱炳成	中华人民共和国有毒有害化学物质环境风险管理条例（草案送审稿）	提出修改意见
林灿铃	中华人民共和国放射性同位素与射线装置安全和防护条例（草案送审稿）	提出修改意见
于文轩	中华人民共和国放射性同位素与射线装置安全和防护条例（草案送审稿）	提出修改意见
冯晓青	中华人民共和国著作权法修正案（草案）	提出修改意见
韦　之	中华人民共和国著作权法修正案（草案）	提出修改意见
刘　瑛	中华人民共和国著作权法修正案（草案）	提出修改意见
陈　健	中华人民共和国著作权法修正案（草案）	提出修改意见
杨利华	中华人民共和国著作权法修正案（草案）	提出修改意见

郑璇玉	中华人民共和国著作权法修正案（草案）	提出修改意见
陶　乾	中华人民共和国著作权法修正案（草案）	提出修改意见
付继存	中华人民共和国著作权法修正案（草案）	提出修改意见
于文轩	中华人民共和国动物防疫法（修订草案）	提出修改意见
胡　静	中华人民共和国动物防疫法（修订草案）	提出修改意见
庄敬华	中华人民共和国动物防疫法（修订草案）	提出修改意见
杨　源	中华人民共和国动物防疫法（修订草案）	提出修改意见
朱炳成	中华人民共和国动物防疫法（修订草案）	提出修改意见
张钦昱	中华人民共和国土地管理法实施条例（修订草案）	提出修改意见
刘继峰	中华人民共和国土地管理法实施条例（修订草案）	提出修改意见
范世乾	中华人民共和国土地管理法实施条例（修订草案）	提出修改意见
孙　颖	中华人民共和国土地管理法实施条例（修订草案）	提出修改意见
焦海涛	中华人民共和国土地管理法实施条例（修订草案）	提出修改意见
徐晓松	中华人民共和国土地管理法实施条例（修订草案）	提出修改意见
李东方	中华人民共和国土地管理法实施条例（修订草案）	提出修改意见
薛克鹏	中华人民共和国土地管理法实施条例（修订草案）	提出修改意见
郑俊果	中华人民共和国土地管理法实施条例（修订草案）	提出修改意见
刘　丹	中华人民共和国土地管理法实施条例（修订草案）	提出修改意见
李　蕊	中华人民共和国土地管理法实施条例（修订草案）	提出修改意见
霍玉芬	中华人民共和国土地管理法实施条例（修订草案）	提出修改意见

张　东	中华人民共和国土地管理法实施条例（修订草案）	提出修改意见
王　磊	中华人民共和国土地管理法实施条例（修订草案）	提出修改意见
罗智敏	中华人民共和国乡村振兴促进法（草案）	提出修改意见
卞修全	中华人民共和国乡村振兴促进法（草案）	提出修改意见
蔡乐渭	中华人民共和国乡村振兴促进法（草案）	提出修改意见
张冬阳	中华人民共和国乡村振兴促进法（草案）	提出修改意见
张钦昱	中华人民共和国乡村振兴促进法（草案）	提出修改意见
刘继峰	中华人民共和国乡村振兴促进法（草案）	提出修改意见
范世乾	中华人民共和国乡村振兴促进法（草案）	提出修改意见
孙　颖	中华人民共和国乡村振兴促进法（草案）	提出修改意见
焦海涛	中华人民共和国乡村振兴促进法（草案）	提出修改意见
徐晓松	中华人民共和国乡村振兴促进法（草案）	提出修改意见
李东方	中华人民共和国乡村振兴促进法（草案）	提出修改意见
薛克鹏	中华人民共和国乡村振兴促进法（草案）	提出修改意见
郑俊果	中华人民共和国乡村振兴促进法（草案）	提出修改意见
刘　丹	中华人民共和国乡村振兴促进法（草案）	提出修改意见

李 蕊	中华人民共和国乡村振兴 促进法（草案）	提出修改意见
霍玉芬	中华人民共和国乡村振兴 促进法（草案）	提出修改意见
张 东	中华人民共和国乡村振兴 促进法（草案）	提出修改意见
王 磊	中华人民共和国乡村振兴 促进法（草案）	提出修改意见
王立梅	中华人民共和国数据安全法（草案）	提出修改意见
李怀胜	中华人民共和国数据安全法（草案）	提出修改意见
郭旨龙	中华人民共和国数据安全法（草案）	提出修改意见
商希雪	中华人民共和国数据安全法（草案）	提出修改意见
张 婷	中华人民共和国数据安全法（草案）	提出修改意见
李源粒	中华人民共和国数据安全法（草案）	提出修改意见
卞修全	中华人民共和国行政处罚法（修订草案）	提出修改意见
蔡乐渭	中华人民共和国行政处罚法（修订草案）	提出修改意见
成协中	中华人民共和国行政处罚法（修订草案）	提出修改意见
胡 斌	中华人民共和国行政处罚法（修订草案）	提出修改意见
何 兵	中华人民共和国行政处罚法（修订草案）	提出修改意见
刘善春	中华人民共和国行政处罚法（修订草案）	提出修改意见
罗智敏	中华人民共和国行政处罚法（修订草案）	提出修改意见
马 允	中华人民共和国行政处罚法（修订草案）	提出修改意见
王成栋	中华人民共和国行政处罚法（修订草案）	提出修改意见
王建芹	中华人民共和国行政处罚法（修订草案）	提出修改意见
张冬阳	中华人民共和国行政处罚法（修订草案）	提出修改意见
张 锋	中华人民共和国行政处罚法（修订草案）	提出修改意见
张 力	中华人民共和国行政处罚法（修订草案）	提出修改意见
赵 宏	中华人民共和国行政处罚法（修订草案）	提出修改意见
赵一单	中华人民共和国国旗法（修正草案）	提出修改意见
赵一单	中华人民共和国国徽法（修正草案）	提出修改意见
赵一单	中华人民共和国人民代表大会组织法 （修正草案）	提出修改意见

赵一单	中华人民共和国全国人大代表大会 议事规则（修正草案）	提出修改意见
王青斌	关于发挥市、区服务中央单位和驻京 部队机构作用 加强央产小区"接诉 即办"工作的意见	提出修改意见
张冬阳	中华人民共和国国境卫生检疫法 （修订草案送审稿）	提出修改意见
李　强	中华人民共和国海警法（草案）	提出修改意见
李卫海	中华人民共和国海警法（草案）	提出修改意见
冷新宇	中华人民共和国海警法（草案）	提出修改意见
张连凯	中华人民共和国海警法（草案）	提出修改意见
米　多	中华人民共和国海警法（草案）	提出修改意见
谢　丹	中华人民共和国海警法（草案）	提出修改意见
肖凤城	中华人民共和国海警法（草案）	提出修改意见
本　轲	中华人民共和国海警法（草案）	提出修改意见
高健军	中华人民共和国海警法（草案）	提出修改意见
朱利江	中华人民共和国海警法（草案）	提出修改意见
李　强	中华人民共和国国防法（修订草案）	提出修改意见
李卫海	中华人民共和国国防法（修订草案）	提出修改意见
冷新宇	中华人民共和国国防法（修订草案）	提出修改意见
张连凯	中华人民共和国国防法（修订草案）	提出修改意见
米　多	中华人民共和国国防法（修订草案）	提出修改意见
谢　丹	中华人民共和国国防法（修订草案）	提出修改意见
肖凤城	中华人民共和国国防法（修订草案）	提出修改意见
于文轩	中华人民共和国野生动物保护法 （修订草案）	提出修改意见
罗智敏	中华人民共和国个人信息保护法（草案）	提出修改意见
张　力	中华人民共和国个人信息保护法（草案）	提出修改意见
王成栋	中华人民共和国个人信息保护法（草案）	提出修改意见
成协中	中华人民共和国个人信息保护法（草案）	提出修改意见
赵　宏	中华人民共和国个人信息保护法（草案）	提出修改意见
蔡乐渭	中华人民共和国个人信息保护法（草案）	提出修改意见

	马　允	中华人民共和国个人信息保护法（草案）	提出修改意见
	张冬阳	中华人民共和国个人信息保护法（草案）	提出修改意见
	刘家安	中华人民共和国个人信息保护法（草案）	提出修改意见
	王　雷	中华人民共和国个人信息保护法（草案）	提出修改意见
	缪　宇	中华人民共和国个人信息保护法（草案）	提出修改意见
	王立梅	中华人民共和国个人信息保护法（草案）	提出修改意见
	李怀胜	中华人民共和国个人信息保护法（草案）	提出修改意见
	商希雪	中华人民共和国个人信息保护法（草案）	提出修改意见
	张　婷	中华人民共和国个人信息保护法（草案）	提出修改意见
	郭旨龙	中华人民共和国个人信息保护法（草案）	提出修改意见
	刑事司法学院刑法所全体老师	中华人民共和国刑法修正案（十一）（草案）	提出修改意见
	民商法学院经济法研究所	中华人民共和国招投标法（修订草案送审稿）	提出修改意见
2021	谢立斌	中华人民共和国全国人民代表大会议事规则	专家座谈
	谢立斌	规章制定程序条例	提出专家意见
	李红勃	中华人民共和国家庭教育法（草案）	提交修改意见
	李红勃	中华人民共和国教育法（修正草案）	提交修改意见
	王青斌	中华人民共和国反食品浪费法（草案）	提供专家意见
	李红勃	中华人民共和国教育法（修订）	提供专家意见
	李红勃	中华人民共和国家庭教育法（修订）	提供专家意见
	李红勃	中华人民共和国出入境管理法（修订）	参加修订论证
	李红勃	北京市无障碍环境条例	主要执笔起草
	应松年	中华人民共和国行政处罚法（修订）	提供专家意见
	应松年	中华人民共和国行政复议法（修订）	提供专家意见
	张　莉	中华人民共和国广播电视法（征求意见稿）	参加专家座谈会

刘 艺	中华人民共和国反垄断法（修正草案）	提交修改意见
曹 鎏	中华人民共和国行政法典编纂	参会提供专家意见
赵天书	中华人民共和国破产法	提出修改建议
张丽英	中华人民共和国海上交通安全法 （修订草案）	提出修改意见
李伯轩	中华人民共和国海上交通安全法 （修订草案）	提出修改意见
陈丹儒	中华人民共和国海南自由贸易港 法（草案）	提出修改意见
王志远	中华人民共和国反有组织犯罪法（草案）	提出修改意见
李 强	中华人民共和国军人地位和权益 保障法（草案）	提出修改意见
米 多	中华人民共和国军人地位和权益 保障法（草案）	提出修改意见
谢 丹	中华人民共和国军人地位和权益 保障法（草案）	提出修改意见
肖凤城	中华人民共和国军人地位和权益 保障法（草案）	提出修改意见
李 强	中华人民共和国军事设施保护法 （修订草案）	提出修改意见
米 多	中华人民共和国军事设施保护法 （修订草案）	提出修改意见
谢 丹	中华人民共和国军事设施保护法 （修订草案）	提出修改意见
肖凤城	中华人民共和国军事设施保护法 （修订草案）	提出修改意见
刘继峰	中华人民共和国反食品浪费法（草案）	提出修改意见
薛克鹏	中华人民共和国反食品浪费法（草案）	提出修改意见
孙 颖	中华人民共和国反食品浪费法（草案）	提出修改意见
张钦昱	中华人民共和国反食品浪费法（草案）	提出修改意见
李 蕊	中华人民共和国反食品浪费法（草案）	提出修改意见
焦海涛	中华人民共和国反食品浪费法（草案）	提出修改意见

王　磊	中华人民共和国反食品浪费法（草案）	提出修改意见
孙瑜晨	中华人民共和国反食品浪费法（草案）	提出修改意见
李　强	中华人民共和国兵役法（修订草案）	提出修改意见
谢　丹	中华人民共和国兵役法（修订草案）	提出修改意见
肖凤城	中华人民共和国兵役法（修订草案）	提出修改意见
卫跃宁	中华人民共和国监察官法（草案）	提出修改意见
鲁　阳	中华人民共和国监察官法（草案）	提出修改意见
蔡元培	中华人民共和国监察官法（草案）	提出修改意见
尹冷然	中华人民共和国监察官法（草案）	提出修改意见
于文轩	中华人民共和国湿地保护法（草案）	提出修改意见
杨　源	中华人民共和国湿地保护法（草案）	提出修改意见
胡　静	中华人民共和国湿地保护法（草案）	提出修改意见
朱炳成	中华人民共和国湿地保护法（草案）	提出修改意见
张钦昱	中华人民共和国安全生产法（修正草案）	提出修改意见
翟宏丽	中华人民共和国执业医师法（草案）	提出修改意见
吴宏耀	中华人民共和国法律援助法（草案）	提出修改意见
樊崇义	中华人民共和国法律援助法（草案）	提出修改意见
顾永忠	中华人民共和国法律援助法（草案）	提出修改意见
孙道萃	中华人民共和国法律援助法（草案）	提出修改意见
翁武耀	中华人民共和国印花税法（草案）	提出修改意见
李美云	中华人民共和国审计法（修正草案）	提出修改意见
杜远航	中华人民共和国审计法（修正草案）	提出修改意见
于文轩	中华人民共和国黄河保护法（草案）（送审稿）	提出修改意见
庄敬华	中华人民共和国黄河保护法（草案）（送审稿）	提出修改意见
杨　源	中华人民共和国黄河保护法（草案）（送审稿）	提出修改意见
于文轩	中华人民共和国黄河保护法（草案）（征求意见稿）	提出修改意见
庄敬华	中华人民共和国黄河保护法（草案）（征求意见稿）	提出修改意见

杨　源	中华人民共和国黄河保护法（草案）（征求意见稿）	提出修改意见
朱炳成	中华人民共和国黄河保护法（草案）（征求意见稿）	提出修改意见
高健军	中华人民共和国陆地国界法（草案二次审议稿）	提出修改意见
王灿发	中华人民共和国噪声污染防治法（草案）	提出修改意见
于文轩	中华人民共和国噪声污染防治法（草案）	提出修改意见
胡　静	中华人民共和国噪声污染防治法（草案）	提出修改意见
杨　源	中华人民共和国噪声污染防治法（草案）	提出修改意见
朱炳成	中华人民共和国噪声污染防治法（草案）	提出修改意见
张钦昱	中华人民共和国种子法（修正草案）	提出修改意见
邹玉华	中华人民共和国国家通用语言文字法（修订草案）（征求意见稿）	提出修改意见
崔玉珍	中华人民共和国国家通用语言文字法（修订草案）（征求意见稿）	提出修改意见
张　彦	中华人民共和国国家通用语言文字法（修订草案）（征求意见稿）	提出修改意见
民商法学院商法研究所	中华人民共和国期货法（草案）	提出修改意见

第二编

法治印记

第一部分

法治先声
新制度的曲折开端（1949—1977 年）

　　1949 年中华人民共和国的成立标志着一个新的时代的开始，而旧六法全书体系的废止为新的法律体系移除障碍的同时也留下了亟需填补的空白。如果说 1950 年新中国第一部法律——婚姻法的诞生在这片空白上画了一个起点，那么 1954 年通过的新中国第一部宪法（"五四宪法"）无疑是其上最为重要的一笔，从此新中国法律制度的基石开始一步三折的艰难打造。20 世纪 50 年代，法大人已经开始在新中国立法舞台上闪现自己的身影。有"五四宪法"背后步稳识渊的北京政法学院首任院长钱端升，也有夭折的民法典背后英姿勃发的青年教师巫昌祯……1971 年北京政法学院被撤销，法大教师们参与立法建设无从谈起……

钱端升

求道问学践民主　参政躬身行宪制

关键词："五四宪法"

钱端升（1900—1990），字寿朋，上海曹行乡人，我国政治学与宪法学奠基人之一。17 岁考入北京清华学校，19 岁被选送至美国北达科他州立大学，不久入哈佛大学研究院深造，24 岁获哲学博士学位。历任北京大学、清华大学、南京中央大学、西南联大法学院讲师，讲授政治学、宪法学。钱端升先生声蜚中外，曾于 1937—1949 年间四次应邀赴美国参加学术会议和讲学。1947 年底，任哈佛大学客座教授。新中国成立后，先后任北京大学法学院院长、北京政法学院院长、中国人民外交学会副会长、中国人民对外友好协会副会长、世界和平理事会理事、外交部顾问，并致力于新中国法制建设。1954 年，被聘为中华人民共和国宪法起草委员会顾问，参加新中国第一部宪法的起草。曾任第六届全国人民代表大会常务委员会委员、法律委员会副主任委员等职。1974 年出任外交部中国国际问题研究所顾问及法律顾问。1980 年后，担任北京大学和外交学院兼职教授、中国政治学会名誉会长、中华全国总工会法律顾问、中国国际文化交流中心理事、欧美同学会名誉会长、北京大学校友会和西南联大校友会名誉会长、各国议会联盟大会人民代表执行委员会委员等职务。

【以下内容根据相关文献资料[1]整理得出】

在"五四宪法"的制定过程中，钱端升为董必武领导的研究小组的"法律顾问"。

宪法："灵丹妙药"还是"不急之务"？

作为著名的政治学家与宪法学家，钱端升对于制宪与"中国问题"间的关系有着长久的思考。也可以说，参与"五四宪法"制定是其将思考反映于行动层面的努力。那么，对于中国来说，宪法是"灵丹妙药"还是"不急之务"？

钱端升认为，首先，如果立宪旨在"实行民主政治"，则未免倒置因果，因为宪制是民主的结果，而非前提。在他眼里，通常所谓的民治，即民主，是现代国家的标志，当日的中国虽然还称不上现代国家，"但要成为一个现代国家，也万无绕道民治的理由"。而"民治"，一个环环相扣的现代政治运作系统，牵扯既繁，费工必巨，其实现必须具备一些基本的指标。下列五端至为关键，必不可少：第一，不问世事如何，人民在法律上一律平等，表现在国家通过统一立法对于全体公民的基本权益实行同等保护；第二，限制国家权力，允许个人保留一部分自由权，在"限权"与"授权"之间形成必要的紧张；第三，设立一个代议机关，由人民依据平等的原则选出，并代表选民的利益担负立法权，选民于感觉必要时行使罢免等项权利；第四，议会中存在两个以上的政党，互相监督；第五，政府实行分权体制，于制衡格局中行使权力。

而综括这一切，均要求人民具有实际的参政权利与参政能力。也就因此，如要奉行民权，先得训练人民如何行使政权。而培训"行使政权"能力的最佳方法，恰恰在于实际行使政权，于行使政权的实践中渐知如何行使。就孙中山先生所倡导的民权论来看，选举、罢免、创制和复议为四种主要政权，人民要行使这四权，必须经过假以时日的充分训练，绝不能有所侥幸，也"决不是一纸宪法所可奏功"。而且，既有的政治框架既然已经涵括这四权，则于实践中渐会行使这四权，使它们成为真实的权利，便是最为切实的民主政治，无须再添累赘，否

---

[1] 主要参见钱端升文《评立宪运动及宪草修正案》《评立宪运动及宪草修正案》《政治活动应制度化》；许章润文《所戒者何——钱端升的宪政研究与人生历程》；韩大元文《关于新中国1954年宪法制定过程若干问题探讨——纪念1954年宪法颁布50周年》《纪念北京人代会50周年："五四宪法"诞生记》及其编著二书《1954年宪法与中国宪政》（第二版）、《亚洲立宪主义研究》。

则，可能反致浮华不实，累及四权。另一方面，从立宪国家的成功经验来看，"成功的民主宪法皆先有民治而后有宪法，先于民治的宪法皆为失败的宪法"。换言之，民治的事实为先，肯认与记载这一事实的法律在后，宪制不过此一事实与法律两相扣合的成果。职是之故，中国如为奉行民权主义而立宪，则犹如置车于马前而欲车行。

"五四宪法" 的起草过程

1953 年 1 月 13 日，中央人民政府委员会举行第二十次会议，讨论召开全国人民代表大会会议和制定宪法的问题，周恩来总理就此作了说明。毛主席在会上指出，根据中国人民政治协商会议共同纲领的规定，召开全国人民代表大会及地方各级人民代表大会的条件已经成熟了。在会上，大家一致通过了《关于召开全国人民代表大会及地方各级人民代表大会的决议》，并决定成立以毛泽东为主席，以朱德、宋庆龄、李济深、邓小平、李维汉等 32 人为委员的宪法起草委员会。此后，由中共中央指定了一个宪法起草小组，成员有陈伯达、李维汉、胡乔木和田家英等，由毛泽东亲自领导，并以政务院内务部为主组成宪法起草办公室，收集相关资料。1953 年 12 月下旬，毛泽东主席率宪法起草小组一行到达杭州。从此，新中国第一部宪法的起草工作正式启动。在毛泽东亲自领导下，起草小组制订了工作计划。

1954 年宪法共有草案四稿，第一稿是陈伯达一人起草的，但在宪法起草小组会议上没有被采纳。从 1953 年 1 月 9 日起，宪法起草小组重新起草宪法草案，即第二稿。宪法起草小组经过一个多月的努力，1953 年 2 月 17 日草拟出宪法草案初稿。2 月 18 日，初稿分送中央政治局委员和在京的中央委员。2 月 20 日以后，刘少奇同志主持政治局和在京的中央委员讨论了三次，与此同时，发给全国政协委员征求意见。在毛泽东主持下，宪法起草小组对草案通读统改，2 月 24 日完成"二读稿"，2 月 26 日完成"三读稿"。3 月 8 日，经中央政治局扩大会议的反复讨论、修改，宪法草案的草拟工作基本结束。宪法起草小组据此进行了修改。3 月 9 日宪法起草小组的起草工作完成，历时两个多月，拿出"四读稿"。至此，宪法起草小组完成了第一阶段的起草任务，为中共中央政治局进一步讨论宪法草案提供了较成熟的文本。

第一阶段宪法草案初稿共 4 章，97 条，其体例是：序言，第一章总纲，第二章国家组织体系（分六节，分别是全国人民代表大会、中华人民共和国主席、国务院、国家权力的地方机关、民族自治机关、法院和检察机关），第三章公民的基本权利和义务，第四章国旗、国徽、首都。第一阶段草案与正式文本在框架与基本内容上没有区别，但也有一些不同点：第二章的名称有变化；条文数增加到106条；在全国人大组织体系中，草案中有设全国人大议长、副议长的内容，并把全国人大常务委员会规定为全国最高权力机关的日常工作机关，全国人大常务委员会由全国人大议长一人、副议长若干人、秘书长和常务委员会委员若干人组成；第一阶段草案中宪法监督权由全国人大常务委员会行使，而正式文本中则规定由全国人大行使宪法监督权；第一阶段草案中国家主席的任期5年，而正式文本中任期是4年；第一阶段草案中使用了"司法权"，而正式文本中改为"审判权"；第一阶段草案在规定公民纳税义务时，规定各级人民政府非依照法律不得征税。

1954年3月17日，宪法起草小组回到北京。3月中旬，周恩来、董必武同志又邀请了非中共党员的宪法起草委员会委员进行讨论。在此期间，中共中央请周鲠生、钱端升为法律顾问，叶圣陶、吕叔湘为语文顾问，对宪法草案进行了专门研究。通过以上工作，正式形成了《中华人民共和国宪法草案（初稿）》，作为中共中央的建议稿向宪法起草委员会提出。这个草案作为宪法起草委员会和第一届全国人大第一次会议讨论的基础，确立了"五四宪法"的基本框架与体系。

1954年5月6—22日，举行了宪法起草座谈会各组召集人联席会议，参加会议的人有各组召集人、副召集人、秘书长、副秘书长、顾问等。在这次会议上，钱端升对《中华人民共和国宪法草案（初稿）》提出以下修改意见。

第2条中，民主集中制是很重要的一个原则，联系群众也是重要原则，放在一起是可以的。前三条讲国家结构，将民主集中制这么重要的原则插在中间，冲淡了前三条的重要性。田家英支持这一观点。但李维汉认为这三条不能分开。最后未达成一致意见。

第3条，钱端升建议将其分为三款。最后分为两款。

第11条，钱端升认为，对公民生活资料，是完全保护的，可以不要"依照法律"字样；对公民财产的继承权，是有限制地保护的，要有"依照法律"字样。不主张第12条与第13条的对调，因为次序是：完全保护的、有限制保护的、对所有权限制、禁止用私有财产破坏公共利益。最后按照钱端升的意思予以修订。

第13条，"国家禁止任何人利用私有财产破坏公共利益"，钱端升认为，

"利用"一词不合适，应当换一个词。最后决定由语文组研究"利用"一词。

第 82 条，"中华人民共和国的通信秘密受法律保护"，有代表主张加上迁徙自由，而钱端升认为，不要加，因为宪法规定的是总的原则，有这些权利，但为了公共利益需要时就可以变通。如果都写，就加不完了。最后决定不加。

1954 年 5 月 27 日，宪法起草委员会第二次全体会议。刘少奇主持会议召开，会议讨论宪法草案（初稿）的序言和第一章总纲的问题。第 11 条，国家保护公民合法收入、住宅等。钱端升认为，这里不包括房地产资本家的，因此是完全保护的，若用"房屋"一词，指的也是生活资料，不包括房地产资本家的房屋。

1954 年 5 月 28 日，宪法起草委员会第三次全体会议召开，刘少奇主持会议。会议讨论宪法草案（初稿）第二章的第一节与第四节。有关选举届满之前一段时间内，必须完成下届选举的问题。钱端升认为改为一个月内完成选举，怕不能保证如期开会，还是改为"两个月之前"好些。经讨论，改成"任期终了的一个月以前"。

1954 年 5 月 29 日，宪法起草委员会第四次全体会议召开，刘少奇主持会议。会议讨论宪法草案（初稿）第二章的第五节和第六节，以及第三章。钱端升提出，民族乡的国家机关是一般国家机关，不是自治机关。田家英同意钱端升的意见，将民族乡非自治机关的性质和职权作出具体说明。邓小平总结说，同意民族乡行使一般职权，文字再研究。第 81 条，陈叔通认为，共同纲领上有迁徙自由，如果宪法中不写，问起来还要解释。钱端升认为，可改为"中华人民共和国公民的住宅不受侵犯，通讯秘密受法律的保护。中华人民共和国公民有居住和迁徙的自由"。刘少奇评价说"改得好"。

1954 年 5 月 31 日，宪法起草委员会第五次全体会议召开，刘少奇主持会议。会议讨论宪法草案（初稿）第二章第四节，以及第三章。第 91 条，钱端升认为"住宅，通讯"移作第一款好。得到了认可。

1954 年 6 月 8 日，宪法起草委员会第六次全体会议召开，刘少奇主持会议。会议对宪法草案（初稿）修正稿全文讨论一遍，形成《中华人民共和国宪法草案修正稿》。关于中华人民共和国主席的法律地位，有代表提出是否应当对其有个定义，"是国家元首"。钱端升认为，不科学也不妥当。与宪法第二章第一节和第三节冲突。最终认为，取消为好。

关于第 58 条，钱端升提出"本地"一词在法律上含义不清，建议把"本地"改为"本区"，"本级"改为"同级"。刘少奇认为，把"本地"删除即可。

1954 年 6 月 11 日，宪法起草委员会第七次全体会议召开，毛泽东主持会议。这是向中央人民政府委员会正式提交宪法草案以前的最后一次会议。钱端升出席，并说明了武装力量和武装部队的称呼问题。

"五四宪法"的争议问题

从 1954 年 3 月到 6 月，宪法起草委员会共进行七次会议，分别对宪法草案初稿进行了讨论和修改，涉及宪法序言、国家机关、公民的基本权利与义务、国家结构等。宪法起草委员会办公室对讨论中提出的问题进行了整理，编写了《宪法草案初稿讨论意见汇集》，作为会议文件发放。从中我们可以分析宪法起草委员会成员对草案的看法与意见，感受到宪法草案在争论中逐步成熟的过程。每一次宪法起草委员会讨论的情况，工作人员都作了详细的记载，为我们研究起草过程提供了资料与基本线索。在宪法起草委员会讨论的同时，政协全体会议、各大行政区、各省市的领导机关和各民主党派、各人民团体也开始了对草案初稿的讨论。据统计，总计有 8000 多人参加了大讨论，共提出 5900 多条意见。讨论中意见比较突出的问题有以下方面。

在宪法结构问题上，对草案的结构问题提出了不同意见，一种建议是把结构改为：序言；第一章基本原则；第二章国家最高权力机关；第三章中华人民共和国主席；第四章政府；第五章国家权力的地方机关；第六章民族自治机关；第七章法院和检察机关；第八章公民的基本权利与义务；第九章国旗、国徽、首都。订一附则，规定宪法由谁颁布和宪法发生效力的时间。第二种意见是，基本不变初稿的体系，但建议把第二章的六节改为六章。

在宪法序言问题上，当时提出几种意见：一种是参照苏联宪法不要序言；二是把序言内容列入总纲；三是把序言改为绪言；四是对序言的文字作大的调整。

在宪法总纲部分，主要讨论如何表述经济的问题。有的意见主张，把草案中的总纲分为三段：第 1 条至第 4 条属社会结构，第 5 条至第 15 条属经济结构，第 16 条至第 20 条属人民权利和义务。也有人主张，把第六条至第十五条单列一章，专门叙述经济问题等。

在国家机构部分，主要讨论的问题是机构体系的提法、各机关的组成和职权的表述、机构内部的相互关系等问题。在是否把中央人民政府改为国务院的问题上，宪法起草委员会进行了较充分的讨论，最后大家同意改称国务院。

在公民的基本权利与义务问题上，有些人提出，应把基本权利与义务规定在国家机构前面，以理顺人民与国家机构的关系，但这个意见没有被采纳。在具体的基本权利方面，讨论主要集中在人身自由、住宅自由、基本权利主体的确定，限制基本权利的程序，思想自由与结社自由等问题。

"五四宪法"的历史地位与意义

对 1954 年宪法的历史地位，毛泽东在第一届全国人民代表大会第一次会议开幕词中指出，这次大会是标志着我国人民从 1949 年新中国成立以来的新胜利和新发展的里程碑。这次会议所制定的宪法将大大地促进我国的社会主义事业。有了这部宪法，我国人民就有了一个有力的武器，将更加充满信心地为建设社会主义而奋斗，将要以更大的规模去推进社会主义事业。

宪法首先是本国革命实践经验的总结。1954 年宪法是中国人民一百多年来英勇斗争的历史经验的总结，是中国近代关于宪法问题和宪制运动的经验的总结。它是我国历史上人民第一次自主制定的宪法，也是新中国第一部宪法。

宪法作为一种文化现象，反映着一个民族特定的历史发展进程和民族的传统，宪法起草小组在起草 1954 年宪法时，也曾参阅过我国历史上几部较有代表性的宪法文献，如 1913 年天坛宪法草案、1923 年曹锟宪法和 1946 年民国政府宪法，因为分别代表了内阁制、联省自治制和总统独裁制三种类型。1954 年宪法以共同纲领为基础，又是共同纲领的发展。

从宪制发展的历史看，1954 年宪法对新中国宪法发展产生的影响是多方面的。可以说，新中国宪法的发展是在 1954 年宪法的基础上发展和完善的，需要从宪制史角度分析 1954 年宪法的历史价值与地位。1954 年宪法是新中国历史上第一次行使制宪权的立宪行为，为新中国宪制体系的建立提供了统一的基础。国家的基本制度通过 1954 年宪法得到了确认，并为国家机构体系的建构确立了原则与依据。

1954 年宪法确立了宪法体系、内容与程序上的"中国特色"，力求在宪法的民族性与国际性之间寻求平衡。从制宪的文献资料看，制宪者们更多地注意到了苏联宪法的经验，但同时以开放的视野尽可能地从世界的范围内思考和了解宪法的发展。宪法结构和规范方面，1954 年宪法也提供了具有中国特色的体系，确立了调整宪法关系的基本范畴与调整领域，即国家与公民之间的关系、国家与国家机关之间的关系、国家机关之间的关系、国家机关与各个企事业单位的社会关系，等等。宪法关系的五大板块也是从 1954 年宪法开始的。

尽管在政治导向的框架下，学者的影响是有限的，但钱端升先生却在新中国的第一部根本性法律上打下了自己的烙印。既求道问学，又关切现实，既注重理论研究，又积极参与立法，自钱端升先生开始也成为一代又一代法大人的双重使命。

巫昌祯

高歌女性平权路　伏枥万里剔透心[*]

关键词：婚姻法、妇女权益保障法

巫昌祯（1929—2020），中国政法大学教授，特聘博士生导师，中国法学会婚姻法学研究会名誉会长、第七届至第九届全国政协委员，第五届至第八届全国妇联执行委员，全国杰出资深法学家，CCTV2015 年度法治人物、全国劳动模范、全国三八红旗手、全国优秀儿童工作者，新中国婚姻法学科奠基人。

教学生涯六十载

记者： 巫老师，能否请您简要介绍一下您的人生经历？

巫昌祯： 新中国第一部婚姻法（1950 年）颁布实施 60 年之际，也是我学法律、讲法律、参加立法和普法的 60 周年。我这 60 年的法学人生都是围绕着《宪法》第 49 条的精神进行的。

在新中国成立前夕的 1948 年 9 月，我考入北京朝阳大学。朝阳大学当时在国内是比较有名的法科大学。南东吴，北朝阳，无朝不成院。我进入朝阳大学之前，对法律一无所知。当时赶上北京朝阳大学第二批招生。别的学校在 7 月份都招完了，只有朝阳大学有第二批招生。我正赶上这个机会，就考入了朝阳大学，心想先进入朝阳大学再转行吧。原来这么准备的，因为我不了解法律，而喜欢文

* 采访于 2011 年。

学。但进入大学不久解放军就进了城，很快就到了 1949 年初。新中国成立以后，学校被华北人民政府接管，我们成了朝阳大学朝阳学习队队员，就相当于当年的革命大学、华北大学革命训练班性质的短期学习班。当时主要任务就是上街宣传。新社会、新思想，政治任务比较多。此外还参加游行，五一游行，五四游行，七一也游行，八一也游行，好多都是轰轰烈烈的。当时就是个热情洋溢的社会，不上课了，就学习政治，听一些有名的大家的课，郭沫若、曹禺，还有谢觉哉，都给我们上过课。那时我刚十八岁，这样的生活氛围对我的人生观和价值观的奠定起了决定性作用，也受到了马克思主义、列宁主义的启蒙教育。

1949 年 10 月 1 日，共和国第一所法科大学，即中国政法大学（不是现在这个）与共和国同时成立了。当时对是叫法政大学还是政法大学存在争议，但我们是政治挂帅，法律为政治服务，所以最终就定名为"政法大学"。当时的政法大学分为三个学习部，一部是调干，二部是专修科，都是短期性质的，三部就是我们这些青年学生。当时我们学了一些基础的知识，像社会发展史、中国革命史这些政治理论方面的东西，还没有进入法学领域。过了半年，也就是 1950 年 3 月 1 日，中央又有新的考虑，把政法大学和革命大学、华北大学合并，成立了中国人民大学。中国人民大学是综合性大学，也是新中国成立的第一所大学。又赶上第一了，第一所法科大学我参加了，第一所综合性大学我也参加了。那时中国人民大学是很特殊的，穿着革命化的制服，奉行革命化的生活方式。当时完全依循苏联模式的办学方针，请了八位苏联专家给我们讲课，他们先讲苏联的法律，然后讲东欧的法律，最后才讲中国的法律。那时咱们还没什么法律呢，旧法又已经被否定了，所以我们就讲苏联的，适当联系中国，中国有什么我们就讲什么。没有法律文件，就讲指示、批复等。我在中国人民大学学习了四年半时间，从 1950 年初到 1954 年 7 月，其中预科半年，本科四年。

毕业后我被分到北京政法学院（中国政法大学的前身），是院系调整后由北京大学、清华大学、辅仁大学、燕京大学的法律系、政治系合并组成的，1952 年成立。那时就一个办公楼，现在已经被拆了。刚刚建设初期，条件很艰苦，大课都在办公楼上面的一个教室上，小课在平房里上。就这样，我在北京政法学院、中国政法大学一直待到了现在。我觉得教师是我人生的一个职业选择。当教师，比较洒脱，没有很复杂的人际关系。我对上下级的关系处理不太擅长，中间有两次工作调动的机会我都没有去，那都是在 20 世纪 50 年代。我参加立法工作以后，全国人大想把我留下，因为那时候新中国培养出来的第一批人才很少，就只有我们有法律系，1954 年以后学新法毕业的我是第一批。这批人才还是比较可贵的，挺年轻也肯苦干，也有这个能力，所以就想把我留下。我说我回去跟领导商量一下，后来领导说我们还是愿意你留下，还等着你讲课呢。于是我就婉言谢绝了全国人大领导的好意。后来在妇联系统待得久了，妇联系统的中华女子学院觉得我去比较合适，跟我谈，我说全国人大让我留我都没有留下，中华女子学院我就不去了，但可以给你们讲课。所以两次调动我都没有去。

我就是喜欢教师这个职业，当教师比较自由，心态也比较平和，不用处理复杂的人际关系。我的人生就是法学人生，整个人生都是围绕学法、讲法，终身为妇女、儿童和家庭服务。我的大部分时间都是用在这个领域，特别是改革开放以后的 30 多年，整个生活就围绕这个转。我到北京政法学院后分配到民法教研室，先讲民法，因为那时候民法比较重要。当时上的都是大课，一个班二百七八十人，两个大班合在一起上课，大约有五百多人。一周两次课，两个大班。当时学习比较艰难，条件还不具备就开始教学了。这么多年，我就是从事教学工作。"文化大革命"时期，众所周知，国家比较动荡，我们学校也被撤销了，我成了留守人员。20 世纪 70 年代末一复办，我就回来了。从改革开放以后，我就一直忙着讲课、普法、参与立法，特别是参与立法比较频繁。我总结了一下，从 20世纪 70 年代末到现在，参加的大的立法活动总共有 10 次。也参加过一些法规制定活动，比如，《婚姻管理条例》《北京市保护妇女儿童权益规定》。也参加了未成年人保护法的立法工作，当时叫青少年保护法，最早是团中央主持的。后来因为与婚姻法的任务有较大冲突，我就退出了。这些法律出台以后的宣讲我都参加了，如婚姻法、未成年人保护法，因为妇女儿童是连在一起，密切相关的，都是家庭里面的弱势人群。我都参与了与妇女儿童老人相关的法律的宣传、讨论。

婚姻法一改的"破"与"立"

记者：您是婚姻法方面的权威，您参与了几乎所有的婚姻法的修改，能否请您介绍一下第一次婚姻法修改的背景？

巫昌祯：我参加的第二次立法就是婚姻法的修改。修改比较匆忙，三年不到就改完了，因为当时任务非常迫切，需要解决特殊的问题。第一个就是人口问题。20 世纪 70 年代末就提出计划生育了。人口问题是严峻的问题，所以一定要解决。生育是通过家庭来实现的，所以修改婚姻法首先要体现这一点。宪法也要体现这一点，所以也要修改，把计划生育政策放进去。人口问题要进入法律首先要进入婚姻法，此外还要进行专门的人口计划生育立法，两个法同时进行。结婚按婚姻法，生孩子按计划生育法，当时一个是全国妇联和民政部领导，一个是国家计生委领导，叫姐妹篇，我们同时参加这两个法。

婚姻法进行得比较顺利，三年就出来了。因为当时需解决的问题比较突出，一个是把计划生育的问题解决了，这个没什么争议；一个是我们社会主义的婚姻制度不太稳定，虽然1950年就有婚姻法了，但婚姻制度还不太稳定，要重申、巩固、稳定、发展，所以第二段工作就是在原有基础上巩固发展已经建立起来的婚姻家庭制度。其中实行得不好的主要是婚姻自由制度。为了解决这个问题，婚姻法特别规定，如果双方感情确已破裂，调解无效，准予离婚。离不离婚，只在于双方感情。如果感情已破裂的，可以离婚。过去讲的是理由是否正当，如果是你有问题，家庭有问题，那么理由正当。如果你离开农村，到城市来上大学，喜新厌旧，就不准离婚。虽然他喜新厌旧，但原来是包办婚姻，本就没有感情。这时感情破裂是一回事，有外遇是另外一回事。不能说你有外遇，所以不许离婚，这个是不正确的。他有外遇，该怎么处理就怎么处理，该处分的处分，但是他原来的感情已经破裂，本来就没有感情，是包办的婚姻，应该解除就解除，离婚自由就得到了保证。所以这就把感情确已破裂作为离婚的一个标准第一次规定进入了法律。1980年婚姻法主要是体现这两点。

记者：把感情确已破裂作为离婚标准写入婚姻法后，社会反应怎么样？

巫昌祯：反应挺好。因为婚姻就是爱情的法定结合，符合法定要求的结合，而不是一般的结合，随便随心的结合不行。年龄必须要符合规定，没有特殊的亲属关系、特殊的疾病等才可以。爱情就是直接维系婚姻的一个基础，这是由婚姻的本质所决定的。所以后来重申了婚姻自由的原则。保证了离婚自由，由感情确已破裂来衡量。双方感情真的破裂了，过不下去，可以离婚。可能还有别的问题，那就是另外处理的。

作为婚姻法延续的妇女权益保护法

记者：《婚姻法》进行修改之后，又出现了哪些新问题？立法上是如何应对的？

巫昌祯：《婚姻法》公布以后我们就去宣传，到处宣传，各种宣传，当时热衷于搞这个，但不久我就发现有新问题了。改革开放以后，20世纪80年代初期，生活富起来以后，出现了很多新问题。第一个问题是拐卖妇女，不要什么本钱，把妇女找到一块，一卖，就有钱了，就成万元户了。拐卖妇女开始是从农村开始的。这边农村妇女多，那边农村妇女少，所以拐到那边农村去卖。第二个问题是妇女卖淫。这两个方面，对妇女有很大的侵害。所以最高层领导开专门的会议探讨了妇女问题，提出了妇女遇到的新问题，要立即解决新问题，当时考虑到要从法律上采取措施。先从地方做起，各地方先颁布地方性法规，例如，北京市保护妇女儿童的规定，或者叫办法、条例。从地方做起，积累经验以后，就要制定法律，全国性法律。从 20 世纪 80 年代中后期，就开始酝酿制定一部妇女权益保障法（以下简称妇女法）。因为那时正处在第四次世界妇女大会在北京召开前夕。第三次世界妇女大会有个公约，说要逐步加强妇女权益保护的立法。为了履行妇女保护的国际公约，我国计划在世界妇女大会召开以前起草一个妇女法。从那个时候就酝酿这个。

第一部妇女法是 1992 年公布的。因为是 1995 年召开世界妇女大会，原来准备提前两年公布妇女法，也就是 1993 年、1994 年公布的。但是提前做好了，这里面做了好多工作。当时在全国人大有一个小组叫妇女儿童小组，设在内务司法委员会里面。妇女儿童小组对妇女工作比较重视，出了一些书，做了一些准备。我是成员之一，任起草组的副组长。小组下面设办公室，具体负责起草工作，我也兼任办公室主任。我领着一批人，整天围绕这个做工作，调研、征求意见、座谈，等等。我们进行了许多调查，提出了妇女的六大权益：政治权益、人身权益、文化教育权益、财产权益、劳动和社会保障权益、婚姻家庭权益。这部妇女法是比较全面的、综合性的保护妇女的一部法律。这在世界上算是第一部。其他有妇女法的国家对妇女进行的都是某个或某几个方面的保护，比如财产、家庭方面，没有我们的全面。我们的法律包括实体、程序，包括民事、刑事，是综合性的，规模比较大。这部法出来以后，其他国家来取经，我还接待过几次。外国妇女代表团说，你们这么做，为我们开了个先例。我们回去后，也准备这么做，我们过去只是保护妇女权益的一部分权益，制定一个法规保护民事权利，制定另一个法规保护刑事权利，不像你们国家有这么全面的、专门性的保护妇女权益的法规。所以这个妇女法出来以后在世界妇女大会上收到了很好的效果，也有一定的影响，对其他国家起到了先锋作用，很多国家向我们学习。所以这部法在世界上影响还是很大的。

妇女法出来以后，我们就宣传这部法。中国很大，地方一大，宣传就很重要。各个地区，各行各业，都在宣传。那时候部队里都成立妇女工作部，都有妇女组织，都谈这个问题。经过一番宣传以后，妇女法就深入人心了。

婚姻法二改的问题与争议

记者：婚姻法在 20 世纪 80 年代第一次修改之后，过了十余年，马上进行了第二次修改，这是出于什么考虑？

巫昌祯：到 20 世纪 90 年代中后期，大概是 1995 年底 1996 年初，婚姻法的第二次修改开始了。这次修改的情形就比较复杂了。第二次修改在 20 世纪 90 年代后期，因为 1980 年修改婚姻法时改革开放刚刚开始，一些新情况还没暴露出来。到了 20 世纪 90 年代，问题都显现出来了，特别是在婚姻家庭方面反应特别强烈。有人说，1980 年婚姻法公布才十多年，就要修改吗？因为当时情况变化太大了，广东一带尤为明显，当时的广东省政法委、省纪委、省公安厅、省司法厅、省法院、省妇联组成联合调查组，在全省转了一圈，得出调查结果说，婚外性关系等现象是一个突出的问题，亟需立法加以解决，希望在修改婚姻法过程中体现这一点。要想尽办法，遏制这一行为。如果这种行为得不到遏制的话，后果很严重。

记者：在这次修改过程中好像遇到了很大的阻力，您能谈一谈吗？

巫昌祯：是的，在这次婚姻法修改过程中充满了争议。好多学者，特别是社会学者反对我们法律学者。我们提的一个方案就是夫妻之间应该有相互忠实的义务。这是学习了外国的经验，外国有很多法律有这个规定。不忠实是离婚的法定理由。一方不忠，另一方可以提出离婚，增加这一条来遏制婚外性关系。我提出了配偶权的概念，配偶权受法律保护。这样就把保护对象明确了。包"二奶"等婚外性行为侵犯了这个权利，是不合法的。但这个引起了社会很大的反应。社会学者就不同意，他们把这种事看成是隐私，是个人的权利，这是我个人的自由，只要不重婚就不能管我。重婚当然有法律明文规定了，重婚有重婚罪，我不重婚就行了。1980 年以前，通奸是犯罪的，犯罪大家就不敢。1980 年以后取消了通奸罪，通奸、姘居都不受法律制裁，只有重婚受法律制裁。所以大家就放开了，法律管不着，道德管不了。我可以我行我素，你骂我我不在乎。大家对自由的理解进入了一个误区。我们学法的人应该知道，法律不许做的事情就不是自由，也不是权利。我们宪法有一条规定，公民在行使权利的时候，不得侵害国家利益，不得侵害集体利益，也不得侵害他人的利益。人家结婚了，两口子，你插进去，就侵犯了他人的利益，是应该禁止的。

对这个法律意见，最后采取了民意调查的方式。由全国妇联出面，组织了一次全国性的调查。31 个省市，除我国港澳台地区以外，全部进行调查，征求意见，特别是对互相忠实那一条。我们原来考虑把它放在总则里面，作为第 4 条来规定夫妻之间应该互相忠实、互相尊重，这样它的地位就提高了。这也反映了我们修法的起因。互相忠实，就是抵制包"二奶"等发生婚外性关系等现象。互相尊重呢，就是互相尊重人格，尊重人身权利，因为当时家庭暴力现象也比较突出。不履行忠实义务怎么办呢，第 46 条规定了后果，叫损害赔偿制度。你要是真犯错了，按照情节的轻重，让你负刑事责任、民事责任或者道德责任。如果违反刑法有关规定，构成重婚罪，就按重婚罪处理。如果没有构成重婚的，可以进行行政处罚或者要求承担民事赔偿责任。总之，我们是在贯彻法律的一个原则，就是侵犯他人利益要负责。这个意见得到了全面的拥护。99.6% 的群众都赞成夫妻应该忠实，75.8% 的公众认为应该制裁婚外性关系，95.2% 赞成法律制裁重婚，47% 的人认为应该进一步限制离婚，86.8% 的人同意在离婚时对破坏婚姻家庭一方进行制裁。这都是民意调查的结果。这些数据说明增加那一条是符合民意的，群众总的意见还是要遏制婚外性行为。所以《婚姻法》里增加了这一条，这一条就是总括全法的指导思想。要建立好的家庭，要互相尊重，互相忠实，家庭成员要尊老爱幼，互相帮助。但在后面也增加了一些新的精神。就是第 3 条，本来是"四个禁止"，现在增加了禁止内容。即禁止有配偶和他人同居，把姘居放到法律里面来了。20 世纪 80 年代后姘居也不犯罪，你就是公开同居也没问题，别人对你无能为力。没法制裁你，公安局的人来也没用，顶多说你道德上有问题。这次是明令禁止了，禁止一方有配偶者与他人同居。对于这条规定的司法解释是，有配偶者，不以夫妻名义，与第三者共同生活时间比较长的，甚至生儿育女的，这种行为就叫有配偶者与他人同居。这一条就把这种行为禁止了，而第40 条规定了相应的后果。这种行为明显存在过错，要按过错大小承担刑事、民事责任。

婚姻法三改的精神

记者：《婚姻法》第二次修改后，过了五六年，紧接着在 2001 年又进行了第三次修改，这次又是什么情形呢？

巫昌祯：这次修改延续了上一次修改关于正确处理权利、自由与法律之间关系的精神。起草当中大家也是费尽心思想办法要怎么体现这个精神。争议什么时候都会有，特别是婚姻法。因为人们都懂婚姻法，谁都可以发表意见。不像别的法，比如票据法。婚姻法是人人皆知的，比较普及的。如果损害他的利益，他必然会反对，第三者也会反对。我喜欢为什么不可以，这是我的权利。什么叫权利？对他进行普法吧，他认为，就像在农村，他对我不好，我把他杀了，为什么不可以啊。当然不可以了，他对你不好是有错，是害人的。你把他杀了也是害人的。他对自由理解太片面，不懂什么叫自由，什么叫权利。自由权利是法律赋予的，法律规定你十八岁才能结婚就得十八岁，十五岁就不行。不是法律限制你什么，是因为不合理的、不科学的东西是不能要的。为什么近亲不能结婚啊，血缘关系太近了，对后代有影响，所以禁止直系亲属、旁系三代以内亲属结婚。很多调查（包括国际上的很多调查）说明，表兄妹结婚的，很多后代都是不健全的，不是百分之百也是百分之八十左右。法律规定限制你的行为是合理的，是科学的，是为你着想的。所以应该理解这一点，这不是对你权利的限制，是对你不合法行为的限制。2001年婚姻法修正案就解决了这一问题。

记者：在 2001 年《婚姻法》的修改中您负责什么工作？

巫昌祯：还是办公室主任，起草组副组长，具体主管团队。

妇女权益保障法的新情况与再完善

记者：此后没有几年妇女权益保障法也进行了修改？

巫昌祯：《婚姻法》修改完后就修改妇女法，妇女法修改的时候就把《计划生育法》通过了，第三次修改通过了《计划生育法》。确定了刚才提到的原则：提倡一胎，计划二胎，杜绝多胎。而且还根据不同的地区制定不同的政策。计划生育法也经过三次修改，最后在 2001 年通过了。

妇女法也要修改。妇女法是 1992 年通过的，到 2001 年的时候，有人提出来，妇女法还有些不足，还有些新情况要包括在内。所以又修改了妇女法。新情况主要是性骚扰，过去不太注意，后来职场的性骚扰日益突出。性骚扰应不应该进入法律？

妇女的几大权益也得不到保障。当时妇女有"三难"，读书难、就业难、参政难。在农村，家里没钱，男孩先读书，女孩的受教育权受影响。女孩入学率低，辍学率高。就业也难，现在还是比较难。对女性有歧视，有单位明文规定不许女性参加的岗位，不招女性。这种问题比较突出。因为现在招工单位有自己的权利，不像过去，在我们的时代，就没有这个问题，一毕业就分配了，帮我们安排工作。顶多是个好坏的问题，起码是有工作的。统一分配，不分男女，分哪儿哪儿都得要，不能不要。现在的情况是，单位可以不招录你，条件不合适。还有就是参政难。参政的女性比例还是上不去。第十一届全国人大代表女性比例比第十届全国人大代表稍微高一点点，总的来说还是20%多一点。女性比例现在国际上都已经到40%了。有的国家就规定了，男女各占40%，另外20%可以流动。咱们还是有些不足。选择女性代表还是受限制。妇女法没有硬性规定关于妇女的参政比例，有一种意见认为，人大代表里面男性有多少，女性有多少，应该有一个比例，应该硬性地规定按比例选。咱们没有这个规定，还是自由提名自由选，国际上有两种主义，一种是自由主义，任选民选，选到谁是谁，还有一种是按比例选，男性要占到一定的数量，女性也要占到一定的数量。不是男性给女性权利的问题，而是女性应该得到的权利。所以这个参政权也是争取来的，是修改妇女法的一个重点吧。

为《宪法》第49条奋斗终生

记者：您在采访一开始时提到，您这60年的法学人生都是围绕着《宪法》第49条的精神参加的立法和宣传，您能否具体说一说这是什么意思？

巫昌祯：我参与的上述这些立法，它的范围就是《宪法》第49条所规定的，差不多都涉及了。《宪法》第49条规定的是婚姻、家庭、母亲和儿童受国家的保护，禁止破坏婚姻自由，保护老年人、妇女和儿童的合法权益。

我离休以后参加了《老年人权益保障法》（以下简称老年法）的修改，就最近两三年。总之，我觉得"养老"是个大问题。现在妇女权益保障法、未成年人权益保障法、残疾人权益保障法都修改过了，就老年法没有修改过。老龄问题也越来越严重了，所以就提到议事日程上来了。老年人占了人口很大一部分，将近两亿多人口了。而且中国人未富先老，就像家庭一样，十口人，干活的是六口人，老人占四口。还没解决穷的问题呢，人就老了，这是一个严峻的问题。老年法虽然已经修改几年了，但还没有出台。

我对婚姻法、妇女法、老年法，都是围绕着《宪法》第49条的精神进行的，算是为我国弱势群体权利保障事业奋斗了终生，做了一点贡献吧。我所主持的中国法学会婚姻法学研究会是一个团队，是一个小集体。我们这几个同志啊，一套人马，几套牌子，既是婚姻法修改组的成员，又是妇女法修改组的成员，也是计划生育法的成员，还是民政部《婚姻管理条例》的参加者。我们都参与了，我们集体参加。这是一个团队，曾被《法律生活》杂志评为法律战线的义务兵。我们从来不收任何报酬，参加那么多立法，做了那么多工作，但从来不要求什么。

为了维护妇女权益，我还自己办了个律师事务所，免费为大家服务。20 世纪 80 年代初期叫第八律师事务所，在北京市人大常委会旁边有个接待室。其实最早叫做法律顾问处，这是中央明文规定要成立的，规定为了维护妇女权益，各地妇联、工会可以成立法律顾问处，为妇女提供帮助。我们最早成立了法律顾问处，我是主任。后来法律顾问处不能满足需要了，就成立了律师事务所，叫第八律师事务所，也是我在当主任。由于这个所全是义务服务的，没有什么收入，没法管妇女要钱，不但不收钱，还往里搭钱。所以有的律师就待不住，调到别的所去了。现在律师所就改成法律援助中心了，由北京市妇联负责。后来我就退出来了。法律援助中心有段时间做的公益培训多一点，为大家提供咨询服务，到农村、到街头去宣传法律，我都是带着学生去的，做了不少事。《婚姻法》颁布以后，有段时间要进行大规模宣传，给同学们做讲座，听的人特别多，都感兴趣。

婚姻法回归了新的民法典

记者： 除了这些法律之外您还参与了哪些立法？

巫昌祯： 还有 20 世纪 90 年代民政部《婚姻管理条例》。后来还有《婚姻登记条例》，前后两个条例都参加讨论了。我原来是民政部专家委员会的委员。还有妇联的、计划生育委员会的，这三家都参加了。总之跟这几个单位关系比较密切，经常联系，有什么活动都参与。最近民政部举办了一个婚姻家庭论坛，我也参加了。要是起草修改妇女儿童这些法律，我是必然参加的。民政部、妇联在全国人大的领导下成立起草组或者修改组，在组里我们还能起点作用，是他们的专家，所以《法律生活》杂志说我们是法律战线的义务兵，不计报酬。

此外也参加了一些民法典部分章节的立法工作。我们国家最早从 1955 年开始起草民法典，一直到 2001 年还没有一部民法典，这始终是个遗憾。当时为了编写一部民法典，我们就赶紧上马，九人小组，江平、我都参加了。编了九编，一千多条吧，叫《中华人民共和国民法》，还不叫民法典。现在正在进行当中，等待通过，通过之后还要修改。2001 年启动，2002 年完成，本来预计 2005 年通过的，现在快 10 年了，还没通过，中间很多曲折。

记者：那您具体负责哪些内容？

巫昌祯：我具体负责两编，婚姻家庭编和继承编。这个说明中国婚姻法从此回归民法了，作为民法的一编，不独立了。婚姻法与民法原来是相互独立的，为什么独立呢，就是模仿苏联东欧的模式。那时认为婚姻法是身份法，解决身份问题的。民法是财产法，调整财产流通的。所以婚姻法有婚姻法的特色，应该独立成编。苏联东欧各国就公布有婚姻家庭法规、法典，或者家庭法典或者亲属法典。我们向他们学习，婚姻法就独立了。现在考虑婚姻法跟民法还是有密切联系的。法律分三大类，一类是宪法及相关法律，一类是刑法及有关法律，还有就是民法及其他法律，包括婚姻法等。从三大类的划分来看，婚姻法回归民法也没有什么大的问题，并不降低婚姻法的作用。但婚姻法有特殊之处，在适用民法典的基础上，也要照顾到婚姻法的特色。因为婚姻法毕竟是身份法，也解决因身份引起的财产问题。不像别的财产问题，例如合同。

国外大部分国家都把婚姻法放在民法里面。我们想回归民法，正在进行中，必须等全国人大通过以后才行。现在还依然婚姻法是婚姻法，民法是民法。进展太慢，中间很多曲折吧。民法毕竟是大事，现在中国有刑法、刑事诉讼法、民事诉讼法，但民法就一个民法通则，显然与市场经济很不适应。都 60 年了你还没有民法典，有点说不过去，现在不叫起草民法典，最早 1955 年叫起草民法典，现在叫编纂民法典。我们有单行法了，但是没有编纂在一块，没有成为一个系统。所以是编纂民法典，可以做些补充，做些修改，但并不是重新起草。

总之，我参加的立法就是两次婚姻法修改，民法典的起草和编纂，妇女法的起草和修改两次，计划生育法三次，其他如婚姻管理条例之类的，这方面的法律法规我都参加了。主要立法就十来次吧，主要集中在 20 世纪 70 年代以后。改革开放后 30 年我发挥了比较大的作用，对婚姻家庭妇女儿童法律制度的发展与健全完善，我可以说是见证人也是参与者。

婚姻家庭的三大新问题

记者：您觉得现在我国婚姻家庭制度方面还有什么需要改进？

巫昌祯：我觉得现在婚姻家庭方面有些新问题，有三个方面值得大家特别关注。第一个是年轻一代的婚姻家庭问题，现在年轻一代在婚姻自由的基础上，有一种倾向，放任轻率的倾向。有的人结婚特别草率，同日结婚同日离婚。后来我给民政部门讲课，民政部门的人说这不是最快的，处理过最快的是二十五分钟就变了。办完登记，去买衣服，因为颜色问题，吵起来，吵完就回来办离婚了。还有一个同日离婚，同日复婚。吵架了，一方情绪激动地说，再吵就离婚，另一方说离就离，谁怕谁啊，就去了，办理人员当场一问，都同意，就办了。回来以后，谁也不好意思说。邻居过来了，说老夫老妻离什么婚啊，别离了，双方找到台阶下了，当时就复婚去了。这也是真例子。所以现在离婚率高，复婚率也高。复婚率高说明离婚时很不慎重，很不理智，把婚姻当儿戏。

美国爱家协会的会长办了一个婚前学校，结婚前学习一段，丰富丰富自己，考核考核你，据说经过学习的，离婚率挺低。因为通过学习了解了为什么结婚，怎么了解对方，怎么适应对方。这位会长亲口跟我说，说学了以后大不同了。苏联也有新婚夫妇夜大学，说在这里学习的，考核合格了，登记结婚，不合格再学。结婚要懂得婚姻的价值，懂得婚姻家庭的功能。了解以后，什么性格适合你，什么家庭背景适合你，可以考虑清楚一点。婚姻当然以感情为主，但是理智也很重要，不可缺少。现在我也在呼吁这个问题，民政部也在试点，准备搞婚前学校。我们以前搞过，20世纪80年代初，我在北京市妇联办了新婚夫妇学校，办了三期还是四期吧。首先讲法律，结婚的法律要件，学了这个就不会有违法婚姻了。婚姻的人际关系、家庭关系怎么相处、家庭财产管理、家庭的责任性、感情怎么培养等，一共八讲，编了一本书，叫《新婚夫妇指南》。我觉得年轻一代的婚姻家庭问题值得研究。

第二个是农村的家庭问题。这是当前很重要的一个问题，很容易引发一些恶性案件。在农村留守的往往是老人、妇女、儿童。妇女一般是离不开的，能离开早走了，有小孩，没办法。这个不正常，夫妻应该是朝夕相处的，长期分离必然会发生变化。因为感情是动态的，会受到各种因素的影响，所以出现了很多恶性案件。我讲两个数据吧，都来自20世纪80年代我做的课题。法院给我们提供案例说，死刑犯里面，53%是因为婚恋问题导致的。前两年，电视上，中国人民公安大学一位教授宣称，当前的凶杀案，前三位第一位是情杀，第二位是仇杀，第三位才是财杀。国外也认为婚姻家庭犯罪是激情犯罪。另外现在在农村，我看材料，出现大量的亲子鉴定，男人在外打工，一年回来一次，生了孩子发现不像自己，就带着孩子去做亲子鉴定，有一百多起。如果是他的孩子还好，不是他的孩子就容易造成杀妻案。这对社会安定也不利。我想了两个办法，也只是权宜之计。一个是近距离打工，不要太远，可以常回家看看，例如在本省打工。一个是在农村基层政权成立相应组织，如在农村成立儿童保护站、老人服务站，女同志以妇联为主，成立妇女保护站。这个问题国家应该长久地抓。

第三个是老人的婚姻家庭问题。这里有两个因素，一个是社会的偏见，一个是子女的干预，老人再婚受到干涉。据统计，老年人有再婚愿望但真正再婚的只有6%。这个对婚姻家庭制度挑战特别大。我觉得要解决这个问题，因为它对建设和谐社会也不利，家庭不和谐，就无法建立和谐社会。

现在"婚外情"也是干扰家庭的一个方面。上海法院发表文章表示，现在"婚外情"是离婚的第一大原因。

第二部分

法治重生

转型期的破与立（1978—1998 年）

　　20 世纪 70 年代末，"文化大革命"结束，曙光再现，共和国重新回归到正常运行的轨道上来。捉襟见肘的制度支撑迫使法律制度的全面恢复与合理设计尽快提上日程。从 20 世纪 80 年代初新宪法、新婚姻法的出台和民事诉讼法等的制定，到 80 年代中后期民法通则、破产法（试行）、行政诉讼法等的出台，再到 90 年代刑事立法（刑法）与经济立法（海商法、公司法、证券法等）两翼展开，行政立法（赔偿法、处罚法等）与环保立法初见成效，两部特别行政区基本法（香港、澳门地区）的面世，共和国的法治步伐正大幅度向前迈进。

　　法大人在第一时间重返岗位，为法制再创而奔走疾呼、倾心尽力。不破不立，新制度总是从旧制度的废墟上成长起来的。这一阶段的法大人既要与僵化落后的旧思想与旧制度做有理有节的抗争，也要为新思想与新制度摇旗呐喊。在这个风起云涌的舞台上，闪现着一位又一位法大人的身影：这其中既有作为共和国民事诉讼法奠基人之一的杨荣新，全程参与港澳特别行政区基本法立法及其解释工作的老一辈宪法学权威廉希圣，又有刚刚摆脱二十二年逆境为私权保护而奔走疾呼的民法权威江平；既有开创刑事诉讼论证风气之先的鼻祖陈光中和刑事诉讼检察理论大家樊崇义，也有行政法学的掌门人应松年；既有新时代经济立法奠基人之一的徐杰，也有不畏劳苦倾心于青少年权利保护的郭翔；既有拓展碧波万里致力于为我国海上贸易保驾护航的吴焕宁，亦有不辞艰辛力促劳动者权利保护的王昌硕；更有沉潜低调但却长期参与联合国刑事司法的程味秋……

杨荣新

完善民事程序法　建构系统工程论[*]

关键词：民事诉讼法

杨荣新，1931 年生，山西运城人，中国政法大学教授、博士生导师，现任中国政法大学诉讼法学研究中心顾问、中国政法大学民事经济司法研究中心主任、中国政法大学学术委员会委员、学位委员会委员，同时兼任中华全国人民调解员协会副会长、中国行为法学会执行行为研究会会长、中国法学会诉讼法学研究会理事、中国国际经济贸易仲裁委员会仲裁员、北京仲裁委员会仲裁员、南京仲裁委员会仲裁员，武汉大学、湘潭大学、郑州大学、北京科技大学法学院兼职教授。享有国务院有突出贡献专家政府特殊津贴，其著作和论文曾获国家级高等学校优秀教材奖，司法部优秀教材奖，司法部"九五"期间优秀科研成果一等奖，北京市人民政府普通高等学校优秀教学成果一等奖等奖项。

风雨如晦　坚守民诉

记者： 请您介绍一下您的学术经历。

杨荣新： 我是 1949 年 9 月到北京上的中国政法大学。那时的政法大学呢，不是现在的中国政法大学，是 1949 年到 1950 年的一所大学的名称，1950 年以后就并到中国人民大学了。我于 1949 年 9 月到北京，上中国政法大学三部，三部

---

* 采访于 2011 年。

就是青年学生。一部是老干部，二部是旧知识分子，改造的，三部是青年学生。到 1950 年 3 月，中国政法大学和华北大学合并成立了中国人民大学，校长是吴玉章校长。当时我念的是法律系，1954 年毕业。应该 1949 年就上，但那时前后一年多没学什么，搞思想改造。新中国成立初期，讲思想发展史，学了一年。到了 1954 年 7 月，中国人民大学本科毕业。这是咱们新中国第一届，正规的第一批法律毕业生。

1954 年 7 月我被分配到了北京政法学院。那时还有个小曲折。那时跟现在大不一样。那时，分配的纪律性还挺强，没有人有意见。前些年分配的时候，有的人还讨价还价，想上这儿上那儿。毕业以后，宣布名单上没有我。把我们三个人留下，什么也不说。一个月以后，告诉我到北京政法学院。我是农村来的，特别老实，就不敢问为什么等了一个多月。人家说你到北京政法学院报到，我说好。那时候中国人民大学到这边根本没有道路，都是农田，要从五道口那边绕过来。临要来了，发现介绍信我都不理解。介绍信说，兹介绍杨荣新同志调到北京政法学院工作。这时候我就着急了，我就问老师，老师，我没有工作过，我怕别人问我，你怎么算调动了，你在哪里工作过了。老师说，因为我学习成绩还算比较好，也当班长，毕业以后就直接给我分了，分配到了外交系（也就是现在的外交学院），做国际宣传研究生，搞国际宣传。但是北京政法学院 1954 年招本科生，很需要老师，就到中国人民大学去找人。跟那边谈好了，北京政法学院派他们毕业的学生到那边去当研究生，把我换过来了。说我们学习的东西多，很适合当老师，说我学习也好。

记者：那时，北京政法学院刚成立两年多。

杨荣新：对，北京政法学院前面是专科，开始没有本科。

记者：所以您实际上并没有到外交学院去。

杨荣新：没有去。那时人都老实，我就说好，我知道这个情况了，就当老师去了。这边的档案也有这个情况。1954 年 7 月就到北京政法学院了。那时候分得比较细，有个民事诉讼法教研室。

记者：您当时的同学分在北京政法学院的多吗？

杨荣新：分的不少。他们是分来的，我是调来的。

记者：您能介绍一下到北京政法学院后的经历吗？

杨荣新：咱们学校一开始还挺重视的。专业分得很细，有刑法、刑事诉讼法、民法、民事诉讼法等。我在民事诉讼法教研室，教民事法律。那时候不细分，全都包括在里面，也包括我现在从事的民事诉讼法、强制执行法等。我当时在教研室当秘书，也是老师。一开始（1954 年到 1956 年）环境还挺好的。周总理讲向科学进军，我们也挺高兴的，让我们制订计划，什么时候当硕士，什么时候当博士，什么时候当副教授，什么时候当教授。但好景不长，到 1957 年就反"右"了。

我从事的课程挺多的，我最早讲过婚姻法、民事诉讼法、强制执行法、仲裁、调解、公证等。从当前来说，我是咱们国家，新中国成立以来从事民事程序法专业的第一个人。有些老师过去跟我一块工作的，比我来的早一点的老师，都走了。他们忍受不了这个寂寞，因为咱们国家当时法律不受重视，内部重刑轻民，重实体轻程序。当时这个民事程序不受重视，所以好多人都走了，搞人口的，搞刑事诉讼法的，都走了。坚持到最后，我算是第一个人。

记者：当时您为何坚持留在民事诉讼法专业？

杨荣新：因为我比较老实，也比较守纪律，工作、教学老受表扬。那时还不叫跳槽，要调动还得申请，领导不同意的。所以我也没说。我还算坚持下来了。过去我调侃自己说进入法律学界有点误入歧途，现在看来还算正途。

拨乱反正　民诉先行

记者：您参与过最早的一部立法应当是 1979 年启动的民事诉讼法，当时是怎样一个情形？

杨荣新：那时候咱们国家，法律不受重视，民事诉讼法更不受重视了。在"文化大革命"以前，民事诉讼法没有立法，新中国成立初期都是一些司法解释，暂行的规定。1979 年 9 月 12 日，民事诉讼法起草小组成立，我就参加这个起草小组。到 1982 年 3 月 8 日，试行民事诉讼法颁布。这段时间，我在起草小组负责"执行编"。我负责这一编，先起草条文，然后讨论、修改，修改以后再讨论再研究。

起草完以后，由于当时所有制、经济制度都还没定下来，所以叫试行民事诉讼法，还要赶快修改。因此，试行法公布以后，起草小组继续保留，保留了两年半。这个小组前后有五年时间，时间比较长。本来接着就要修改，但后来插进来了行政诉讼法。试行民事诉讼法规定，行政诉讼、行政案件依照民事诉讼法处理。起草小组本来想继续修改，民事诉讼法公布以后马上就修改。但是，中间行政诉讼法要立法，就把民事诉讼法修改推迟了。

咱们国家民事诉讼法比民法先公布。别的国家，有的不少是同时，也有民法在前的，民事诉讼法在后。但是民事诉讼法在前的比较少。当时的法工委（当时叫法委），我们起草小组去的时候它刚成立，人员都不齐。民法小组也成立了，我们也成立了，后来民法小组因条件不成熟被撤销了。民事诉讼法起草小组保留了，我们还挺高兴的。之后我们赶紧弄，前后两年半时间，也是比较长，做得比较仔细。我在这个小组里面除了负责执行，还负责破产（草案里面有破产）。正式公布的时候没有了。因为我们感觉国家的企业也有搞不好的，搞不好的就关停并转，关停并转就是破产。光用行政手段不行啊，所以我们就搞了个破产程序。

我们是正式的起草小组成员。起草小组有三个领导，剩下的有法院的、学校的和法学研究所的。当时我们学校就我一个，在这个小组前后五年，时间比较长。后来，就是1991年，我也参加了相关工作，当时法制委员会，后来叫法工委，成立以后，他们有专门的人员，那时主要由他们负责日常工作。我们参加工作就驻会了。后来就由法工委他们搞，我们就是参加起草，参加修改。后来我就对这个执行特别关注。有个大百科全书，大百科全书里面关于执行的条文都是我写的。

记者： 当时制定1982年民事诉讼法时有没有争议特别大的观点？

杨荣新： 当时争议比较大的就是范围。当时对这个执行还没有争议，觉得这个执行还可以。到1991年的时候才提出来，觉得执行放在这里不合适。当时就是怎么处理过去的一些传统，就是咱们处理这个案件，叫做依靠群众、调查研究、调解为主、就地解决，叫做十六字方针。这十六字方针怎么在民事诉讼法中规定，如何体现，有很多争议。一些大的问题没多少。

记者： 起草小组到1984年就解散了，解散后您是否还参加了其他的立法？

杨荣新： 参加得还不少，还有一个是破产法，就是现行破产法以前的那个破产法，1986年的破产法。参加的这个起草工作小组，是破产法公布前两年成立的。我是起草工作小组副组长。这个系统参加了大概两年。破产法只有43条，曾经写过报告，说这个破产法不超过100条，但未得到同意，可能条数过多，后来就只有43条。

这两个起草都挺认真的。我参加这两部立法，前一部正式起草是两年半，后一部是两年，这是正式参加的。另外，参加修改、讨论、论证的法律还有婚姻法、继承法、民法通则、仲裁法、公证法、调解法、行政诉讼法。但这些都不定期，有通知就去参加。

公证法我参加的时间也比较长。我是公证法起草小组顾问。这三个时间比较长，民事诉讼法最长，破产法其次，然后是公证法。公证法是司法部他们主持的，我当时也参加公证法起草小组，也是一般工作，条文起草我也都参加了，因为他们觉得我资历深一点，就让我做顾问。

"九一民诉"的合与分

记者： 1991 年民事诉讼法立法您参加了吗？

杨荣新： 参加了，也就参加一些大问题的讨论，日常工作是法工委他们自己搞的。1991 年民事诉讼法修改，本来是起草小组继续负责，中间插进来一个行政诉讼法，因此民事诉讼法起草小组就解散了。行政诉讼法公布以后，民事诉讼法又接着来。

1991 年民事诉讼法修改的时候，是在总政的一个宾馆里面，由当时的法工委主任顾昂然主持。他说这个修改有三种主张，小修小改、中修中改和大修大改，杨荣新是主张大修大改。因为我当时主张民事诉讼法要完善，内容要多一些，也主张执行要单独。因为执行和审判完全是两回事。他们开始是主张小修小改。民事诉讼法修改主要是修改三个问题，第一个解决地方保护主义，地方保护主义不是民事诉讼法所能解决的，因为当时别的法律都很少。但很快就否定了，因为民事诉讼法没法规定地方保护主义，也没法解决地方保护主义，地方保护主义是财政体系问题。第二个就是执行问题怎么解决。当时还没有正式提出执行难，只是说执行要修改。也有说执行难，但意义和现在的还不完全一样。第三个就是起诉难。我就主张大修大改。

不仅民事诉讼法要增加，还要增加别的，比方破产制度。破产制度最早民事诉讼法草案里已经有了。所以在 1991 年的时候，我主张还要增加破产制度。第十九章就是清偿还债程序。后来变了一下，叫破产。因为有个参加讨论的领导说这个名字不对啊，清偿还债，本来就是破产嘛，为什么不叫破产，后来就叫破产了，也就有破产法了。这个破产法比较简单，只有 43 条，内容很少。破产法起草当时首先是范围问题。最初我们主张叫中华人民共和国破产法，包括企业破产和个人破产。后来没有被接受，到现在也没有个人破产。1991 年民事诉讼法为什么有"破产"一章呢，因为企业破产法公布了，当时破产是大破产，后来不行。说只能搞企业破产，不能搞个人破产。但到企业里又行不通了，当时还没有什么民营企业，集体企业多，国营企业其实没有破产。企业破产法当时想写全部企业，后来说全部不好写，所有制不同啊，破产法根本没法放，所以当时我们有句话叫先解决大问题，先解决主要问题，把国有企业的问题解决了，其他问题就迎刃而解了。在 1991 年民事诉讼法里加上破产主要是加大破产法适用范围。1991 年民事诉讼法扩大了一下，把集体企业包括进来了，"三资"企业也明确了。但是第十九章内容不多，只是扩大一个范围。其他修改还有担保、执行等。

记者：您在 1991 年民事诉讼法修改的时候提出要把执行单独立法？

杨荣新：关于执行单独立法的问题，这么多年，我第一次在 1991 年民事诉讼法修改时提出来，后来陆续提，一开始很多人还不太同意，现在学术界都没有什么人反对了，实务界也基本同意。因为现在民事诉讼法里关于执行的条文太少，放在民事诉讼法里面，只有 34 条，民事诉讼法 268 条，执行只有 34 条，能解决什么问题啊，杯水车薪，根本不够用。再说这个互相之间的关系，民事诉讼法跟执行放在一起，根本没必要，这根本是两回事。你看，民事诉讼法里面，34 条是执行的。比方说这个通则，通则里面就没有执行。通则应该是指导分则的，我就开玩笑说，执行是附属的，附带规定在民事诉讼法里面的。从性质、任务、原则、措施这些方面，民事诉讼和执行完全不一样。我就说咱们这个民事诉讼立法也搞拉郎配。

现在我就主张分开。我们也成立了一个课题组，搞了一个我国《强制执行法（专家意见稿）》，原来有 366 条，后来最高人民法院执行局也搞了一个二百多条的版本。现在两个版本，最高人民法院执行局提出来，要把两个稿子合起来，报中央。现在已经合了，好像 440 多条。现在都研究完了。因为在中国执行难、执行乱多年了，中央为了人民法院的执行问题在 1999 年 7 月专门发了一个文件。三次中共中央专门发文，还有一次全国人民代表大会报告里面提到，还有十六届五中全会决议里面也提到这个问题。但是到现在也没有解决，原因太多了。

我们在今年的 4 月 18 日，专门成立了一个全国性的学术团体，叫中国行为法学会执行行为研究会。最高人民法院执行局局长是副会长，最高人民检察院民刑监督厅的厅长是副会长，还有法工委民法室主任是副会长，我是会长。今年 10 月在南京开了第一届中国执行论坛。在这以前，把最高人民法院和咱们学校那个稿子合起来了，要讨论研究一下，在井冈山开了会议。已经开了好几次了。稿子现在基本出来了，现在谁都没有意见，主要是立法机构。法工委那边，还是主张放到民事诉讼法里面，将来搞个大民事诉讼法，搞个民事诉讼法典。但是你看民事诉讼这里面，人身诉讼还没有，小额诉讼也没有，能增加好多内容。

没有把执行拿出来，怕拿出来内容少了。

记者：1991 年民事诉讼法修改的时候我们学校有别的老师跟您一起参与吗？

杨荣新：没有。日常工作有法工委他们管，他们邀请参加，咱们学校就我一个。

五个环节共促民诉系统工程

记者：您在学术方面最鲜明的一个主张是将系统工程论引入了民事诉讼理论，您能否作一个简要的介绍？

杨荣新：对，从咱们国家总结经验来说，我们在预防和解决民事经济纠纷方面有中国特色，有自己的特点。这个民事程序法是一个系统工程，我就主张我们国家从整个程序方面预防和解决。我当时提出了五个方面，实际还可以是六个。

第一个是公证，从整个社会层面来看，纠纷还没有发生时，公证正面引导。对重大民事经济行为要引导，经过公证证明哪些是真实的、合法的。经过公证把"真实"合法解决。系统工程第一个环节是公证，这是预防纠纷方面的第一道防线。后来有人说调解是第一道防线，我认为真正的第一道防线是公证。当然这个预防作用还不是太大，因为公证自愿。

第二个环节叫调解。调解就是说，有了纠纷不打官司。中国人偏好以和为贵，让为贤。因为调解无所谓胜负。发生纠纷了，我给你钱，但是是自愿的嘛，调解的，虽然应该给，但是戴个帽子就高兴了。如果你判我输了，我就不高兴了。调解有个中国特色，叫东方经验，外国人说的，说咱们调解有主管单位，原来是法院管，后来是司法部，司法行政管，在全国有调解委员会，宪法里面也有了，居委会、村民委员会都入宪了。调解就是瞄准纠纷苗头发生的时候。怎么规范调解这个工作，它有个指导，叫做调防结合，以防为主。我参加司法部调解法的起草时就提出这个方针。当时还有人接受不了，说调解就是调解嘛，怎么还以防为主。我说这个防不是用时间多、人力多叫为主，"为主"是从思想上重视，调的时候就制订防止计划，没有纠纷时就防止纠纷发生。很多人不接受，我就举了个例子。我说消防，救火的，消防也是防和救，消和防嘛，消防是救为主还是防为主？如果消为主，那等着吧，等着火了我给你救。当然是预防为主了。调解也是这个道理。最好不要发生纠纷，发生纠纷最好不要激化，以防为主。以预防为主不等于说我们这么多人都去搞预防，不是时间上用得很多，而是说思想上重视。

调解还有个好处，群众性强，民间的，那是一个方面。再一个方面，它是有组织的，有组织性。调解只要不违法就行。但有时候也不叫违法，而是用封建迷信来调解，行不行？正式来说应该是不行的。我有个案例，真实的案例。我原来有个调解的课题，关于人民调解的课题，到云南西双版纳去考察。那边比较偏远，接近缅甸了。村里有一个调解委员会主任，是转业军人。他就说你是中央来的人，我有个事，至今没跟司法局说，不敢汇报，但是我跟你说了，你看怎么样，给我讲讲。他那边的风俗习惯，这个社交啊，男女交往都比较活跃。有两个人，他们不对歌嘛，这两个人挺好的。后来这女的怀孕了，有孩子了，这个男的不理她，说不是他的孩子。女的说就是你的，我就跟你好。男的不信，然后就不管她了。女的就找调解委员会主任，说让帮着调解，他也调了，但男的就说不是，女的就说是，这谁也搞不清。女的说，要是解决不了，他不承认，她就跳江。因为调解都要包干，有了纠纷要调和，而且女的要跳江了，她不是一条人命而是两条人命。所以主任也很着急，尽量调。但是这个男的就是不承认，最后做了好多工作，这个男方就说，这样吧，他们村外有一座庙，供奉的那个神大家都觉得挺灵验的。说只要六月十五，女的敢到庙里给神烧香，拜神，诅咒，说这孩子是我的，我就敢要。调解主任给女的一说，女方说可以啊，这绝对没有问题，我敢说，这孩子绝对是他的。他们就到那个庙里，这女的当着调解主任的面，给神烧香、磕头、许愿，说这个孩子就是他谁谁谁的，绝对没有错，如果我说错话，什么天打五雷轰啦、撞车啦、沉船啦。这个男的就信了，这个调解就解决了。解决以后呢，这个男的又帮女的干活，说这孩子是他的嘛，又心疼这个女的，两人关系又好了，后来就结婚了，皆大欢喜啊。但是我不敢汇报，汇报了司法局不让我干。但我要不搞的话，女的要跳江，两条人命啊。我至今也没跟司法局说。你觉得怎么样？我说这个社会效果挺好，也解决问题了，应该口头表扬，但是不能公开，不能提倡向你学习。

可见，人民调解它有这个特点。现在你看发展成大调解，以人民调解为核心，法院调解有案子才能调，行政调解是遇到事了才能调解，人民调解是主动介入。

当时还没有调解协议效力的问题，还是自觉履行，舆论监督和调解委员会监督。调解协议的效力问题是后来提出的。为什么提出这个问题呢？是因为这个调解是群众自我教育、自我约束、自我解决纠纷，是群众自治的行为，所以不收费，现在有些地方要收费，不行。这个最大的特点是不收费，还有自愿。自愿后来有个什么问题呢，是咱们国家这个体制问题，原来调解归法院管的时候，这个法院还重视调解，它还指导人民调解，帮助提高水平。如果调解过后还诉讼，它一看原来调解过，它就说一说，也就履行了。后来调解归司法部了，法院就不管调解了。发生纠纷了，来到法院以后，可以判，判了就没什么说的了，可以强制履行了，也可以调解，这个调解，结果上跟原来人民调解的基本相同，有的完全一样。因为法院调解有效力啊，人民调解没效力啊，所以人民调解都愿意到法院来，说我调的不算，你调的那个跟我调的一样，都是多少多少钱。这个也造成社会资源浪费，因为他也不提前面的调解了。所以后来经过中央批准，司法部和最高人民法院就发了一个联合通知，承认调解协议有合同效力，如果调解后再起诉，法院了解你前面有调解了，还得回到这个调解协议下，重视这个调解协议了。现在有个迹象，就是人民调解如果搞得好，请人民法院确认，人民法院审查后确认，就跟法院调解一样，有强制执行的效力。这个就是进一步发展。我曾经是中华全国人民调解员协会副会长，对这个问题研究比较多。这个是人民调解，人民调解确实起很大的作用。

人民调解还有个排查的作用，这个村里的调解，看谁家闹矛盾吵架了，谁婆媳不和了，谁的孩子不孝顺了什么的，他都知道。哪些可能发生纠纷，哪些是"危险户"，要做工作。法院调解就做不到啊。比方在抚顺就有个案子，一个老工人，劳动模范，家里跟老伴发生矛盾了，老伴回娘家了，他就心情不好，周围谁也不知道啊。原来上班的时候爱说爱笑，现在什么也不说，低头干活。车间里有个调解委员，就注意到他。有一天这老工人就特别反常，情绪特别不好，下班了就回去了。这个调解委员不放心，就跟回去了。到院里就闻到很浓的"敌敌畏"的味道，结果到屋里一看，这人把药的瓶盖都打开了，要喝农药自杀，幸好没喝就被发现了，调解委员一把把瓶子夺过来，说你怎么啦。说你这么难受，我给你做工作。后来就去找他的老伴，老伴一听赶紧就回来了。这个人民调解就是很主动地介入。

人民调解还有一个好处，就是它深入群众，可以后续继续跟进。法院调解一般做不到这样的效果。咱们国家现在很重视调解，大调解，大排查。所以现在人民调解法公布了，我是主张立一个大调解法，就叫调解法，包括人民调解、社会调解、邻里调解、行政调解、法院调解。我多次在法工委的会议上提到，现在感觉光有人民调解不行啊，还有其他需要。

当然公证和调解不能全部解决问题，第三个就是仲裁。仲裁就是对重大的民事经济问题，当事人愿意仲裁，事先有仲裁协议，或者事后订立仲裁协议，进行仲裁。这个在中国现在搞得也不错。

还有第四个，就是审判。仲裁他不愿意，调解也解决不了，就只能起诉审判。诉讼和审判是司法解决的最高层次，效力最高，成本也最大，最后的防线了。这个解决以后呢，就是执行。法院调解、审判以后，人民调解经过法院确认以后，还有公证里面有个执行强制，这里面都有执行问题，所以第五个就是执行。这是系统工程里面的，原来我提的有五个，实际上现在还有第六个，就是破产。破产从大的程序来说属于民事程序，破产完了以后也需要执行。为什么叫系统工程呢，从系统内部来看，就是系统内各部分相互之间发生联系，互相制约，互相支持，取长补短，再加上运筹学。我觉得我们国家这几十年就有这么个经验，就是民事程序系统工程，或者叫预防解决民事纠纷的系统工程。

民事诉讼法仍需继续完善

记者： 2007 年民事诉讼法修改您参加了吗？

杨荣新： 参加了好多次会议。主要是对怎么解决执行难、防止执行乱，对这些条文进行增加。起草上，现在正式说法是代表提的议案，大会的议案。实际上，审判监督、再审程序，还有执行，这两个都是最高人民法院在搞。

记者： 现在国家对民事诉讼法进行再次修改吗？

杨荣新： 现在已经启动了。现在遇到的问题，就是体例问题，执行要不要进来，人身诉讼、小额诉讼要不要进来。这是一个大的问题。大概在下一个月要解决这个问题，也就是执行要不要单独立法。现在全国上下，特别是我们成立执行行为研究会以后，大力呼吁这个问题。法工委以前每年过年前都有一个春节联欢会，每次会上我们都提这个问题。我从 1991 年提到现在。现在执行难、执行乱等问题的原因固然很多，但是最主要原因是立法不到位，总共才 34 条。光拍卖这个问题的就能写个几百条，这里面怎么拍怎么卖、怎么委托。可《民事诉讼法》只有第 226 条有"拍卖"两个字，其他地方没有任何规定。我们主张把这个强制执行收归法院管，执行单独立法，规定得细一点，一步一个脚印，分工互相制约。好多国家，比方日本也是这样，强制执行法，拍卖都是法院管。现在实际上法国、日本、俄罗斯、越南、韩国，这五个国家都改了，把执行从民事诉讼法里拿出来了。

程味秋

淡定从容赴美欧　媒介中西促共识*

关键词：联合国刑事司法

程味秋，1931 年 9 月生，祖籍江西新建，中国政法大学刑事诉讼法教授。曾任中国政法大学法律系副主任、主任。1984 年作为访问学者，赴美国耶鲁大学法学院进修，研究美国刑事诉讼和比较刑事诉讼。1986 年 2 月，作为中国代表团顾问参加了在瑞士日内瓦召开的联合国人权理事会第 42 届会议。1986 年，经司法部和外交部的推荐，在联合国经济及社会理事会春季常委会上，以最高票当选为联合国犯罪预防和控制委员会委员。1987 年参加在奥地利巴登召开的"联合国与执法"国际专家会议，并担任会议副主席。1988 年在维也纳参加第 10 届联合国犯罪预防和控制委员会时，提出了一个旨在有效执行《北京规则》的决议草案，后成为中国在联合国社会领域提出的第一个并获得一致通过的决议案蓝本。1993 年被聘为亚洲预防犯罪基金会学术顾问。同年 11 月至 12 月，作为"刑事诉讼制度改革课题组"成员，赴法国、意大利和德国进行考察。

呕心沥血的刑诉修改建议稿

记者：您参与过哪些国家立法？能不能详细给我们谈一下立法的细节呢？

程味秋：我参与了 1996 年刑事诉讼法第一次修改，第二次修改因为退休了

---

* 采访于 2011 年。

没有参加。刑事诉讼法的修改工作经过几年的酝酿，在 20 世纪 90 年代初期提上议事日程，1993 年 10 月，全国人大常委会法工委为发挥教授、专家在立法中的作用，委托陈光中教授组织中国政法大学的刑事诉讼法学教授、专家，包括我，对刑事诉讼法的修改进行研究，然后提出一个修改方案供全国人大常委会法工委参考。我们经过近一年的工作，几经易稿，终于完成《刑事诉讼法（修改建议稿）》的草拟工作。我们这个研究小组在制定修改方案的时候也是本着中国改革开放和市场经济建设的需要以及促进刑事司法制度科学民主化的精神，对当时的刑事诉讼法的程序、制度进行一定的补充、修改。我们的修改建议稿总结了公安司法机关在长期刑事司法实践中所积累的经验，同时也对刑事诉讼法实施过程中一些较为突出的问题提出了具体方案。可以说修改建议稿吸收了十几年来刑事诉讼法学界的科研成果，也参考了民事诉讼法、行政诉讼法以及公安司法机关的内部办案程序规定，比如说一些检察工作细则，以及外国刑事诉讼法的相关规定。

在内容上，为了增强刑事诉讼程序的可操作性，我们在修改建议稿中增设了一些使程序具体化的条文，同时为了完善我国刑事诉讼程序，我们也在建议稿中增设了一些新的程序和制度，如简易程序、未成年人案件程序和涉外案件程序等。这样修改建议稿篇幅就扩大了，分为六编三百二十九条。在附件中，我们研究小组在建议稿中设立"司法处分"和"强制医疗措施"这两种程序，也拟出条文，也是考虑到这两种程序可行性有待进一步研究，所以就作为附件以供参考。还有，原来的刑事诉讼法中有类推制度，考虑到世界各国几乎普遍废除了这一制度，我们在建议稿中就没有设立专门的类推制度。另外，涉我国港澳台地区刑事案件具有一些既不同于普通刑事案件又不同于涉外刑事案件的特征，诉讼程序应该有所体现，但考虑到目前条件尚不成熟，当时的修改建议稿就没有对此作出规定。

刑事诉讼法修改既涉及对诉讼参与人的基本人权加强保护的问题，也势必涉及对公安司法机关以及相互之间关系的协调和规范问题。我们的修改建议稿本着有利于健全社会主义法制的精神处理。我们无论在结构设计还是在具体问题上，都反映我们这些参与起草工作的学者、专家的学术观点。我们对修改建议稿反复论证，然后于 1995 年作为国家社科基金"八五"重点科研项目的成果公开出版，全称是"中华人民共和国刑事诉讼法修改建议稿与论证"，以方便让外界了解我们增、删、改条文的根据和理由，也引起法学界和司法实务部门对刑事诉讼法修改工作的重视，从而进一步推进刑事诉讼法的修改工作。

这本书出版后，就引起法律界的关注，它的作用和影响远远超过我们的预期。在立法机关、实务部门、专家学者的共同努力下，1996 年第八届全国人大第四次会议通过修改刑事诉讼法的决定，这个决定里，对旧刑事诉讼法的修改达100 余处，条文总数达到 225 条，比原条文增加了 61 条。1996 年刑事诉讼法修改的主要内容基本上在我们的修改建议稿中已经提出来，只是在表述上或者具体规定上有所差异，据统计，修改建议稿所拟制的条文，被新修正的刑事诉讼法全部或部分采纳的约为 65%，这足以说明这本书对刑事诉讼法修改所起的作用。

1996 年的刑事诉讼法修改对我国几十年来形成的刑事司法制度作了重大改革，是我们法制建设的重要成果，获得了国内外人士的普遍好评。此外，我们书中有些建议当时没有被吸收采用，但是有些应该被纳入如今刑事司法制度改革的视野，比如非法证据排除规则。可以说，我们的修改建议稿不论是在当时还是在现在都具有很重要的意义。

孜孜以求国际犯罪的防控

记者：您参与了许多国际上的活动，您能谈一下您参与的国际上的刑事司法活动吗？我们知道您提出了中国在联合国社会领域提出的第一个并获得一致通过的决议案：1988 年 8 月，在参加第 10 届联合国犯罪预防和控制委员会时，在"少年司法和预防少年犯罪"的议题下，提出了一个旨在有效地执行《北京规则》的决议草案。

程味秋：我 1986 年当选联合国犯罪预防和控制委员会委员，任期自 1987 年1 月 1 日至 1990 年 12 月 31 日。期满，又连任一届，至 1992 年该委员会结束其任务止。这个委员会由 27 个成员组成，来自世界各个国家，我是中国的唯一代表。国外的立法跟我们国内立法很不一样，很多是英美式的立法，跟大陆法系是不一样的。联合国的立法有三个层次，第一个层次是最高的，像《人权宣言》《公民权利与政治权利国际公约》，第一个层次我们这个委员会没有涉及，我们这个委员会研究第二个层次和第三个层次的问题。第一个层次跟第二个层次、第三个层次的区别，第一个层次只要国家批准加入就必须遵守，比如说，我国到现在还没有加入《公民权利与政治权利国际公约》，因为一旦批准就必须一条条地遵守并且需要进行报告。第二个层次不要求国家必须遵守，但是要作为重要的参考，比如说，关于律师工作的准则，关于检察官，第二个层次比第一个层次要求低一些。我们现在很多关于律师的准则，就要向这个方向看齐。第三个层次完全是供参考的，制定一些模式公约，比如司法协助，制定一个范本，只要两个国家都同意，在范本上签字，那么双方就同意范本的内容。如果要同意在范本之外再加入其他内容，那也是可以的，只要双方同意即可。多半拿现成的用，但是两个国家有特殊问题可以再进行变更。这是联合国的三个层次的立法，联合国有一个专业术语，这三个层次整体叫做国际法律文书，英文叫 international legal instruments。

牵扯第一个层次的是更高层次的机构研究的问题。第二个层次的制定需要这样一个步骤。全世界每5年开一次预防犯罪和罪犯待遇大会，1955年第一次会议在日内瓦召开。在形式上，第二个层次和第三个层次的文书要提到这个大会上批准。咱们国家参加是从第六届联合国预防犯罪和罪犯待遇大会开始，是1980年，在委内瑞拉召开的。第七届大会，即1985年是在意大利米兰召开，第八届是在古巴哈瓦那召开的，我参加了第八届。这次大会也是一次性通过一些文书。在大会之前，我所参加的委员会多次开会讨论，听大家的意见，由工作人员提交到大会，最后大会一次通过。大会是由各国的政府代表团代表国家参加的。我所在的预防犯罪和控制委员会是一个专家委员会，不代表政府，完全以专家个人的身份参加，相对自由独立。大会要解决很多问题，其中一个任务就是批准第二层次和第三层次的国际法律文书，其中很大一部分是由各个委员会准备的。

第七届预防犯罪和罪犯待遇大会上通过了《北京规则》，这个规则是指导青少年犯罪预防问题的一个准则。在开会之前专门在北京召开了一个文件基本成型的会议，所以把规则命名为《北京规则》，全称是《联合国少年司法最低限度标准规则》。

记者：您后来又提出了一个如何执行该规则的草案？

程味秋：对。我先讲这个规则，这个规则在第七届预防犯罪和罪犯待遇大会上通过，我1986年当选、1987年上任联合国犯罪预防和控制委员会委员，我后来去参加会议时提出一个决议，如何更好地贯彻《北京规则》。《人民日报》也发了这条消息。这个议案是我提出来的，其他的委员认为很好，他们共同加入作为共同提案人，像新西兰、苏丹、法国。

兴趣与技能

记者：您参与的国际专题研讨会时提交了很多论文，有没有让您觉得某个议题是您最感兴趣的、印象最深刻的？

程味秋：我最感兴趣的是比较，中西比较。我讲的课是西方刑事诉讼，实际上就是比较。

记者：有人说，我国的刑事诉讼法制度主要是法律移植，您对此怎么看？

程味秋：我国需要移植，其实是每个国家都需要，不然就太单一了。因为需要，所以移植。要想移植成功，必须要有土壤，各种条件。能够适合最好，不能适合时你可以创造条件。你可以让品种去适应，改良品种。所以我觉得这里头就有研究的可能和必要。

记者：程老师，您的英语非常棒，能给我们介绍一些经验吗？

程味秋：谈不上棒，但是喜欢，当时考到北京大学的时候，系主任就是著名的国际法专家王铁崖教授，他很看重英语，所以我比较注重英语学习。一边学习专业知识，一边学习英语。

浓浓法大情

记者：您曾经在法大法律系任主任，跟法大的缘分很长久，您能谈一下吗？

程味秋：我实际是这样的，我 1950 年考上北京大学，到 1952 年国家进行院系调整，现在学校这条街建了八大学院，完全是专业性的。把北京大学、清华大学这些学校的法律系、政治系合并到一起。能看到 1952 年遗迹的地方就是 1、2、3 号楼和食堂，其他都拆了。

记者：您对法大非常有感情吧？

程味秋：对啊，我已年过八旬，一辈子在这里，上学、毕业、留校工作，直到退休，一直没有离开。现在年纪大了，离学校有段距离，还不算太远，一个月回学校一次吧，过组织生活。我退休后也参加了一些活动，比如写书，退休后发表了 24 篇文章和译文，出版了参与撰稿和编辑的专著 10 本。

廉希圣

婉转低吟新宪制　百转千回港澳情[*]

关键词："八二宪法"、港澳基本法

廉希圣，1932 年 1 月出生，我国著名宪法学家，中国政法大学宪法学教授、博士生导师。曾任中国政法大学法律系教研室主任，研究生院导师组组长，中国宪法学研究会秘书长、副会长，北京市宪法学研究会副会长，中国香港法律研究会理事，中国政法大学比较法研究所所长兼港澳台法研究室主任，《比较法研究》主编。1992 年起，获国务院颁发的政府特殊津贴。现任中国宪法学研究会顾问，北京市宪法学研究会代会长，海峡两岸关系研究中心研究员，司法部"法治建设与法学理论研究部级科研项目专家咨询委员会"委员，河北师范大学名誉教授，中共北京市委政法委党校与市政法干部管理学院兼职教授，北京师范大学学年讲座教授，北京市人大常委会法制建设顾问与法律顾问等。1956 年曾被中华人民共和国最高人民法院特别军事法庭指定为日本战犯的辩护律师；1980—1982 年参加现行宪法的起草工作，其后参加 1999 年和 2003 年中央关于修宪建议案的讨论；1985 年起，以法律专家身份参加《香港特别行政区基本法》和《澳门特别行政区基本法》的起草工作，并多次在全国人大常委会的立法工作中接受咨询和参加研讨，多次为香港特别行政区政府律政司提供有关香港基本法和内地法律的法律意见书。

---

[*] 采访于 2011 年。

"八二宪法"：拨云见日

记者：您参加了拨乱反正后第一部宪法的制定工作，当时的社会背景是怎样的？

廉希圣：1976 年粉碎"四人帮"后，1978 年出炉了新的宪法，但由于"四人帮"刚刚倒台，在这部宪法中，很多历史问题没有厘清，政治性问题没有结论，甚至在根本方向上还是错误的。"拨乱反正"运动后，这些政治问题终于得到澄清，政治问题解决后，对新宪法的要求呼之欲出。在这样的背景下，"八二宪法"的修正自 1980 年正式开始。我作为提供法律意见的秘书处成员，开始了长达两年的每天到人民大会堂坐班脱产式的修宪工作。

当历史的问题得到了清算，政治上的障碍被革除，作为最高法源的宪法才获得了正确的指导思想，"文化大革命"和以"阶级斗争为纲"均被否定，"七八宪法"中的错误得到了修正。当时我认为，除了四项基本原则外，改革开放也已经作为指导思想统领了整个"八二宪法"的内容，甚至，"八二宪法"本身就是改革开放的产物，比如其中关于个体经济的规定，以及中外合资企业和中外合作企业的规定，而这些在计划经济的过去是不可想象的。而"八二宪法"就其形式本身就曾有过改革的尝试。"八二宪法"前四稿的草案中都曾删掉了序言部分，但因有些内容不具有正文的规范性但又必须得到体现，第五稿的草案才开始又加上了序言。

记者：在新宪法的制定过程中发生过什么争议？

廉希圣：1954 年新中国的第一部宪法曾进行了几个月的全民讨论，收集到 118 万条意见，这样的方式在"七五宪法"和"七八宪法"中都被废除了，但在"八二宪法"中又得到了恢复，这也是群众路线的体现。原试图将所有意见数量统计出来，但却因数量太过庞大而无法完成，这种全民讨论的方式并不是单纯的走过场，事实上，一些条文的出处确实来自百姓，来自民间。比如"八二宪法"第 10 条对土地问题的规定，就是在草案即将提交到人大主席团的前夜收到了一封来自内蒙古群众的电报，这名群众指出土地不能滥用，草案组赶紧吸取了这条建议，修改为"合理使用土地"这样的条文。再比如关于罢工自由的问题，"五四宪法"中没有这样的规定，而在"七五宪法"和"七八宪法"中因为当时特殊的历史背景和事件有这样的规定，在"八二宪法"的起草中，法学家们对这个条文也一度非常犹豫，就在这个时候，收到了一封来自北京群众的信件，建议取消罢工自由。我还能清晰地回忆起这位群众当时提出的理由，一是社会主义国家与资本主义国家罢工的性质不同，更重要的是，在社会化大生产条件下，一个产业的罢工将会引起严峻的连锁反应。于是，大家采纳了这位群众的建议。

记者："八二宪法"最大的特点是什么？

廉希圣："八二宪法"的另一个优点是它的稳定性。作为国家最高法律，不能只考虑眼前利益，还有其他更长远的问题需要考虑。比如"八二宪法"就已经预见到了国家统一问题。当时英国首相撒切尔夫人与邓小平同志已经开始了我国香港问题的谈判，在我方对于收回香港异常坚决的态度下，宪法中增加了关于增设"特别行政区"的规定作为收回香港的宪法依据，尽管没有明确地提到"一国两制"。

一部优秀的法律不光光是法学家的努力就可以达到的，这与文字专家的努力也是分不开的。当时的起草委员会曾逐条逐条、一个标点一个标点地细细推敲过，宪法条文不仅在内容上，在文字上也是非常规范的。

尽管"八二宪法"具有很多优点，但正如同世上没有完美无缺的人一样，世界上也没有完美无缺的法典。"八二宪法"也并非无懈可击、十全十美，毕竟，囿于当时的历史条件，"八二宪法"依然是在计划经济的体制之内制定的，并不能完全契合当今的市场经济体制。

宪法修正案：改还是不改？

记者：除"八二宪法"外，您还继续参加了 1999 年和 2004 年两次宪法修正案的讨论会议，其中您提出了哪些修改建议？

廉希圣：1999 年修改宪法是由时任全国人大常委会委员长李鹏主持的。在修宪讨论会中，我提出了修宪工作中"对可改可不改的条文就不改"原则的质疑。我们需要具体区分情况，看是否真的需要修改，而不能被教条主义给框住。此外，我还提出恢复"五四宪法"中的居住和迁徙自由。这出于两点考虑，一个是在市场经济条件下，计划经济体制下的户籍制度和粮票制度对人的迁徙限制已经不存在，我们的法律也该作出相应调整；另一个是我国还未加入的人权政治公约中就有关于居住和迁徙自由的条款，我们国内的宪法不调整的话，加入这个公约也几乎是不可能的。2004 年修改宪法是由时任全国人大常委会委员长吴邦国主持。当时讨论了很多内容，比如，对宪法中的公共财产和私有财产的平等保护问题，专家们质疑为什么对私有财产的保护条款不使用如同"公共财产神圣不可侵犯"的表述，最后这个问题吴邦国委员长认为应该由《物权法》来具体解决，而不在《宪法》中调整了。对为公共利益需要征收征用土地而补偿的具体细化，也同样留到了《物权法》中。我认为，2004 年修宪才是"人权入宪"这样的提法并不确切，因为我国宪法一直有关于公民权利的条款，只是在 2004 年第一次将"人权"这样与国际接轨的表述用到了宪法中，从而奠定了宪法上以人为本的立法原则。

港澳基本法：路漫漫其修远兮

记者：您被称为"港澳基本法第一人"，既参与了两部基本法的制定工作，又多次为特区政府提供法律意见书，请您谈谈香港基本法制定的背景。

廉希圣：1984 年 12 月 19 日，《中华人民共和国与英国关于香港问题的联合声明》在北京正式签订。其中第 3 条第 12 款中规定以法律形式确定了制定基本法的法律依据。香港基本法属于宪法性文件，我国香港地区民众把它叫做"小宪法"。从 1985 年一直到 1993 年，我作为内地起草委员会的法律专家，不断参加了很多讨论会，对港澳基本法的内容进行讨论，也算是见证了有重大历史意义的两部基本法出台的全部过程。其实在正式参与起草之前，国家有关部门就已经召集内地参与起草委员会的专家，历时一个月，在北京开会。自香港地区的"ABC"开始学习，尽可能全面地了解香港地区的社会状况，进行了充分细致的准备。

记者：您对香港基本法的整体印象如何？

廉希圣：如果可以总结为一个字，那就是"难"。实际上，能够形成各方都满意的文件太不容易了。

首先一个，文化背景及社会法律制度的不同加之语言不通的障碍。不同代表说着不同的语言，有粤语、普通话和英语，互相之间交流只能借助翻译；香港地区的法律制度偏向英国的英美法系传统，与内地倾向的大陆法系传统有很大的不同，几乎所有的法律条文在起草时都有几十种方案供表决和审议。甚至是仅仅涉及形式而无任何实质内容的方面都难以达成共识。比如，在大纲的审议中也有两人投反对票，说这部法的包装太土气。

再一个，对内容也有争议。香港地区专家担心基本法会突破联合声明的界线，对它进行擅改或扭曲，因此对基本法的内容有很多争议。有香港地区专家说，联合声明有的一点都不能删，联合声明没有的一点都不能加。而内地的专家显然不同意这一点，否则制定基本法就没有意义了。可以突破联合声明的规定之处就是参加会议的各方争议的焦点。

还有一个，对制定基本法的指导思想也有争议，是粗点好还是细点好。邓小平同志曾指示说，基本法宜粗不宜细。但是较为原则的版本遭到香港地区专家的质疑，他们说过于原则的制定就需要在以后进行许多法律解释。后来内地又提交了一个比较细的草案，但又因过细而受到批评，他们说过细难以适应社会的发展，社会在不断地变化，因此基本法会面临频繁修改的情况。在这番较量中，现在出台的基本法有的条文很粗，有的条文很细。

最后一个，基本法需要兼顾各阶层、集团的利益。由于香港地区的社会性质，不能像内地在制定宪法时那样考虑得比较简单，要兼顾各方的利益。而且每一个起草成员都代表着不同的利益集团，比如宗教界、科技界等，需要有一个平衡考虑的过程。世界各国立法在这一方面都没有有效的经验，所以基本法的制定完全是"摸着石头过河"。

具体到内容方面来说，在起草中也遇到许多难题，但最后也一一化解了。例如剩余权利的问题，香港地区专家认为剩余权利应当归属香港。但我觉得这是由于没有很好区分联邦制与单一制的权力分配的缘故。又比如，基本法中有明确的规定驻军问题，许多香港地区专家反对解放军进驻香港，由于不适宜明说，于是提出各种方案。最后香港地区专家同意了这个驻军条款。其实不论是驻军问题还是基本法内容的诸多问题都反映出香港地区民众的心态问题，即有些对内地的不信任。后来在香港地区的驻军演练了很多次，军营也对外开放了，也就取得了香港地区民众的信任。

记者：《邓小平文选》中记录了在香港基本法出台后，邓小平接见起草委员会的成员，并对基本法给予了很高的评价。

廉希圣：是啊。可以说香港基本法是一字值千金。每个字词都是经过反复考虑、仔细斟酌才写出来的。

记者：那么澳门基本法的立法情形又如何？

廉希圣：两个基本法的制定是交叉进行的。香港基本法的制定提供了很好的范例。中央对于港澳基本政策一致，在许多内容上港澳基本法都没有大的差别，但澳门基本法肯定不是对香港基本法的重复与翻版，而是突出体现了澳门地区的特色。如，对"旅游博彩业"的规定就充分考虑到其是澳门的支柱产业；司法机关设置上，澳门地区设置检察机关；由于社会状况的差距，葡萄牙政府的腐败带来其治理下的澳门社会治安混乱等问题，没有明确驻军与军费承担问题，而只是规定中央应当负担澳门的防务问题，后证明，中央在澳门的驻军既符合澳门群众的需要，也极大地维护了澳门地区的社会治安。

记者：您还参与了其他哪些立法工作？

廉希圣：我还参与了很多规章条例的制定，也提供了一些法律咨询和法律意见。例如，游行集会示威法，在草案征求意见时，我在阅读条文时发现文中竟有二十二个"不得"，而集会游行示威法是用来保障公民宪法权利的落实的，这在任何国家都是一样的。而很显然我们这部法律的立法目的却是在加强对公民的管理。于是，我向中央提出要端正立法指导思想。最终这个建议得到了立法部门的重视，在最后出台时保留了十一个"不得"。

江　平

法治天下民是本　权利弘扬法为先[*]

关键词：民法通则、行政诉讼法

江平，1930 年生，浙江宁波人，我国著名法学家，中国政法大学终身教授，民商法专业博士生导师，国务院批准的有突出贡献、享受政府津贴的专家，我国民商法学的主要奠基人之一。曾留学于莫斯科大学法律系，赴比利时根特大学、香港大学、意大利罗马第二大学、日本青山学院、美国哥伦比亚大学讲授中国民法、罗马法、公司法等课程，并获比利时根特大学名誉法学博士，秘鲁天主教大学名誉法学教授等殊荣。曾担任中国政法大学校长，中国法学会副会长、第七届全国人民代表大会代表、第七届全国人大常委会委员、法律委员会副主任等职。现任最高人民法院特邀咨询员、中国国际经济贸易仲裁委员会仲裁员、北京仲裁委员会主任、中国法学会比较法学研究会会长、中国经济法研究会副会长、中国消费者协会副会长等职务。曾参加《民法通则》《公司法》《合伙企业法》的制定，并直接担任《信托法》《合同法》起草小组组长，以及《物权法》和《民法典》草案专家小组组长。

民事立法　由整而零

我真正参加的立法是从 1985 年《民法通则》起草开始。比较集中的是 1988

---

　　* 江平口述，陈夏红整理：《沉浮与枯荣：八十自述》，法律出版社 2010 年版。本文内容除另有说明均由该自传摘录整理，因篇幅所限，未能一一标注，特作此总引注。所做处理已征得口述者与整理者同意。

年至 1993 年担任第七届全国人大常委会法律委员会副主任期间。1993 年以后，我还陆续参加过一些立法，包括《公司法》《合同法》《信托法》《物权法》等。其中《民法通则》无疑是最为重要的一部。要理解《民法通则》的制定过程，得追溯到新中国成立后至 1986 年《民法通则》公布之间三次制定民法典的尝试。

第一次制定民法典是在 1954 年。1954 年下半年，第一届全国人大常委会组建了一个专门的班子，集中力量，准备起草民法典，并于 1956 年 12 月形成了草案第一稿。但是由于整风运动的进行，第一次民法典制定在 1958 年无疾而终。

第二次制定民法典是在 1962 年，当年 3 月份毛泽东主席在一次讲话中提出要制定法律，民法典制定工作便再次启动。第二次民法典草案制定了 262 条。但是在当时的社会环境下，不可能制定出一部科学的民法典。这个民法典草案在术语上抛弃了许多传统的法律名词，例如，用单位和个人代替法人和自然人，物权债权也没有了。同时把家庭婚姻关系、继承关系抛弃了。随即而来的"文化大革命"，让此次民法典制定工作再次失败。

第三次制定民法典是 1979 年。这次起草民法典，采用了大兵团作战的方式，第一批就调集了 36 名法学专家、学者和实务部门的工作人员，一道组成了民法起草小组。此时我已回到北京政法学院工作，并担任民法教研室的负责人，被抽调参加了最初一段时间的起草工作。但是没参加多久，就因学校工作需要被召回，被任命为北京政法学院主管教学的副院长。此次起草采取大兵团作战方式的原因，一是立法机构当时人手少，尤其是缺乏懂专业的人，只能从各院校和研究机构抽调人手，二是立法任务紧，要在两年内完成立法草案。所以就把各方面的专家都找来，按民法的几大部分，分别组织专家起草、讨论、修改，到 1982 年形成了第五稿，但又被叫停了。彭真当时提出民法典起草工作要改批发为零售，先制定单行法，等单行法完善后再制定民法典。原因是中国当时正在进行经济体制改革，农村确定了土地承包经营制，但城市改革，尤其是国有企业改革的方向仍不确定。所以此时制定民法典的时机仍不成熟，在经济体制改革大体完成前，先制定一些亟需的单行法。

民法典起草转入单行法后，大家认为有必要先制定一个《民法总则》，先把总则中的一些问题说清楚，起到统领民法的作用，并确定了《民法总则》的框架。但对于名称，主张不一，如"民事基本原则""民法纲要""民法大纲"等，最后彭真定了叫《民法通则》，因为这里不仅包括了总则的内容，也包括了分则的一些内容，叫"总则"不合适，叫"通则"就把总则和分则都通起来了。

《民法通则》的起草，由全国人大常委会法工委来主持，并聘请佟柔、王家福、魏振瀛和我作为顾问，代表当时北京法学力量最强的四个法律院所：中国人民大学、中国社会科学院法学研究所、北京大学和中国政法大学。《民法通则》起草工作从 1982 年开始，到 1986 年 4 月在全国人大通过，共持续四年。这是我第一次以专家身份参与国家立法。我们四个专家顾问组成的专家组在起草过程中起的作用，是把关的作用，保证《民法通则》符合学理和法律常识，同时保证《民法通则》的质量。《民法通则》最后于 1986 年 4 月 12 日由全国人大通过，1987 年 1 月 1 日起实施。通过的《民法通则》共 156 条，内容大多是一些原则性的规定。

承前启后的民事权利宣言书

《民法通则》作为民事基本法，对我国民事法律制度的构建有着重要的作用，被称为一部民事权利宣言书。总的来说，《民法通则》的历史功绩主要体现在五个方面：

第一是解决了民法的调整范围。《民法通则》规定，中华人民共和国民法调整平等主体的公民之间、法人之间、公民和法人之间的财产关系和人身关系。该条规定确定了民法作为调整平等主体之间财产和人身关系的基本法的地位，为日后民商法的发展奠定了基础。

第二是确立了民法的基本原则。《民法通则》制定当时，对是否要在《民法通则》中规定计划原则、国有财产神圣不可侵犯等计划经济特色的原则争论颇多。《民法通则》抓住"平等"这一民法的根本特征，确立了"平等、自愿、等价有偿、公平和诚实信用"原则。这些基本原则符合民法的根本精神和市场经济的要求，对于建立社会主义市场经济的法律制度，有重要的指导意义。

第三是确立了权利本位原则。在起草《民法通则》时，对第五章的章名应该是叫"民事权利"还是"民事权利与义务"存在分歧。两种称谓实际上是反映了在民事关系中权利与义务哪一个更加根本的问题。最后，《民法通则》第五章的名称确定为"民事权利"，突出了权利在民法中的核心地位，确立了权利本位原则。同时，第五章规定的物权、债权、知识产权和人身权构建了我国民事权利体系的基本框架。

第四是确立了意思自治原则。《民法通则》制定时，有人反对采取大陆法系的法律行为概念，认为法律行为理论晦涩难懂，不如普通法系的合同理论明了易行。但是法律行为理论对于解释和判定各种民事行为，贯彻意思自治原则，有独特的作用。《民法通则》大胆采用以意思自治为核心的法律行为理论，对于弘扬意思自治原则，鼓励当事人依法自由、自愿交易，避免公权力对私权的过度干涉，有重要的意义。

第五是确立了侵权行为归责的基本原则。中国长期以来没有侵权行为方面的法律规定，《民法通则》在"民事责任"一章第一次对侵权行为作了全面规定，并确立了过错原则和严格责任原则，与世界各国的主流基本一致。

总之，《民法通则》确立了我国民法的调整对象和现代民法的四个核心原则，尽管以现在的眼光来看，它存在着各种的不足，但是它在我国民法的立法史上，仍不失为一部"承前启后、功不可没"的法律。

合同法立法素描

1998年1月，王汉斌找到我和王家福等几位民法教授，开了一个小会，希望能启动第四次民法典起草工作，由我和王家福牵头成立一个"民事立法工作组"。这个组是专家立法性质的组织，不是全国人大常委会正式任命的起草领导小组，因为民法典起草还未正式列入立法议事日程。小组包括六位学者以及最高人民法院的费宗祎、法工委退下来的肖峋，后来又增加了一些人。

立法小组的成员认为，民法典的起草应当采取分步单行立法，再汇总成法典的做法，而分步单行立法，也应采取先分则、后总则，先易后难的方法，即1999年3月完成《合同法》，从1998年开始大约到2003年的四五年时间，争取通过《物权法》，到2010年完成中国民法典。故《合同法》的起草就摆在了第一位。

《合同法》的起草共召集了14个院校、研究机构以及法院开会，对起草进行了分工。在各部分的负责人完成自己承担的起草稿后，我们确认和整合了不同的意见，然后请梁慧星和王利明来统稿。统稿完成后形成了专家试拟稿，提交全国人大常委会法工委。全国人大常委会法工委在征求各部门和地方的意见后，形成了《合同法》草案，并于1999年3月15日由第九届全国人大第二次会议通过。《合同法》的通过，解决了现实生活中非常迫切的需要，结束了三部合同法共存的情况，并有许多创新之处，并与国际接轨。

物权法的困顿与出路

《合同法》专家试拟稿完成后，民事立法工作组就决定进行《物权法》的专家起草工作。《物权法》的起草不是采用《合同法》那样的分工起草方式，而是委托中国社会科学院法学研究所的梁慧星教授组织力量，先完成一个《物权法》专家建议稿。在梁慧星教授的精心组织下，中国社会科学院法学研究所于1999年10月完成了《物权法专家建议稿》。该建议稿的特色就是不写国家所有权和集体所有权，回避了所有权的主体问题，只是将所有权细分为动产所有权和不动产所有权，对所有权平等保护。

但是考虑到中国的现实，如果回避集体所有权的问题，《物权法》很难通过。法工委的同志也认为该建议稿过于理想化。在随后由法工委专门组织的一次论证会上，王利明对此提出了批评意见，并提出了自己牵头起草的《物权法专家意见稿》，规定了国家、集体和私人三种所有权主体。全国人大常委会法工委民法室于2001年底，在两份建议稿的基础上形成了正式的物权法征求意见稿。该意见稿的体例以梁慧星的专家建议稿为基础，在所有权的制度设计方面则采纳了王利明的主张。

2002年初，李鹏提出要在第九届全国人大常委会的任期内通过民法典，立法中心便转到民法典上，《物权法》的起草工作就搁置下来了。法工委在原来工作组成员的基础上，又增加了几位成员，成立民法典起草领导小组，专攻民法典起草工作。社科院法学所在全国人大常委会法工委起草的《物权法（征求意见稿）》的基础上，完成了梁慧星领衔的民法典草案。同时，法工委又委托王利明完成了一份民法典草案，并在两份草案的基础上，综合起来完成了民法典草案，于2002年12月23日提交全国人大常委会审议。但是在行政命令主导下匆忙完成的民法典草案，遭到了很多批评，难以为各方所接受。于是，根据李鹏以及其他全国人大常委会委员的提议，《物权法》的立法工作在2003年之后重新启动。

2003年3月，换届后的全国人大将《物权法》列入立法规划，当时有人乐观地预计，物权法将于2005年3月通过，但后来的事实证明物权法的制定过程依然命运多舛、风波不断。2004年3月，第十届全国人大通过宪法修正案，将"公民的合法的私有财产不受侵犯"写入宪法，为《物权法》的通过奠定了基础。2004年8月，全国人大常委会召集专家对原《物权法（草案）》进行逐条修改。2004年10月，修正后的《物权法（草案）》第二次接受全国人大常委会的审议。2005年3月，第十届全国人大第三次会议因为要审议通过《反分裂国家法》，《物权法（草案）》的审议便遭搁置。

2005 年 6 月，全国人大常委会三审《物权法（草案）》，并在 7 月 10 日，由全国人大常委会办公厅向全社会公布三审后的《物权法（草案）》，征求意见。此后的 8 月 12 日，北京大学巩献田教授在网络上发表了一封致全国人大的名为"一部违背宪法和背离社会主义基本原则的《物权法（草案）》"的公开信，引起很大轰动。9 月 27 日，吴邦国委员长在座谈会中，提出修改《物权法（草案）》需要把握三点原则：一是要坚持正确的政治方向，二是要立足于中国实际，三是重点解决现实生活中迫切需要规范的问题，不必求全。而在另一边，12 月 7 日在广州举行的"中国物权法疑难问题研讨会"上，与会学者又上书中央，要求立法机关排除不必要干扰，恢复《物权法》的正常立法进程。最终，《物权法（草案）》仍未能在 2005 年 12 月召开的全国人大常委会上接受第四次审议，其通过之日被无限推迟。直到 2006 年《人民日报》社论和胡锦涛、温家宝等中央领导在全国人大会议上高调支持改革，强调"改革方向决不动摇"，《物权法》的制定才出现转机。随后《物权法（草案）》的审议颇为顺利，8 月接受全国人大常委会的五审，10 月接受六审，在审议中加入"根据宪法，制定本法"，解决了所谓的"违宪问题"。2006 年 12 月，《物权法（草案）》接受并通过了全国人大常委会的第七次审议，并于次年由第十届全国人大第五次会议表决通过，创下了立法机关审议同一部法律草案次数的记录。

《物权法》的制定过程之所以如此坎坷，反映出尽管改革开放已经三十年，但学术、思想领域的旧观念仍具有很强的影响力。制定《物权法》的最大难点在于，所有权问题涉及各方的根本利益，最根本的出路是要找到一个各方利益的平衡点。

行政诉讼法：开创"民告官"的新时代

中国历来是一个公权强大、私权羸弱的国家。因此，加强行政法律的立法，对私权保护具有重要的意义。行政法律制度的构建，也是完善社会主义法律体系的要求。1986 年 10 月 4 日，由全国人大常委会法工委、最高人民法院、中宣部、司法部等单位共同组织了《民法通则》颁布座谈会。会上陶希晋发言提出要建立"新六法体系"，就是宪法以及刑法、刑事诉讼法、民法、民事诉讼法、行政法、行政诉讼法。现在其他四个法都已经有了，缺的就是行政法和行政诉讼法。王汉斌在总结发言时表示要重视陶希晋的建议，并提出成立一个由立法机构、实际部门和专家学者三结合的行政立法研究组。陶希晋接受了王汉斌布置的任务后，提出由我来担任这个研究组的组长。行政立法研究组成立以后，一开始准备先完成一个"行政法大纲"类的实体法，但进行一段时间后，发现难度很大。我就在行政立法研究组的一次会议上，提出先程序后实体的建议，与会者都表示同意。法工委也同意了。于是，作为行政立法研究组组长，我主持了起草《行政诉讼法（试拟稿）》的工作，于1987年6月完成试拟稿并提交法工委。10月17日法工委把《行政诉讼法（试拟稿）》发送各地和各部门征求意见。根据实务部门反馈回来的意见，行政立法研究组于1988年6月15日、6月30日、7月11日先后形成三份行政诉讼法征求意见稿。在此基础上，7月13日，最后一份行政诉讼法征求意见稿再次发往各地方、各实务部门征求意见，在此基础上形成了《行政诉讼法（草案）》。10月，法工委将《行政诉讼法（草案）》提请全国人大常委会四次会议予以审议，最终于1989年4月4日第七届全国人大第二次会议通过了《行政诉讼法》。《行政诉讼法》由起草到通过仅历时两年左右，开创了立法上少有的速度。

《行政诉讼法》在中国的立法史上堪称里程碑式的一页，创设了一项崭新的权利保障制度。传统上的立法，大多是先有实践，后又立法，通过实践总结经验再转化为立法。而《行政诉讼法》则属于另一种特殊情况，即先有立法，后有实践，用法律制度来开创改革道路，只有有了《行政诉讼法》，才能有行政诉讼的实践，才能发现行政实体法的问题并加以完善。《行政诉讼法》的通过，开创了一个"民告官"的时代，为保护私权免受公权力的侵害提供了有力保障，在法治建设中具有划时代的意义。首先，《行政诉讼法》体现了现代民主精神，民和官是平等的，可以"民告官"。其次，《行政诉讼法》包含了现代法治精神，任何权利被侵犯都由法院去解决，法院是按照法律规定，公平正义地去解决纠纷，包括"公"与"私"的纠纷。最后，《行政诉讼法》包含现代人权精神、私权精神、人的权利至高无上等理念，结束了公权力随意践踏私权的时代。

任何一部法律的制定都不可能没有争议，《行政诉讼法》也不例外，制定过程中也出现了一些争议，如关于管辖地和受案范围的争议。最后，《行政诉讼法》采取了一个折中和模糊的做法，在级别管辖和地域管辖等一般规定外，规定了一种特别管辖，即第18条规定，对限制人身自由的行政强制措施不服提起的诉讼，由被告所在地或者原告所在地人民法院管辖。而行政诉讼的受案范围，也是全国人大审议期间的焦点。围绕"具体行政行为"和"抽象行政行为"两种观点，各方争论很多。最后《行政诉讼法》规定了受案范围只限于具体行政行为。

终生为法治而呐喊

法治应该是我谈的最多的话题。我所参与的所有立法活动，不外乎都是为了服务于法治中国梦想的实现。但是立法，即法律制度的形成与完善，只是法治的第一个层面。因为我始终认为法治应当包含三个层面，一个就是制度层面，这是最低的层面，在这个层面上，法治就是制度的化身；二是方法层面的法律，是更高一层的法治，法律人须有法律思维，善于运用法律方法；三是理念层面的法律，即法治，只有有法治的理念，才能辨别善法与恶法。就法治而言，改革开放三十年来中国法治的主线有四条：

第一条法治主线是人治与法治。改革初始，邓小平提出"有法可依、有法必依、执法必严、违法必究"，"有法可依、有法必依"就是法治高于人治的最主要说法。

第二条是国家与社会。我们以前的社会是国家干预过多，改革开放一个很大的变化，是给社会以更多的自治地位。但是，现在行政的干预、权力的过分干预在社会里面还没有完全消除，社会自治的功能还需要进一步提倡和发挥。

第三条法治主线是公权和私权。三十年改革开放很重要的进步是私权的扩大，私权保护要求对公权进行限制，我们的《行政诉讼法》设立"民告官"制度，《物权法》保护私人财产权都体现了这个机制。

第四条法治主线是从法制到法治，从刀"制"到水"治"，是改革开放三十年法治的一个重大飞跃。法制是制度，法治是理念，制度和理念是不一样的，法治作为理念很重要的内容是保障人权，给予人更多的自由，建立民主政治制度，我想这些理念进一步要求我们除了要有经济制度的改革，还要有政治制度的改革，以及政治制度的不断完善，这仍然还有很长的路要走。我过去一直、余生也必将为中国的法治而呐喊。

陈光中、樊崇义

风雨人生法治路　孜孜但求正义门[*]

关键词：刑事诉讼法

陈光中，1930 年 4 月生，浙江省永嘉县人，中国政法大学终身教授、博士生导师，中国政法大学诉讼法学研究院名誉院长，曾任中国政法大学校长。被法律界称为"刑事专家意见书鼻祖"。国务院学位委员会第二届至第四届法学评议组成员，国家哲学社会科学研究"八五""九五"届法学规划小组（评审组）成员、副组长，中国法学会第三届、第四届副会长，中国法学会学术委员会委员、副主任，中国法学会诉讼法学研究会从第一届到第五届会长，中国刑事诉讼法学研究会名誉会长，国际刑法学协会中国分会名誉主席，教育部社会科学委员会委员、法学部负责人之一，国家哲学社会科学基金法学评议组副组长，最高人民法院特邀咨询员、最高人民检察院咨询委员会委员，国家图书评奖委员会第二届至第四届委员等。此外，还兼任清华大学法学院等多家院校教授。1991 年经国务院批准，享受有突出贡献专家政府津贴待遇。

樊崇义，1940 年 11 月出生，河南内乡县人，中国政法大学教授，博士生导师，诉讼法学研究院专职研究人员，国家法律援助研究院名誉院长。曾任教育部法学教学指导委员会委员，中国法学会海峡两岸关系法学研究会理事，北京市政协委员，现任中纪委专家顾问、最高人民检察院专家咨询委员会委员、公安部特

---

[*] 采访于 2011 年。

邀执法专家、司法部公证律师工作专家咨询委员、中国检察学会副会长、中国行为法学会副会长、北京市高级人民法院和北京市人民检察院专家咨询和执法监督员、中国法学会刑事诉讼法学研究会顾问、北京市诉讼法学会副会长、中国侦查行为研究会会长、国家法官学院、国家检察官学院、国家行政学院的兼职教授、《法治日报》顾问、河南省检察官学院名誉院长。

朦胧法治梦

记者：陈老师，我们看了您的文集，看到老师的经历是非常丰富的。您当初是如何选择法学道路的，是什么理念支持您在这条道路上一奋斗就是几十年？

陈光中：我高中读的是浙江省立温州中学，毕业时念的是理科，但是我的爱好是文科，当时可以报很多学校，我报的学校是以法学为主，也有报新闻之类的。我当时报法学，是因为朦胧地觉得一个国家没有法律不行，西方国家法律很发达，国家才强盛，有一点法治救国的抱负。另外也有现实考虑，在我的家乡，除了达官富商以外，生活有保证的就是医生和律师。当时我觉得官场很腐败，挺不感兴趣。我个人想做学问或者自由职业者，又喜欢文科，就报了文科。当时法律和经济都是热门专业，经济系涉及钱，我不感兴趣，就报了法学。我考上了清华大学法律系和中央大学（今南京大学）法律系。这两个大学一南一北，都很有名，而且都是奖学金考取。不过当时北平铁路已不通了，需要海上到天津，再到北京。路上有些风险，我第一次出门，家里不放心，就坚持让我去南京，所以就读了中央大学。

新中国成立初期，可以自由转学，但是名额极少，北京大学在全国招转学生，我考取了三年级唯一一个名额，所以，我大学毕业时是在北京大学。大学毕业时我学习优秀，还是团干部，系主任费清（著名国际法学家，费孝通的哥哥）把我找去，说经过研究，让我留校当助教。留校不久，全国搞院系调整，我还没有在北京大学开始工作，政治系、法律系就全部合并到了北京政法学院。我到北京政法学院做的第一件工作就是去新华书店买新书。北京政法学院刚创立时，北京大学、清华大学的图书馆分一些旧书给我们。新校图书馆的书很少，领导告诉我，你认为需要什么书，就买什么书，购买图书是我对北京政法学院的第一个贡献，至今记忆犹新。

刑事诉讼法一改的二重奏

记者： 陈老师，您积极参与国家立法，为我国刑事诉讼法的修改做出了突出的贡献，尤其对 1996 年刑事诉讼法修改做出巨大贡献；中央电视台《东方之子》栏目对您做了专题采访，开创了该节目报道著名法学家的先河。您能详细谈一下这一次刑事诉讼法修改的背景、过程以及这次修改的争议点所在吗？

陈光中： 我国的刑事诉讼法是 1979 年制定的，当时我还没有调回学校，没有归队，错过了参与制定刑事诉讼法的机会，这对我来说是十分遗憾的事。

之后十几年过去了，在 1993 年，当时我已是中国政法大学的教授，又是校长，法工委委托我组织起草小组，搞一个刑事诉讼法修改专家建议稿供他们参考。法工委领导很信赖我，很器重我。因为当时我是诉讼法学研究会的会长，在开年会时，我写文章主张修改刑事诉讼法，文章通过中国法学会发了简报，王汉斌副委员长看到这份简报，很称赞我的思路。主持起草修改建议稿，任务很紧，我一边忙着校领导工作，一边组织编写修改建议稿。记得当时中国政法大学的刑事诉讼老师基本都参加了，有的博士生也参加了。当时进行了国内调研，还去欧洲调研，看看他们的立法动态，然后就开始大家分工起草，反复讨论定稿。不到一年时间就把起草的修改建议稿向立法部门送过去了。立法部门相当重视，用一天时间听汇报，我们汇报了修改建议的主张和理由。法工委参考这个稿子，并征求了各方面的意见再拿出他们的修正案草案。1995 年，我们把自己的修改建议稿加上论证理由公开出版，即《中华人民共和国刑事诉讼法修改建议稿与论证》，1996 年 3 月 17 日，全国人大以绝对的高票通过了刑事诉讼法修正案。这次修改加强了刑事诉讼法的科学化、民主化和人权保障。例如，律师介入原来是在审判阶段，现在一下子提前到侦查阶段。这次修改一个标志性的成果是审判方式从超职权主义转变为控辩式。即修改以前，主要由法官讯问被告人、出示证据，控辩双方不能起到真正的对抗，法官在审判前已审查了证据把案件先定了，再开庭审理。这样做不是控辩双方对抗，而是法官和被告方对抗。修正案把英美的对抗主义在一定程度上引进来，在保留职权主义的框架下，使审判真正地成为庭审审判，而不是走过场，搞形式主义。

应该说这次刑事诉讼法修改反响是很大的，通过之后不仅国内高度肯定，国际上也是普遍赞扬，主要是因为加强了人权保障和程序公正，吸收了英美法的一些做法，有改革开放的力度。我作为原始的主要设计人，也受到了热捧。当时中央电视台《东方之子》栏目播了我的两集深度采访，介绍了我的人生。另外，我们的修改建议稿专著获得了教育部普通高等学校人文社会科学研究成果一等奖，北京市哲学社会科学特等奖，外国有的法学教授则称我为"国际性的法学大家"。

从参加这次刑事诉讼法的修改，我深深体会到，一定要解放思想，同时要关注立法司法实践。因为我们写文章是为了推进立法司法的进步，要将文章转化为产品，就像自然科学的创造发明要转化为产品。我认为多写几篇文章不是很关键，只有被立法采纳推动司法进步，才是把贡献落到实处。从这以后，我就很注意这个方面。后来，我搞证据法建议稿和第二次刑事诉讼法修改建议稿也是这样做的。

记者：我们再来问一下樊老师。樊老师，您长期从事刑事诉讼法学和证据法学的教学和科研工作，积极主张我国刑事诉讼程序科学化与民主化。同时您也参加了 1996 年我国刑事诉讼法的修改工作，能给我们介绍一下您参与了刑事诉讼法修改的哪些工作吗？

樊崇义：好的。我所参与的刑事诉讼法修改工作大体可分为三个阶段。

第一阶段是 1979 年旧刑事诉讼法的制定：十一届三中全会后，刑事诉讼法制定时，我那时刚回来，还非常年轻，我们教研室主任还有几个老师参加了刑事诉讼法的制定，当时我们负责联系、旁听、记录这些工作。

第二阶段就是刑事诉讼法修改了。1996 年刑事诉讼法修改，中央委托我们中国政法大学起草，陈光中老师担任组长，我是提出 1996 年刑事诉讼法修改建议稿的副主编之一，参与了 1996 年刑事诉讼法修改讨论的全过程，而且我自己的一些主张得到大家的认同。这次刑事诉讼法修改，我组织博士生撰写《刑事诉讼法修改专题研究报告》，这本书获得了北京市哲学社会科学研究一等奖；第二本专著是《修改刑诉法的理性思考》，也获了北京市哲学社会科学科研奖，这本书提出的观点和主张申报了国家社科基金项目，最后作为研究成果报给中央领导，中央政法委批转立法机关以此作为立法参考，书中的十多个专题中有九个批转为司法改革和刑事诉讼法的参考；第三本是《侦查讯问程序改革实证研究》，自 2002 年我主持中国政法大学诉讼法学研究中心启动刑事审前程序改革示范（试验）项目，在全国范围内率先开展"三项制度"，即"侦查讯问全程律师在场、录音、录像制度"这三项制度，组织师生共同进行实证研究，选取北京海淀、河南焦作、甘肃白银分别作为东部、中部和西部的代表进行"三项制度"

试验，关于三项制度的实验报告写了一本书《侦查讯问程序改革实证研究》，得了北京哲学社会科学一等奖、教育部二等奖。这项研究至今已经九年多了，为司法改革提供了有力的现实说明，将要吸收到这次刑事诉讼法的修改（注：2012年刑事诉讼法的修改）中。近一年来刑事诉讼法的修改已举办的四次论证会成果我都参与了。现在期待着刑事诉讼法的修改方案的公布。

总之，我参与了这两次修改的论证全过程，提出的成果和主要观点基本上得到了立法部门的认同，特别是实证研究的录音录像制度问题，对解决我国当前刑讯逼供问题起了很大作用。其主要成果都以专著的形式出版发行，第一次修改由陈光中教授做主编，我做副主编，写了一本书叫《中华人民共和国刑事诉讼法修改建议》，对国家民主法制建设起了很大作用；这次修改我有三本书，专题研究报告、理性思考和侦查讯问的录音录像等，还有"两高三部"关于刑事证据的两个规定，我也多次参加论证，以司法解释的形式发布，这两个规定的内容为刑事诉讼法修改提供了重要依据。

刑事诉讼法二改

记者：陈老师，刑事诉讼法又要修改，您在其中又发挥了很大的作用，能否谈一下您对本次修改作出了哪些努力呢？

陈光中：你说的是从2006年开始的刑事诉讼法的再修改。和上次不同，这一次是很多学者参与了修改。我原来是唯一的诉讼法学博士生导师，这种情况持续了十年之久，现在有一批刑事诉讼法学的博士生导师，有十来个教授直接参与立法部门的修改座谈会。这次刑事诉讼法的修改是按照中央司法改革领导小组的具体要求运作的，立法部门要听取公安机关、检察院、法院和律师的意见。尽管这次修改我起的作用不像上次大，我也是尽职尽心，尽力提出自己的意见供他们参考。我在2006年出版了我主编的《中华人民共和国刑事诉讼法再修改专家建议稿与论证》，系统提出了修改的指导思想和主张。我的不少意见，被立法部门吸收了。

刑事诉讼法同刑法不一样，既涉及惩罚犯罪与保障人权的关系，又涉及部门之间权力分配关系，争议必然比刑法大，而刑事诉讼法的修改有时实际上是部门利益之间的博弈，公安机关权力大了，检察院监督权力就缩小；检察院制约加大，公安机关权力就小了。又涉及国家权力同个人权利平衡和价值取舍，因此，刑事诉讼法修改显得很复杂，争论也很激烈。

由诉讼而及其余

记者：除参加刑事诉讼法的立法和修改工作外，您还参与了其他哪些立法？

陈光中：我的立法视野不限于刑事诉讼法，创意也不限于刑事诉讼法，比如，宪法前面两次修改我都参加了，第一次李鹏委员长召开法学专家座谈会，有11 位专家参加，刑事诉讼法就我一位。那次我想把保障人权加进去但没能如愿，那次只写入了依法治国。涉及法院、检察院部分的基本原则，我也提了修改意见，有的宪法条文明显滞后了，也没改成。主要是在领导看来，这些不是多么重要，能不改就不改。在李鹏日记里写到，中国政法大学陈光中教授主张把尊重和保障人权写进宪法。第二次，在吴邦国委员长主持的修宪座谈会上我又继续提，由于大家的合力这次终于把尊重和保障人权写进了宪法，即《宪法》第 33 条第 3 款。我的影响在宪法方面还是很微薄的，但毕竟我尽心了，也有一点效果。

立法上我发挥作用比较大一点的是国家赔偿法。国家赔偿法对于保障人权也很重要，在 20 世纪 80 年代中期，我承担一个课题时，注意到了国家赔偿这个问题，就是世界各国抓错了人，判错了案，国家要赔偿，这是人权保障的一个很重要的措施。很多国家有这种制度，我 1987 年发表在《中国法学》的文章是最早主张建立国家赔偿制度的。我 1988 年主编出版的《外国刑事诉讼程序比较研究》最早介绍了外国的国家赔偿制度。最近国家赔偿法修订完成了，这次修订也有我的一份心血，这次修订先在北戴河召开会议，讨论要不要修订，如何修订，有行政法的专家、刑事诉讼法的专家参加，还有宪法的专家。我被邀请参加了。会上我积极主张修改并谈了一些修改思路，会后我找一位博士生合作写了一篇 25 000 字左右的论文，发表在《中国社会科学》杂志上。我把论文邮件发给立法部门，立法部门很重视，此次国家赔偿法修改不少东西吸收了我的文章的观点。

2010 年 12 月 4 日中央电视台表彰全国十大法治人物，学校王灿发教授当选了，同时表彰了老一辈 6 位法学大家，其中有我。我都没想到，主持人介绍我时说陈光中教授是最早倡导国家赔偿法的学者。我一听都愣了，怎么刑事诉讼法一句话不提啊，后来我想可能由于修改国家赔偿法是去年上半年的事。

还有《律师法》我也有点参与，我一直关注律师执业的环境，律师法制定的时候我没有机会参与，后来司法部组织修改的时候请一部分学者当专家顾问，我是专家顾问小组的成员之一。发给我们材料，开会征求我们的意见，我积极提出了一些意见主张。现在的《律师法》一些人认为太超前，不符合实际，我不这样看。我认为过于超前只是个别问题，有的问题还要进一步往前推行。

修正的《律师法》颁布后，在实施问题上争论很激烈，有人认为律师法作为普通法律把作为基本法的刑事诉讼法修改了，不符合立法原则。实际上实务部门对《律师法》有突破的东西他们接受不了，比如，律师会见犯罪嫌疑人，原来要经过办案人员的安排，现在凭"三证"就可以直接去看守所会见。原来会见的时候侦查人员可以在场，现在《律师法》的规定为不受监听，技术上的监听不行，人在旁边监视也不行，这种规定他们根本接受不了。但是我认为这是发展的方向，《律师法》修改是与时俱进的表现，现在接受不了，过一阵子就不得不接受了，而且是必然的趋势。修改刑事诉讼法时要把《律师法》进步的内容吸收进去。

总之，我认为不能关门作学问，要关注立法，关注司法，关注存在的问题，以及司法上解决不了的问题，要从根本上解决就是要在立法上改革。

老骥伏枥回馈社会

记者： 樊老师，我们看了您的履历，您的兼职非常多，您曾任教育部法学教学指导委员会委员，中国法学会海峡两岸关系法学研究会理事，北京市政协委员，现任最高人民检察院专家咨询委员会委员，公安部特邀执法专家，中国检察学会副会长，中国行为法学会副会长，国家检察官学院兼职教授，北京市高级人民法院和北京市人民检察院专家咨询和执法监督员，北京市诉讼法学会副会长，中国侦查行为研究会会长，法大诉讼法研究中心的名誉院长，国家法官学院、国家行政学院的兼职教授，河南省检察官学院的名誉院长，您还享受享有国务院有突出贡献专家政府特殊津贴。那么您能否谈一下您在社会服务方面的贡献，同时为我们介绍一下您在这些岗位上做的主要研究工作。

樊崇义： 好的，兼职就这些吧。社会活动和社会服务方面主要有这么几项：

一项就是参加行为法学会，我任副会长，并且任下属侦查法学会的分会长，我主要把研究重点放在如何规范司法行为尤其是侦查行为上。因为侦查是刑事诉讼活动的第一道防线，如侦查行为上出了问题，整个诉讼效果就会受到影响，侦查行为法学会每年召开一次年会，对于一些倾向性问题进行集中研讨和解决，特别是如何规范司法行为、如何依法办案、如何解决刑讯逼供问题、如何使证据规范化，抓住重点进行研究，对实务部门的工作起到一定的督促作用。

第二项，我是全国检察学会副会长，这几年我对检察制度的改革特别是如何建立具有中国特色的中国检察制度作了一定的研究，主要成果是《检察制度原理》，这是一部对检察制度进行研究的专著，对实务部门有一定的影响。我研究这一课题主要解决这么几个问题，一个是为什么说中国的检察院是国家的法律监察机关，如何从理论上认识其地位的科学性和正当性，如何正确处理公诉和监督之间的关系，这在实际工作中是十分迷茫的问题；二是对检察制度的程序改革，我提出法律监督与公诉职能两元论的观点，把这两个职能分开，分别执行，为检察机关的改革所吸收。

第三项是侦查制度改革，就是解决刑事诉讼活动中的刑讯逼供问题，前面已经说了。关于审判制度的研究和证据制度的研究，我参加了论证非法证据排除这一司法解释的起草，现在我又在广东、浙江、河南信阳搞证据规范化研究，进行实证研究，包括收集证据规范化、公诉制度规范化、法庭审判中的证据规范化研究，6 月份召开第一阶段成果汇报。这一改革的目的是推动公检法各个机关办案走向规范化。

还有一项，从 2000 年开始我倡导实证研究方法。法学是一门社会科学，在教学上要取得好的效果，必须主动接触社会、接触实践，才能验证理论观点，找到研究灵感。前段时间我们召开的录音录像规范化研究会，最高人民检察院邱学强副检察长和法大黄进校长到会，会上宣布成立中国政法大学法律实证研究中心，任命我为主任。我们是研究应用学科的，包括刑法在内，应用法学研究光坐在书斋里研究是不够的，比如当前的醉驾问题大家意见很大，究竟什么叫酒驾、什么叫危险驾驶，要结合案例来研究才能为大家指定一个明确的方向。我们新成立的中心就是专门为实际工作服务、为社会服务、研究难题难点。

我从事法学研究和教育已近 50 年了，我认为法学要结合现在的社会发展、学术思想、观点，研究方法要不断更新才能跟上时代步伐，才能完成党和国家赋予的培养人才的任务。

此外，我多次参加国际学术会议，1995 年第七届国际反贪大会上《论反贪秘密侦查及证据力》的发言，1997 年中芬法制圆桌会议和"中国—欧盟法律研讨会"以及 1998 年在华盛顿中美法治与人权研讨会上的发言，阐明我国刑事诉讼中的人权保障，均引起国外学者的重视和好评。

记者： 除社会兼职外，樊老师在教学科研方面付出很多心血，提出很多创新性思路，广受好评，让我们印象深刻，想问一下老师为什么对教学的热情如此高涨呢？您现在的研究重点是什么呢？

樊崇义： 我们学校复办以后，第一个模拟法庭教学法就获得了教育部优秀成果奖，我1991年评为校级优秀教师，由我主持和领导的刑事诉讼教研室于1998年被评为先进教研室，我本人被评为校优秀教研室主任；作为第一主持人的公诉案件第一审程序教学录像片1998年获司法部教学科研一等奖；1986年在《政法论坛》发表的《涉外刑诉程序初探》，获司法部第一届优秀科研奖；主编的《刑事诉讼法学》获司法部一等奖；1998年2月在《中国法学》发表的《联合国公正审判标准与中国刑事审判程序改革》一文被评为司法部系统优秀论文，并被中央党校编入《中国社会主义精神宝典》；2000年1月在《中国法学》发表的《客观真实管见》被评为中国政法大学宪梓科研二等奖，这篇文章提出的证明标准"法律真实"的观点，在全国反响较大，引起一场大讨论。

我当了17年的刑事诉讼法教研室主任，在教学方法上一直倡导理论联系实际，现在进入新阶段——坚持实证研究。正所谓理论是灰色的，而生活之树常青。作为一种社会科学，法学研究应当知行合一，所以我在法学教学和科研工作中提倡实证研究，对法学发展起到很大作用。法律就是生活，要把法律放到生活中检验，让学生回到生活中，书都念好了，一当书记员不会记录，坐到审判席上不会说话，这些能力都要在学校念书时就进行锻炼。我的一贯做法是联系实际，这也是我的指导思想，从模拟法庭创建到实证研究方法创建，在国内产生了一定的影响。

关于实证研究，我主持进行的侦查讯问程序改革实证项目，在国外也产生一定的影响。2006年，美国发表的白皮书中肯定，一个是最高人民法院收回死刑复核权，一个是中国政府批准侦查讯问录音、录像和律师在场的实证研究。联合国人权代表团考察中国后也肯定"侦查讯问全程律师在场、录音、录像制度"是遏制刑讯逼供的有效方式，对中国的诉讼法律进行了充分的肯定。

最近，我又举办了全国性的会议围绕录音录像要进法典，如何引导大家走向规范化，制定规则制度，这些都是会议重点，我带领学生原来是在甘肃、河南、北京搞，现在已经开展到宁波、无锡、云南普洱、广州、武汉，推动全国走向规范化。

法大情深展望未来

记者：陈老师，您与法大可以说是有很深的情缘，您也见证了法大几十年走来的风风雨雨，您作为法大终身教授，回顾自己与中国政法大学一路走来的经历有什么感慨呢？

陈光中：感慨万千啊，我真正开始工作就是在法大，我是建校的元老之一，1952 年到现在，我参加工作的绝大部分时间都在法大，我现在是学校的终身教授，仍做教学和科研工作，我和法大情深似海，同呼吸共命运。当我看到法大发展时，我特别开心，当看到法大有困难时，我也是十分忧虑。我现在对学校的发展是充满希望和信心的，我相信国家的法治事业在发展，法大也会越来越好。我认为我们学校应该以法学为重点，多元化发展。我们的品牌是法学，我们的法学可以同任何一所学校的法学相比。我希望法大培养出出色的学生，既爱国、自律，又富有个性、独立思考、充满创造力。我相信法大会有明媚的未来！

记者：樊老师，也请您谈一下您跟法大的缘分吧。

樊崇义：我是 1961 年考到北京政法学院，1965 年留校，也是一辈子的法大人。我在这块土地上 50 年，所有楼我都住过，非常有意思。我见证了学校的历史，复办等我都经历了，现在还历历在目，所以，我对法大还是很有感情的，这种情缘是一生之情，很难丢失和忘掉。

记者：法大的 60 周年校庆，您有什么感慨或者寄语吗？

樊崇义：法大的发展经历了风风雨雨 60 个年头。前三十年是法律虚无主义，老师学而无用，真正发挥作用是后三十多年，法大的地位逐步提高、学术迅速发展、在国家政治经济生活中发挥的作用越来越大，可是我们已经老了，也发挥不了多大作用，一切尽力而为，全力以赴。我在有生之年对这个事业很有感情，所以一直都没有停止研究和教学，我现在日程排得很满，几乎每天都有工作，生活紧张有序。年已七十无所求，只求法大日益发展，法学教育事业兴旺发达。

应松年

格知行政之所蕴　扬显厚重之吾学 *

关键词：行政诉讼法、国家赔偿法、行政处罚法

应松年，浙江宁波人，现为中国政法大学终身教授、博士生导师，中国法学会行政法学研究会会长，享受政府特殊津贴。作为我国行政法学的重要开创者和奠基人，应松年教授从 1986 年起担任全国人大常委会法工委行政立法研究组副组长，参加行政诉讼法、国家赔偿法、行政处罚法、教育法等重要法律的起草，并承担卫生法、农业法、渔业法等各部门行政立法的顾问、咨询工作。2006 年入选 CCTV 年度法治人物。

行政诉讼法作为法治建设的里程碑

记者： 应老师，请您讲一讲您印象最深的立法经历都有哪些？

应松年： 情况是这样的，20 世纪 80 年代末，全国人大就准备制定行政法。1986 年，在全国人大法律委员会顾问陶希晋的倡议下，全国人大常委会法工委成立了由行政法学者和实务部门专家组成的行政立法研究组。研究组共 14 人，组长为江平，副组长为罗豪才、应松年，其余成员有肖峋、费宗祎、朱维究、姜明安、张焕光、皮纯协等。按照陶老的设想，《民法通则》颁布以后，行政立法已经提上议事日程，最终应当完成包括行政法和行政诉讼法在内的"新六法"

---

* 采访于 2011 年。

体系。研究组的任务就是为重大的行政立法提供"毛坯"，即"对我国需要制定的行政法应该包含的大致内容提出一个框架，作为一项建议提供给立法机关参考"；同时，研究组还担负"对其他重要的行政立法提出咨询意见的任务"。行政立法研究组在具体活动过程中有些变化。江平教授曾对行政立法作出重要贡献，但他认为自己是"搞民法的"，后期较少参与行政立法研究组的工作。罗豪才教授位高言重，但工作繁忙，况且也不便对具体问题轻易表态。这样，行政立法研究组的组织工作，便落在我身上。

先是研究行政法，1987 年开始研究行政诉讼法，1989 年行政诉讼法即出台，速度很快。在这以后，又出台了一批法律：1990 年行政复议条例，1994 年国家赔偿法，1996 年行政处罚法，1999 年行政复议法，2000 年立法法，2003 年行政许可法，还有行政强制法，这就是行政法立法的范围，也就是参与的立法。这些法律，是行政法研究所与全国人大常委会法工委一起制定的，我们的任务是提供毛坯，提供意见，目前正在起草的是行政程序。

在这些法律中第一个重要的是行政诉讼法，是里程碑，从此在中国建立起"民告官"的制度，从制度上建立行政诉讼制度。行政诉讼制度具有保护公民权利、解决行政争议的重要作用，也促进了依法行政进程。1989 年通过、1990 年实施行政诉讼法，1993 年国务院就提出了依法行政、建设法治政府，具有里程碑式的重要意义。行政诉讼法诞生后，行政法的单行法开始批量出现。国家赔偿法、行政复议法都是与行政诉讼法直接有关，是有关救济的。行政处罚法、行政许可法，也是面对行政诉讼提出后，要求行政机关依法行政，对政府行为的规制。如处罚、许可、强制，规定的都是大部分行政机关带有共性的东西。所以，第一重要的就是行政诉讼法。

记者： 能否谈谈行政诉讼法的立法背景以及立法中的争议点？

应松年： 差不多二十多年了，一些细节淡忘了。1982 年民事诉讼法试行，第 3 条第 2 款，法律规定的行政案件，法院可以受理。1982 年考虑的是我国需要一个行政诉讼制度，但条件不成熟，于是在法律上开一个口子。"法律规定的"，那个法律规定还未出台。1987 年、1988 年，众多法规规定了法院可以受理的行政案件，最重要的是治安管理处罚条例，起草时还规定不能起诉，只得提起复议，但出台时情况发生了变化，规定治安管理处罚案件，允许法院受理，可以提起行政诉讼。治安处罚的案件是所有行政诉讼案件中最多的。那时，治安行政案件一年上百万起，即便一百起有一件提起行政诉讼，数量也可观。且当时去法院实地调研过，为行政诉讼法出台提供实践经验。1982 年提出民事诉讼法试行，至 1986 年、1987 年不能总是试行，江老师提出，可以先搞程序法再搞实体法，学界支持，也得到了全国人大常委会法工委的支持，就将任务交给了工作组。但实际上，先程序再实体，是将行政诉讼法作为民事诉讼法的一章还是单独成法，先起草出来再说。意思就是说，行政诉讼法的制定与民事诉讼法的修改同时进行。1989 年行政诉讼法公布之时，民事诉讼法尚未形成。这就说明了时代需要一部行政诉讼法，一部解决行政争议、保卫公民权利的法律，一部民主化的法律，在当时那个时代的民主、法治迅速发展，需要这样的法律，因此很快出台。

比较起来，行政诉讼法是具有中国特色的法律。世界上行政诉讼制度有像法国建立单独行政法院，也有像英美这样，行政与民事不分，但我国行政诉讼属法院系统，但又是独立的体系，与其他国家都有不同。这样更适合中国国情。

年代过去太久，争议点都记不清了。哪些案件可以由法院受理是第一个争议点。当时行政诉讼制度、法院系统行政庭尚未建立。行政诉讼的受案范围是一条一条地提出的。有人提出，将公民人身权、财产权包括进来。最后，可以受理的采用列举方法、不能受理的也列举，这样就在可以受理和不能受理之间形成了空间。第二个争议点，在行政诉讼过程中，意见比较大的、讨论比较多的就是行政行为的提法，之前称为行政处理决定，就是政府所做的具体事情。行政法规、规范性文件等主张另行规定审查途径。后来有学者提出行政处理决定的提法不好。因为处理决定是一个决定，必须是书面文件。而在当时的情况下，许多行为没有文件，多是口头提出且执行完毕的，不服则起诉，但没有处理决定，在这种情况下，向法院起诉就是问题。于是，改为具体行政行为。但具体行政行为的提法在现在看起来仍然容易引发歧义，具体行政行为与抽象行政行为是学理上的划分，不容易区分，在起诉时仍然会面临麻烦。第三个争议点，行政诉讼的原告、被告。行政机关侵犯公民权利应当作被告，许多学者不同意。我是为政府干事，为什么叫被告。在中国，压上被告席不好听，刑事被告，不是犯罪分子，不好办。不愿意叫被告叫什么呢，是叫申请人、被申请人行不行，想了许多名称出来。但民事诉讼不是也是原告、被告，不也一样吗？在胶着争议之时，有地方的公安机关局长发言说，无所谓了，当了好几次被告，没有关系。第四个争议点，法院审查的行政行为，是仅仅进行合法与违法的审查，还是合理性的审查问题。这是讨论争议时间较长的问题。合法性审查为原则，应当给予一定的自由裁量。因此只是对显失公正的行政行为进行审查。

我国行政诉讼法的制定，在国外看来，有两点特别值得称赞。一点是，举证责任的明确规定，明确政府为举证责任的承担者。随后在实践中发生了一系列问题。比如被告不作为的案件，申请许可，不予许可，谁举证。在我看来，也应当是行政机关进行举证。应当说明为什么不予受理、不予许可。另外在赔偿方面，是否受到损害、损害有多大，损害是否是行政机关造成的，即因果关系问题。申请赔偿的人应当证明，但这不意味着举证责任就由公民承担。这引发了一些争议。在实际生活中，人们的证明能力是有限的。所以原告的证明责任应是初步的证明责任，虽然不全、不细，但如果可以由常理进行推测是可以的。在当时立法时，未明确规定，但在国家赔偿法修改，规定原告与被告双方均应证明其主张，做得比较好，是比较先进的做法。还有一点，在法律责任的规定中，被告返还罚款、赔偿，不做则应当罚款。对行政机关做如此规定实属不易。

行政诉讼法制定后，主要意义在于依法行政的提出、立法活动的展开、理论研究和教学的开展。

记者：行政诉讼法制定之后的施行情况如何？

应松年：行政诉讼法当时制定的法治环境不尽如人意。但二十余年来，最高人民法院的司法解释进行了细化，进一步完善。现在可以毫无疑问地说，全国的干部到群众，都知道可以状告政府。这是了不起的事情，不要小看它。因为我国几千年来是没有这个传统的。现在，每年有十万件以上的案件，大概有百分之二十到百分之三十是以撤诉（具体行政行为改变）或判决公民胜诉的方式结案的。有相当一部分人的权利通过行政诉讼得以维护。建立的行政诉讼法制度大大推动了依法行政的步伐。

诸行政单行法的并进

记者：其他的行政单行法的制定情况如何？

应松年：三大诉讼法均在修改，本来想在行政诉讼法中用一章规定国家赔偿制度。但也有争论，认为行政诉讼法是程序法，国家赔偿应当单独立法。后来行政诉讼法一制定完，就立即制定了国家赔偿法，与之配套的是行政复议法。法律制定一方面需要先进理念也需要实践经验。怎样才能制定得更好，国家赔偿法修改后，赔偿范围过窄、数目等都有问题。行政诉讼法的修改也是必须的。与之配套的是行政救济，很快制定了行政复议条例，又很快修改且幅度很大。司法救济的一套模式已经形成，较为全面，包括行政复议、诉讼、赔偿，应当进一步完善，以适应时代需要。

对市场经济影响最大的首先是处罚、许可、强制、收费。制定完上述法律后，开始制定行政程序法。行政处罚法，从现在情况来看，规定了处罚的种类有几种，但争议点是劳动教养是否属于处罚，法院判决时称为强制措施非处罚，行政处罚未写入。其次，处罚设定权，哪一类、哪一级有权设定处罚。基本思想是处罚是对人身权、财产权的影响，法律应当予以规定，建立法律保留制度。法律进行授权，授权范围不同。规章以下的规范性文件不得设立。行政许可法予以直接借鉴，并且设立的门槛更高。现在的行政强制法也要面临该问题。谁有权设立行政强制措施。再次，行政处罚法是很好的一次尝试，既然对公民权利有影响，处罚应当遵循正当程序。该法第一次将正当程序写入法律。要听取意见，必要的时候听证，要告知被处罚理由、诉讼权利、救济权利。整体而言，听证、告知被处罚理由等组成正当程序。最后，还有一个较好的尝试。财责分离、收支两条线。作出决定的与执行处罚的分离，收入钱财上缴国库与行政机关的待遇、经费无关。这一点是最需要研究的。后来以此为基础制定了立法法、行政许可法等。立法过程培养锻炼了一批行政法学者。

记者：现阶段在筹备制定行政强制法与行政程序法吗？

应松年：行政诉讼法、行政复议法在准备修改，在开会，与立法机关保持密切联系，要求我们写个初稿出来。行政处罚法、许可法、诉讼法制定出来后，制定程序法，是行政诉讼法提出的问题。行政诉讼法的规定，行政机关作出的行为如何证明合法呢？三个标准：第一，证据确凿。第二，适用法律、法规正确，此两条是"以事实为依据、以法律为准绳"，是对执行机关的要求。当时的执法机关就是指公检法，行政诉讼法制定后，对行政机关也提出了这两条要求，于是行政机关也是执法机关。现在提及行政执法（机关）认为是理所当然的，其实是行政诉讼法制定后的结果。第三，行政机关的行为要符合法定程序。行政诉讼法的这条规定很有远见。因为行政机关作出的行为是行使权力的行为，当然要有程序的规定。没有程序公正，谈不上实体公正。在行政诉讼法制定时，法律上关于法律程序的规定十分少。但当时制定行政程序法不成熟，一方面，程序观念很不成熟。中国程序观念淡薄，大陆法系要比英美法系程序法发达，英美法系行政程序法不需制定，因为有根深蒂固的程序观念；另一方面，我国法律规定十分少，对程序法的理解不足、条件不成熟。于是当时提出先搞处罚、复议、许可等，在此基础上再制定行政程序法。当时在会议上，李鹏曾经两次提及要制定行政程序法。行政处罚法的程序较为完善，开始制定行政程序法。行政许可法也有程序规定。前者是对公民不利的处分程序。后者是对公民授意的程序。同时，实体立法有许多程序问题。程序问题的研究才得以发展。对外国行政程序的了解也逐渐增加。在某次西班牙学者访华时，问及其19世纪制定的行政程序法有何发展，其表现得很震惊，因为他们自己也不是很了解。对西方重要国家的行政程序法进行翻译成书，并与国外学者保持密切的联系。国内情况，实践很多，立法法对立法、规范程序有规定。因此，不仅是对国外的了解，还是对国内实践的发展，制定行政程序法的条件成熟。

我国起草了二十余稿的行政程序法，之前认为，单行法的规定，如行政处罚、许可程序的规定，后可以根据此制定法典化程序。在讨论中，又认为可以通过实践研究得更仔细一点。全国性的法典可以从地方程序法典开始，通过地方的实践促进中央、全国的立法。由于中国幅员辽阔，各地情况差异很大，发展也不平衡，而且立法经验欠缺，要制定统一的行政程序法极为困难。试拟稿虽然几经修改，但还是"书卷气"过浓。我国立法的一条重要经验就是"先地方、后中央"，行政程序法也可以先由地方作出探索，积累经验，再搞统一立法。于是，开始将目光转向地方，先后在一些地方作了调查。2007年3月的一次全国人大会议上，我与时任湖南省省长周强、时任湖南省高级人民法院院长的江必新都住在同一个宾馆，被媒体称为"巧遇"。三人原本相熟，认为这是讨论行政程序法的好时机。三人心有灵犀，就行政程序法的重要性达成共识。周强决心制定地方性的行政程序规定，我立即组织专家小组，提供咨询和意见。2008年4月，《湖南行政程序规定》获得通过，同年10月1日起施行。此举立即在全国引起巨大反响。在湖南的先行创举中，看到了全国立法的曙光。如汕头、山东、武汉、四川（凉川自治州）等也进行了行政程序立法的尝试。根据地方具体的实践经验，再进行全国性实践。在地方实践经验的基础上，发现了许多可以借鉴的经验。

记者：应老师，实践中立法上可借鉴的经验都有哪些，能不能具体说说？

应松年：有一点印象深刻。国务院一直在说，对各部委制定的规范进行清理、审查。在湖南省的实践中，就规定，厅局制定的规范，要统一登记、统一编号、统一发布。规范性文件涉及公民具体权利义务，湖南省规定应经历五年重新登记，否则自动失效。此规定虽简单，但影响很大。在某次会议上，记者问，省里有多少规范性文件，大部分省说不清楚。但湖南省清楚。一定期限后，应当作出符合情况的修改，如果不修改、重新登记，则失效。一个制度解决很大问题，可以保证年年清理。登记就意味着审查，不登记就不能生效，因为统一发布。湖南可以清楚说明，可见还是有成效的。

另一点，关于重大行政决策的问题。中央特别要求对重大行政决策问题的程序进行规定。但何为重大行政决策，一般认为是关系民众利益、关系经济社会发展的就是重大决策，湖南进行了范畴界定，采取列举方式，并进一步说明了重大决策应当经过什么程序。专家听证、公开让公众参与、集体讨论、风险评估，重大决策经上述程序可以解决问题，容易得到支持、认可，可以避免事后写进去、避免主观随意性。之前草稿中，没有单独将重大决策问题提出来，现在看起来很有必要。

记者：行政程序法大概什么时候可以出台？

应松年：行政诉讼法的修改在民事诉讼法与刑事诉讼法之后。行政程序法要更晚一些。其实，这几年，行政立法是在后退。行政强制法讨论多次，再次没有通过。就名称而言，原称为行政强制措施法。因为行政强制法包括强制执行和强制措施，我坚决主张采用强制法一说。之后的国际研讨会将继续讨论，学者会继续推进。

记者：行政强制法在制定过程中的主要争议点有哪些？

应松年：行政处罚法立法模式、种类、程序、责任等几大块，种类是大问题，行政强制法同样面对问题，并且，种类的规定，只能由法律还是可以由其他法规进行规定？地方性法规可设定吗？什么情况下可以设定？设定权是一个问题。之后还有程序的问题。中国强制执行的程序与其他国家不同。强制执行的体制同其他国家不同，以申请法院执行为原则，以行政机关自己执行为例外，法律赋予行政机关的被称为例外。但现实中就引发了许多问题。行政机关的强制执行使得其权力膨胀，经常侵犯公民权益。这说明，没有规范、没有限制，是不合适的。作为学者要坚持自己的立场，站稳脚跟，以限制公权力为目标。我的一生，认为行政法干什么的，是保护公民的，只要对保护公民不利的事情，绝对不能做。

记者：从立法角度看，现在的行政法体系还存在哪些问题呢？

应松年：基本法已经制定，但欠缺程序法。除此以外，还有规范主体的法，即行政组织法尚不完善，有关职责权限的、机构设置的规定仍不完备。全国研究行政组织法的专家学者很少，只有我和薛老师。中国地方到中央几级政权，宪法里是三级，而现实中还有市，但市还有大有小，说不清楚，什么是直辖市，中央和地方的关系如何，宪法不能解决具体问题，只有靠行政组织法研究。应当努力制定行政程序法，完善组织法等。

谨慎乐观地前行

记者：应老师见证了行政法产生、成长的历程，再请您展望一下行政法的前景吧。

应松年：看好。2004 年提出建立法治政府、依法行政，这是一个伟大的成就，世界上没有国家政府明确提出自己限制自己。2007 年进一步改革，发布《政府信息公开条例》，这是一切制度的基础，公开决定一切。不管实行如何，总算是已经打开了一扇门。2008 年，推行县市政府依法行政，2010 年，依法行政的二十几条规定，更加具体。这对于我们学者而言，很欣慰。建设法治政府是目标，法律的建设可能是长期的，法律会逐渐完善。重要的是，人心思法，用法律武器保护权益，保护的程度如何另说。其实说到底，法律制度是上层建筑，是经济基础决定的。经济基础就是发展市场经济，而市场经济是法治经济，除了法治经济没有第二条路。不能靠行政命令解决，需要提供一项标准，让大家均依靠该标准行事，才能建立起市场经济，因为市场经济就是大家参与。世界上没有哪个市场经济国家不是法治经济的。这是很简单的也是很必然的道理。要建立有秩序的社会，要坚持法治政府的依法行政。总之，事物发展是曲折的，还是确信可以继续前行的。

记者：请您谈谈我国行政法的世界影响。

应松年：保护人权的法——行政诉讼法、国家赔偿法，并且许多法律如行政诉讼法体制特别，行政许可法独一无二，行政强制法也有自己的特色。我们是按照中国国情来制定的。行政许可法在国外没有，是因为一般情况下靠市场，市场失灵的情况下需要政府管制，许可就是政府说了算，经过政府批准。国外经历过政府管制后，许可慢慢出现，长时间管制后，慢慢摸索出，不需要单独制定行政许可，可以通过单行法调节，自然形成了一些制度，而中国以前是政府管理一切。现在市场经济需要行政许可法，规定哪些需要管制、哪些需要放开，要一个一个制定，时间太长，所以制定一套，一起规定。所以中国立法比实践走得快一些，再随着实践修改。这一点与国外不同。行政处罚法各国都有，但还是不同。但应当相信的一点是，许多制度是有普适性的。但普适性可以由自己的国情决定。

记者：请您简要介绍一下中国法学会行政法学研究会的情况。

应松年：中国法学会行政法学研究会是更大、也更重要的舞台。自 1985 年 8 月研究会在江苏省常州市成立起，我即担任副总干事兼秘书长，2003 年起担任会长。

在此期间，行政法学研究会获得了巨大的发展。研究会的第一次会议，与会者不过数十人；近几年，参会人数均在 200 人以上。与会者中，近半是来自法院、政府等实务部门的同志，实务界与理论界在此密切联系交流。行政法学研究会先后组织讨论了行政诉讼法的制定和实施、行政法基础理论、市场经济与行政法、立法体制、行政法治、行政诉讼制度的发展和完善、行政强制、行政程序的法典化、行政管理体制改革、财产权保护与行政法、服务型政府与行政法等议题。

行政法学研究会年会的活动方式也逐步出现了一系列的变化。从 1998 年开始，年会一改以往"大会汇报、分组讨论"的习惯模式，实行报告、评议和自由讨论相结合的做法。从 2003 年开始，年会论文事先装订成册，报到时统一发放；从 2004 年开始，每年的年会论文在会后还结集出版。

从 2007 年开始，又倡议在行政法学研究会下分设城管执法、政府法制、行政诉讼和行政法教学等四个专业委员会。四个专业委员会每年举行学术讨论，缘此，行政法学的研究活动显得更丰富、更专业。专业委员会的活动也使理论与实践的结合更广泛、更深入。

记者：作为法大的终身教授，您有什么校庆寄语？

应松年：法大是中国法学最高学府，人多，学科全，历史也蛮长。希望法大要在提高质量上下功夫，成为中国规模最大、质量最好的法学学府，要注重教学。

徐 杰

经国济世法为基　安邦兴业制先行[*]

关键词：经济立法

徐杰（1933—2020），江苏省南通市人。中国政法大学教授，经济法学专业博士生导师，中国政法大学经济法研究中心主任。曾任中国法学会民法学、经济法学研究会副总干事，中国科学技术法学会常务理事，北京市经济法学会副会长。国家科学技术委员会委员，中国国际经济贸易仲裁委员会仲裁员。我国著名的经济法学家、我国经济法学科的主要创始人和学术奠基人之一，1984年和1993年，经国务院学位委员会批准，牵头先后建立了中国第一个经济法专业硕士点和博士点，1985年任我国法学院校中第一个经济法系主任，为我国的经济法学科建始和人才培养作出了突出的贡献。享受国务院颁发的"政府特殊津贴"，获得过国家科技进步奖和多项部委科研奖。注重立法和法律实务，参加过我国第一部宪法的立法工作，二十余年来，参加过多项经济法律的立法活动；在仲裁工作上，已积累了二十年的经验，解决国内外贸易、金融贷款、建筑工程、技术转让、合资合作等诸多合同的争议纠纷。

经济法学界的数个第一

记者：徐老师，您是新中国经济法的奠基人之一，同时也参与了改革开放后

---

* 采访于 2011 年。

我国大量的经济立法工作。我们想了解一下有关您参与立法的相关过程，也想请您谈谈您在法大求学与工作的经历？

徐杰：我原来报考的是北京大学，1952 年适逢院系调整，将北京大学、清华大学、辅仁大学和燕京大学里原有的政治、法律等院系合并，成立了北京政法学院。我遂就读于这所新成立的大学。北京政法学院原来是在红楼，原来的北京大学，1953 年底才搬到现在研究生院所在的学院路校区。

我毕业之后就留校了，可能是觉得我们成绩比较好，视野比较开阔。教务长是刘昂，副教务长就是雷洁琼，当时学校有讨论课，当时的教务长刘昂到班级听课堂讨论，几次听到我的发言，觉得我知识面广，逻辑思维严密。刘昂又到我的班主任处，了解我的学习成绩和表现后，就对班主任说，这个学生将来可以考虑留下来。我就这样留了下来。

留校任教后，按照学校的安排，我重点从事苏联国家与法权史课程的教学研究工作。20 世纪 50 年代，我国请了一批苏联的法学专家开设研究生班，培养师资，其中法制史的专家在中国人民大学。我因工作需要，只能在职学习。我一方面在校组织学生课堂讨论，到班级进行辅导答疑，一方面去中国人民大学研究生班听当时苏联专家瓦里亚赫米托夫讲课，参加讨论。当时基本上都是小青年上课。1957 年上半年，我开始给 1956 年入学的本科生系统讲授苏联国家与法权史。250 人一班，两个班，学生很多都比我年纪大。由于我掌握资料比较丰富，将法制史课程讲授得历史线条清楚，内容生动自然，深受学生们的喜爱。

1978 年 8 月，北京政法学院复办，百废待兴。我终于可以重返法律教学讲台。1978 年底复办，我回到学校，当时就决定由我来组织成立经济法学科，当时编的是学科的第一本书，包括博士点我们学校都是全国第一个，所以说我们学校才是中国经济法的发端地。

1979 年初，北京政法学院成立了经济法教研室。我开始潜心于经济法的理论探讨，1980 年组织撰写了《经济法基础知识讲座》，并于 1981 年上半年连载于《辽宁大学学报》上，后又公开出版单行本，成为当时经济法教材的模本，并被翻译为日文介绍到国外。1980 年经司法部教育司批准，我与其他两位教师一起，招收了我国第一批经济法方向的硕士研究生。1983 年，国务院学位委员会批准中国政法大学由我牵头建立经济法硕士点。1985 年中国政法大学成立了全国第一个经济法系，我出任第一任系主任，从此我国经济法学人才培养迈入规模发展的阶段。1988 年 1 月，我被评为全国第一位经济法专业的教授。这不光是对我个人学术贡献的一种认可和评价，还说明经济法学教学科研队伍已经成型，并且学术水平已经完全被我国的职称评价体系接纳了。1993 年经国务院学位委员会批准，我牵头在中国政法大学设立我国第一个经济法博士点，并于次年开始招生，经济法学科跨上了人才培养的最高台阶。

这些都说明中国的经济法是发端于我们学校的，这一点很重要。

高度重视的第一部宪法

记者： 我们知道，您参与了新中国第一部宪法，也就是"五四宪法"的相关工作，能否请您就此谈一谈？

徐杰： "五四宪法"先是公布草案，征求意见之后再修改。1953 年底，中共中央决定成立宪法起草委员会，宪法起草委员会都是中央领导级别的人物，由毛泽东亲自领导，小组成员有陈伯达、胡乔木、田家英。下面有很多重要的机构，其中最重要的机构就是收集各阶层的反应情况的有关资料。

1954 年 6 月到 9 月，我被学校选派去新中国第一部宪法起草委员会资料组工作，那时候我才 21 岁。"五四宪法"非常重视草案公布之后民众的反应，主要是政治上有什么反应，包括民主人士的反应，社会各个阶层的反应，毛主席等都很重视，这是真的非常重视。要把收集上来的全部重要的意见整理，宪法条文很多，大家意见也很多，不能遗漏，相同意见可以合在一起，汇编成册，打印出来，一共是好几十册。当时中央直辖的地方很多，例如哈尔滨等。收集上来的意见很多，所以说这个任务是相当重的。实际上分成两个班子来做这个工作，一个收集各阶层的反应，一个是收集对于宪法的意见。我当时参与的主要工作是将各阶层人士对宪法制定和宪法草案内容的反应综合整理，报送中央领导。刚开始这项工作是在中南海做，后来又到北戴河。这些地点都是保密的，家里和学校都是不知道的。因为当时很多领导都在这里，不能不考虑安全问题。

当时指导资料组工作的是田家英，四川人，他知识渊博，对党和国家的政策领会精辟，是党内的四小才子。他经常到资料组和大家座谈。有一次，在谈及社会经济制度时，他对《资本论》里的内容如数家珍，熟稔在心，给我留下了深刻印象。虽然只是作为工作人员，而不是专家参加这次立法，但对于刚走出大学校门的我，这些工作是一个绝好的学习机会。我接触到大量的材料，为日后从事经济法教学、科研和立法工作积累了难得的经验。

这段工作经历，我的体会是虽然后来因为种种原因，法制遭到了破坏，但是在起草"五四宪法"的时候，中央是真的非常重视法制，想在中国建立法制。

这些汇编的材料有些我还有，在学校的那间办公室，我想有机会就整理一下，比较完整的材料就捐给学校，作为学校的一些珍贵资料收藏。这也是非常有意义的，别的学校没有的东西，咱们学校有。

当时咱们学校，也就是北京政法学院参加的除了我还有校党委办公室的一个干部陶和谦，后来去了公安部的群众出版社当了社长还是书记。当然现在也退休了。

经济立法的复苏与兴盛

记者：改革开放后，我国经济进入快步发展的时期，同时经济领域混乱丛生的现象也很突出，这就需要有相关的制度来进行调整与规制。您在这一期间参与了大量的经济立法工作，请您谈谈这方面的内容。

徐杰：随着改革开放和法制建设的推进，国家慢慢也对经济立法开始重视，国务院就成立了经济法规研究中心，所有的经济法规都要在这里过。我和戚天长老师就应邀参加，每礼拜去好几次，去参加这些立法的讨论会议，提供意见。当时的立法都是部门牵头立法，这种立法模式有好处，就是部门专业更清楚，但是缺点也很明显，就是容易把自己部门的利益放在里面。负责起草的部委往往不可能从全局考虑，而是较多地考虑本部门本系统的利益。我在这里做了很长时间。从20世纪80年代起，我就经常参加由顾明同志领导的国务院经济法规研究中心组织的许多活动，就众多经济法律法规立法进行研讨和参加调研。作为经济法学界唯一的代表，我参加了统一的合同法的立法工作。我还参加了前国家科委主持的技术合同法及其条例和科学技术进步法的立法活动，后来又担任修改科学技术进步法的立法咨询顾问，还担任过全国人大财政经济委员会组织的政府采购法的立法咨询顾问。

记者：您当时参加了三部合同法的起草工作，请您谈谈这方面的内容。

徐杰：具体来讲，经济合同法和涉外经济合同法我是参加了讨论、起草、修改。

技术合同法是在前国家科委的牵头下起草的，当时是由国家科委的主任宋健指定段瑞春领导。当时组织了中国技术合同法研究这样一个课题，由段瑞春、王家福和我三个人组成。这个课题研究的结果不得了，获得了国家科委科技进步奖，后来又获得了中华人民共和国科技进步奖，这个奖是国家级的，很重要。我个人得到了奖，也为学校得到了奖。这是咱们学校的第一个国家的奖，也是唯一一个国家级别的奖。后来，技术合同法就是在这个课题的基础上起草的。后来又出了一个有关的技术合同法实施条例，也是我们三个人起草的。

技术合同法是原来的三个合同法中最好的一个。技术开发合同、技术转让合同、技术咨询合同和技术服务合同这些都规定得比较细。我虽然年龄较大，但是我的思想还是很开放的。我就觉得应该放开，尊重个人的主体地位，给个人更多的自由，法律给他们充分的保护。在这个基础上，还要重视对于社会利益的保护，这也是经济法强调的内容。1998 年，《合同法》颁布实施的同时，《技术合同法》终止实施。在此之前，《技术合同法》已经在中国实施了 12 年之久。在新的《合同法》中，几乎完整地保留了技术合同法原有的内容。

记者：但是后来三部合同法合为一部统一的合同法了，这有什么样的背景和考虑？

徐杰：以往的三部合同法均由国务院所属部委起草，这些机关往往不可能从全局考虑，而是较多考虑本部门利益，导致法律规范互不协调、相互抵触、规定重复。统一合同法的立法工作由全国人大常委会法工委承担，从而克服了上述弊端。并且此次立法系由学者提出立法方案并拟定建议草案，学者参与此次立法所受到的重视远非以往所能比。1993 年 9 月 2 日，全国人民代表大会常务委员会通过了《关于修改经济合同法的决定》。此后不久，全国人大常委会法工委召开了一个专家研讨会，讨论如何实现合同法统一的问题。与会专家学者一致认为制定统一合同法的时机已经成熟，建议由专家学者承担起草工作并委托部分学者先提出一个立法方案。自从全国人大常委会法工委委托部分学者提出《中国合同法立法方案》后，前后一共出台了五个草案：1995 年 1 月《统一合同法建议草案（第一稿）》、1995 年 10 月《统一合同法草案试拟稿（第二稿）》、1996 年 6 月《统一合同法草案试拟稿（第三稿）》、1997 年 5 月《统一合同法草案征求专家意见稿（第四稿）》、1998 年 9 月《统一合同法草案征求全民意见稿（第五稿）》。在此基础上，第九届全国人大第二次会议于 1999 年 3 月 15 日正式通过了《中华人民共和国合同法》，同日公布并于同年 10 月 1 日起施行。

1995 年 4 月 18 日至 21 日，全国人大常委会法工委就"合同法建议草案"召开讨论会。全国人大常委会法工委主任顾昂然出席，副主任胡康生主持会议。出席会议的学者有江平、徐杰、谢怀栻、梁慧星、王保树、张广兴、王利明、沈达明、冯大同等。会上对"建议草案"作了肯定的评价，提出若干修改意见。但也有人批评"建议草案"照抄其他国家和地区的规定过多，对自己的经验研究不够等。全国人大常委会法工委以学者提出的建议草案为基础，进行删节修改，形成 1995 年 10 月合同法试拟稿，即第二草案。1996 年 5 月 27 日至 6 月 7 日，全国人大常委会法工委在北京西郊龙泉宾馆召开会议，修改统一合同法草案。参加会议的专家学者除了我还有：中国社会科学院法学研究所的梁慧星研究员、张广兴副主编，中国人民大学的王利明教授，对外经贸大学的王军教授，中国国际贸易促进会的高隼来教授，最高人民法院民事审判庭李凡副庭长，北京市高级人民法院告申庭何忻庭长，国家工商行政管理局法规司王学政司长。修改工作是以 1995 年 1 月的学者建议草案（第一稿）和 1995 年 10 月全国人大常委会法工委民法室的试拟稿（第二稿）为基础，将第一稿和第二稿相互对照，修改形成新的草案即第三稿。全国人大常委会法工委领导特别指示，此次修改工作应充分尊重专家学者的意见，对于学者建议草案中的新制度，凡是符合中国实际的，要尽可能予以采纳。会议经过两周时间，对建议草案和第二稿进行逐条对照比较，仔细研究和争论，最后 1996 年 6 月 7 日按照预定计划形成了统一合同法草案试拟稿（第三稿）。全国人大常委会法工委对第三稿稍作修改形成 1997 年 5 月 14 日的合同法征求意见稿，即第四稿，发给各地法院、各部门和法律院系征求修改意见。

例如违约责任的相关问题，统一后的合同法就和国际接轨，统一作了规定，原来的规定是不一样的。再例如情事变更原则，统一合同法草案第三稿和征求意见稿均规定了情事变更原则，但对于应否规定一直存在争论。不同意规定情事变更原则的理由，主要有两个：其一，是认为所谓情事变更被不可抗力包含，既已规定不可抗力，就没有再规定情事变更的必要；其二，是认为情事变更原则属于一般条款没有具体的判断标准，担心在实践中导致滥用，影响法律的安定性。

记者：您还参与了《公司法》的立法工作，也请您谈谈相关的过程。

徐杰：《公司法》也是一部很重要的法律。我也是参与了这部法的立法过程。1988 年 5 月至 8 月，根据国务院法制办和加拿大政府合作的项目，我去加拿大皇后大学，专门就公司立法和证券立法与外方专家进行了 3 个多月的合作研究。这次研讨很成功，回国后，我即向有关部门提出了有关公司立法和证券立法方面的建议。1988 年，国家经委法规局组织草拟了有限责任公司条例和股份有限公司条例，并在山东烟台召开全国范围的研讨会，请一些地方经委的负责同志和学术单位的专家参加。研讨会分两个组，一个组由国家经委法规局局长杨洪同志负责，另一个组由我与沈四宝教授负责。后来，虽然由于种种原因，这两个条例没有及时出台，但这两个条例的立法活动为公司法立法打下了很好的基础。

记者：此外您还参与了哪些比较重要的经济立法工作？

徐杰：再一个参与的就是《科技进步法》。《科技进步法》看起来不起眼，实际上很重要。刚开始有人主张用"科技促进法"，或者"科技基本法"，但我觉得不妥。后来定了"科技进步法"，这部法后来又修改了一次。其实对于科技进步大家都有共识，邓小平同志说科学技术是第一生产力。这里面最重要的就是怎样把科学技术变为生产力。当时很多人主张规定我们国家的多大比例的财政支出用于技术进步。但是财政部的有关同志不同意，说应该投入，重视硬性规定不现实。最后就规定了，国家加大财政性资金投入，并制定产业、税收、金融、政府采购等政策，鼓励、引导社会资金投入，推动全社会科学技术研究开发经费持续稳定增长。但是很显然，现在的投入还是远远不够的。后来修改的时候我就是小组的顾问。

《政府采购法》，我也是起草小组的顾问，调研就是我的一个学生帮忙做的，他的论文也写的是这个。

延续经济立法与研究的优势

记者：参与立法工作这么多年，可以说您经历了改革开放以来的整个立法过程，作为一个参与立法的学者，想问问您最深刻的感受是什么？

徐杰：我谈这么几点。第一，我觉得最认真、最重视的时候就是 1954 年宪法的起草，虽然当时我还很年轻，而且不是专家，但是我能感觉到当时大家都是想制定一部好的宪法的。这绝对是认真的，想把法制完善了。第二，改革开放以来，咱们国家也是力求制定完善的法律体制的。从中央到地方，这也是做了很多的工作。第三，立法过程中各部门各阶层参与进来是很必要的，也是能够吸收包括专家学者、部门工作人员和社会群众的意见。这个很好，这也是咱们国家民主原则的体现。第四，咱们国家立法很重视理论和实践结合，力求制定出符合实际情况的好的法律。第五，我们国家对于修改法律是比较谨慎的，除非非动不可，一般而言都是保持法律的稳定性。

记者：学校 60 周年校庆，您有什么寄语给予学校以及师生？

徐杰：中国政法大学和任何学校相比，在中国还是法学教育和学术研究的中心，希望我们学校的老师和学生能够一起努力保持住这种优势。

对于经济法学科，经济法研究在当今社会确实是非常重要。作为中国经济法的发端地，我希望中国政法大学能够重视经济法的相关研究。

郭 翔

舞动少年中国梦　撑起朗朗澄净天[*]

关键词：青少年立法

郭翔，曾任中国政法大学法社会学与青少年犯罪研究所所长。参与创建中国青少年犯罪研究会（1982年），历任常务理事兼副秘书长、副会长、执行会长、会长等学会职务，并任会刊《青少年犯罪研究》杂志主编（1986—2004年）。

青少年保护立法的曲折

记者： 郭老师，能给我们介绍一下青少年立法活动的缘起或背景吗？

郭翔： 我这一生参加的立法主要就是青少年立法。1980年3月，当时团中央会同全国人大常委会法工委、司法部联合召开青少年保护法座谈会，有60多个人参加，议题和标题就是青少年保护法座谈会。

记者： 在这次座谈会后，中央就启动了青少年保护法的立法工作。这一立法的具体过程是怎样的？

郭翔： 当时在我们国家，刑法和刑事诉讼法已经有了，专门针对青少年的法还没有，大家就议论制定青少年保护法。为什么立法？就是为了保护青少年的合法权利，用法律规定出来，不要分散在各个法律里，要单独规定，保障他们健康成长，预防青少年违法犯罪，教育挽救已经犯罪的青少年回归社会。讨论要不要

＊　采访于2011年。

制定，过去没有过。北京政法学院去了几个老师，我也发言了，大家都表示要制定这个法，因为青少年不管怎么样，是国家的未来，民族的希望，他们健康成长国家就有希望。法可以调整全社会、国家机关、党政机关和青少年健康成长的关系，国家与社会有哪些义务，因为青少年成长主要是社会的问题，所以国外研究说青少年问题是社会问题的反映，犯罪是极端的反应。最好的刑事政策是社会政策，社会政策好了刑事政策也好，社会就会良性互动。

团中央、全国人大常委会法工委、司法部，这三家联合倡议尽快制定青少年保护法，成立起草小组，抽了几个学校老师到团中央中。当时团中央在恢复，最高人民法院也在恢复，司法部也刚恢复，北京大学楚怀志、北京政法学院三个老师、中国人民大学还有中国社会科学院的几位老师，集中到团中央组成起草小组。广泛借鉴国内外的经验和实践，我们写了文章《我国青少年法规概述》，2万多字。然后开始起草，很快就起草了一稿，大家很重视，像公安部，教育部，全国人大，知名学者，许多人提了意见。后来又起草，大概到三稿的时候，团委书记就向全国人大常委会副委员长作了报告，他写了个意见，成熟后就报到上面去，还要进一步调研。到广东、湖北去调研，还有到上海去的。回来后一方面座谈征求意见另一方面看看有什么新的情况。最后起草了六稿，这个六稿，团中央在省市自治区团委书记工作会议上征求意见，他们看了以后说很好，赶快制定出来。团委是做青年工作的，这样就能有所依据。可惜，这个法最后没有提交正式立法程序。其中原因众说纷纭，其实当时起草工作的具体地点在团中央大楼，团中央书记处很重视，到四五稿的时候专门开过书记处会议听取汇报，一条条讨论，团中央干部和中央干部都参与了，他们基本是肯定的。我提了一条广开就业门路，采取各种方式协助青少年就业。

同时我们这个法也起到了解放思想的作用。当时各方、各地征求意见，影响很大，为今后留了一个基础。这是我参与青少年立法的第一个阶段。

记者：这搁置了六七年，重新启动立法有着怎么样的社会背景？

郭翔：后来一放就放到 1986 年。1985 年中央下文件，关于加强青少年教育，预防青少年违法犯罪的通知。犯罪问题总是由社会问题引起的。这个法的立法工作停止了，但是犯罪没有停止，青少年犯罪由原来的 20 多万起发展到 89 万起，出现很多严重犯罪，行凶杀人强奸抢劫等严重暴力犯罪。1983 年中央开始"严打"，采取运动式雷厉风行的手段，"严打"抓了很多人，如同倾盆大雨，严厉打击严重暴力犯罪的行为，重点打击流氓团伙。有领导提出，我们的治安水平要达到20世纪五六十年代的水平，夜不闭户路不拾遗。1985年开始，犯罪又上升，青少年犯罪依然严峻，有人不敢报，隐瞒犯罪案数。我接到一些信，当时有个乡发生27起刑事案件，但是只报了5起，其他案犯都逍遥法外。公安部有个调查，有的派出所报最低数额，平均只报30起。

鉴于这种情况，中央下文件强调进一步加强青少年教育，预防青少年违法犯罪的通知，其中提到建议有关部门加紧青少年立法，尽快制定青少年保护法。这个文件下来后，上海闻风而动，马上起草上海青少年保护条例，拿到北京征求全国人大常委会法工委、专家意见，大家肯定了。但是我提意见说，这个青少年保护条例限定18岁以下，但18岁以下是少年，而不是青少年，这样逻辑不对，要么把年龄往上提，提到二十几岁，要么改名叫未成年人保护条例；还有一个条款禁止青少年谈恋爱，这也不合适，后来去掉了。所以直到现在青少年的定义也没有确定，我很早就提出来了。

这个时候团中央就要求加紧制定青少年保护法律，团中央跟教育部商量，由团中央牵头重新搞青少年保护法工作。他们找到我，因为我最早参加，给了一个制定者名单以及材料，中央批准，团中央牵头成立青少年保护法领导小组，起草办公室、咨询组，开了好多次会，名字就定了，原来青少年保护法上限是25岁，现在就说18岁以上面太大，工作量太大，就叫未成年人保护法。开始起草，再讨论，成熟后送到当时的国务院法制局，他们就征求意见，然后就通过，再报到全国人大，又有意见，全国人大常委会法工委、内务司法委员会对其进一步修改。有一条是未成年人羁押应与成年人分开，不要混在一起，因为交叉"感染"太可怕了，当时讨论的时候公安部说我们现在做不到，条件不允许，这条建议取消，我说不能取消，这一条是《北京规则》明文规定的，《北京规则》制定时我是作为中国专家观察员参与的，联合国第一次在北京开这个会，讨论联合国少年司法制度最低限度规则，最后在联合国通过。我们国家是积极参与的，1985年就通过了，怎么能不遵守呢？最后最高人民法院的一个同志提出一定要遵守《北京规则》，终于这一条保留了。后来1991年通过了这部法。

从1987年开始到1991年通过，这中间于1989年11月又在中国召开了一个保护和促进儿童权利国际研讨会，正在开会期间，联合国通过了《儿童权利公约》了，在会上宣布了这个消息，大家都很高兴。这个公约好多条款就是保护18岁以下的，跟我们的未成年人保护法是吻合的，因此促进了我们的法律。后来我们坚持设立一个执行机构，因为这是一个综合性法律，必须有一个综合的、协调的机构，不然法律等于只立了一半。20 世纪 80 年代末经费很紧张，成立机构很困难。法律制定出来后做了很多宣传，这里面有很多突破，第一次在法律中规定了隐私权，过去没有这样的条款、术语。这个法总的来说起的作用还是很好的，特别是在国际上起的作用很大，在联合国《儿童权利公约》通过后，联合国每年要考察各国对公约的执行情况。有了《未成年人保护法》，未成年人的各项权利的保护都有了依据，这个法律就相当于一个武器了。这是我参与青少年立法的第二个阶段。

记者： 这部法后来还进行过修订吗？

郭翔： 第三个阶段就是修订，我认为应该制定一个青少年福利法或者未成年人福利法。现在我国经济实力强了，建议国家成立一个未成年人保护委员会，省市县都要成立，作为政府机构。因为团委可以做思想工作、政治工作，但是不能执法，让这个未成年人保护委员会有司法权，让有关部门来汇报、检察，有问题可以行政执法，不然关于未成年人的问题这个不管那个不管。

教育为主 预防青少年犯罪

记者： 对青少年的保护是个系统工程。那么除未成年人保护法之外，您是否还参与了有关青少年其他方面的立法？

郭翔： 还有一个是预防未成年人犯罪法。其实我在 1980 年就写文章建议形成一个青少年法律体系，一个是未成年人保护法，一个是少年教养法，现在也还没有，还是属于监狱法的一部分。在制定预防未成年人犯罪法时我就提出 13 岁孩子杀人怎么办，因为刑法上规定年龄下限是 14 岁。所以很多这样的问题现在也是法律的空白，一个是未成年人收容教养条例，还有一个少年法庭法，还有在青少年福利、就业方面也形成法律体系。预防未成年人犯罪法引起了重视，第七届全国人大常委会将其列入立法规划，从预防的角度、理念来看待青少年犯罪。列入规划后，这个法该怎么制定呢？就召集我还有一个北京大学的教授去参加会议谈论。这些法律制定是李克强来抓的。为了制定这个法，全国人大内务司法委员会委托中国青少年犯罪研究会请我们做了 8 个省市青少年违法犯罪问题调查，得出很多数据，写了一个报告，报到全国人大内务司法委员会，后来他们印发报给其他部门进行参阅，为这个法律制定提供了依据。

正式制定时争议很大，我们坚持制定预防青少年犯罪法，有学者主张制定预防少年违法行为法，我说外国学者早就研究表明少年违法问题是成长当中的问题，主要是教育问题，成长过程中以教育为主，对于违法行为怎么预防，要预防就预防犯罪。我提议建立少年法庭、公读学校，这个学校设想是很好的，按普通学校来教育，要求没有犯罪烙印。但是后来办得越来越差了。这些学生，12 岁左右，放到这种学校里矫正，限制人身自由但不能强制，而且要有法律依据。预防未成年人犯罪法后来通过了，我也一直参加，提了很多意见，如哪些人有可能犯罪，根据本人情况、家庭、学校、交朋友的状况，重点预防。我认为日本的少年法就很好，有一类叫预犯少年，就是可能犯罪的少年，重点列出进行预防。再如，强制收容教养应该通过少年法庭来判决，现在还没有规定，收容教养那是20 世纪 80 年代"严打"时公安部的一个通知，通过省市公安厅批准才能施行，我说这是行政法规，公安部门通过的行政规章，不能强制限制人身自由，应该由法律规定，这样对他们是一种保护。对预防未成年人犯罪法，我一直提议改成预防少年犯罪法，把 10 岁以下排除，因为属于道德问题，比如一两岁主要是打闹，预防少年犯罪法把年龄卡住，就管 10—18 岁这一段。

社会服务与法大情缘

记者：除参与立法活动外，您还参与过哪些社会服务或者兼职？

郭翔：我曾任中国政法大学法社会学与青少年犯罪研究所所长；参与创建中国青少年犯罪研究会（1982 年），历任常务理事兼副秘书长、副会长、执行会长、会长等学会职务，并任会刊《青少年犯罪研究》杂志主编（1986—2004年）。

记者：法大 60 周年校庆，您有什么想对法大说的吗？

郭翔：现在法大的发展规模很大，培养出很多的法律人才，为国家法治建设作出了应有的贡献，所以我对法大有深深的感情。你们能过来我很高兴，将来希望在你们身上！

吴焕宁

乘风破浪无穷时　直挂云帆济沧海[*]

关键词：海商法、涉外经济合同法

吴焕宁，1933 年 1 月生于南京，籍贯江苏省苏州市。1954 年东北财经学院（辽宁大学前身）经济系毕业，现任中国政法大学国际法学院教授，特聘博士生导师，曾担任中国政法大学经济法系副主任和国际经济法系主任职务。社会兼职有：大连海事大学、厦门大学、辽宁大学、中央财经大学等校法学院客座教授、中国海事仲裁委员会、中国国际经济贸易仲裁委员会、厦门仲裁委员会、石家庄仲裁委员会兼职仲裁员、国际商会中国国家委员会专家组成员。

《海商法》立法过程

记者： 吴老师，您好！今天主要想请您详细地介绍一下您参与《海商法》的立法过程，以及您对于该法的一些具有建设性的建议。根据资料显示，《海商法》自 1952 年开始起草，到 1992 年通过，经历了 40 余年，前后 25 稿，为什么会出现这么曲折的进程呢？当初的立法背景又是如何呢？

吴焕宁： 中国是世界上国土面积最大的国家之一，不仅拥有 960 万平方公里的土地，还拥有 470 多万平方公里的广阔海域。大陆东南两面由渤海、黄海、东海、南海环绕，大陆海岸线北起鸭绿江口，南至北仑河口，长达 18 000 多公里。

---

* 采访于 2011 年。

500 平方公里以上的岛屿 6500 多个，岛屿的海岸线长 14 000 公里。沿海大小港口多数是终年不冻的良港。海岸地貌至少提供了 300 多处可供建港的良好港址。从上述海岸、海岛和海区出发，可直接同太平洋沿岸和世界各地相通。除广州、大连、上海、青岛、天津外，有 60 多个对外开放的港口。我国 28 个省和自治区中面临大海的有 11 个之多，加上两个特别行政区共有 13 个，4 个直辖市中有两个是海港城市，沿海的地级市和县级市有 100 多个。由此可见，我国不仅是一个大陆国家，也是一个海洋大国。从历史上看，早在公元前，中国的劳动人民就通过磁石现象发明了指南针，并把它应用在航海上。夏商周时代就开始了近海的交通运输。秦汉时代航运事业从近海向远洋发展，航线东至朝鲜、日本，南至南海诸岛，西南至印度半岛南端。唐代"贞观之治"后，由于造船业和海运业的发展，对外贸易十分繁荣，朝廷在沿海港口设立关卡，向外来船舶征收关税。宋元时代造船业更有长足的进步，航运事业十分发达，广州、泉州和明州等港，当时就已成为国际上著名的海港。明代郑和七下西洋的故事现在已经家喻户晓，郑和所乘的"宝船"长 150 米，载人千余，行程万里，是世界上最早能供远洋航行的大型木船，曾航行到 30 多个国家，远达非洲东岸、红海和麦加。当时中国的航海业已处于世界领先地位。

在立法方面，光绪三十四年（1908 年）清朝政府正式起草《大清商律》，于 1909 年完成。其草案分总则、商行为、公司法、海船法和票据法五编。其中海船法编的条目有 263 条之多，是我国历史上最早包含海事法规的商事立法。由于清王朝的覆灭，该草案未及颁行。一直到 1929 年 12 月，国民党南京政府才颁布了我国历史上的第一部海商法，自 1931 年 1 月 1 日起施行。

以上事实说明，我国不但拥有发展航运事业的地理条件，而且历史也证明中国人民有智慧有能力发展自己的航运事业，而且在法制方面也有所建树。这些构成了一种海洋文明，已成为中华古老文明的一部分。

可是，1949 年新中国成立时，我们从国民党政府手里接管的远洋运输船还不足 20 艘，发展航运事业非常困难。在法制方面，新中国成立全面推翻了旧的法律体系，废除了国民党政府的"六法全书"（包括其中的海商法），我国的海商法呈现了立法的空白。面对这种情况，新中国政府意识到航运事业对我国这样一个海洋国家发展国民经济的重要意义和立法的必要性。在新中国成立不久的 1952 年，政府就组建了海商法起草委员会，希望通过立法手段，指导和促进航运事业的发展，开发和利用我国的海域和海洋资源，维护海上交通安全。

记者：《海商法》的立法进程是如何的呢？

吴焕宁：我国海商法的立法工作从 1952 年组建海商法起草委员会起，到 1992 年《海商法》经第七届全国人大常委会第二十八次会议通过，整整经历了四十个春秋。由于海商法是与国家交通主管部门关系最密切的一部大法，所以海商法起草委员会由交通部牵头组建，邀请相关部门、单位、院校参加，并着手具体的起草工作。四十年中，海商法的立法进程大致可以分成两个阶段：1952—1963 年和 1982—1992 年。1952 年成立的海商法起草委员会经过十年的努力于 1963 年完成了给国务院的"送审稿"，也就是我们通常所说的"九稿"。

海商法起草委员会在"九稿"的基础上，根据中国经济从计划经济体制到市场经济体制转化的新情况着手工作。尽管一稿至九稿完全是在计划经济指导下进行的，却是集中了当时国内仅有的几位海商法专家经过十年艰苦细致的工作才形成。他们做了大量调查研究工作，包括参阅英美法系和大陆法系国家的海商法以及国民党政府的《海商法》。他们边撰写边征求意见，数易其稿，基本上确定了这部法律的范围、形式和结构。所以，1952 年组建的海商法起草委员会是功不可没的。

由于经济体制转化的需要，也考虑到海商法的国际性，恢复后的海商法起草委员会的主要工作是：总结新中国成立三十余年来的航运实践和司法实践；搜集和翻译世界主要航运国家海商海事方面的法律法规，深入研究当时世界上通行的以及尚待生效的海事海商国际公约；确定立法的原则、调整对象和范围。在统一认识的基础上把各部门分工撰写的条款，汇总成草案文稿。文稿在征得各有关行业和部门的意见后经过无数次的修改，最后的文稿作为送审稿于 1985 年 1 月提交国务院审议。国务院指派经济法规研究中心负责审议工作，此后审议意见交由交通部修改。交通部于当年 9 月上报了送审修改稿。由于受到人事变动的影响，直到 1989 年 1 月经济法规研究中心才与交通部和中国远洋运输总公司共同组成海商法审查研究小组，着手具体的工作。审查研究小组采取了包括"走出去请进来"在内的方法，召开各种类型的座谈会、论证会，广泛征求国内外海商法专家和有关行业部门的意见，对送审稿进行多次修改和审订，于 1992 年 6 月 7 日将最后审订稿作为议案由国务院提交第七届全国人大常委会。全国人大常委会对草案稿进行了初步审议后，又分别送各省、自治区、直辖市、沿海城市以及中央各有关部门征求意见，邀请各方面专家（包括有丰富航海经验的船长、熟悉港口作业的港监官员）座谈讨论，并对不同意见进行协调。经过半年紧张的工作，终于取得比较一致的看法。草案最终于 1992 年 11 月 7 日经第七届全国人大常委会第二十八次会议通过，1993 年 7 月 1 日起施行。

记者： 这部法律的名称、性质与调整对象情况如何？其立法原则或指导思想又是什么？如何与国际接轨？

吴焕宁： 关于法律的名称、性质与调整对象，经过座谈、研讨后，大家普遍认为，在社会经济开始从计划经济向市场经济转型的时候，发展航运事业的当务之急是制定一部规范海上商事行为的实体法律，其调整对象应该是平等主体间围绕海上运输和船舶权益产生的财产关系和人身关系。但如果定名为"海上运输法"或"船舶法"，则调整范围过窄，而如果称其为"海事法"则其内容必将涉及大量公法规范，如船舶登记与管理，港航监督与管理，海域海洋的开发、利用与保护等行政法规范，也将涉及许多程序法的规范，如管辖、扣船、保全等。这样一部主要应该是私法却又包含大量公法和程序法规范的法律，其内容未免过于宽泛，难以在短期内形成。经过仔细研究和讨论，大家认为将其定名为"海商法"是适宜的，也是必要的。至于海商法的性质，至今仍有不同看法。有人因其主要调整远洋运输等商事关系，又具有很强的国际性或涉外性，主张海商法属于国际经济法的范畴。另外，也有人认为海商法和民法一样，调整的是平等主体间的财产关系和人身关系，所以是民法的特别法；而在许多民商法分立的国家，海商法却是商法的组成部分。这样的分歧，其实只是反映了学理上的不同认识，并不妨碍海商法的立法和实施，也不妨碍海商法的教学和科研工作。

由于海商法的国际性很强，海商法的规范，应该严格按照国际标准制定。于是，"有国际公约的，依照国际公约；没有国际公约的，依照事实上起了国际公约作用的民间规则；没有这种规则的，参考具有广泛影响的标准合同"，就成了我国海商法的立法原则和指导思想。

在决定采纳与国际接轨的立法原则后，又出现了一种困惑，即当针对某一种法律关系国际上制定了不同的公约、民间规则或标准合同时，我们应该怎么做？不同的国际公约、民间规则和标准合同，往往代表了不同时期不同方面的利益。以海商法的核心内容——海上货物运输的法律为例，当时国际上已有三个调整海上货物运输的国际公约：1924 年《关于统一提单的某些法律规定的国际公约》（《海牙规则》）、1968 年《修改统一提单的若干法律规定的国际公约的议定书》（《维斯比规则》）、《1978 年联合国海上货物运输公约》（《汉堡规则》），各国对此三公约的态度和做法很不一致；又如，关于共同海损的民间规则——著名的

《约克—安特卫普规则》，除 1864 年和 1877 年先后制定的文本外，当时还存在 1924 年、1950 年、1974 年修订的有效文本；关于拖航合同，国际上有三种实施不同责任制度的标准合同，等等。那么，我国究竟应以哪个公约、哪个民间规则、哪个标准合同作为我们的立法基础才算与国际接轨呢？这个难题困扰了我们许多年，也使我们争论了许多年。争论的焦点在于我们应以《海牙规则》《维斯比规则》还是以《汉堡规则》为立法基础？对此问题，航运部门和对外贸易部门辩论多年，终于在当时国务院法制局的协调下，达成了共识：鉴于我国没有加入其中任一公约，可以不承担各该公约的条约义务，完全可以取自由和灵活的态度分别吸收三公约的有关规定或精神为我所用。这种做法当时被视为"已与国际接轨"。

从我国海商法的立法过程看，工作是非常细致的，体现了走群众路线、共同决策的精神；在立法技术上精益求精，从结构到具体条文，无一不经过长期研究、充分磋商、深思熟虑后才定稿。海商法内容符合当时我国的法律和政策，与我国对外经济贸易、海上运输、海上保险等业务实践相一致，在很大程度上同国际上的习惯做法、惯例、国际条约相同。从交通部牵头起草到向国务院提交送审稿，再经国务院严格审定后，才形成立法提案，由国务院提交全国人大常委会审议通过。立法过程中的每一步都走得踏实、认真，立法程序完全符合法律规定。

记者： 我国海商法的立法特点是什么？

吴焕宁： 第一是先进性。我国海商法，从实际出发，从适应计划经济向市场经济转型的需要和促进海上运输和经济贸易发展的需要出发，建立了有我国特色的海上运输风险分担制度（如承运人免责、赔偿限额、延迟交付、责任限制、救助报酬、共同海损分摊等），许多章节的规定具有前瞻性或超前性。在立法过程中，充分考虑国内立法可能的趋势，注意吸收国际立法中的最新成就。例如，关于船舶所有权的规定给船舶个人所有权类型留出了空间；"旅客运输"章吸收了《1974 年雅典公约》关于每名乘客最高赔偿额的规定；"海难救助"章参照了当时尚未生效的《1989 年国际救助公约》，把救助范围扩大到防止和减轻环境污损、增加了特别补偿条款；在"海上货物运输合同"一章中设立了一节"多式联运"，吸收了《1980 年国际货物多式联运公约》和《1991 年多式联运单证规则》的某些规定；"共同海损"章参考了当时最新的 1974 年文本。此外，《海商法》还首次正式采用了国际货币基金组织的特别提款权等。应该说，这部法律反映了国际国内航运业改革和发展的最新成就，因此，其符合时代潮流，具有很强的时代性，是一部比较新颖、先进的法律。

第二是国际性。我国《海商法》虽然是一部纯粹的国内法，但因其涉外性和国际性很强，所以绝不能闭门造车。20 世纪 90 年代，挂中华人民共和国国旗的船舶航行在地球表面几乎所有可航水域，停靠世界 150 多个国家和地区的 1100 多个港口，不可能不受某些外国法、国际条约、国际惯例以及世界各地的航运惯例和港口习惯的管辖或约束。外国船舶也经常进出我国海域或停靠我国港口，我们不能不了解相关的外国法律和国际上通行的航运规则。此外，海事立法的国际统一化运动也在蓬勃展开并不断取得新的进展。总之，我国《海商法》除第一章总则和第十五章附则外，其他各章内容都参照、吸收或移植了世界上最新的国际公约、国际惯例等条款内容或精神，真正做到了与国际规则的接轨。

第三是实用性和可操作性。《海商法》是一部专业性极强的法律，既有运输、保险、救助、租船、共同海损、责任限制等航运贸易业务方面的专业词汇，又包含大量法律术语。《海商法》用了多达十五章278 条的篇幅涵盖了各有关业务的行为规范，是当时自新中国成立以来条文最多的一部法律。其内容十分丰富，对当事人权利义务的规定十分详细，对法律规范的任意性和强制性界定得十分明确，所以是一部操作性很强的法律。它不仅为从事海事审判和仲裁的法官、仲裁员、律师提供了分析行为是非曲直的标准和断案的法律依据，而且成为航运界、保险界和经济贸易界规范自己生产活动的行为准则，也为从事海商法教学和研究工作的人士指出了工作方向。

总之，我国 1992 年《海商法》的出台弥补了我国调整海运领域平等主体之间关系的立法空白。这是当时最新颖、最先进、最详尽，也是与国际接轨最紧密的一部法律。从此结束了在航运界"我们没有法，靠内部文件办事"的时代。

记者：请您谈谈我国《海商法》的现状与修改的必要性？

吴焕宁：我国《海商法》颁布和实施以来，全国的海事法院及其上诉审高级法院，以及中国海事仲裁委员会，严格执行《海商法》的各项规定，出色地、公正地处理了数以万计的海事诉讼案件和大量海事仲裁案件，得到了公众的好评。实践也证明这部法律的立法原则和指导思想是正确的。

我国《海商法》是一部集几代人智慧与心血，历经 40 年之久，有数百人参与，因而来之不易的法律，是一部极具先进性、国际性、实用性的法律，那么为什么在实施多年后，会冒出对它进行"修改"的问题呢？对此，我曾经很不理解，没有认识到修改的必要性。但经过一段时间学习，阅读了一些文章，经过不少同仁的启发和自己冷静的思考，才逐渐认识到，修改确实是必要的。其理由来自两个方面：一是情势变迁，二是《海商法》自身的缺陷。

情势变迁主要表现在三个方面。一是我国加入了 WTO。我国"入世"所承诺的过渡期只有五年，即我国要在五年之内基本完成体制转轨与政策法规的调整。为了能以市场经济国家的身份实现从计划经济到市场经济的历史性过渡，并融入国际经济大市场，我们必须加快国有经济市场化改革的步伐，遵守经济全球化和国际竞争的共同规则，不仅要开放市场，而且要建立统一的市场体系。作为 WTO 的成员方，我们应该使我们的国际贸易包括服务贸易更加与国际接轨。开放航运市场，打破行政性垄断，是我国航运市场化改革的重要任务。因此，加入 WTO 后，我国政府要履行"入世"承诺就要把航运市场的开放扩展到国际和国内两个市场，建立统一的大市场。例如，沿海运输是否应该同国际运输一起纳入海商法的调整范围就是情势变迁后需要考虑的问题之一。

二是国内航运经济蓬勃发展，民商事立法事业飞速前进。《海商法》颁布实施以来，在我国进出口贸易强势增长的拉动下，外贸货物的运量快速增长。中国大陆港口外贸货物吞吐量再次位居世界首位（2005 年完成 13.7 亿吨），集装箱吞吐量继续保持世界第一（2005 年完成 7564TEUS）；截至 2005 年底，我国拥有水上运输船舶 20 多万艘，从事国际海运服务的船公司已发展到 268 家，班轮公司 176 家，其中中远运输集团总公司拥有船只 619 艘，运力突破 3500 万载重吨，中海集团总公司拥有船只 431 艘，两个公司已进入世界班轮公司排名前十名；上海港 2005 年外贸货物吞吐量达到 1.85 亿吨，首次超过新加坡港，跃居世界第一大货运港口。以上情况说明，我国已成为世界航运大国，正在向航运强国的目标前进。

随着国民经济的蓬勃发展，我国陆续颁布和修订了一系列新的民商事法律法规。例如，1993 年 12 月实施的《反不正当竞争法》，1995 年实施的《仲裁法》和《担保法》，1999 年实施的《合同法》，1982 年通过、1999 年修订、2000 年实施的《海洋环境保护法》，1999 年通过、2000 年施行的《海事诉讼特别程序法》，2001 年实施的《海域使用管理法》，2001 年发布、2002 年实施的《国际海运条例》及 2003 年发布的《国际海运条例实施细则》以及 2000 年根据 WTO 规则的要求全面修订的《海关法》，2002 年修订的《进出口商品检验法》，2002 年修订、2003 年实施的《保险法》，2004 年修正的《拍卖法》和《票据法》，2005 年修订、2006 年施行的《证券法》和《公司法》，等等。

这些新的法律法规多多少少都涉及和影响了《海商法》的实施和发展。新法颁布和实施后，出现了《海商法》与其后颁布的新法不一致甚至冲突的情形。这就产生了如何解决新法与旧法之间的差异与衔接的问题，以及一般法与特别法的配合与协调等问题。例如，我国《海商法》采用的承运人责任制度是"不完全过失责任制"，而《合同法》规定的违约责任制度是"过失责任制"；又如，《海商法》规定托运人只能在"装货港船舶开航前"要求解除合同，还须承担一定的运费和货物装卸费用；此外，托运人只能在因不可抗力或其他不可归责于托运人和承运人致使合同不能履行的情况下才能要求解除合同，而《合同法》则规定，只要当事人协商一致就可以变更或者解除合同。

三是国际上出现了立法再度活跃的态势。我国《海商法》颁布实施后，无论是国际公约还是国际惯例都有了新的发展。例如，我国于1994年加入的《1989年国际救助公约》于1996年7月4日生效，1993年通过的《船舶优先权与抵押权国际公约》已取代了1967年通过的同名公约，新的《国际扣船公约》于1999年通过；IMO（国际海事组织）主持制定的《国际海上运输有毒有害物质赔偿责任公约》于1996年通过；IMO又于2001年通过了《国际船舶燃油污染损害民事责任公约》；2002年还通过了修订《2002年雅典公约》；美国"9·11事件"后，随着国际海运及反海运恐怖法规的发展，IMO在2002年通过了《1974年国际海上人命安全公约修正案》和《国际船舶和港口设施保安规则》。在与海运有关的国际贸易习惯做法方面，CMI（国际海事委员会）于1994年修订了《约克—安特卫普共同海损规则》，又于2004年推出了更新的版本；1976年制定的"金康"（GENCON）合同格式已被1999年的"GENCON99"所取代；ICC（国际商会）在1990年《国际贸易术语解释通则》（Incoterms1990）的基础上推出了新版本的2000年《国际贸易术语解释通则》（Incoterms2000），等等。这些变化如果不能在《海商法》中得到体现和反映，将使《海商法》丧失其原有的先进性或超前性。

特别值得一提的是，国际上虽然已有三个关于海上货物运输的国际公约，但各航运大国仍各行其是，国际海上货物运输法律极不统一。《汉堡规则》的通过和生效不但没有使各国海上货物运输的法律趋于一致，反而进一步加剧了海运法律不统一的局面。这种不统一已成为国际上货物自由流通的障碍，引起了国际航运界和贸易界的高度重视。1996年UNCITRAL（联合国国际贸易法委员会，简称贸法会）第二十九次会议意识到，1970年以来统一运输法律的努力并未取得预期的结果，因此，要求 CMI 将审议现行国际海上货物运输的实践与法律纳入它的议事日程，并最终启动了起草"联合国海上货物运输公约"的工程。CMI 于1998 年 5 月成立了国际运输法国际工作组。目前，CMI 的这个工作组起草的《联合国统一运输法草案》，经过数次讨论、修改，于 2006 年 4 月 3—13 日，在贸法会第三工作组的纽约会议上讨论并通过了"二读"，目前第三稿正在审议中。这项为统一海上运输法律的又一次行动，受到各航运国家的关注。我国也派代表参与了新公约的审议和制定。

除情势变迁外，《海商法》自身的不足也是必须对其予以修订的原因之一。《海商法》颁布和实施后的十几年来，尽管取得了令世人瞩目的成就，但不可讳言，在十几年的司法实践中，《海商法》的某些条款本身，也确实暴露出不够完善、不够明确的缺陷或者有需要弥补的漏洞，以及值得进一步探讨和深入研究的问题。例如，我国加入 WTO 后，能不能取消双轨制，将我国沿海运输也纳入《海商法》的适用范围？《海商法》要不要反映当前国际贸易中流行的电子商务和电子提单的内容？海洋环境污染和损害的赔偿问题要不要纳入《海商法》？现有的承运人责任制度是否合理、是否公平，要不要继续维持？与《合同法》的分歧如何解决？《海商法》与《担保法》关于留置权的不同规定，如何协调？《海商法》某些条文所规定的内容是否确切和充分？例如，如何识别承运人与实际承运人、托运人与发货人、收货人与提单持有人；如何区别承运人适航义务与管货义务；有关提单的规定及其与实践中"无单放货"之间的关系；关于"延迟交货"的规定是否公平合理；哪些条文不符合中文表述习惯，文字晦涩、费解，容易引发歧义，等等。

类似问题还有许多，值得一一展开研究和论证，以期找出恰当的改进方案。

记者：最后，请您谈谈对我国《海商法》未来的展望？

吴焕宁：《海商法》实施后，曾经有过是否需要修改的争论。但近年来，理论界和实务界对修改《海商法》的必要性已经取得了共识。那么，究竟应该如何修改、修改的范围和方式如何？如何设定修改的时间表？学界和业界均无统一认识。我认为，《海商法》的修改应该按照我国《立法法》的规定进行。《海商法》是全国人大常委会制定和通过的法律，其制定、修改和废止都是立法活动，都应该受《立法法》的调整。对《海商法》的"改"应该同《海商法》的"立"一样由全国人大常委会进行。"改"的目的在于保留和完善，而"废"的目的在于撤销和删除以终止其法律效力。两者有很大的不同。修改《海商法》

的目的不是废止，而是使其更加完善。这一点应该是修改《海商法》的出发点和目标。至于修改的范围，目前有"大改""中改""小改"三种主张。"大改"指全文修改，"中改"是对法律的某些条款或个别部分进行变更、删除或补充。这样的修改属于对法律的部分修改。"小改"则是只对法律个别条款的内容或表述的文字做一定的删减、变动或补充，属于个别修改。我认为，对我国《海商法》而言，"大改"等于"推翻重来"，"小改"不能适应变化了的经济情势和社会需求，均不可取。"中改"在原立法原则和指导思想正确的情况下，保留法律的基本框架和结构不变（但可做局部和适当的调整）。"中改"的原则应该是："必须变更、删改和补充的，认真修改；可以不改的，尽量不改。""中改"可以保持法律的稳定性和连续性，也可避免出现"朝令夕改"的局面，否则会损害或削弱法律的威信。对于我国这个提倡依法治国的社会而言，尽力维护和保持法律的稳定性非常重要。

关于修改范围的意见，大致可归纳成两种：其一，主张《海商法》的修改应从该法的整体布局、章节划分等结构性的调整以及这部法律与其他相关法律如何衔接等方面入手。修改方案应从大处着眼，力争比较全面和彻底。其二，"鉴于海上民事活动所具有的特殊风险，海商法所创立的某些特殊的法律制度，将继续保留和沿用。……在这一原则基础上，可以对个别问题做适当调整"。前一种可称之为"彻底修改"说，后者可称之为"适当修补"说。我个人认为，如果承认《海商法》的立法宗旨，即"调整海上运输关系、船舶关系，维护当事人各方的合法权益，促进海上运输和经济贸易的发展"是正确的，那么，这一立法初衷不能改；尽量与国际接轨的立法原则和指导思想不能改；《海商法》中承运人的责任制度，包括免责和责任限制、船舶优先权、共同海损、海难救助等海商法特有的法律制度，构成海商法的基本框架，对此可以论证、改进，但不能不保留。所以，我赞成对《海商法》进行"适当修补"，而不赞成"彻底修改"。当然，究竟应如何修改，还存在意见分歧，需要做进一步的研究和探讨。

既然对《海商法》的修改已势在必行，理论界、实务界和司法界应共同努力，争取使《海商法》的修改进入立法程序，列入全国人大常委会的会议议程。要做到这一步，眼前必须大力开展调查、研究、探讨和论证，以便在今后进入实质性修改程序时为立法者提供比较成熟和大致统一的方案。我国交通部已为此立项并成立了软课题工作组，委托大连海事大学和上海海事大学的专家开展修改《海商法》的专题研究。这当然是非常好的开端，同时也体现了部门立法与专家立法相结合的倾向。不过，我认为，全国海事法院及其上诉审法院以及最高人民法院等海事审判机构的意见也应得到重视。工作在海事审判第一线的法官们在适用《海商法》长达十数年的实践中一定积累了丰富的经验和体会，他们应该是最有发言权的群体，当然也应该包括海事仲裁员和海事律师，没有他们的参与，修改工作不可能完美。

至于修改的时间表，我觉得应取决于两个难题的解决。一是修改方案如何与国际接轨的问题。二是如何使修改方案进入立法程序的问题。

"与国际接轨"本来不是新问题，是《海商法》起草时已经解决了的问题。但是自从 CMI 于 1998 年成立了运输法国际工作组并正式启动起草工作后，我就认为，既然国际上已经在起草新的国际公约，我们何不等待新公约通过后再着手修改我们的《海商法》？到时候可以借鉴或参考新公约的内容，岂不可以节省精力和时间，同时能再一次符合"与国际接轨"的原则？但是，当我接触和了解了《海上货物运输公约草案》和历次讨论的情况后，我发现我的想法并不现实。事实上，各国有各国的历史地理条件，有各自不同的经济政治利益和社会发展的需要，世界主要海运国家多根据自己的国情制定自己的海商法或海事法。每一个国家是否加入某项国际公约、是否吸收国际上的通常做法、是否参考外国的相关法律，都是各该国家立法机关自己的事。要统一各国运输法的规范，谈何容易。许多涉及海事海商工作的国际组织为此作出了巨大的努力，组织制定了上百个海商海事领域的国际条约、议定书及其修订案。其中调整海上货物运输关系的三个国际公约就是国际组织努力的最具代表性的成果，反映了海上运输法的国际统一化趋势。然而，海上运输三公约并存的现象本身就说明，海商法的国际统一化目前还只是一种趋势、一种愿望、一个理想、一个路漫漫而望不到尽头的过程。以上三公约，特别是《汉堡规则》，从酝酿、通过到生效的过程是多么艰难而漫长。而《汉堡规则》的通过和生效，不但没有使海上运输法达到统一，反而造成新的不统一。因此，我怀疑，目前正在拟制的《海上货物运输公约草案》是否能够取代现有三公约，使国际运输法真正"统一"起来。即使各国代表本着求同存异的精神，努力使其勉强通过，不知又要经过多少年才能满足生效条件；即使生效，又会有多少国家参加，等等。因此，我估计，这一新的公约草案，即使能通过，也不会取代现存三公约，而形成国际上第四个调整海上运输关系的公约。它充其量只能起到"示范法"的作用。到那时，我们究竟应该跟随并采纳哪一个公约的内容，才算同国际接轨了呢？

要使修改方案列入全国人大常委会的议事日程，还有不少工作要做。如果眼下尚无建立海商法修改领导小组之类新机构的必要，那么，如同《海商法》的制定一样，修订工作也应由交通部牵头。交通部应该组织全国的力量共同奋斗，尽早出台一个统一的修改方案，提交国务院审议。然后才有可能进入正式的立法程序。

所以，无论从与国际接轨的问题看，还是从进入立法程序的过程看，都有很长的路要走。然而我们的《海商法》亟待改进，时不我待。让我们大家共同努力来推进《海商法》的修改工作，让我们的第二代《海商法》继续保持它的先进性、国际性与实用性，使中国海商法的美好未来早日呈现在我们的面前。

《涉外经济合同法》与《进出口商品检验法》

记者：《涉外经济合同法》是 1985 年颁布的，虽然之后被《合同法》所囊括，但它在立法上确实起到了很重要的作用，就此想请您谈一谈它当时的立法背景及其与现行《合同法》之间的关系，以及您在这个过程中担任了什么工作？

吴焕宁：《涉外经济合同法》是当时全国人大常委会的一个立法计划，当时叫作"中华人民共和国对外贸易法"，他们草拟了一个稿子，让我去对这个草案提意见，具体提了哪些意见现在有些不记得了，我给过他们书面的修改文件，这个立法的原因是我国的国际交往越来越多，最主要的是各种合资企业、对外经济贸易、先进技术、商品的进出口，这些都需要法律，因为原先没有，所以纠纷很多。

美国有一个法学家，是美国纽约大学法学院的教授，也是个律师，出生在上海，中文好极了，我们对外开放以后，他们很想与中国交往，都去找他，认为他是中国通，他跟美国人说中国没法律，合同就是法律，你需要怎么做，你就怎么写。事实上当时中国的情况确实是这样，确实没有专门的法律，因此，与其他国家进行贸易，就需要进行谈判。问题在于他们来谈判的都是会计师、律师之类的人，我们这边一般都是管厂长的政委什么的，反正没有几个懂法律、懂财会的人，所以被人家牵着鼻子走。合同起草之后拿给我们看，我们看不出个所以然，也不知道该改还是不该改，所以外贸部就认为这种情况下，要搞市场经济，就必须搞一个《合同法》。那时我们国内还没有合同法，就先搞涉外的吧，这是最紧急的，所以《涉外合同法》不是很全面，主要是针对当时的形势、实际发生的纠纷，起草了几条，虽然现在来看已经过时了，但是当时真的起了作用，起码驳斥了美国法学家所说的"没有法律，合同就是法律"。让人家外国人来定合同，开始我们很吃亏。

其间，我主要就是参加讨论草案，在此之前，外贸部起草草案我参加过几次，我提了一些具体的意见。

记者：对于《进出口商品检验法》您还有印象吗？

吴焕宁：对于这部法我的记忆已经不深了，我去参加时已经是最后一部稿子了，我记得当时就只提了一些文字性的意见。我当仲裁员时曾审理过这么一些案件：我们进口全套设备的时候，合同里定的是要全新的，拿到以后虽然看着也是全新的，但是实际上，是用油漆重新粉刷了一遍的。所以这里就有一个问题，《进出口商品检验法》要以什么检验标准为准，是出口地？进口地？能不能到货以后接收？我当初对这个事情比较重视——检验到底怎么检验，检验机构是什么。在讨论之后，我对这么几个问题提了一些意见。

王昌硕

劳动立法民做主　波澜起伏道久远[*]

关键词：劳动法

王昌硕，中国政法大学法学教授，硕士研究生导师，曾任经济法教研室副主任、经济法系经济法基础理论教研室副主任、经济法系工会主席、校工会副主席，成人教育学院综合教研室主任、校劳动人事争议调解委员会副主任。劳动部立法咨询委员、北京市企业民主管理委员会理事、北京市劳动争议仲裁委员会兼职仲裁员。现兼任全总法律顾问委员会委员、北京市总工会法律顾问委员会委员、中国劳动学会理事、中国劳动法学研究会副会长、中国行为法学会劳动法专家。

法治春天　参与立法

1978 年党的十一届三中全会决定，全党工作重点转移到社会主义现代化建设上来。为了保障人民民主，必须加强社会主义法制。全党全国人民吹响了向社会主义现代化建设进军的号角，祖国大地迎来了社会主义法制建设的春天。为了适应形势发展需要，北京政法学院于 1980 年率先在全国高等院校设置经济法教研室[1]、开设经济法课。在旧中国和新中国成立后的 30 年间，高等院校从未设

　　[*] 本文根据王昌硕教授自述整理。
　　[1] 教授有陈文渊、戚天常、黄卓著、陶和谦、严振生、刘忠亚、徐杰、王昌硕，陶和谦是教研室负责人。1983 年陶和谦到群众出版社工作后，徐杰担任教研室主任，王昌硕为副主任。

置过经济法教研室，也未开设过经济法课。经济法教研室的成立、经济法课程的开设，是全党全国工作重点转移到社会主义现代化建设、加强社会主义法制的产物，是法学教育领域的新生事物，为众多高等院校效法。随着政法院校的改革深入发展，中国政法大学于1988年成立经济法系，2002年成立民商经济法学院。经济法已成为一门独立的法律学科，在我国社会主义法律体系中成为一个独立的法律部门。

邓小平同志在1978年12月13日中央工作会议上的讲话中指出："为了保障人民民主，必须加强法制。""应该集中力量制定刑法、民法、诉讼法和其他各种必要的法律，例如工厂法、人民公社法、森林法、草原法、环境保护法、劳动法、外国人投资法等……做到有法可依，有法必依，执法必严，违法必究。"国务院法制办为落实邓小平同志讲话精神，立即部署有关国家机关会同相关单位并邀请专家学者，对列入全国人大立法规划的法律进行调研，起草、论证、征求意见，形成草案后上报国务院，国务院讨论通过后报请全国人大常委会审议。经济法教研室教师大都被邀请参加相关法律的调研、起草、论证、提出意见建议等项工作。

我在中国政法大学从事劳动法、经济法教学与研究工作，曾被原国家劳动总局[1]、原卫生部、原铁道部有关司局办邀请参加《劳动法》《安全生产法》《尘肺病防治条例》《公共场所卫生管理条例》《劳动争议处理条例》《铁路货物运输合同实施细则》等法律法规的起草、论证工作。下面我着重谈劳动立法情况。

中国是国际劳工组织创始国之一。中国有义务履行自己批准的国际劳工公约。为促使中国批准尚未批准的核心公约，国际劳工组织于1999年4月派代表在京举办国际劳工组织劳工公约的研讨会。劳动和社会保障部国际合作司安排我以中国政法大学教授个人名义和有关部委及全国总工会、全国妇联的代表，就批准国际劳工组织第111号核心公约《1958年歧视（就业和职业）公约》的条件及意义进行评价，国际劳工组织代表认为与会者的发言内容是积极的，并表示为中国批准实施第111号核心公约提供切合实际需要的援助。到了2002年，我国批准实施《1958年歧视（就业和职业）公约》。

我还接受当时劳动社会保障部、铁道部、国家工商行政管理总局、民航总

---

〔1〕　新中国成立后，政务院设劳动部。1975年国务院成立国家劳动总局。1982年后先后成立劳动人事部、劳动部、劳动和社会保障部、人力资源和社会保障部。

局、中华全国总工会、中国企业联合会、北京市政协、北京市总工会、中国法学会、全总法律顾问委员会、北京建工集团等单位邀请，对《促进就业法》《劳动合同法》《集体合同法》《社会保险法》《劳动争议调解仲裁法》《合同法》《铁路法》《航空法》《破产法》《劳动合同条例》《北京市实施〈中华人民共和国工会法〉办法》《商标法实施细则》等，以及国务院《劳动保障体系试点方案》《最高人民法院关于审理铁路运输损害赔偿案件若干问题的解释》等文件的制定与修订，提出意见建议，或者进行论证。

参与立法，责任在肩。我用心地做好调研、起草、论证、提出意见建议等项工作。20 世纪 80 年代初，我到北京第一轧钢厂调研，得知因签订集体合同给职工、企业带来实实在在的好处后，我又向天津漆包线厂索要集体合同文本进行研究，经研究我体会到时任中华全国总工会主席倪志福在全总九届二次执委（扩大）会议的报告中提出推广集体合同的意见是完全正确的。从此，我对国内外集体合同制度的历史和现状进行专题研究，在《北京政法学院学报》（1980 年第 2 期）发表《集体合同综述》一文，在 1984 年《中国大百科全书》（法学）撰写"集体合同"词条。在劳动法起草、论证过程中，极力主张对集体协商、集体合同加以规定。

1979 年初，国家劳动总局成立劳动法起草小组，夏积智同志分配我起草《劳动法（草案）》第一章总则，我深知这是劳动法的龙头、灵魂和统帅，要起草好很不容易。我根据宪法，按照起草小组提出的立法指导思想和原则，以现行、基本劳动政策法规为基础，参考苏区和社会主义国家劳动法，对立法宗旨、适用范围、劳动者的权利义务和职责、劳动保障、劳动行政主管部门等重大问题作了原则规定，后经三十多次修改而形成《劳动法》总则。

科学论证至关重要。20 世纪 80 年代末劳动部成立劳动法研究小组。1990 年春，劳动部政策法规司二位同志让我有机会讲讲"监督""检察""监察""检查"有何不同。他们虽未说明来意，但我理解与劳动立法或实务有关。于是，我用一个多星期时间，就这四个词的含义、特点及应用撰写了七千多字的文章，在劳动保护监察研讨会上作了发言。此后我一直关注在劳动立法中如何使用这几个词。原劳动部于 1993 年、1995 年先后发布了《劳动监察规定》《矿山安全监察工作规则》，1991 年以后将 1989 年《劳动法（草案）》（第 27 稿）第十一章"劳动监察"改为第十二章"劳动监督检查"。

劳动法：起草到出台 波澜起伏多

当我在家听到中央人民广播电台播报《劳动法》于1994年7月5日第八届全国人大常委会第八次会议通过、自1995年1月1日起施行后，我高兴地跳起来喊"通过了！"我爱人笑着对我说："怎么了，疯了！"我说："跟它15年了，白头发都有了，才通过！"人们十多年企盼的保护劳动者合法权益的《劳动法》诞生了！这是我国社会政治经济生活中的一件大事，是我国劳动立法史上具有划时代意义的里程碑！

喜悦之心慢慢平静下来，我又像写文章一样陷入沉思。回忆《劳动法》起草到出台，所经过漫长、曲折的历程。

第一阶段（1956年至1957年）：酝酿起草《劳动法》。

1956年全国基本完成对农业、手工业和资本主义工商业的社会主义改造，有计划地进行社会主义工业化建设，国民经济迅速发展。为了发展经济、建设社会主义社会、中国共产党于同年9月召开第八次全国代表大会。董必武同志作了题为"进一步加强人民民主法制、保障社会主义建设"的讲话，认为"开国七年来，党领导的人民民主法制工作是有显著成绩的"，"显著的问题是，我们还缺乏一些急需的较完整的基本法规，如刑法、民法、诉讼法、劳动法、土地使用法等"，"必须做到有法可依和有法必依"。

党的八大闭幕后，时任劳动部副部长毛齐华同志立即组织劳动部有关人员会同中华全国总工会等单位，并邀请中国人民大学关怀、北京经济学院任扶善、北京政法学院陈文渊等人，成立劳动法起草小组。小组成立后，经多次讨论研究，决定制定一部较完整、法典式的《劳动法》；在搜集研究国内外劳动立法资料的基础上，由每一位成员提出《劳动法》的框架构想，而后综合整理成一份供集体讨论的《劳动法》框架，起草小组一直工作到1957年"整风"运动。1957年以后由于"左倾"错误泛滥，法制建设受到干扰，劳动法起草小组工作中断，酝酿起草《劳动法》夭折。

第二阶段（1979年至1989年）：《劳动法（送审稿）》被搁置。

1979年1月，原国家劳动总局成立劳动法起草小组，邀请中华全国总工会、农业部、北京大学、北京政法学院、北京经济学院、中国社会科学院法学研究所等单位专家学者参加讨论和起草工作。

起草《劳动法》的指导思想是：以宪法为依据，体现劳动者是国家主人的社会主义制度优越性；为社会主义现代化建设服务；从我国人口多、底子薄、经济比较落后的实际情况出发；对城乡各种所有制单位区别对待；各项制度规定要瞻前顾后，行得通，为改革留下空间。

起草过程除了反复讨论研究《劳动法》的框架，讨论的主要问题有：（1）《劳动法》的性质，是劳动管理法，还是劳动保护法？（2）《劳动法》的宗旨，是"单保护"劳动者，还是对劳动者和用人单位"双保护"？（3）适用范围，是适用于包括农民在内的全体劳动者，还是适用于包括公务员在内的全体职工，抑或是仅适用于企业职工？（4）劳动合同问题，存在按国家计划适用固定工的情况，是规定固定工、合同工制度，还是统一规定劳动合同制？（5）提高职工工资水平问题，在有计划的商品经济条件下，是规定国家有计划地提高职工工资水平，还是规定企业根据经济效益自行提高职工工资水平？（6）保证职工实际工资不下降问题，鉴于整体物价势必上涨的趋势，能否规定国家保证职工实际工资不降低？（7）提高女职工产假期限问题，与会者一致认为应当提高，但提高多少天比较科学？（8）职工社会（劳动）保险问题，现行劳动保险如何向社会保险过渡？（9）劳动争议处理，处理劳动争议渠道单一，如何设计处理劳动争议的机构和程序？

1979 年 7 月，劳动法起草小组完成《劳动法（草案）》初稿。1983 年 3 月，国务院讨论并原则通过《劳动法（草案）》（第 17 稿）。1983 年 7 月，将修改后的第 18 稿作为送审稿提交全国人大常委会审议。1984 年 2 月，按照全国人大常委会法工委的意见进行修改。由于种种原因，全国人大常委会未予审议。从此《劳动法（送审稿）》被搁置，劳动法起草工作中断。

第三阶段（1990 年至 1994 年）：《劳动法》问世。

随着改革深入，特别是实行市场经济体制，劳动关系发生新变化，亟需劳动法调整，劳动领域改革成果需要提升为法律，广大职工群众和全国人大及全国政协的代表，以各种方式呼吁加紧制定《劳动法》。全国人大有关部门多次提出，《劳动法》起草工作应该加快进度。

1989 年 2 月，重新组织起草《劳动法（草案）》，分别成立劳动法起草小组和研究小组。1990 年成立了以时任劳动部部长阮崇武为组长，由劳动部、国务院法制办、全国总工会、国家计委、国务院生产委、国家体改委、卫生部、人事部、机电部、能源部、农业部等部委参加的《劳动法》起草小组和起草办公室，重新研究《劳动法》起草的原则和主要内容。

　　1990 年 8 月，劳动法起草小组、研究小组在京对《劳动法（草案）》新一稿（总第 27 稿）征求意见时，召开会议对《劳动法》适用范围、劳动就业、劳动合同、集体合同、工时、工资、工会、劳动争议、劳动监察等九个问题展开研讨，重点研讨"集体合同""劳动监察"问题。我在会上提出增加"集体合同"一章，并将第十五章章名改为"劳动监督"。当时西北政法学院侯文学副教授、全国总工会法律部有关同志也赞成专章规定"集体合同"。会议主持人时任劳动部政策法规司司长刘贯学同志在会上讲，"大家对《劳动法（草案）》要不要专章规定'集体合同'问题有不同意见，先请王教授、侯教授回宿舍起草一章，再讨论"。于是，我们二人起草了"集体合同"一章。从此，在《劳动法（草案）》中增加了第五章"集体合同"。

　　因我参加劳动法制定工作，收到《劳动法起草工作通讯》（第 8 期，1990 年 11 月 24 日），得知 1990 年 10 月 25 日至 11 月 5 日，《劳动法》起草工作办公室先后在成都、重庆、武汉召开《劳动法（草案）》论证会。会上，对"集体合同"一章有三种意见：一种意见不赞成在《劳动法（草案）》中列专章规定集体合同；第二种意见认为应该专门规定集体合同；第三种意见认为《劳动法（草案）》可以有集体合同，但不一定列专章。意见分歧，一直未能形成共识。最后，全国人大常委会审议，决定对"集体合同"不列专章，规定第三章为"劳动合同和集体合同"。

　　1992 年 10 月，中国共产党第十四次全国代表大会召开，确定实行社会主义市场经济体制。1993 年 11 月党的十四届三中全会召开，通过《中共中央关于建立社会主义市场经济体制若干问题的决定》。这就为劳动立法指明了方向，《劳动法（草案）》坚持市场取向，许多问题将会迎刃而解，审议《劳动法（草案）》指日可待。

　　1994 年 1 月，国务院审议通过《劳动法（草案）》，认为制定《劳动法》十分迫切和必要，条件已成熟，并提请全国人大常委会审议。1994 年 7 月 5 日，第八届全国人大常委会第八次会议召开，由乔石委员长主持，对《劳动法》付诸表决，以高票通过。《劳动法》从起草到通过历时 15 年，它是计划经济向市场经济转轨的成果，是经济体制改革和劳动体制改革的结晶，凝结了广大职工群众的智慧，亿万劳动者权益有了法律保障，令人欣喜。

劳动立法　任重道远

人民是推动社会前进的动力。劳动立法的源泉来自广大职工群众的需求。20 世纪 80 年代，我到城子煤矿了解推行劳动合同制情况，有矿工说："劳动合同一两年一签让人不安心，我们老矿工能不能签时间长点、让人安心点的合同？"最后劳动立法者采纳了这一意见，《劳动法》第 20 条第 2 款规定，劳动者在同一用人单位连续工作满 10 年以上，当事人双方同意续延劳动合同的，如果劳动者提出订立无固定期限的劳动合同，应当订立无固定期限的劳动合同。劳动立法过去、现在、将来都需要反映民意、集中民智，保证《劳动法》符合广大职工群众的利益和愿望。

劳动者渴望实现体面劳动。体面劳动，是指劳动者享有保障人格尊严、人身安全和公正待遇的职业岗位的权利。党和国家采取各种措施，保障劳动者实现体面劳动。但是在现实生活中，不尊重普通劳动者、劳动报酬偏低、超时超强度劳动、工伤事故和职业病多发、缺乏人文关怀、劳动保障不力等问题困扰劳动者，影响体面劳动落实。在当前经济全球化、强资本弱劳工、两极分化的情势下，中国劳动立法应当强化保障劳动者人权，以实现劳动者体面劳动为己任，充分体现社会主义制度优越性，形成尊重劳动、尊重劳动者、劳动光荣、劳动神圣、劳动伟大的社会风尚。

保障亿万劳动者实现体面劳动，需要国家通盘考虑、设计、实施一项综合型社会工程。就劳动立法而言，以劳动者为本，尊重民意，汇聚民智，保障劳动者享有自行择业权、职业安全权、健康保护权、劳动报酬权、休息休假权、劳动保障权、人格尊严权、知情参与权、发展权、民主监督权，体现劳动者国家主人翁的社会主义制度优越性。

为此，我建议劳动立法者，总结党的十一届三中全会以来劳动立法的经验，特别是对劳动法律法规的实施情况进行总结，建立以全国人民代表大会通过的《劳动法》为龙头，以《促进就业法》《集体合同法》《劳动合同法》《劳动基本法》《安全生产法》《职业健康保护法》《职业培训法》《社会保险法》《劳动争议调解法》《仲裁法》等劳动法律为骨干，以相关劳动法规为配套的、科学的劳动法体系。劳动立法任务十分繁重，任重而道远。

第三部分

法治昌荣

大时代的立法繁盛（1999—2011 年）

1999 年，"建设社会主义法治国家"作为国家基本方略被载入宪法。2004 年，"国家尊重与保护人权"正式进入宪法。中国正以前所未有的自信和速度在法制现代化的道路上前行。这一时期，经济高速发展，政治转轨初启，法治文明显现。刑法、民法、商经法等法律部门的立法全面更新，宪法、行政法等法律部门的立法大幅度发展，环境立法大面积展开，体育立法初露端倪，涉外经济立法、国际公法与私法方面的立法进一步开拓。社会主义法律体系大厦框架已成，血肉正添，中国正进入一个"大立法时代"！

与前两个阶段相比，越来越多的中青年法大教师正以各种各样的姿态登上共和国立法的舞台，他们开阔的国际视野、渊博的专业知识、丰富的科研与学术经历，以及无私的奉献精神，将法大人以一种法治良心与社会服务者的整体形象推向前台。他们中的代表，有被誉为"青海人民骄傲"的行政法学者马怀德，以宪制民主为毕生使命的宪法学者蔡定剑，孜孜以求底线正义的刑法学者曲新久，有广及企业制度革新的王卫国，专注于公司法完善的赵旭东，有被称为"破产法第一人"的李曙光，有倾力于市场退出机制的李永军，有被誉为"企业股改第一人"的刘纪鹏，长期致力于市场经济监管与改革的席涛，有几十年恒心如一推动环保立法和环境公益诉讼的王灿发，有力促外贸立法及与国际贸易规则接轨的王传丽，有拓展大国海洋立法的周忠海，有在涉外民事关系的对接与平衡中疾呼的黄进与赵相林……

马怀德

知行合一彰正道　国器慎用显公义 [*]

关键词：国家赔偿法、行政处罚法、行政许可法、立法法

马怀德，1965 年 10 月生，青海人。我国首位行政诉讼法博士。现任中国政法大学校长，教授，博士生导师。中国法学会行政法学研究会会长，中国法学会常务理事，中国监察学会常务理事。教育部法学学科教学指导委员会委员，中共中央纪律检查委员会特邀监察员，最高人民法院特邀咨询员，最高人民检察院专家咨询委员，国家发展和改革委员会、住房和城乡建设部、民政部、国家卫健委，以及北京市、山东省、福建省人民政府顾问或专家咨询委员。曾赴美国耶鲁大学、波士顿大学，澳大利亚悉尼大学、墨尔本大学做访问学者。直接参与《国家赔偿法》《行政处罚法》《立法法》《行政许可法》等多部法律的起草工作。曾于 2005 年 12 月为中央政治局第 27 次集体学习讲授"行政管理体制改革和经济法律制度"，多次为各部委和地方政府作依法行政讲座。

路曲方显法之直

记者：马校长，请谈一谈您参与的立法工作，其间有什么样的波折，您在其中做了哪些工作？

马怀德：我先谈一谈行政许可法。该法于 2003 年公布，2004 年施行。我跟

---

[*] 采访于 2011 年。

这部法有很密切的渊源，因为我在 1991 年写硕士论文写的就是行政许可制度研究，重点对涉及行政许可法的制度作了梳理，最后建议实施行政许可制度。这个建议成为一篇论文发表于 1991 年的《法制与实践》，建议制定行政许可制度。在当时看来也是比较早研究行政许可的论文，也是最早提出制定行政许可法的论文。20 世纪 90 年代初我在研究国家赔偿法，也参与了《国家赔偿法》的制定，和全国人大法工委也有很多联系。实际上行政许可法的启动在 20 世纪 90 年代就启动了。我的学术研究的前期准备让我很自然地就参与了行政许可法的起草酝酿过程。当时这个任务全国人大委托给了行政立法研究组，这是一个半官方半民间的机构，组长是江平老师，副组长是罗豪才老师和应松年老师。行政立法研究组参与了很多前期工作，包括制定《行政处罚法》《行政许可法》和《国家赔偿法》。

因为行政立法研究组是一个松散的半官方半民间的机构，每个人就分担了一些任务。我当时分担的是行政许可设定的起草任务，最早拿出过行政许可设定的条文，当然这都是大家互相启发，开会研讨过程中形成的想法，后来变化还是很大的。当时行政立法研究组拿出来的行政许可专家建议稿，虽然受到了立法机关的高度肯定，但是专家建议稿通常都比较理想，不管是对设定权的规定还是设定程序的规定，还有待进一步讨论。在实务部门特别是立法机关组织的意见征求会上，意见分歧很大。

例如，当时实务部门认为，行政许可的设定权限制太严，国务院规章、地方政府规章也应该有设定权，但我们专家意见稿规定只有法律和行政法规才有行政许可的设定权，最后通过立法的博弈、磨合，我们的《行政许可法》规定国务院的规定、地方性法规也可以设定行政许可，地方政府规章可以设定临时性的许可。现在的《行政许可法》将许可权下放了，国务院的决定，地方性法规和政府规章都有设定权。这体现立法过程中的多方博弈。我全程参与了《行政许可法》的制定工作。我参加过两次全国人大组织的专家论证会，逐字逐句地修改。我觉得参与立法是一个非常有益的学习过程，不仅能够广泛听取各方面意见，将学的行政法理论运用到立法实践，也是一个制度设计的过程。制度设计得好与不好，有什么问题都要在实践中检验。

我们原来的很多制度设计是理想的，包括行政许可设定的规定的严格性，没有赋予部门规章行政许可设定权，大量减少了行政许可项目。我们常说行政许可过去的问题就是许可太多太滥，严重影响老百姓的合法权益，干扰了市场经济、统一市场体系的形成，给老百姓带来很多负担，使得老百姓办事太难、程序冗长、手续复杂、门槛林立。现在将许可设定权限制在国务院决定以上层级，很好地解决了行政许可过多过滥的问题。

但是在实施过程中我们发现，设想跟现实运作还是有一定距离，我们当时想一刀切地把所有行政审批问题都纳入许可范围加以规范，但后来在实践中发现这个想法过于理想化。因为有些行政审批如果完全按照行政许可法加以规范，有可能影响行政机关行使权力，履行职责，影响行政机关的运行。所以国务院专门成立了行政审批改革领导小组。我现在也是这个小组的专家咨询成员。这个小组先后组织了五次行政审批行政许可项目的清理，将不符合行政许可法精神要求的项目做了清理，同时也通过文件形式保留了部分部门规章的行政许可设定权。因为行政许可法在设定的问题上如果砍掉所有部门规章可能不利于权力运作，所以通过这种方式保留了也区分了行政许可与行政审批，所以有非行政许可的行政审批，这对参与立法的人来说，是实践告诉我们的道理，即，过于简单化理想化的实践安排，在转型期的当下中国，法制还不特别健全的背景下不一定行得通。当然另一方面我们也注意到，行政机关在《行政许可法》颁布后规避法律，将自己原来的行政许可改头换面，叫做行政备案、核准、意见书等，但本质上还是许可，目的是要规避《行政许可法》，这对市场和社会还是有不利影响的。一个法律随时代的发展，随着现实社会涌现的问题不断完善，很有必要。

从世界上来看，我们是全世界唯一设立《行政许可法》的国家，这也是我们的特色。我曾经在 1994 年去澳大利亚访学的时候，试图去找澳大利亚联邦和各州的行政许可制度，但是没有找到。从这个意义上说，我们做了一件世界范围内前无古人后不一定有来者的创举，为解决中国行政许可过多过滥的实际问题而制定了一部独特的法律，这部法律从今天看还是发挥了很大的作用。

我在参与立法过程中有几点体会。第一个体会是，立法机关在法律制度创设过程中所面临的困难比我们日常学者所能设想和想象到的要多得多，因为它面临的很大阻力来自于我们的各级政府机关，各级握有行政权力的主体，从行政机关的角度来说，他们享有权力，且不希望被剥夺或者严格约束，这是很正常的心理。立法者面对这样的压力和阻力是学者想象不到的。

第二个体会是，法律的制定特别是行政法法律制度的制定征求了很多学者的意见，甚至委托了学术机构来起草法律，这给予我们从事法学研究教育的人很大的空间。改革开放以来很多法律都是委托专家起草专家建议稿的，在我们行政法领域，从 20 世纪 80 年代就开始了。比如，刚才说的行政立法研究组，承担了很多立法任务，立法机关对学者还是很尊重很信任的。在当时的实际运作中已经体现了科学立法，学者的作用也得到了发挥，我们很幸运地参与了整个过程，赶上了好时代。比我们早一代的人在中国法制不健全、法制衰落、废止阶段没有这样的机会参与立法，再往后的时代，法制基本健全了，再去进行制度创立的机会也不是很多，所以我们这一代比较幸运，当然更多也要感谢老师们对年轻人的提携，带着我们参与这个过程，给了我们学习的机会。我的硕士论文最后变成了法律，我的博士论文也变成了 1994 年的《国家赔偿法》，所以我说我赶上的机会很好。

第三个体会就是，法律的制定固然重要，但实际上法律的实施或者实践检验法律的效果可能更为重要，很多看起来很好的法律实施不下去，要么说明了立法的质量有问题，要么就是法律实施的客观条件环境还不具备，要么就是立法者考虑的东西还不周全，不是超前就是滞后了，不符合实际。这可能对每个搞法学研究的人都有警示作用：既要积极参与制度的设计，法律的起草过程，也要高度关注法律的实施，特别是法治实践的效果，将两者结合，才能让法律实施得更加完善顺畅，让立法参与作用更大的发挥。因为我参与的行政法中比较重要的有国家赔偿法、行政处罚法、立法法、行政许可、行政复议法、行政强制法等，每部法律都不太一样，有的深度参与，有的可能就是参加论证讨论，不一定从头到尾每一个细节都参与。

下面谈谈国家赔偿法的起草，这一点我体会比较深。因为这和我的博士论文几乎是同步的。我 1990 年开始读博士，那时候刚入学不久就选择了国家赔偿的题目，而且当时我在海淀区人民法院实习了一年，也办理了一些行政赔偿案件，因为对这个主题感兴趣，对国外的国家赔偿的立法包括一些研究成果关注得比较多，所以我的博士论文的题目定的就是"国家赔偿制度研究"，出版时改成"国家赔偿的理论与实务"，又因为我是行政立法研究组的秘书，刚刚完成《行政诉讼法》的起草任务后便紧接着起草《国家赔偿法》。

当时争论较大的两个问题，第一个是国家赔偿要不要包含行政赔偿和司法赔偿两部分内容，这是大国家赔偿范畴。因为很多国家赔偿只针对行政赔偿，司法赔偿是单独的，比如日本、韩国。当时对于是搞一个大的行政赔偿法还是单立，争论比较大。第二个就是国家赔偿和国家补偿的关系。要不要在国家赔偿法中规定国家补偿，或者在附则中规定。最后跟我们看到的法律一样，只规定了国家赔偿没有提到国家补偿的内容，附则里都没有。而行政赔偿和司法赔偿都被纳入了国家赔偿的范围中，称之为行政赔偿、刑事赔偿，法院在民事行政诉讼中违法采取行政措施导致的赔偿，后两部分就是司法赔偿。在这个过程中，我做的工作跟行政许可法差不多，最早从归纳国家赔偿的几大问题开始着手，在这个过程中我去澳大利亚调研一个多月，了解普通法国家的国家赔偿制度状况，当时印象较深的就是国家赔偿的立法到底怎么立，各国模式不同，老师意见也不一样，我们最早整理出了十大问题，也拿出了《国家赔偿法》草稿，我负责的是国家赔偿的标准部分。

除此之外，当时有很多问题都很有趣。比如说，国家赔偿中精神损害要不要赔偿？因为当时没有国家赔偿的实践，不是很清楚精神损害赔偿的重要性在哪里。我们当时参考了美国和德国的法律，很多国家的法律没有规定精神损害要赔偿，他们赔偿的方式也比较单一，都是金钱赔偿为主。我们在起草中就明确规定不采用精神损害方式，而是规定凡是侵犯公民人身财产权的几种情况下，包括违法拘留、刑讯逼供、违法使用武器警械造成损害或者错拘错捕错判的都给予消除影响、恢复名誉、赔礼道歉这种方式的精神损害赔偿。当时我们认为，这种方式一是符合国际通常做法，二是也给国家减轻了负担，怕数额过多国家负担太重。20 世纪 90 年代初做决定的情况跟现在不一样，现在来看，当时的制度设计非常保守，以至于后来这一条成为《国家赔偿法》中最为人们所诟病的、批评最多的一条。因为实践中发现国家侵权损害要远远大于民事侵权中造成的损害，很多案件（佘祥林案、赵作海案）等让大家发现精神损害不用金钱赔偿来承担责任对当事人是极为不利的，因此修改时大家都有共识，毅然决然地修改了这条。侵犯公民人身权利造成严重后果的国家赔偿精神抚慰金，实际上就是金钱赔偿了。我们修改时意识到这个问题就反复强调这个问题，我对起草时没有把精神损害赔偿列进去感到很大的遗憾，因此在修改时，就有很大的愿望要把这条进行修改。所以关于精神损害赔偿问题，算是一个当时参与《国家赔偿法》的起草与修改的体会吧。

还有一个就是关于国家赔偿的归责原则问题。归责原则也是《国家赔偿法》制定过程中很重要的内容。归责原则很关键，决定了国家赔偿的范围和大小，规则的宽泛与严苛直接关系到国家承担赔偿和当事人获得赔偿的范围。起草时我们就意识到很多国家的归责原则是不一样的，各有各的做法，大部分国家的归责原则是过错加违法，国家要有过错和违法才承担责任。我们当时在制度设计时就采取了违法原则，我印象非常深刻的是罗老师等人采取的是违法加明显不当原则，我和应老师主张违法了国家就应该赔，哪怕明显不当但没有违法国家就不应该赔偿，还为此写了一篇文章《国家赔偿立法探索》，全面探讨了关于国家赔偿的建议。我们主张违法原则一个是便于理解和掌握，一个是便于操作，同时跟行政机关依法行政、司法机关依法公正审判也可以比较好地衔接。当时我们将此看成是立法中比较先进的理念，最终也变成了立法，后来发现在现实生活中，特别是《国家赔偿法》实施之后，我们意识到条款设计是有问题的，过于理想化了。我们以为所有职务侵权行为都是法律行为，都能用违法合法加以判断，可后来发现国家侵权行为不都是法律行为，还有事实行为、其他行为，那就没办法用法律标准也就是违法合法标准判断了。用合法违法原则来约束所有职务侵权行为失之过窄，实质上职务侵权的审查标准应该是多元的。当它是一个法律行为就用合法违法标准加以审查，当它是一个事实行为我们就用过错原则加以审查，当它是一个危险行为或者公共设施管理行为就应该用结果原则加以审查。这次《国家赔偿法》的修改就取消了违法原则，以后的国家赔偿法不仅仅以违法为归责原则，而是多元的归责原则。

这也是我参与立法的一个体会，刚刚也说了，立法者容易走弯路，过于简单化理想化，或者机械地借鉴国外经验，就会犯这样那样的错误。但实践是最好的检验真理的标准，在实践中我们会发现法律实施的问题，可以通过后续法律修改的方式加以修正。总之，我觉得立法参与是人生难得的体会和经历，我对参与的这些法律情有独钟，每每涉及这些法律的相关问题，特别是修改讨论，我们都怀有浓厚兴趣介入其中。《国家赔偿法》的修改已经完成，下一步就是《行政诉讼法》的修改，行政强制法的立法等，这些都是我们非常感兴趣的事情。而且通过参与这些立法，也可以明显感受到国家的进步，法治事业的进展。20世纪80年代末、90年代初，社会公众的法治观念法律意识，特别是公务人员领导干部的法律意识都相对淡漠，交流中探讨到法律问题、法治基本原则、依法行政，他们对此没有什么兴趣和关注，一脸茫然。但经过二十多年特别是近十年推进依法行政建设法治政府的努力，我们感受到越来越多的公务人员依法行政的能力与水平都提高了。与他们的交流不仅有了共同语言，也通过他们对实际问题的介绍，问题的提出和建议、想法，会发现我们的依法行政取得了很大成就，至少他们的观念中已经有了很强烈的依法行政意识，认识到了法治的重要性，这也是令我们参与立法、法学研究教育的人感到欣慰的事情。我们生产的产品得到了公众社会的接受和认可，参与整个过程的人会有成就感和喜悦。所以法治的进步、社会的进步，从横向上看好像很慢，但纵向上看会觉得短短的二三十年法治的进步还是很明显的。两会时全国人大宣布社会主义法律体系已经形成，这意味着如果我们把邓小平同志提出的"有法可依，有法必依，执法必严，违法必究"看成整个法治的工程体系的话，我们至少在"有法可依"的问题上迈出了一大步。下一步就是怎样让法律得到很好的实施，让法治的权威在全社会能够逐步彰显，让百姓、公务人员、领导干部都尊重法律的权威，切实履行好自己的法律职责，遵守法律义务，最终实现人人守法，这是法治社会最基础最重要的东西。

积跬步而后致千里

记者：请您谈一谈修改中的《行政诉讼法》，酝酿中的行政强制法、行政程序法等，进行的缘由以及目前开展了哪些工作？

马怀德：简单地说，《行政诉讼法》的修改，一个是时间长了。一部法律 22 年还未修改是很难想象的，还是一部很重要的法律。这部法律的制定还是很理想的，对中国民主法治建设的贡献很大，但 20 多年后暴露出了很多与现代社会不相适应的问题。我总觉得一部法律修改的动因就是不适合现实需要了，比如到法院打行政官司的人如果不多，发生官民纠纷并没有大多数都到法院去解决，信访数量却非常大，信访中的相当一部分是针对政府的，说明法院要么就是该受理的不受理，要么就是法院作出的裁判不公老百姓不服，要么就是法院作出的裁判有利于百姓却得不到执行，这说明法院受理的行政案件数量有限，而且裁判难度也越来越大。行政诉讼受理难，审理难，判决难，执行难，说明这部法律出了问题，或者说这部法律跟时代的发展需求不相适应了。因此，我提出了几大建议，要求扩大行政诉讼受案范围，降低行政诉讼门槛，延长行政诉讼起诉期限，设立一些简易程序便于百姓提起诉讼，便于法院裁判，便于执行，这是时代发展与《行政诉讼法》相适应的要求。

另外一个，对于《行政诉讼法》的修改我们已经做了一定准备工作，在 2004 年完成了一部我主编的《司法改革与行政制度的完善》，相当多内容涉及如何完善《行政诉讼法》，甚至很多地方我们提出了修改条文、说明理由、论证意见，甚至参考了国外的立法例。我们已经提交给全国人大讨论，在社会上也引起了一定反响。现在刑事诉讼法、民事诉讼法的修改正在紧锣密鼓地进行，进入实质进程，我相信下一步就该轮到行政诉讼法的修改了。我们很期待这部法律的修改，也期待能把我们的意见吸纳到这部法律的修改之中，让这部法律焕发出新的生机，解决更多行政争议纠纷，在和谐社会的构建过程中，在维护民生保障民生民权中发挥更大的作用。

至于行政强制法，已经审议了四次，我从最早的专家建议稿的起草，到后来的几次调研论证都参与了。这部法律颇受社会关注，因为涉及行政机关最直接的行政强制权。这些年随着土地征用、房屋拆迁、环境污染重大事件的发生，人们对行政强制的认识越来越深入，尤其是行政强制引发的争议也越来越多。社会公众的普遍意见希望规范行政强制权，而行政机关则希望扩大甚至通过法律加以明确和授予，这是针锋相对的意见。立法机关既需要做好协调平衡利益关系，让行政强制成为维护社会秩序、提高行政管理效率、维护公共利益的手段，也要避免其成为损害相对人合法权益的利器。我专门为行政强制立法写过文章，前段时间也参加了全国人大常委会法工委的讨论会，专门讨论了其中的一些代履行这样的问题，这些问题也是我感兴趣的问题。

行政程序法是最重要的法律之一，如果说我国法律体系的形成需要一些支架性的主干性的法律，行政法律应该是一个，或者说行政程序法是否建立关系到我们的行政法体系是否建成。现在有行政诉讼法、行政处罚法、行政许可法、立法法，最缺行政组织法和行政程序法。组织法有国务院和全国人大的组织法，虽然制定了二十年也没什么修改，但多少还是有一部法。但行政程序我们现在主要依靠的是单行法，没有总括性、兜底性的条款规定。我们希望制定一部行政程序法解决单行法律未能覆盖到的现实生活中经常出现的问题，相当于拾遗补缺，形成最低统一的行政标准。为此我们也做了很多研究，2005年出版了《行政程序立法研究——〈行政程序法〉专家建议稿及理由说明书》，也是试图为立法机关做一些前期工作。我也专门写过一些文章，强调希望制定一部完善的行政程序法来构建整个行政法体系。当然这确实很困难，从最早提出立法建议到现在已经十几年时间了，全国人大也列入立法计划了，但始终没有进入立法具体的起草进程。我可以想象其中的难度有多大，也可以理解，大家普遍认为行政程序法在世界各国的制定都不是一帆风顺的，都需要数年时间。我们从启动到现在已经十年了，恐怕还需要三五年甚至十年的时间去等待，但我们还是很有信心，立法还是越来越完善，越来越具有可操作性的。我们有耐心等待，但更希望年轻学子研究这个问题，发出这个声音，形成这样的共识，使得社会重视，这样立法时机也会水到渠成。

记者：请谈一谈您对目前行政法体系的评价以及它的前景。

马怀德：我国目前的行政法体系独具特色，主要表现在我们的行政法既符合中国实际，满足实际需要，又广泛借鉴了国外有益的经验做法，不是一个照抄照搬简单移植的东西，也不是土生土长闭门造车的东西，而是吸取两大法系精华和中国实际需要并将其有机结合而构建的一个体系。

我对现行行政法体系还是比较满意的，但这个体系还有缺陷。比如，现实生活中的行政机关的低效率问题，官僚主义、腐败、互相推诿扯皮、机构林立、权力分割、职能不到位等现实问题，反映了法律制度设计中存在问题或者空白。在肯定立法成就和法律体系的同时，也应该有忧患意识，认识到行政法治的建设任重而道远，认识到在推进依法行政、建设法治政府的过程中，我们还有很多任务要做。行政法作为国家法律体系、法治的重要组成部分必须发挥独特贡献，在约束规范行政权力，保障老百姓合法权益，促进公共利益方面能够发挥作用，能够实现立法者最初的良好愿望。

我相信下一步无论是立法还是执法还是司法都有改善的余地，不断提高进步。立法上，我们还需要制定行政组织法、行政编制法、行政问责法、政府信息公开法、行政程序法，还需要将行政法基本原理原则通过不同立法加以体现巩固，让过时的法律逐步得到修改和完善，如《行政诉讼法》《行政复议法》《立法法》的修改；执法上，问题可能更严重一些，我也提过法治 GDP 的说法，在法律实施的部分能为执法者注入执法动力，让依法行政成为他们的理性原则，让法律实施的好坏成为政府政绩考核中的重要指标，包括公众参与、公民意识觉醒等外因也很重要；司法上，要公正司法维护社会公平正义，保护公民合法权益，我们给政府设立的规则如果它不遵守，法院又不能发挥作用，那些义务规则就流于形式了，司法的权威直接关系到依法行政能不能推进、实现；此外，老百姓和官员的守法也很重要，从全社会上来讲，公民和其他组织守法是有个人利益诉求的，行政机关的依法行政意识需要普法宣传、教育培训，让领导干部具有法律意识与法治思维。未来中国我希望不仅仅工程师治国，还有法律家治国，懂法的人参与管理，大到治国理政，小到对一个单位的管理，只要有机会都要积极地努力，这对国家是福音，江平老师说过希望年轻学子要从政，这样对国家对民族贡献更大。

相信未来

记者： 您对即将到来的校庆有什么寄语吗？[1]

马怀德： 我觉得中国政法大学从 1952 年成立至今，这七十年，是伴随中国法治风风雨雨的七十年。"法治兴则法大兴，法治衰则法大衰，法治亡则法大亡。"今天我们中国政法大学赶上了中国法治发展的重要时机，国家重视法治，也强调法学教育法律人才的培养。中国政法大学不管是人才培养还是思想引领还是立法，都作出了卓越贡献，被李铁映副委员长誉为"全国人大最得力的工作助手"。当下，法大迎来七十年校庆，一方面，对走过来的路，我相信每个法大人都很有成就感很自豪；另一方面，对未来法治的前景和发展，我们还是充满希望的。因为未来法治建设任务可能更重，中国民主法治建设的速度会不断加快，不管是对法律人才培养需求还是法律服务的需求都会不断增强，中国政法大学我相信会发挥更大更重要的作用。尤其是我们培养的一代又一代的优秀学子，在法治实践中，不论是从事立法、司法、执法、法律服务工作，都能发挥更大的作用。我作为参与过立法又在学校从事教学科研工作的法律学人，我也为自己身处这样一个很重要的学校感到骄傲和自豪，也为自己供职的母校培养出这么多的人才感到骄傲和自豪！当然，我更期待我们的学子，包括除法科以外的所有的学生都有共同的期待，在整个中国法治民主进程中发挥更大的作用，你们的贡献决定学校的声誉和未来，也决定国家的未来。

---

[1] 此问题补充采访于 2021 年。

蔡定剑

居庙堂弘道宪制　登杏坛躬行民主*

关键词：代表法、选举法

蔡定剑（1955—2010），男，江西新建人，中国政法大学宪法学教授、博士生导师。中国著名宪法学家。1986 年至 2003 年底，曾先后供职于全国人大常委会办公厅研究室、秘书处，任职至副局长。曾任北京大学法学院人民代表大会与议会研究中心执行主任、中国法学会法理学研究会常务理事、中国法学会宪法学研究会干事、北京市法学会宪法学研究会常务理事、洪范法律与经济研究所学术委员会委员、中国经济改革研究会特邀研究员，并赴美国哥伦比亚大学、耶鲁大学、哈佛大学，瑞典隆德大学，新加坡国立大学，英国伦敦政治经济学院和法国巴黎政治学院进行访问研究。2002 年获第三届"全国十大杰出中青年法学家"。因长期参与宪法部门的立法，积极推动中国的宪制民主事业，被誉为"宪制民主的推动和践行者""具有伟大人格力量的民主战士""中国人大制度研究第一人"。

《村委会组织法》：推进村民自治

蔡定剑教授是中国村民自治、人大制度、公众参与、反就业歧视等领域十分重要的理论研究者和实践者。他参与的第一个重要法律事件，与中国村民自治密

---

* 根据《蔡定剑追思录》（刘星红、刘小楠、袁小牧 、居杰主编，法律出版社 2011 年版）以及刘星红女士提供的相关资料整理而来。

切相关。1987 年，《村民委员会组织法（草案）》在第六届全国人大常委会会议和第六届全国人大第五次会议进行了三次审议，因不少常委和代表提出质疑，彭真委员长专门指示对该法的可行性和代表们提出的主要问题进行深入调研。当时蔡定剑在全国人大常委会办公厅研究室任职，全程参与并见证了这一重要法律的诞生和实施。

研究室是时任全国人大常委会委员长的彭真同志建议建立的。他说，全国人大常委会的工作班子主要是三个，除秘书处负责会务以外，一个是法律室，系统地研究法律；一个是研究室，研究法律理论和实际情况以及立法经验等。所以一到研究室，刘政、程湘清的一项重要工作就是广揽人才，充实队伍。当时的思路是，要从大学和科研机构引进研究生，年轻人朝气足，条条框框少，敢想敢干敢写。

研究室原来只有三四个人，经过人才引进，一下扩充到 78 人，这些人都是精心挑选出的。蔡定剑是 1986 年引进的北京大学法学硕士，被分在政治组，引进时对他的评价是"理论修养高，写作能力强"。

当时研究室的主要工作任务是四项：第一是调查研究，为常委会审议议案和领导决策提供调查和研究报告；第二是起草领导交办的重要讲话、报告和文件；第三是为"三会"（全国人民代表大会、常委会会议、委员长会议）服务，主要是做好会议简报、快报工作；第四就是对人大工作和人民代表大会制度进行理论研究。其中第二项、第三项是领导交办、限期完成的"热任务"，第一项、第四项是根据工作需要、可以由自己安排的"冷任务"。研究室对理论研究很重视，认为理论研究如果开展得不好，大家的理论水平提不高，那交办的工作任务也不可能很好地完成。"冷任务搞不好，热任务也难完成。"程湘清回忆说，当时研究室理论研究的气氛非常浓，尤其是年轻人的思想都很活跃，经常为一个问题争论得脸红脖子粗，争论时根本不管年龄大小，职务高低，最后谁对听谁的。平时也不许称职务，如程湘清与蔡定剑就是"老程""小蔡"相称。在这种环境下，年轻干部包括小蔡很快成长起来，既出研究成果，又出人才，这是刘政和程湘清最高兴的事。因为鼓励大家读书、调研、辩论、写文章，所以当时研究室大量出文章出书，而蔡定剑是其中的佼佼者。20 世纪 80 年代体制改革的时候，蔡定剑也参与过一些研究，当年起草十三大报告的时候，他是社会主义民主专题组，和共青团、人大、政协一起研究这个问题。

蔡定剑到全国人大常委会不久，就接受了一项任务：就《村民委员会组织法》立法的可行性进行调研。当时在常委会内部，对《村民委员会组织法》持反对意见的不少，后来拿到全国人民代表大会去讨论，反对的意见更多，认为农民不能搞选举，让农民自治，党的各项方针政策和政府的任务就无法落实。

接受任务后，蔡定剑和他的同事奔赴各地农村，直接向农村基层干部和农民调查，得出的结论是：村民自治是完全可行的。他们根据实地调查的结果，向彭真委员长提交了一份高水平的调查报告。1987 年 11 月召开的第六届全国人大常委会第二十三次会议上，蔡定剑等人的调查报告引起了很大反响，委员们第一次看到从实践调查中得来的论证报告，感到十分可信。彭真委员长也赞赏这个调查报告写得好。《村民委员会组织法（试行）》顺利通过。

1998 年 11 月，第九届全国人大常委会第五次会议通过了修改的《村民委员会组织法》，"试行"二字被去掉。多年后，蔡定剑深情地回忆说："这意味着中国农村村民自治制度这颗民主的种子开始在乡土中国生根发芽，意味着代表文明发展方向的中国农村基层民主的发展已经不可逆转。"

《村民委员会组织法》确定的一些重要法律原则，如一人一票、当场公开计票、秘密写票、选举由村民选举委员会负责、村民选举委员会由村民直接推选产生及村务公开等，不仅使文化程度低于城市居民的农民开展的村委会选举，在程序的严谨等多方面领先于城市居民委员会选举，更重要的是，对其他一些规范我国基层民主发展的法律有十分宝贵的借鉴作用。例如，《全国人民代表大会和地方各级人民代表大会选举法》规定城乡居民享有平等的选举权，并将"秘密写票"的规定写入法律。

而在《城市居民委员会组织法》中，《村民委员会组织法》确定的一些重要法律原则至今未能写入，说明前者较后者存在着一定的差距。对于这类现实问题，有着丰富立法经验和实践经验的蔡定剑教授内心十分焦虑，他为推动制度的完善作出了大量的努力。

同时蔡定剑利用各种机会呼吁完善村民自治法律体系。在 2009 年由民革中央主办的中国新农村法制建设论坛上，他建议全国人大常委会应当尽快制定专门的《村民委员会选举法》，更好地细化和完善选举程序。2010 年 1 月《村民委员会组织法》修改草案向社会公布并征集建议后，北京大学人大与议会研究中心主办了一次《村民委员会组织法》修改学术研讨会。在这次会议上，蔡定剑再次显示了他宏阔博大的学术包容之心。修改前的《村民委员会组织法》规定村民会议和村民代表会议都由村委会召集，而村委会要向村民会议负责并报告工作，村民代表会议的一个重要职责是监督并制衡村委会，从权力互相制衡的角度看，村委会是不适宜召集村民会议和村民代表会议的。为此，有专家提出建立村民会议召集人制度，由召集人负责召集村民会议和村民代表会议。因是一个新的制度设计，蔡定剑开始有一些顾虑，但经过参会学者的讨论，他也明确主张设立村民会议召集人制度。这次会议达成的一个重要共识是：让农民有开会的权利，建立村民会议召集人制度。

蔡定剑对中国村民自治制度建设的贡献厥功至伟，他大力推动的《村民委员会组织法》，建构了村民自治的民主选举、民主管理、民主决策和民主监督制度框架，已经并将继续发挥深远的作用。他关于村民自治一些设想的落实，仍然需要全社会的共同努力——村民自治不是村委会自治，要按《村民委员会组织法》落实民主决策、民主管理和民主监督机制，把村民大会或代表大会做实。

2006年12月，蔡定剑组织召开了"十七大后中国基层民主的发展学术研讨会"，有关基层组织负责人、知名法学专家和媒体人士参加了会议。会议根据中共十七大进一步发展基层民主、完善群众自治民主形式的精神，就当时农村村委会选举农村基层组织的现状，城市基层自治、社区管理可资借鉴之处及基层民主下一步发展方向等问题展开深入讨论，并就《村民委员会组织法》和村民委员会选举制度的完善提出建议。

2010年1月24日，蔡定剑与张千帆教授共同组织召开并主持"《中华人民共和国村民委员会组织法》修改学术研讨会"，探讨该法律修改中存在的问题。会后，在征集、吸收和归纳专家意见基础上，就《村民委员会组织法》的修订草案向全国人大常委会法工委呈送了"《村民委员会组织法》修订建议书"。

《中国宪法精释》：探究立法原意

当时研究室政治组还编写了《中国宪法精释》这本书，蔡定剑任主编并最后统稿。这是一本不足300页的小册子，封面设计非常一般，色彩也颇为黯淡，1996年5月中国民主法制出版社第1版，只印刷了5000册，似乎毫不起眼，但在程湘清看来，要想研究新中国的历次宪法修改，这是一本很珍贵的书。

如果当时蔡定剑等人不编写这本书，书中的不少史实资料可能至今还鲜为人知，历次制宪修宪时的原意和讨论一些条文的主要意见，可能就很难为公众知晓了。此书对宪法条款中重要的和关键性词句的精确阐释，也为后来的宪法学研究夯实了基础。可以说，这是一部阐释宪法的难得著作，后来有关宪法的各种书籍包括教科书，往往都是以此书为参照蓝本。

这本书以当时制定或修改宪法的原始资料，对宪法条文的含义和特定背景，以及条文中的重要和关键性词句进行立法原意的解释，因而对准确地理解宪法本意乃至实施和执行宪法有较强的指导作用。这本书引用的资料，相当多来自中央档案馆和全国人大常委会档案室，以至于许多资料的来源注释因为需要保密而都没法加注。在程湘清看来，蔡定剑钻研问题比较深，比较透，胆子也比较大，他曾说过，这没什么嘛，既然是要对宪法进行精释，要让人们了解宪法的本来意义，自然就应该从第一手资料谈起。既然宪法不保密，制定宪法的过程也没必要多么保密。

这本书披露了一些珍贵的历史细节。例如 1982 年《宪法》第 5 条有一句话："一切违反宪法和法律的行为，必须予以追究。"这本书解释这句话时写道："为了使这一条的内容更加完整，就在全国人大通过宪法的前一天召开的主席团会议上增加'一切违反宪法和法律的行为，必须予以追究'这句话。"当时是刘志坚将军提议要增加这一句话，彭真委员长在《宪法》即将通过的前一天召开主席团会议，决定将这句话写入《宪法》。

监督法与代表法：宪法具体化的实践

全国人大常委会的立法起草工作，主要是由法工委来完成，研究室具体参与的只有两部法律：一是人大监督法，二是人大代表法。《各级人民代表大会常务委员会监督法》直到 2006 年才出炉，但是，蔡定剑率政治组参加起草初稿的全国人大常委会《关于加强法律实施情况检查监督的若干规定》在 1993 年已获得通过。执法检查是各级人大进行法律监督的主要方式，这是人大监督方面一项重要的单项法律。

对于 2006 年出台的《各级人民代表大会常务委员会监督法》，程湘清后来在上海参加复旦大学选举与人大制度研究中心的学术研讨会时，与同样受邀参会的蔡定剑相遇，两人交换过意见。他们都认为，这部法律确实还有不尽如人意之处，但法律在制定阶段应该充分地讨论，大家都发表意见，而一经生效，就应该认真组织实施，应该多找优点，看到优点。

2003 年 6 月，蔡定剑联合北京市京都律师事务所，针对孙志刚案件引发的三博士上书全国人大常委会要求对《城市流浪乞讨人员收容遣送办法》进行违宪审查的建议，组织案例分析会。会议就全国人大常委会对公民违宪审查建议的处理程序，《城市流浪乞讨人员收容遣送办法》的违宪性、违法性，孙志刚案件的发展趋势，及公民提出违宪审查建议对中国建立违宪审查制度的理论意义进行了讨论。本次会议为三博士上书建议违宪审查提供了有力的理论支持。

2006 年 3 月，蔡定剑联合上海立法研究所、复旦大学美国研究中心和美中教育基金会，举办"中美立法技术比较研讨会"。会议就美国国会立法的过程，即提案如何成为法律，并以中国矿业安全的立法和面临的挑战为例，参考美国国会对矿业安全法执行情况的监督，与美国方面专家、官员就美国在这方面的经验和教训等展开了互动式的交流，以取得对矿难事故立法防治的经验。

2007 年 12 月，蔡定剑组织"十一届全国人大五年立法规划专家座谈会"，邀请各法学领域的著名专家学者，及全国人大法工委、国务院法制办、北京市法制办、最高人民检察院的专家，对未来五年立法计划进行了座谈。北京大学人民代表大会与议会研究中心根据专家的意见，向全国人大常委会提出了未来五年立法建议。

2008 年 6 月，蔡定剑以北京大学人民代表大会与议会研究中心和中国政法大学宪制研究所的名义，组织"宪法解释与实施的理论讨论会"，来自全国各地 50 多位专家学者以及法官参加了会议，对通过司法和宪法解释实施宪法提出了可行的建议。

2010 年 9 月 5 日，针对《全国人民代表大会和地方各级人民代表大会代表法》修改草案中的诸多问题，蔡定剑以北京大学人民代表大会与议会研究中心名义，组织修改研讨会，以期对立法产生积极影响。其会后成果包括：以公民名义，向全国人大常委会法工委提交了书面建议；通过中国政法大学校方向全国人大提交了相关意见；委托参加全国人大常委会法工委组织的专家讨论会的焦洪昌教授提交了修法建议报告。

《立法法》：学政两界的互动

在《立法法》的制定上，蔡定剑也作出了卓越的努力。2000 年 3 月，蔡定剑参加北京大学人民代表大会与议会研究中心与国家行政学院法学部合作召开的"立法法问题讨论会"。会议提出的《立法法》应明确规定"对公民人身自由的强制措施应属全国人大的专属立法权"的意见，被全国人大通过的《立法法》采纳。随后在 5 月，以北京大学人民代表大会与议会研究中心为平台，与全国人大常委会法工委国家法室及美国国家民主研究所合作召开"立法民主化、科学化国际研讨班"，全国人大常委会的立法专家和美英等国的立法专家分别介绍了中国和美、英、法等国的立法制度和程序，并对立法听证进行了个案演练。本次会议为三方合作开展的"推动立法听证项目"的第一次会议。10月，作为"推动立法听证项目"的一部分，蔡定剑组织了"中国选举制度改革理论讨论会"。会议邀请了全国人大常委会有关负责选举立法和执行的部门、中共中央政策研究室、民政部、地方人大常委会选举工作机构的相关专家学者及政府官员约40人参会，研究了推进中国选举制度改革的理论和实践问题。11月，作为"推动立法听证项目"的一部分，蔡定剑以北京大学人民代表大会与议会研究中心为平台，在昆明召开了"立法听证国际交流会"，全国和地方人大常委会的立法专家和有关学者约90人参加了会议。会议请举办过立法听证的地方人大常委会介绍经验，并请外国专家介绍国外立法听证的情况，最后讨论制定了《立法听证规则》（示范稿），作为地方人大立法听证的工作示范文件。12月，蔡定剑组织了"立法听证国际报告会"，请美国和德国专家介绍了两国的立法听证制度，来自全国人大常委会和部分地方人大常委会的立法专家和有关学者约30人参加了报告会。

2003年2月，蔡定剑以北京大学人民代表大会与议会研究中心为平台，组织了"进一步完善我国法律体系专家座谈会"，相关法律专家和全国人大常委会法工委的有关同志出席会议。会议围绕五年立法规划需要纳入的内容，就需要制定、修改法律的原因、内容、方式进行剖析，并对人大立法工作提出相关建议。

2004年12月，作为2000年主持开展的"推动立法听证项目"的一部分，蔡定剑联合重庆市人大法制委员会在重庆举办"立法听证经验交流和理论研讨会"。会议听取了关于地方人大立法听证情况的报告，各地介绍和交流了立法听证的经验，并对如何推动、改进立法听证提出了可行的建议。来自全国人大和省市人大法制机构的官员和学者等60人出席了会议。

选举法：民主化改革势在必行

蔡定剑对选举法的关注开始得很早，早在2000年10月，蔡定剑组织十余位国内有经验的选举研究专家，开展"选举制度改革调研项目"。项目历时两年（2000年到2001年），力图对中国选举现状进行调查并作出客观描述，对选民的选举心理和选举行为进行分析，对选举制度民主化改革提出可行性建议，并组织了"选举违法行为及其防治对策理论讨论会"。会议就选举违法行为的表现、产生原因、界定及有关法律措施进行分析讨论，并对防治对策提出制度性的立法与司法建议。

2003 年 8 月，以北京大学人民代表大会与议会研究中心为平台，与江苏省人大常委会人事代表联络委员会联合举行"选举情况交流和选举改革座谈会"。会议总结了 2003 年全国换届选举工作的经验，介绍了一些地方进行选举改革的探索情况，就新形势下选举工作面临的问题展开了分析，对推动中国选举制度的改革提出了建设性建议。来自全国人大、地方人大的专家，政府官员以及法学学者约 60 人参加了会议。

2006 年 6 月，以北京大学人民代表大会与议会研究中心为平台，组织召开"地方换届选举难点问题理论讨论会"，邀请国内在基层选举实践中掌握第一手资料的专家和长期从事基层民主制度研究的学者参加会议。研讨会就如何在选举中贯彻坚持党的领导、充分发扬民主、严格依法办事原则的统一，如何保证流动人口的选举权，如何做到选举竞争性与有序性的统一，如何处理选举纠纷和建立简便的纠纷处理机制等问题进行了有针对性的、有建设意义的讨论。

2009 年 11 月，以北京大学人民代表大会与议会研究中心为平台，蔡定剑组织选举法修正案研讨会，对选举法的修订进行研究和探讨，为全国人大及其常委会提供可行性建议。

呼吁废止拆迁条例：加强私产保护

蔡定剑 1986 年至 2003 年底先后供职于全国人大常委会研究室、秘书处，任职至副局长。当时杭州一位退休教师等 116 人联名给中央写信，要求废除《城市房屋拆迁管理条例》。之所以能使全国人大常委会的领导足够的重视，蔡定剑在其中发挥的作用功不可没。这本来是一次废除这一条例很好的机会，但由于后来有关部门组织专家学者进行论证时出现了问题。出台的专家论证意见认为，《城市房屋拆迁管理条例》是《土地管理法》的配套法规，1998 年修订的《土地管理法》第 58 条规定，可以收回公民的国有土地使用权，既然都收回使用权了，房屋当然可以拆迁了，所以《城市房屋拆迁管理条例》不违宪、不违法。这样就错过了一次中国拆迁制度通过行政机关来自我完善、自我调整、自我改革的绝好时机。

蔡定剑此后离开全国人大常委会回到中国政法大学宪制研究所担任所长，同时兼任北京大学人民代表大会与议会研究中心主任。2003 年 9 月，蔡定剑以"拆迁中公民财产权的法律保护"为主题，召开理论研讨会。会议结合行政法学、民法学的基本理念与原则，对如何规范政府主导的土地征用和拆迁、如何保护公民财产权等问题进行了深入探讨，提出如何制止违法拆迁和加强公民私有财产保护的建议。2004 年 6 月，以北京大学人民代表大会与议会研究中心为平台，组织召开"修宪后如何保护私有财产研讨会"。会议针对修宪后各地非法拆迁公民房屋、侵犯公民财产权的现象仍不断发生的情况，就如何建立各种有效制度切实保护公民财产权进行深入研讨，提出了修宪后加强私有财产保护的立法、司法和建立政府诚信的一系列建议。

反就业歧视：落实宪法平等权

进入 21 世纪后，蔡定剑深刻感觉到、认识到，中国社会存在相当严重的就业歧视问题，几乎无所不在。在许多地方颁布的法规和规章中对聘用条件作了不少歧视性规定；政府政策存在大量较严重的歧视，如对录用者规定本市户口等要求；在企业和社会组织雇用中，在具体招聘通知、广告和录用行为中存在各种歧视性做法；有的企业在招工中更是各行其是，任意设置各种条件；法院也缺乏对就业歧视的认识，对公民提起的反就业歧视诉讼，很多情况下不予受理，或者受理后在诉讼中对起诉方作出不利判决。公民缺乏受到歧视情况下的司法救济途径。当时发生的一些事件也表明，就业歧视已经严重损害了公民的权利，引起了社会的不满，引发了一些恶性案件，如 2003 年 6 月，在浙江省发生一名大学生因公务员录用中受歧视而杀人案。很多歧视现象大家都习以为常，都不认为是歧视；也有人认为中国就业形势紧张，存在一些歧视也是难以避免的，所以对种种歧视现象加以容忍。反就业歧视已经成为广大公民保护权利的迫切要求，从 2003 年以后，已发生多起反就业歧视诉讼，要求废除有关就业歧视的法律法规，要求有平等的就业权。一些人大代表也纷纷建议制定反就业歧视立法。

2004 年修改《宪法》，把国家尊重和保障人权写入《宪法》。平等权是人权的重要方面，为反就业歧视项目的开展提供了宪法上的权利依据。2009 年 10 月，蔡定剑在给中国政法大学宪制研究所组织的反就业歧视媒体培训班上课时谈到，他研究反就业歧视，主要受两个事情的影响：2003 年，乙肝病毒携带者建立的肝胆相照网站给他邮寄了一本厚厚的申诉，申诉写得非常感人，最后用马丁·路德·金的话结束他们的申诉："希望有一天平等的阳光能够照在我们身上，我们能像正常人一样在大街上行走……"蔡定剑说，"这让我非常感动"。一个在民办学校任教的女孩，应聘一所重点中学，面试笔试均合格，却因为"小三阳"而被拒，理想破灭时给蔡定剑来信，女孩在信中说，"请相信我，歧视真的很严重。我们，渐渐被逼到一个角落"，"中国人大多相信善恶终有报，我也不例外。因此想不明白从来都是善良乐观地对人对事的我，为什么受到命运的戏弄。"女孩在信中的表述令蔡定剑心痛。

早在 2003 年 12 月 7 日，针对当年 11 月全国第一起因"乙肝歧视"引发的行政诉讼由芜湖市人民法院受理，当年 4 月发生的乙肝病毒携带者周某某报考公务员被拒，愤而杀死招聘人员的事件及其他就业歧视案件，蔡定剑以北京大学人民代表大会与议会研究中心为平台，联合《法制日报》和北京市京都律师事务所，举办了"反就业歧视理论讨论会"，对就业歧视的严重现象进行了分析，探讨了歧视的定义和认定标准，提出反就业歧视的对策建议。

2003 年底到中国政法大学任教后，蔡定剑所从事的第一个重要研究课题就是反就业歧视、促进就业公平。从研究课题立项的角度，蔡定剑以其一手在中国政法大学设立的宪制研究所为平台，先后策划、发起、组织了两个反就业歧视课题。一个是 2005 年 5 月至 2009 年 3 月的反就业歧视项目，得到荷兰王国驻华使馆"中荷法治项目"的支持和荷兰乌特勒支大学荷兰人权研究所的合作。其间，蔡定剑联络组织了 30 多名国内专家学者的参与（项目组成员来自全国人大常委会法工委和中国政法大学、北京大学、中国劳动关系学院等），也有国外学者的参与。中律原法律咨询公司、福特基金会对项目亦给予支持。《法制日报》和《南方周末》为项目的合作媒体。项目一直稳步并且卓有成效地向前推进，对社会产生了相当广泛的影响。第二个项目是与耶鲁大学中国法中心、挪威奥斯陆大学人权中心以及福特基金会展开合作，继续进行反就业歧视的深入研究，立法培训、调研和反歧视宣传。该项目从 2008 年起直至蔡定剑去世。

在蔡定剑组织开展反就业歧视研究中，着重对项目组研究人员进行反就业歧视观念、法律和措施的培训；开展国内就业歧视状况的调查研究与撰写、出版研究报告；组织 2010 年大学生就业歧视状况的调查，并发布调查报告；组织国外反就业歧视法律、制度与经验的研究与介绍；召开反就业歧视专家研讨会；开展中国反就业歧视立法推动工作——项目的工作重心；举办"促进就业机会平等高级公务员培训班"，培训国家人事部门高级公务员；举办"反就业歧视媒体培训班"；组织撰写并出版汇集反就业歧视研究成果的著作；多场合、多种形式地大力进行反就业歧视宣传。

在蔡定剑和同事们的不懈努力之下，反就业歧视、就业机会平等话题已经成为当时中国社会的热门问题；反就业歧视研究项目对国家立法和政策产生了积极影响；社会招聘广告中直接歧视的现象逐渐减少，社会上对于某些群体的刻板印象已经逐渐淡化。2009 年 2 月，蔡定剑以北京大学人民代表大会与议会研究中心和中国政法大学宪制研究所为平台，作为 2005 年与荷兰乌特勒支大学法学院合作开展的"反就业歧视研究项目"的一部分，举办"反就业歧视立法研讨会"，分析了中国制定反就业歧视基本法的必要性和可行性，探讨了反就业歧视在中国的概念、范围，以及反就业歧视法的基本内容；并发布了《反就业歧视法（专家建议稿）》。2010 年 3 月，蔡定剑将此前联合 20 余位专家起草的《反就业歧视法（专家建议稿）》，于当年两会期间提交至全国人大。

推动民主法治的全面进展

除上面提到的立法工作和社会工作外，2000 年 9 月，蔡定剑还组织了"法官法、检察官法修改与司法改革讨论会"，提出了统一司法考试的建议。该建议为 2001 年修改的《法官法》和《检察官法》所吸收。

2003 年 5 月，蔡定剑与《法制日报》共同策划，邀请知名学者，举办"紧急状态下的法治与公民权利保障笔谈会"，从宪制法治的高度，针对突如其来的灾难，就紧急状态下的法治与公民权利保障，法律制度的进一步完善进行笔谈。专家建议制定紧急状态法，发挥人大在紧急状态下的作用，以保障紧急状态下的法治与公民权利。

2008 年 3 月，蔡定剑针对《劳动合同法》实施以来社会上存在的争论，邀请法律起草部门的专家和著名劳动法学者，组织"《劳动合同法》实施座谈会"。会议围绕《劳动合同法》的立法宗旨、立法技术、立法影响等问题进行深入讨论，并提出相关建议。会议受到《法制日报》等媒体的关注。

2008 年 10 月，蔡定剑以中国政法大学宪制研究所为平台，联合综合开发研究院城市经营研究中心，并由"公众力——全过程公众参与推进机构"协办，组织"城乡规划中的公众参与理论研讨会"。通过对公共参与制度的系统介绍和案例讨论，研讨掌握城乡规划中的方法和技术，并联系中国的实际，介绍国内公众参与的经验，旨在落实新的《城乡规划法》扩大城乡规划中公众参与的规定。

2009 年 4 月，蔡定剑联合北京市律师协会，举办"信息公开、保密界限与保密法修改"研讨会，就《保密法》与《政府信息公开条例》间的冲突、保密的界限，以及修改《保密法》时应该注意的问题等进行深入探讨，得到了财经网等多家媒体的关注。

曲新久

涓滴细流缮刑律　知行并进促正义[*]

关键词：刑法

曲新久，中国政法大学教授、博士生导师，中国政法大学刑事司法学院院长兼刑事司法学院刑法学研究所主任。中国法学会刑法学研究会理事、中国犯罪学研究会理事、北京市律师协会刑事辩护专业委员会委员、中纪委反商业贿赂专家咨询委员会委员。曾获司法部先进教师、北京市高校优秀青年骨干教师、中国政法大学优秀教师、北京市高校教学成果二等奖、中国政法大学优秀论文一等奖、中国政法大学宪梓科研奖一等奖等荣誉。"今日说法""法治在线"等栏目常任嘉宾，多家媒体社会热点问题特邀评论员。

见证《刑法》的步步完善

记者：曲老师您好，我们此次采访，主要想了解一下您参与立法的状况，能否请您对此简要介绍一下？

曲新久：在 2000 年之后，不像是物权法、合同法，需要起草草案这种形式。刑法这方面很少有牵头立法的情况，我主要是直接参与《刑法》这方面的立法。

记者：您主要参与了哪些立法？

曲新久：我在立法中的角色主要是作为专家顾问参与讨论，全国人大常委会

* 采访于 2011 年。

法工委有刑法小组，各部门都有专门的机关。

1979年《刑法》我没有参与制定，我参与了其修订工作，这次立法是以开展刑法草案讨论会的形式进行的。在当时我们主张刑法修补修补就可以用，没必要制定单行刑法，采用以刑法修正案的形式比较好。目前我们也采用了这种形式，已经到《刑法修正案（八）》。

20世纪90年代末，在国务院法制办的带领下，我参与了《会计法》的起草工作，《会计法》的立法宗旨是规范会计行为，保证会计资料真实、完整，加强财务管理，提高经济效益，维护社会主义市场经济秩序，主要涉及惩治隐匿毁弃会计账目方面的犯罪以及相关法律责任的探讨。

2005年参与我国《出境入境管理法》的制定工作，由于涉及外国人与本国公民不同的处理原则，需要考虑到人权保护及法治原则，需要协调其他法律规定，诸如刑事诉讼法、国家赔偿法等，在制定过程中我提出的许多意见被采纳。同年我还参与了《治安管理处罚法》的修订，主要涉及具体违法类型的条文设置及处罚力度等方面。

2007年参与制定《禁毒法》，提出了许多建议，几经探讨，诸如毒品管制、法律责任等方面的观点均被采纳。

然后就是参与了《刑法修正案（七）》和《刑法修正案（八）》的立法，我基本同意目前的刑法结构，但认为应作出调整。

再就是一些司法解释。例如，公安部关于经济犯罪的立案标准问题；在全国飞车抢夺、食品安全事故频发的时候，还参与过最高人民检察院关于抢劫罪等罪名的司法解释。

最后就是一些行业协会、部委、企业诸如银联、电信电力、教育部等部门的建议稿，诸如在破坏电信设施设备罪中，关于软破坏的概念如何确定；银联牵涉信用卡的解释问题，我主张将借记卡纳入信用卡的范围，后出台的立法解释中，将刑法中的信用卡采用广义解释，这是采纳了我的建议。当然，我的立法建议也有未被采纳的情况，如定义考试作弊，我建议将某些行为的组织者的行为纳入窃取国家机密罪的范畴。但国家保密局认为试卷开封已经不属于国家机密，所以我的建议没有被采纳，这反映了学界、实务界之间对机密的不同理解。

记者：除立法之外，您还参与过哪些政策方面的制定？

曲新久：有一些政策性规定，例如，中纪委反商业贿赂办公室关于反商业贿赂的政策制定及实施评估，如何对待商业贿赂犯罪，总体战略、方针和主要原则的定位等，后来主要意见形成文章《惩治商业贿赂犯罪的基本思路》发表在《华东政法学院学报》上。又如最高人民法院、最高人民检察院、中央政法委有关司法体制改革的各方面论证会，我都参与过，提出要合理分配部门职能，明确机构设置和职责分工。

《刑法修正案（八）》的焦点

记者： 曲老师您能具体谈一下您参与《刑法修正案（八）》的立法工作吗？

曲新久： 前后参与了大概三次会议。

争议点例如死刑适用的最高年龄，很多专家认为 70 岁即可以，最后在全国人大表决时，定在 75 岁。

关于死刑罪名的废除，一些学者很坚定，但也要考虑到立法者及民意形式，我主张例如集资诈骗罪、组织卖淫罪等，都可以废除死刑的规定，但未被采纳。我认为可以多废除死刑，然后将有期徒刑的年限提高。最后妥协在数罪并罚、死缓的规定上，以及适当增加了有期徒刑的规定。我国古代死刑罪名是很少的、判处的数目也很少。但要废除死刑，这需要一大批法学家、社会团体的坚定推动。目前我国现状还是不具备的。只能在程度上、规模上减少，进行法律的统一适用。目前我国判处死刑的数目的确在减少。

关于醉驾，三到四年前就讨论过。虽然《刑法修正案（八）》已经将醉驾纳入规制范围，但我的意见是可以全民讨论，再讨论两到三年写入刑法也不迟。第 13 条但书援引的机会很少。如果立法不能明确标准，只能靠司法标准。例如，制定每百毫升血液中 80 毫克算醉驾，我主张标准定在 110 毫克，同德国。考虑情节、再犯与否、主动配合与否、悔罪态度等综合判断。醉驾的入刑有与传统不同的地方，因为这是将抽象的危险纳入规制范围内，这就与我国结果本位的思考模式不同，刑法大部分都是在讲情节严重啊，数额巨大，等等。

记者： 关于刑事方面的立法，最近有什么展望？

曲新久： 国家会继续出台《刑法修正案（九）》等，我国刑法是一个逐渐完善的过程，刑法条文也会越来越多。例如，故意杀人罪，应当做广义解释，完全可以分解为十个以上的罪名，并将法定刑加以明确。除了罪名规定的概括性，还存在文字性的问题，例如，此次就将强迫职工劳动罪改为强迫他人劳动罪。日常意义上的词语适用与法律有不一致之处，例如非法持有枪支罪，家里有迫击炮算否？还有一些经济领域的新型犯罪不断被纳入其中，例如伪造董事会决议算不算犯罪，恐吓，虚假诉讼，等等，这些目前还只是行政机关的处罚范围之内。随着文明程度的提高，政府权力应该逐步缩小，应该从警察国家向法官国家再向法治国家进行过渡，立法逐步精细、严密、准确、社会化。下一步监狱法也面临修订。

法治的领跑者与引航者

记者：曲老师，除上述立法活动，您还从事了哪些社会活动？

曲新久：我参与的社会活动很多，例如在司法机关担任法律顾问，在中纪委反商业贿赂专家咨询委员会担任顾问。

还有就是参与一些司法实践问题的讨论，例如法院、检察院等，经常有热点疑难案件的研讨会。咱们市法院还有司法热点巡讲等，经常参与，从实践中获取真知，理论联系实践。

除此之外，跟媒体的交往也很多，但关注的都是基础性的典型案例，而不是民众很关注的案件。媒体提供充足的基本信息，我将专业问题进行通俗化讲解。

另外参与了多期"今日说法""法治在线"栏目的录制，谈论关于死刑废除等社会热点问题。

律师的兼职我很少做了。所涉猎的刑事案件的原则是未见、典型、特殊领域，例如黑社会性质案件、雇凶杀人案件、看守所死亡案件等。

记者：时值法大校庆，作为一名老法大人，不知您有什么寄语？

曲新久：希望法大越来越好，成为法治的领跑者与引航者，完成法大作为法治建设推动力的角色。

李曙光

破产与保护并重　批判并建构齐举[*]

关键词：破产法

　　李曙光，中国政法大学教授、博士生导师。中国政法大学破产法与企业重组研究中心主任，兼任全国人大财政经济委员会国有资产法立法起草小组成员和新破产法立法起草小组成员。中国经济改革体制委员会研究员，中国法学会经济法学研究会常务理事等，曾担任中国政府与亚洲开发银行和世界银行多个合作项目的中方首席顾问。中国注册会计师协会破产清算专业指导委员会副主任，国际破产协会理事会成员委员会理事，国际破产协会金砖四国委员会联席主席，国际破产协会中国区负责人，美国破产学会（ACB）第十九届外籍会员，香港注册会计师协会荣誉会员，美国哈佛大学法学院访问学者。中国发展百人奖第三届获奖者。

言文行远献芳华

　　记者：李老师，原来您是学法制史专业出身，那您是怎么跟破产法、经济法结缘的？

　　李曙光：我是1979年参加的高考，本科上的是华东政法学院，是华政第一届学生。1983年本科毕业时，恰好中国政法大学研究生院成立，到华政招生，

　　*　采访于2011年。

我就来了法大，幸运地成为法制史泰斗张晋藩老师的学生，从硕士一直读到博士毕业。我这个人兴趣比较广泛，喜欢读书，对现实社会改革问题也很感兴趣。早期痴迷中美政治文化，后来很喜欢研究市场经济中的法律问题。

我与破产法结缘与我的一位同乡有关，他叫曹思源，他当时在国务院经济技术社会发展中心工作，20世纪80年代中期，他以个人之力在推动国有企业破产立法，外号叫"曹破产"。1985年刚认识他，他就说他是搞经济学的，对法律不熟，在研究破产法问题，希望我帮助找一些国外破产法的资料。我就去找了一些国外的破产法资料给他。我记得我们学校民法教研室王书江老师有一本《日本商法选译》，里面有一些日本破产法的介绍，我印象很深，资料给曹思源后，他很兴奋。后来我与曹思源就有很多合作，就这样我与破产法研究结下缘分。

国企破产连着许多深层次的经济社会改革问题，因此需要研究国有资本问题、现代企业制度、证券市场监管以及更宏观的政府货币调控、财政支付、价格机制与反垄断等问题，这都是经济法的基本问题。

破产法是市场经济的历史性进步

记者： 从1994年开始起草到2006年最终出台，破产法经历了整整12年。您自20世纪80年代中期开始研究企业破产与兼并问题，是该领域国内最早的开拓者之一。您1986年就参与了起草破产法的讨论（这也是您所称的第一次参与立法），而且是您最早提出了要修改破产法，也是全国人大新破产法起草小组的成员。您可以谈谈您参与破产法立法的经过以及感受吗？

李曙光： 这个经过说起来就长了，刚开始是曹思源作了很大的贡献。这是一部国有企业的破产法，也是中国第一个破产法。当时我也是帮他做一些工作。全国人大常委会的讨论也进行了电视直播，这是中国历史上第一次对立法的直播。严格说来，1986年破产法，我和曹思源他们有过一些活动和交流，但是没有参加全国人大常委会的讨论。因为这是中国历史上第一次谈到破产，所以当时很多人大常委会委员反对，认为中国是社会主义，国家还破什么产啊。我当时虽然是法制史专业的博士生，但是对破产也非常感兴趣。这是社会主义国家第一次谈破产，这个话题一下子抓住了我的心。我当时主要是搞政治体制改革研究，不过对这样一个大的改变还是非常关注的，我觉得它不仅仅是一个观念上的改变。那时候还是主要谈计划经济和商品经济，而破产是一个市场经济的东西，我们当时对市场经济连提都不敢提，因此就是说制定一部商品经济的法律，实际上就是市场经济。

围绕破产法，引发了政治上的议题，在立法这个平台上，逐渐形成了两个观念的对抗，对抗很激烈，每个观点都各有一些人支持。他们谈的有对也有错。有人说，为什么社会主义的企业不能破产？中国经济不是社会主义和商品经济的结合吗？为什么不能有破产法？但是有人认为，破产法不是资本主义的东西吗？这里面包含意识形态的争论，但更多是制度上的原因，是两种制度的不同。

记者：您当时是支持哪种观点呢？

李曙光：我当然是力推破产法的出台了。包括我自己也做了一些工作，例如我在北京大学做过一些宣讲，帮助曹思做了很多事，也给很多法律界人士做解释，让更多的人了解和支持破产法。

记者：当时很多人认为破产法还是资本主义的东西？

李曙光：当时认为破产法是洪水猛兽。当时破产法通过之后，我还专门写过一篇文章，题目大体是"破产法：商品经济的脊梁"。这是中国第一部破产法，叫《破产法（试行）》，具有很强的中国特色。虽然还是有很多国有企业没有办法破产，但这在观念和制度上仍是一大进步。

这部破产法是一部有很大缺陷的法律，因为它是一部国有企业破产法，第2条就规定了该法适用于全民所有制企业，也就是现在所说的国有企业。还规定必须在《全民所有制工业企业法》施行三个月之后《破产法》才开始施行，但是当时《全民所有制工业企业法》还没有制定，所以说它是一部还不确定什么时候实施的法律。1986 年 12 月 2 日第六届全国人大常委会第十八次会议通过《破产法（试行）》通过，但等到 1988 年 8 月 1 日《全民所有制工业企业法》通过，三个月后，《破产法（试行）》才得以施行。

当时中国也发生了很多故事。例如，沈阳防爆器械厂作为中国第一个破产的集体企业，宣布了破产。不过当时是由政府部门宣布破产，而不是法院。这个特别有意思。

记者：我们想了解一下您在破产法立法过程中都做了哪些工作？

李曙光：前面主要是曹思源他们在做，我是 1989 年之后才算是真正参与破产法的立法历程，特别是 1993 年之后。1993 年，我起草了五十九号文件，在这里面我专门提出要重新起草或者修改破产法，这是国内最早提出的建议。时任全国人大常委会委员长乔石找到法工委，让他们去研究起草新的破产法。当时酝酿的时候法工委找了江平教授，江平教授说："破产法我也不懂，还是找曙光吧。"所以江老师又首先找到了我。这件事我记得很清楚，有一天在校门口，我碰见了江老师，江老师就说："人大要搞破产法，要不你去看看？"可是我当时还真是没有空。因为我在做国家经贸委的项目，研究国有企业破产的政策，做实务来推动国有企业的破产。我就跟江老师说："要不您再找找别人吧。"

原以为这件事就过去了，谁想到全国人大马上就成立了起草小组。起草小组副组长张彦宁是当时国家体改委副主任，他又找到国家经贸委，因为国家经贸委已经在做这方面的事情了。后来，国家经贸委就又找到了我，我当时是国家经贸委的顾问，国家经贸委以干部的身份推荐我去了起草小组。

从1994年到1996年大约三年的时间，我就在《破产法》起草小组里。大约是在1994年11月30日或是12月1日，国务院在重庆召开了国有企业破产试点会议，国务院开始破产试点。后来朱镕基批文说，中国改革的一个重要经验就是试点。当时，我还写了文章，发在了《中华英才》上。当时，我跟着张彦宁在沈阳考察，张彦宁就让我回去，说国务院在做这个项目，需要你，你赶快回去。这样可见，我当时所起的作用是非常关键的。因为很多东西都是我起草的。这个试点还主要针对的是国有企业，当时实际上国有企业还是很难破产的，国家给大量亏损的国有企业注入补贴资金，给它输血，不让它破产，怕引起社会的负效应。我们当时做的工作就是推动这些国有企业破产，让他们退出市场，这里面很多都是政策性破产。政策性破产有很多弊端，我在很多文章中都提到这方面。

破产法出台是个曲折的经历

记者：《破产法》从开始起草到最终出台经历了整整12年，为什么会拖了这么久呢？

李曙光：大约1995年，我又回到了国家经贸委，因为当时国家经贸委还在做破产的试点。更主要的是当时亚洲开发银行的一个副行长罗迪访问中国，朱镕基总理提到我们在推动国有企业改革，询问他们能否提供相关帮助。罗迪说可以让亚洲开发银行做这个项目，但是有个条件就是要求请国际上的专家来帮助中国做这个项目，用国际上先进的经验来帮助中国的改革。中国政府于是就由国家经贸委具体和亚洲开发银行谈如何搞这个项目。亚洲开发银行通过招标来招聘团队，投标者有英国的，也有美国的，最后是澳大利亚的一个团队胜出。这个团队包括澳大利亚破产法的立法者朗·哈默、一位新西兰的会计学家、国际破产协会的主席，以及澳大利亚社会保障部的一位官员，可以说囊括了立法者、官员和国际破产协会的主席。因为朗·哈默还是英国人，这个团队是英国、澳大利亚、新西兰三国的专家组成的。中国也出三个专家，一个会计学的，一个法学方面的，一个劳动关系方面的专家。当时也有一个专家库，有很多知名的经济学家，最后我就是这个专家组的组长，主要由中国政府推荐，而外方组长就是朗·哈默。

虽然当时中外双方间存在沟通上的障碍，但是最后我们合作非常愉快。我们共同主持了这个项目，就是中国政府（国家经贸委）和亚洲开发银行有关国有企业兼并破产与重组的支援项目。这个专家组持续了三年，也做了很多事情，主要有这么几个方面的贡献。第一，主要是提供国际经验，让我们看看国际上的破产法到底是怎么一回事，原来我也不懂很多国际破产法，因此学到了很多东西。第二，就是为中国正在进行的国有企业破产改革政策和中国破产法的制定提供制度支持，这个主要是我在协调，因为他们不了解中国的实际情况。第三，帮助培训中国的官员、法官和其他专业人士，我们先后在三亚、长沙、武汉、上海办了三四个培训班，每个培训班大约是 100 人。所以说中国第一批懂破产法的人才都是我们培养出来的，都是我的学生。我前一阵子去中南财经政法大学，有个法学院的副院长说 1993 年就听过我的课。我很纳闷，那个时候我在学校只教专业外语，后来才知道就是这个时候听过我的培训课。学校当时对我特别好，也不让我上课，所以我全身心地投入这方面来，还有国家经贸委的政策性破产项目。我们当时跑了无数个城市，无数个企业。

到了 1998 年亚洲开发银行的项目结束的时候，本来我想歇一歇，世界银行又来了。他们看中国和亚洲开发银行这样的项目很好，所以也想做。当时我们的报告都是中英文的，现在可能看起来很一般，但是当时能搞出来这么一套东西很难得，在当时质量是非常高的。后来这次范围就大了，也把私营企业包括了进来。这次只需要一个中国方面的专家。我就是唯一的一位中国专家，一直干到 1999 年。

记者： 在此期间您的主要工作是什么呢？

李曙光： 我们一共选了三个城市，从北到南有沈阳、芜湖和长沙。沈阳是北方的重工业城市，长沙是南方的工业城市，芜湖是一个中小城市。在长沙，我还领着世界银行的项目组成员去了娄底一趟。当时沈阳主要是两个项目，一个是诊断国有企业破产的情况，一个是为私有企业参与国有企业重组提供政策支持。这里涉及资金支持，一旦项目核实，世界银行下属的金融机构可以提供贷款。加上是国家和世界银行的项目，所以每到一个地方，都很受当地的重视。

记者： 那您一共做了几年呢？

李曙光： 做了两年，我就不干了。因为当时在国际上获得了比较高的知名度，所以还有一些很好的项目也找到了我，但是当时我无法答应，原因是我要去哈佛大学。

在哈佛大学访学期间，我还于当年三四月份在斯坦福大学待了一段时间。2001年从美国回来之后，大约三月份的时候，学校遇到了一个公司的债务纠纷，咨询可不可以破产。当时就找到了我，让我帮他们出了一些主意。当时，王启富是副校长，就说："曙光，你刚从美国回来，有什么要求吗？"我说想成立一个破产法研究中心。王校长说，可以啊，这个中心就由你来牵头搞。五月份，我们就成立了破产法研究中心。王卫国当中心理事长，我当主任，李永军是副主任。当时，破产法研究中心主要是做这么几件事：推进破产法的起草，推进破产法的研究，推进破产法在国有企业破产的实践，推动破产法的国际交流。我们破产法中心有三位教授（我，王卫国、李永军）都进入了破产法起草小组。

那几年我在忙亚洲开发银行和世界银行的项目。1995年开始，王卫国和李永军二位也进入了破产法小组，但当时的参与工作也是时断时续，不很正规。等我从美国回来，2001年马上就把我请了过去，让我看一看草案怎么样。

记者：这又是缘于什么契机呢？

李曙光：当时破产法最发达的就是美国，而且美国实践案例最多，而欧陆学者的研究大多都是理论和学理上的。但立法主要是实践上的，和实践联系非常紧密。我对中国的相关情况最了解，没有谁比我还了解。我当了这么多年顾问，整个国有企业破产的政策跟踪都是我一直在做。后来我又去了哈佛大学，师从美国最顶尖的破产法专家伊丽莎白·沃伦，她是美国总统顾问、哈佛大学法学院学术委员会主席。所以，我对美国破产法也非常了解，至少是比较了解。加上，我跑了很多美国法院，包括破产法院，和美国很多破产法官都有接触，了解了很多破产案件，对于美国最前沿的破产问题很有研究，所以最后我就逐渐主导起草过程。在破产法起草小组的讨论中，我有几个方面的建议是比较关键的，第一个就是管理人制度。我国以前的立法并没有管理人制度，仍然是停留在清算组。我提出要建立管理人制度，管理人由专业人士担任，一定要专业人士，这个非常关键，这当然也是美国的一个观念。在德国等欧陆国家，这个管理人制度是根本不存在的。一开始也就是一两个法条中涉及了管理人制度，慢慢地就成为一章。第二个就是重整制度。王卫国教授也对重整制度进行了研究，不过他研究的是法国的重整制度，法国大多是文字上的"重整"，并不是真正意义上的重整制度。与之相比，美国的重整制度较为发达而且是最早的，美国1978年破产法改革，在

第十一章就专门讲到了重整。这两个制度是我最早提出的破产法中最重要的制度。当然，我还提出了很多其他的建议，比如说担保债权与职工债权谁优先的问题。

记者： 当时破产法的出台是不是对整个中国产生了很大的影响？

李曙光： 是的。为什么呢？因为当时有关破产法的采访、电话都聚集到我这里，那几天接待了七十多家媒体。另外有很多单位请我去讲破产法，其中第一个接到的邀请就是厦门会计学院院长的电话，这实际上是在破产法出台前的事。后来是美国华尔街请我去讲中国破产法的情况，当时华尔街对我国破产法很关注，我后来写的《华尔街之随想》发表在南方周末。

记者： 在这几年中，中国政府、企业、学者还有老百姓都对破产法极为关注，那么大家关注的焦点在哪里？

李曙光： 破产法从 2007 年 6 月 1 日开始实施，实施的效果不太理想，对此我还专门写过文章《破产法实施三年以来》，在这篇文章中我对破产法出台后产生的影响做了阐述。马上法律出版社将会出版一本有关公司重整的书，这是我和我一个毕业的博士合著的。在这本书以及《破产法实施三年以来》中，我都对相关问题进行了回应。

建立个人破产制度需整体推进

记者： 您一直都是媒体的焦点人物，最近在网络上看到您对"个人破产制度"的呼吁，您可否就此谈一谈呢？个人破产到底是一种什么样的制度呢？

李曙光： 对，我一直都在呼吁建立个人破产制度，在《破产法》起草的时候就有。首先是合伙企业的破产，继而个人独资企业的破产，从而也就引出了个人破产。在这之前，我专门写过一篇文章，发表在《中国经济时报》，应该是1994 年左右，《中国改革报》上也刊登过这篇文章。因此关于个人破产，我是第一个提出来的，并就此写过一些文章。

记者： 那么为什么个人破产没有纳入新的破产法之中呢？

李曙光： 因为个人破产问题是比较复杂的。首先需要建立个人资信制度。美国的个人破产，还有世界上其他比较成熟的个人破产，其前提就是诚信的债务人，不诚信的另外再说。假如你真的是还不起别人 10 万美金的话，依个人破产制度可以豁免，但是要忍受 7 年，就是在这几年中只能保证最基本的生活费用，其他的剩余所得都被债权人拿走。比如说，法院核准你一个月 2000 块钱的基本生活费用，而若你的月收入是 5000 块钱，那么留下基本生活所需，3000 块钱都由债权人拿走，家中只允许留下锅碗瓢盆等简易的必需品，并且会有专门的人员进行监督，比如不能进出夜总会、不能开高级的轿车。这在美国专门有判例讲到个人破产人。一旦法院宣布你为个人破产人，7 年之内必须过一种极为简朴的生活，而 7 年之后，钱就不用还了。但是，个人破产制度有个前提假设，就是你没有隐瞒任何财产、没有任何欺诈，不能假破产。但是法律规定可以保留相关的个人用品，比如结婚戒指之类的，虽然很值钱，但只要不卖，就可以作为个人纪念保留。包括假如你是罗斯福的孙女，拥有罗斯福的手稿，可以收藏，只要不出售，就可以保留。

个人破产这样一个制度其实是一项个人债务豁免的制度，美国每年个人破产大概是 100 多万人，无论是处在金融危机还是正常时期，个人破产率都很高。但是个人破产极容易导致假破产，所以要有一个很诚信的社会，需要建立财产资信制度。而中国人不是都使用信用卡，这属于信用消费文化的问题，而在美国，你如果拿一百美金去买东西，人们会很诧异地望着你，因为美国主要是信用卡消费。中国人传统往往更倾向于把钱藏起来，外人根本不知道你有多少钱。当一个人还不起钱，是真没有钱，还是说有钱不还，这个很难知道。因此，这是中国建立财产资信制度的一个难点。在美国，个人破产只针对那些有固定收入的人，没有固定收入的人不能申请个人破产。而有固定工作、固定收入的人，往往就是有信用的人。也就是说有信用的人才能破产，没有个人信用的人不能破产。如果个人破产了，就说明个人的信用度降低了，这涉及对个人信用度的衡量，这对一个社会来说很重要。凭什么要与你做生意、打交道，凭什么银行要把钱给你让你买房子，因为你有信用度。美国有三个专门的机构为个人的信用度打分，美国标准普尔公司、穆迪投资服务公司、惠誉国际信用评级有限公司，由这三家公司为个人信用打分。一般来说，一个人的信用度在 720 分以上，你的信用就是没有问题的，去银行贷款都没问题。在 700 分以下的人的个人信用是有问题的。美国的次贷危机是怎么产生的呢？就是金融机构把贷款交给了信用度较低的次级信用的人。

记者：李老师，据我所知，我们现在的破产法，被您称为"半部破产法"，能谈谈这个称呼的由来吗？

李曙光：我们 2006 年的破产法，从名字来看叫《企业破产法》，那么严格说来，所有的市场主体的破产都应该纳入破产法。但是 2006 年我们只是叫"企业破产法"，它的适用范围相对是比较窄的，不含其他市场主体的破产，也就是"半部破产法"。破产法通过那天，即 2006 年 8 月 27 日，我在接受中央电视台等媒体记者采访时，记者说作为破产法的主要推动者或起草者，您这时应该很兴奋吧？我说，破产法通过了，我们虽然很高兴，但是我们只完成了半部破产法。市场经济成熟的国家中的破产法，一般包括公司破产、其他法人破产和个人破产三项内容，我国则仅有法人企业破产，事业单位、合伙和个人独资企业的破产不在新法规范范围之列，我们需要继续努力。

我们当时只有企业破产这半部分纳入破产法中，不是所有企业都纳入其中，如合伙企业等就未纳入其中，个人破产这一大块内容未纳入破产法中。市场主体除企业法人之外，还有消费者个人，还有其他法人非法人组织，我们很多事业单位组织都没有纳入破产法的适用范围。这些都是可以破产的主体，甚至政府作为非营利法人欠债不还也可进入破产程序。2006 年《企业破产法》仅适用于营利性企业法人，只适用于一部分市场主体，作为一部法律规则的建立来讲，对我们市场经济发展是不够的，有很大的缺陷。但是这部《企业破产法》能在全国人大通过，这在当时已经是一个很大的进步了，从只适用于国有企业的一部破产法律，转型为面对所有市场主体——国有企业、民营企业、外资企业，市场中的其他主体，这是新中国第一部市场化的破产法，规制了很多与国际同步的破产的新制度。即便在今天，我们也认为是一种很大的进步。

记者：李老师，您觉得今后破产法的完善应该着眼于哪几点？

李曙光：破产法从 2006 年通过、2007 年开始实施，到现在已经有 15 年之久了。那么我们认为这部破产法现在要根据现实情况的发展变化，进行比较大的修改。首先，就是它的适用范围要扩大到个人破产，目前，关于破产法适用范围的扩张，还存在很多争议，存在很多实践中的障碍。深圳在去年出台了全国第一部地方个人破产条例，今年 3 月份开始实施、试点个人破产。除个人破产，在金融机构、事业单位组织，还有农村集体经济组织破产方面，都是我们现在需要讨论的。其次，除了适用范围有争议，在破产清算、和解、重整制度与程序方面也要修改。比如，预重整制度、合并破产制度、跨境破产制度、简易破产程序、破产法院与破产行政管理机构的设置、管理人制度改革、债权人权益如何更好保护等，这些问题都需要我们进行深入讨论。法律修订是很复杂、很专业的问题，一两句话说不清楚。全国人大财经委委托了两家机构来对破产法的修改提供建议稿，一个是最高人民法院，另一个就是我们中国政法大学破产法与企业重组研究中心。我们研究中心接受全国人大财经委委托后，组织几十人研究团队，几十家单位征求意见，提出了我们的专家修改建议稿，我们专家建议稿后面支撑的是长达四五十万字的研究报告。

寄语后浪青年

记者：李老师，您作为经济法学界的前辈，对我们广大学生、年轻学者参与经济法立法过程，有没有什么寄语呢？

李曙光：江山代有人才出，长江后浪推前浪，现在的年轻学者也都很厉害的。青年学者要参与经济立法，也应该参与经济立法。但需要有些基本前提。什么叫参与立法？参与立法有不同路径，有官方的、有民间的，每一个学者，当然不只是学者，每个公民都有权利对国家地方立法提出意见建议，这个也叫参与。但作为一名专业学者参与立法还是有所不同的，首先，你肯定在专业上有较高的水平，有很好的学术基础，对理论有前沿研究，这样才有能力提出一些好的立法建议。其次，很重要的是青年学者仅在理论上有研究还是不够的，还要了解实践。我们现在大学的很多研究跟实践是脱节的，学者不了解实际情况，仅靠学习外国的拿来主义，那肯定是不行的。青年学者参与立法，要把书本上的东西结合中国社会经济发展的实践，中国制度的土壤、水分、阳光、环境很不一样，沿海发达地区与内地次发展区域很不一样，要深入了解这些国情，才能去参与立法。不了解国情与实践，你的参与就没有什么价值，也就贡献不了太多的东西。再次，在做好这些基本准备后，要学会找到与运用一些好的制度工具，要结合国际国内已有经验，去发现分析解决实践中出现的问题。你的建议方案一定要方向对头，符合我们国家社会经济现状与市场经济发展，符合法治的一般原理，并且能与国际接轨。我们的法治建设要摒弃并尽可能减少"人治"，立法要朝着市场化、法治化、国际化方向前行，并针对问题，有可操作性。最后，还有一点很重要，我们学者参与立法时需掌握的技巧，就是游说能力，如何说服公众与立法机关接受一种立法制度安排或意见，这考验我们学者的综合能力。我觉得这是年轻学者、优秀的学生应该去慢慢把握、学习的。

记者：李老师，法大70周年的校庆，您对法大有什么想要说的吗？[1]

李曙光：我在法大待的时间不算短了，明年正好是我在法大学习工作40周

---

[1] 本问题补充采访于2021年。

年。法大是一所很好很了不起的大学，我很感恩法大。对一个人来说，70岁的年龄不小了。但对一所大学来说，70岁不算岁数大的，比起一些百年大学，我们应该还算一所年轻的大学。

一所大学最重要的是要有传统，传统与岁数、与历史相关，因此，一所大学年岁越长越好，岁数越长就越有传统。我说的大学传统，是指这所大学逐代保存记忆下来的最精华的治校制度，流淌在校园空气中的文化思想气息，代表性建筑，杰出校友名录，以及本校历史上为国家为百姓作出独特贡献的一些故事。大学的这种传统应该是厚重的，沉甸甸的，源远流长的，被人悄悄传吟的，是多少代学者学人的积淀与固守。这个传统对一个社会、一个民族、一个国家的发展是大有影响力的，这个传统应该是能代表一所大学内在的精神本质的。这个传统能够使这所大学在未来100周年、200周年校庆时仍能被人津津乐道。

办好一所大学需要不卑不亢，不倨不傲，心有静气，居安思危。鸢飞戾天，鱼跃于渊。我希望我们中国政法大学能够形成这么一种传统，她的追求与国家法治进步紧密连接在一起，有思想的力量，能够培养出一批批杰出人才。我希望我们法大在100周岁生日时，应该是一所很骄傲、很自豪的大学，为我们培养的人才，为我们大学的思想贡献。我希望我们法大在200周岁、500周岁时，能形成自己厚重的、独有的大学文化，有自己特有的精气神，是培养法治人才的摇篮，是追求中国法治进步不可或缺的重镇。总之，希望我们法大是一所有了不起传统的大学。

王卫国

改革企业法人制度　完善金融监管体系[*]

关键词：企业立法

王卫国，中国政法大学教授、博士生导师。主要社会职务有：中国法学会理事，中国法学会民法学研究会副会长，中国法学会网络与信息法学研究会副会长，中国法学会环境资源法学研究会常务理事，中国政法大学破产法与企业重组研究中心执行理事长，北京大学法学院学术委员会委员，西南政法大学兼职教授，北京天则经济研究所特约研究员，香港大学亚洲国际金融法研究中心学术咨询委员会委员，全国人大财经委破产法起草工作组成员，信息产业部电信法起草专家咨询委员会委员，国家司法考试命题委员会委员，中宣部、司法部"四五"普法国家中高级干部学法讲师团成员，最高人民检察院"百千万"高级人才培养工程带教导师，北京市人大常委会法制建设顾问，联合国国际贸易法委员会《商业和金融欺诈》项目专家组成员，国际商会（ICC）仲裁院仲裁员，斯德哥尔摩商会仲裁院仲裁员，北京仲裁委员会仲裁员，中国消费者协会"3·15"专家志愿者。

起草国家立法　论证司法解释

记者：王老师，请您简要介绍下您参加过的国家立法。

---

[*] 采访于 2011 年。

王卫国：太多了，我都记不住了。参与国家立法有好几种形式，一种是作为起草组成员来参与的，比方说破产法，还有合伙企业法，等等，当时是全国人大组织起草组，我们是作为起草组成员参与进去的。还有一种比较多的方式是他们组织专家论证，比方说物权法、侵权责任法，这个就要多一些。有的是在全国人大会议召开期间的，有的是更早的，比方说国务院法制办，因为很多草案是国务院做好了交到全国人大，这种情况我们可能是在国务院法制办期间就受邀请参与，比如说反垄断法就是这样的。还有一些法是参与以后现在还没有出来的，比如说电信法，电信法当时是组织了专家咨询委员会，但这个法到现在都还没有出台。

记者：您参与的第一部国家立法是什么？

王卫国：第一部就是破产法，1994 年的时候。1994 年我从西南政法大学调到中国政法大学，从那时候起就一直在起草组里，从第八届全国人大到第九届全国人大到第十届全国人大，一直到 2004 年这个草案提交至全国人大常委会。我们当时是作为全国人大财经委起草小组，到这时候这个起草小组的工作才算完成，整整十年。后面两年这个草案到了全国人大常委会手里，由全国人大常委会法工委来作进一步修改，修改过程中有很多内容他们也咨询我的意见。这是以咨询的方式参与，包括当时的委员长，要求我以咨询的方式为他们提供意见。

记者：除破产法外，您还参与了哪些立法？

王卫国：包括合伙企业法、独资企业法等。合伙企业法最初的制定我们参加了，后来又修改，2006 年修订合伙企业法，我也参与了。还包括基金法，开始叫投资基金法我也是参与了，以后把它缩减到证券投资基金法。这些都是全国人大制定的，在全国人大这个平台上开展的，是全国人大财经委组织的。另外还有一些是全国人大常委会法工委组织起草的，主要是民法这一块。我最初来北京的时候参加过担保法的专家论证，提供过专家意见。

记者：您参与了多少司法解释的起草？

王卫国：司法解释太多了，我记不全了。司法解释是最高人民法院自己起草，他们不会成立一个有专家参与的起草小组，一般都是自己起草，然后请专家去做论证，出专家意见。有时候甚至就是通过电话征求意见、咨询一些问题，不太清楚的就在电话里面讨论一下。比较正式的呢，就会请到他们那里去，或者在郊区开个会。我记得有个司法解释是关于合同法代位权的，是关于代位权行使中的权利冲突。那次印象比较深的是讨论诉讼时效过了以后，如果当事人达成还款协议，那这个还款协议有没有法律约束力。这个司法解释我们当时参与的都是非常有影响力的教授，比方说江平教授、王家福教授、谢怀栻教授、梁慧星教授等。

记者：当时关于该司法解释专家之间是否存在争议？

王卫国：有，有的专家认为这是自然债务，不应该保护，过了诉讼时效自然不能保护。我当时是谈了大陆法系和英美法系的学说，大陆法系就是时效利益放弃，你对诉讼时效利益放弃以后的状态要有一个正确的认识，认为它是一个时效利益，达成还款协议就认为是还款利益放弃，这个时候债权就应该得到保护，原来的债权要得到保护。我讲英美法系的时候，认为这个还款承诺是一个有既往对价的还款允诺，有既往对价的还款承诺也是有强制执行力的。后来多数人的意见都认为应该是给予保护，所以就出台了这个司法解释。

历经曲折的破产法

记者：您能重点介绍一些您参与的企业法方面的立法吗？

王卫国：企业法方面的立法就是破产法吧，李永军教授也参加了《企业破产法》。最初的时候起草组只有七个人，七个人里面只有三个人是专家学者，有一个最高人民法院的法官，剩下的三个人就是全国人大财经委的官员。当时这三个专家学者里面两个是我们法大的，我和李永军教授，还有一个是社科院的邹海林教授。这个工作当时来说也是很艰苦的，历经曲折。这是一个非常困难的问题，因为企业破产是一个非常难办的问题，涉及计划经济时期遗留下来的一个巨大问题，就是职工的安置问题，当时争论就很大，关键是找不到一个合适的办法，后来国务院又出台了一套政策性破产的办法，就跟我们破产法的立法产生一些冲突。政策性破产就是用企业的财产优先安置职工，因为这个安置里面，用经济学家的话来说就涉及劳动力折旧补偿的问题。过去的计划经济时期，工人拿的是最低限度的工资，那么他的生老病死的保障完全是靠一套制度承诺。是什么制度呢？第一是你拿的是"铁饭碗"，你不会失去工作，第二是你有养老，第三是你有医疗等保障。那么国有企业破产以后国家是否还要继续承担这个义务，就是这个问题。就当时来说，政府的财政还是有困难的，那么多企业破产，财政全部管起来是不可能的，就要让这些职工走向市场，走向市场的话，就失去了国有企业职工的身份，你作为一个自由劳动者到市场上去重新寻找就业机会。这就带来一个问题，过去几十年人家辛辛苦苦为国家创造财富，拿到的却是一个只能解决劳动力简单再生产的、只能维持生命的那么一点报酬，生老病死这一块难道就不算数了？那么有观点就说一次性补偿，但钱从哪里来呢？20 世纪 90 年代的时候，政府非常困难，没有钱，最后就提出来处置土地，企业破产以后这个土地可以出让，出让以后的收入拿来安置职工。但是有些企业仅仅靠这个还不够，土地还可能卖不出去呢。后来国务院又出台一个规定说可以拿破产财产来安置职工，包括担保财产。当时我们起草组对这个规定是坚决不赞同的。你要保护市场啊，保护债权人啊，所以这就涉及一些理念的冲突了。我们也理解在当时的情况下这个职工安置不仅仅是个经济问题，某种程度上讲也是一个政治问题，当时我们在破产法的草案里也写了一章，就是国有企业破产的特殊规定，后来 2000 年以后就把这一章去掉了。这个是国务院的权宜之计，这个政策性破产是个权宜之计，就由国务院去规定。法律还是坚持市场经济的法律。这个当中还是历经曲折吧，到了第九届全国人大期间，亚洲金融危机出现以后，我们又开始考虑，因为那个时候社会上破产逃债的风气也很严重。企业当然也很困难，导致的结果是银行大量的坏账，这个时候我们也比较重视，在草案里体现保护债权人的思想，消化国有企业遗留的历史问题，进一步，我们要考虑构建社会主义市场经济的秩序，保护债权。后来到了第十届全国人大期间，又发生了一个争议很大的问题，就是职工债权的优先问题。2000 年后社会上对于公平和公正的关注越来越高了，职工的待遇问题大家也很关心，在草案提交全国人大常委会审议期间，有一种意见就是要让职工债权处于超级优先的地位，怎么个优先法呢，就是如果破产财产不足以清偿职工债权的话，就要拿担保财产来清偿。这个会带来什么问题呢？就是担保财产的预期市场地位就会受到动摇，担保财产就变成了一个不确定的东西，这个对金融的影响就很大，所以当时银行对这个问题就坚决反对，还提出如果要这么规定的话，他们要采取措施，就是只要企业拖欠职工工资，银行就停止贷款，而且要提前收债。这样的话不就一遇到困难就把企业给逼死了吗？最后职工还是失业，这个肯定是不行的，我们就去做工作。我们从学者的角度，一方面就是不主张采取很激进的手段对职工进行保护，另一方面也希望能够找到一些妥协的办法。这就一直拖到 2006 年，2006 年就找到一个妥协办法，这个说起来也很有意思，就是破产法颁布之前的职工债权享受特别保护，破产法颁布之后的职工债权就不享受。但实际上我们担心的不是之前的职工债权，而是破产法颁布之后的。你想想，如果这么规定的话，企业可以肆无忌惮地去拖欠职工的工资，甚至做假账，作出一大笔欠职工的工资，这个信息不对称，银行根本一点办法都没有。他们的担心也是有根据的，而且在国际上会对我们的信用产生很大的问题。当时中国人民银行副行长跟我说，如果这样规定的话，我们三个银行在国际上的信用评价又要被降等。之前已经被降过一次，是商业银行法出来以后，规定商业银行可以破产。这个信用评价被降等意味着什么呢，意味着我们的商业银行在国际上的融资能力会下降。

记者：国外有无此种立法例？

王卫国：职工安置问题是中国特色，其他国家没有，我曾经跟一个美国的专家讲过，我说用市场经济的法律来解决计划经济留下的问题，这种事从来没有人干过，你们也没有干过。这就是很大的一个难题。这个问题最后还是靠时间来消化的。到了2004年的时候，国资委也给全国人大提交了一个报告，截至当时，全国只剩下2800家企业需要政策性破产，而且预计在2008年能够基本完成。

记者：破产法从1994年起草到2006年通过，整整12年，是否也反映了我国对市场经济发展的一个适应过程？

王卫国：这折射出中国经济改革的曲折，也反映出社会对企业破产的承受能力。因为一开始给我们的任务，或者说一开始确定的立法指导思想，就是十五大提出来的社会主义市场经济立法。所以我们始终坚持市场经济立法这个原则，不能往后退，不能把一些临时的权宜之计反映到法律里面来。我们要着眼长期。按照国际货币基金组织曾经发布的一个文件《建立有效和有序的破产制度》，里面讲破产法的第一个作用就是给市场提供一个预期。债权人知道自己的钱借出去将来如果还不了的话会怎么样处理，债务人也知道将来如果还不了钱会怎么样处理。这个预期的作用是能够去巩固市场的信用和信心，所以这一点非常重要，在这个问题上一定要按照市场经济的规律来建立破产法律制度。在这个问题上也有各种不同的意见，但是我们在这一点的把握上是非常坚决的，而且一直讲市场经济条件下大家就是平等的。我们不是专为国有企业立法，1986年的老破产法是专为国有企业破产立法，现在要解决的不仅仅是国有企业破产问题，当所有企业都要算进来的时候，你就不能仅仅想着国有企业的特殊问题和需求。破产法不仅仅是一个企业法，它首先是一个债务清偿法，是去建立一个债务清偿的秩序，市场就是用债的关系连接起来的，可以说市场就是无数债的总和。所以债务清偿的秩序是市场的基本秩序，这些观念都是表现在我们起草破产法的过程中的。另外还有一些观念就是在市场经济的条件下，政府的干预应该减少，老破产法里面大量的政府介入、政府干预的因素，在新破产法里面是尽可能减少、排除。比如说破产管理，过去破产法规定，破产管理叫清算组，清算组大部分都是政府指派的官员，我们规定的是社会中介机构，这个也是一个很大的转变，也有很多不同意见。最后妥协就是加了一个规定，就是清算组也可以做破产管理人。现在很多国有企业破产的时候他们就用清算组，已经暴露出很多的弊端，很不公平。这个是提交全国人大常委会以后加进去的。

记者： 破产法的实施是否产生了不良的影响？

王卫国： 那当然了，已经暴露出一些问题，律师们也指出一些问题，已经有很多案例了，这就是我们要进一步改革破产法的时候要解决的问题。毕竟现在中国的市场经济还不是很成熟，目前还是有很多非市场的因素。推行市场经济不是一朝一夕可以完成的，比方说破产企业拯救这个理念，我们也是引进了重整制度，这些都是新破产法大家认为很好的一个地方，现在一个全球性的转变就是由清算型的破产法转向再建型的破产法，所以 2006 年破产法无论是在国际上还是国内评价都是比较高的，这个里面当然方方面面都作了很多贡献，包括全国人大、国务院很多部门，大家都一起来做这个事情，其中学者的作用也是很明显的。

从《中外合作企业经营法》到土地市场的开放

记者： 您能给我们介绍一下您参与的其他企业立法吗？

王卫国： 大概 1986 年的时候有一个《中外合作企业经营法》，那个时候我是很间接地参与了，当时我在广州，五所院校成立了一个南方涉外问题研究中心，由时任司法部教育司司长王明灿担任中心主任，当时有广州大学、西南政法大学、武汉大学、对外经贸大学、厦门大学五所大学联合举办的，当时因为起草过程中征求意见，稿子就到了广东，这个中外合作企业经营法的争论就爆发在广东和上海之间。上海的人认为，这个中外合作经营企业法不伦不类，国外没有这个先例，反对搞这个法。而当时实际上大部分中外合作经营企业是在广东地区，很多我国香港地区商人来投资就采用这种形式，广东人就力挺这个法，他们的观点就是这个是中国的特色，我们中国自己创造的，国际上没有先例，但是我们可以创造啊，现在我们实践中已经出现了，效果是好的呀。当时王明灿同志也带着我去参加过这个讨论，发表意见，我们的意见也都是支持这个法，但是这不能算作参与立法，只是有那么个机会，在广东省征求意见讨论的时候，跟随王明灿同志做了那么点工作。后来我 1989 年出国留学，也在研究这个问题。1989 年的时候，我在加拿大不列颠哥伦比亚大学的学报上发表了一篇文章，就是讨论中外合作经营企业的法律性质，最后我的结论就是，它是一种变相的土地租赁。就是在中国当时特定的土地制度下，土地不能自由流转，中方拿土地出资以后，没有办法计价，也没有办法拿这个来分红，就采用了一种特殊的安排。中方出土地，外方出钱，然后合作期间外方首先还本付息，还本付息完成后剩余的年限双方按约定的比例分配利润，合营期满后，剩余的固定资产归中方，广州的花园酒店就是这么一个模式。最后这个固定资产归中方，实际上就是抵偿土地佣金。当时中国没有土地市场，也没有一个土地物业增值的预期，外方就是我来经营你的土地，赚一把钱我就走人，是这么一种预期，所以双方能够谈到一块。后来土地市场逐渐开始出现了，到 20 世纪 90 年代初，1991 年、1992 年的时候，中外合作经营企业的成立数量就开始下降，高潮的时候是在 20 世纪 80 年代。20 世纪 90 年代之后国家逐步在放开土地市场，1994 年城市房地产管理法就出来了，就正式放开了。在这之前 1992 年也修改宪法，慢慢就在放开这个土地市场。

银行业金融机构破产条例与我国的金融监管体系

记者：您能介绍一下近期参与的立法活动吗？

王卫国：我目前还有可能会继续参与的就是银行业金融机构破产条例，这个因为我之前有参与，稿子基本形成以后现在停下来了，如果再次启动的话他们有可能会邀请我参加，目前没有什么动静。将来有可能还要进一步修改土地管理法。土地管理法我可能会以某种方式参与进去，比方说专家意见等，这个是下一步我们可以预期的。

记者：请您简要介绍一下银行业金融机构破产条例？

王卫国：这个是国务院制定的，《企业破产法》第 134 条授权国务院制定金融机构破产的特别规定。现在证券业的破产规定已经出来了，但是银行业和保险业还没有出来。

记者：该条例制定的背景是什么？

王卫国：因为金融机构破产跟一般企业破产是不一样的，基本的区别就是金融是有系统性的，所以金融机构破产的问题首先是一个公共利益问题。首先需要考虑的是公共利益问题，而一般的破产是当事人之间，债权人债务人之间的利益平衡的问题。所以在操作和程序上，金融机构破产会有很多特殊的安排，主要体现在银行监管部门的早期介入以及在破产程序当中的介入，这个当中要允许介入，而且这个专业性也非常强。银行破产的话，债权人是数量庞大的存款人，你说这个怎么开债权人会议，我有一个存折我都可以参加债权人会议，那不得了了，这个程序是没法操作的。这就必须要有一个伴随的制度叫存款保证金制度，如果银行机构确实无法拯救了，要进行破产，首先要由存款保证金机构来出面清偿这个储户的债权，兑付完了之后，所有的债权都转移到机构名下，成为银行破产程序中最大的债权人，这样才能简化破产程序。这也体现了保护公众的精神，他们的债权都是没有担保的债权，你不能让他们最后按比例来清偿债权，那样的话公众受不了，所以存款保证金有一个基本的兑付金额，比方说，如果你是 20 万元以下，你存款的是小银行，你可以得到百分之百的清偿。

记者：我国当前金融法律制度架构到了何种程度？

王卫国：现在任何国家的金融法都是在成长期。商事法律的成长在历史上经历了三个阶段，第一个是贸易法时期，中世纪后期的商人法就是规制地中海沿岸那些搞贸易的人，而且都是自然人，那时候叫做商人法；第二个时期就是工业革命以后，进入企业法时期，这个时候市场交易的主体是企业，而且过去很多的分工和交换都企业化、内部化了，所以这个企业法成了商事法律中最核心的部分，而一般的交易法如买卖法、租赁法都进入民法了；第三个时期就是金融法时期，早期的商法里面也有金融法，如保险法、票据法等，但不是全面的。

记者：金融危机期间欧美所受的冲击较大，中国相对较小，请问是因为我们的金融体系在某些方面有特殊优势吗？

王卫国：这个我们跟他们的区别太大了，这个讲起来话就长了，美国的这个金融体系，总的来讲现在是叫做新自由主义经济。从目前西方的经济体制看可以分为两大派别，第一个就是以英美为代表的新自由主义经济，货币学派、供应学派的理论，第二个就是以欧洲为代表的社会市场经济，就是在社会民主党参与或者影响下制定的。这两种体制是不一样的，而且要讲美国这个金融体系呢，要跟"二战"以后的布雷顿森林体系联系起来。"二战"以后布雷顿森林体系建立起一个以美元为核心的国际金融构架，美国的金融问题不是美国一个国家的金融问题，而是全球性的金融问题。现在各个国家在金融危机中的受害程度不同，是取决于你在这个体系中参与的程度。我们拿冰岛或者希腊来做例子，它没有很强大的金融，也没有很强大的实体经济支撑它的金融交易，所以金融交易好的时候，它的银行可以去贷款，贷款来了之后去放贷，而一到了金融危机的时候，这些债务人就违约，违约以后导致银行无法偿还债务。这就造成所谓的主权信用的破产，因为有很多债务是国家来担保或者国家来承担的。再加上有一套国际信用评级的机制，这个信用评级机制是由美国人掌控的，这些信用评级机构实际上是在左右这些国家的命运，它们一宣布给希腊、葡萄牙的信用降级，马上导致它们的危机。中国的金融一直没有深度地融入它们那个体系，而且它们对我们也是排斥的，它们的信用评级机构一直把我们的信用评得很低，评得很低以后我们在国际上的负债率就很低。像澳大利亚，现在的金融算是比较健康的，它的资产里面有一半都是国际借贷、国际融资的，只是它们的金融监管做得比较好，所以它们的金融比较健康。冰岛、希腊的国际融资率就更高了，它们自己没有什么资本。过去它们一直压着我们的银行信用和主权信用，所以我们在国际上借不来钱，你想借钱人家不借给你，我们靠什么，我们就靠发展经济，靠制造业，出口换取外汇，所以我们手里的钱不是借来的，我们手里的钱是我们的血汗钱，是我们一分一分地赚回来的，而且是在创汇不创利的情况下，让人家赚大头我们赚小头这么一点点挣回来的。尽管过去我们在国际上吃了很多亏，但是我们十四亿人辛辛苦苦创业，创出这些家底，所以我们跟它们的体系不一样。我们人民币是一个封闭的体系，没有跟美元挂钩，所以受它的波动的冲击比较小，不是没有冲击，是有冲击的，有影响的。再一个，我们有一个比较好的监管体制，我们这个金融与银行业基本上都是国有的，所以中国金融资产百分之九十都在银行，银行百分之九十以上都是国有的，所以这个金融资产是由我们国家掌握的。

记者：随着金融体系的开发，是否会受到更多的冲击？

王卫国：单纯的外来冲击对我们的威胁并不大，现在问题是我们自己还有很多问题，所以往往是外因跟内因一起起作用。1997年金融风暴也好，2008年金融危机也好，对我们有影响，但影响不大，这个影响是间接的，比如说，影响我们的外贸、出口，金融危机人家不行了，很多订单不要了，会对我们有冲击，但对我们金融的冲击不是太大。主要是内在的东西，我们金融现在在内在的结构还有一些问题，我们要想办法解决。比方说，我们的银行都是大银行，大部分资产都在大银行手里，大银行就做大生意，不做小生意。不做小生意，小企业融资就困难，小企业到了困难的时候挣不了钱，它的流动性就成问题，这个时候地下金融就发展起来了，高利贷就发展起来了。很多小企业从银行借不到钱，就借高利贷，很有可能就被高利贷给"逼死"了。这就是很大的问题。

记者：王老师，您对未来金融监管的立法有何预期？

王卫国：目前我们的金融监管大部分还是依靠监管机构来制定一些监管条

例，等等，这届全国人大现在只有一年任期，要完成以前的立法规划，目前还没有什么新的。下一届全国人大的立法规划要等到下一届全国人大就任以后，他们才能去制定，但是我们银行法学会会提出一些建议，现在需要制定的银行金融方面的法律还是比较多的。

赵旭东

公司法"款款"深情 同市场时时呼应*

关键词：公司法

赵旭东，中国政法大学民商法教授、博士生导师、商法研究中心主任，中国法学会商法学研究会会长。曾担任最高人民检察院民事行政检察厅副厅长。1999年起先后被评为北京市优秀中青年法学家；第三届全国十大杰出中青年法学家；北京市优秀教师；教育部新世纪优秀人才；2005年入选《当代中国法学名家》；2016年入选"法治中国——有突出贡献百名法学家"；2018年被评为国家"万人计划"教学名师；2019年被评为国务院特殊津贴专家。在民法典编纂研究工作中，担任中国法学会民法典编纂项目领导小组成员和合同编牵头人之一。2019年起，担任新一轮公司法修改专家小组成员。

多种形式参与民商事立法

记者：请介绍一下您参加过的立法活动？

赵旭东：我们学校的学者参与国家立法有各种不同的形式，参与的深度和内容也有很大的不同，有的是参与某些法律草案的讨论，征求意见；有的是接受立法机关的委托或者邀请提交一些书面的意见；有的可能参与得更深，参与立法机关的一些活动，比如调研，一些法律条文的草拟，法律条文的修改，等等。我从

---

* 采访于 2011 年。

20 世纪 80 年代，具体说应该是 1984 年前后，开始通过各种形式参与国家的一些立法活动。最早的应该是公司立法，公司法的立法应该是 20 世纪 80 年代初期，1983 年开始，那时是当时的国家经委法规局具体负责。我是江平老师的学生，当时还在跟着老师读书，因为江老师的安排，也参与了一些立法活动，其中包括一些法律条文的讨论，特别是立法调查，记得那时候还专门组成了立法调查团，到外地做一些集中的调查。从那时起就一直跟踪、参与公司法的一些立法活动。后来是合同法起草的时候，当时的立法机关是把合同法的立法任务分割到各个高校，中国政法大学承担了其中的一个部分，具体是什么合同哪个部分我有点记不太准了。因为我当时是民法教研室的主任，根据全国人大常委会法工委的要求也承担了合同法草案学者建议稿的起草工作。

记者： 合同法起草从何时持续了多长时间？

赵旭东： 合同法起草的具体年代记不准了，应该是在 1990 年前后。准确的时间需要再查一下。后来又起草物权法。当时江平老师是民法立法小组的负责人之一，物权法起草也是他直接负责的。当时没有以中国政法大学的名义单独起草物权法草案，或者学者建议稿，中国社会科学院法学所梁慧星教授领导的小组和中国人民大学起草了两个学者建议稿。虽然没有专门起草我们自己的学者建议稿，但是在全国人大常委会法工委把他们的意见提交给我们，征求我们意见的时候，我们专门组建了一个课题组，就是针对物权法草案意见的一个课题组，是以当时民商法教研室的老师作为主要成员，专门拿出一段时间来集中研究物权法的草案。后来形成了一个对物权法草案的书面意见，这个意见比较系统，对当时物权法草案的几乎所有条款都作了注释，哪些需要补充，哪些需要修改，哪些可能要作调整，都给出了意见，而且这个意见以中国政法大学的名义正式提交给了全国人大常委会法工委，受到了全国人大常委会法工委的重视。

记者： 课题组当时的成员有哪些？

赵旭东： 课题组当时的成员主要是我、杨振山老师，还有刘智慧等老师。民法就说到这，民法的起草更多的是以民商法教研室的名义来参与。后来我本人除最早对公司法的参与以外，还参与了独资企业法、合伙企业法、证券法、证券投资基金法、国有资产法，等等，这些比较重要的民商事立法活动，包括正式参加一些座谈、征求意见等。

记者： 上述立法是由哪些部门牵头的？

赵旭东： 牵头部门大部分是全国人大常委会法工委，有的是其他国家部门，比方独资企业法当时是国家工商总局，证券投资基金法是全国人大财经委，国有资产法是国有资产监督管理委员会，就是国资委，这是立法活动。司法解释的工作主要是由最高人民法院来进行的，一些重要的司法解释我也参与了，其中参与比较多的是公司法，在公司法修改之前就开始参与。后来正好赶上公司法修改，就参与了公司法修改的立法工作。最高人民法院在公司法修改之后也进一步加强了公司法的司法解释工作，我也就参与得比较深一些，具体也承担了一些任务。

公司法的起草、修改与公司法司法解释三

记者：请您详细谈一谈公司法的立法过程？

赵旭东：公司法的立法，分为几个阶段，第一个阶段，公司法的立法处于计划经济向市场经济过渡时期，那时候的公司法还带有计划经济的一些特点。那个时期的主要工作是做一些立法调研，最终形成的是两个条例，一个是股份公司条例，一个是有限责任公司条例。这个时候参与过一个立法的调研工作和一些法律条文的研究、修改工作，当时的牵头部门是国家经委。第二个阶段，即1993年，第一部公司法的起草，因为我当时正好在国外，没有太多的参与。后来到2005年公司法修改，这是一次比较全面彻底的修改。这一次我参与得比较全面，时间比较长，承担的任务比较多，参与的深度比较深，当时是由国务院法制办来负责前期具体的法律条文的起草。国务院法制办为了这个立法，组成了三个顾问小组，第一个顾问小组是领导小组，主要是立法机关的领导，还有与公司法相关的一些部门的负责人；第二个顾问小组就叫专家小组，由公司法的一些专家学者组成的一个小组；第三个顾问小组是工作小组，就是由国务院法制办相应职能的司处所组成的一个负责具体事务性工作的机构。我本人作为专家学者应邀参加了专家小组。当时国务院法制办还给我安排了一个非正式的任务，就是承担在专家小组内部协调、沟通任务。我在国务院法制办草案起草的过程中，自始至终地参与这样一些活动，包括条文的起草，起草以后的征求意见，征求意见以后进一步地研究、进一步地修改，开过若干次的专家会议。

记者：该小组何时成立？

赵旭东：应该是2004年，大概是2004年的上半年。然后就是国务院法制办起草的过程，为了这次立法的起草还专门成立设置了两个专项课题，其中一个专项是公司治理制度，另外一个是人格否认制度。公司治理当时是更全面地贯穿公司法立法的整个内容，这个专项当时是由我来负责牵头，为此我们也给国务院法

制办提交了一个全面的课题报告。国务院法制办在这个起草工作完成之后，把这个课题报告提交给全国人大，后来国务院法制办还专门编写了一套书，这个报告的内容我也具体参与了，这是第一个阶段。第二个阶段在全国人大常委会法工委，提交全国人大以后，具体由全国人大常委会法工委来负责公司法的立法工作，这个阶段我还是作为专家学者来亲身参与。当时全国人大常委会法工委也组织过很多次的专题立法研究工作，每次我也作为主要的成员参与。其中有很多条文修改的意见，就是我们学者提出的意见，都得到了全国人大常委会法工委的重视。

记者：具体哪些条文修改意见，您能否举个例子？

赵旭东：比方说，关于资本制度，关于出资缴纳、分期缴纳的问题，对股东出资的方式问题，关于公司僵局、司法解散的问题，还有股东代表诉讼问题，这些问题很多都采纳了学者提出来的意见和建议，还有法人人格否认问题。

记者：此次立法理念有什么变化？

赵旭东：此次立法的理念我觉得有两个特别重要的变化，第一个就是鼓励投资，促进公司的设立和发展，也就是充分地调动各种社会资源，充分地利用各种社会条件来促进公司的设立和发展，包括放宽设立的条件，降低设立的门槛，这是一个重要的立法理念的变化。第二个就是放松管制，强化自治，给当事人、公司、股东更大的自治空间。具体到法律条文上就是对公司法律规范重新做合理的布局和安排。这个我想就是公司法修改的两个重要的主导思想理念的变化。当然具体就表现在公司法的资本制度、治理制度等一些制度的法律规范设计之中。

记者：2005 年公司法修改过程中有没有什么争议？

赵旭东：有，争议问题很多。其中比如说关于资本制度的问题，到底资本制度的作用是什么，最低资本额是应该定得高一点还是低一点，股东出资的方式是应该放宽还是应该限制，都有不同的意见。最后可以说是基于放松管制、鼓励投资这样一个立法理念，把资本额定得比较低，股东的出资形式也比较宽，对公司投资行为的限制也比较少。还有重要的就是一人公司的问题。一人公司的问题是在立法过程中争论很激烈的问题，以至于到全国人大审议的时候，前几次都没有通过，每次审议都成为争议很大的问题。中国到底要不要承认一人公司？承认一人公司的利弊如何？最后经过反复的研究，基于鼓励投资，基于给当事人更多的投资形式这样一个理念，最终承认了一人有限公司，同时也对可能带来的弊端作出了一些防范和限制。

记者： 出现立法争议时如何解决？

赵旭东： 一般都是现场发表意见，有的也有简单的书面意见，最后由立法机关来综合考虑，形成最后意见。

记者： 2005 年公司法修改是否还存在缺陷？

赵旭东： 任何一个立法都不可能是完美的。因为各种主观条件、客观条件的限制，有各种偶然因素的存在，难免会留下一些遗憾。有的当时就发现这个问题，可能还是不到位，觉得也许可以做更好的安排。有的当时没发现，过后发现一些条款的设计可能有些疏漏。任何一个立法都是逐渐完备的，而且随着社会生活的发展，也会显露出它的不足。公司法同样如此，所以在立法过程中我们也认为，某些问题从理想的角度来看可以规定得更好，但是由于各种不同的情况，比如说有不同的意见，比如说有一些地方觉得没有把握，就暂时放弃了，也有一些可能当时考虑不周，也没发现，后来发现有问题，来不及了。

记者： 公司法司法解释三对 2005 年公司法哪些方面作了完善？

赵旭东： 公司法司法解释三的内容非常重要，涉及公司法最核心的几个问题，一个是公司设立中的一些法律责任问题，一个是股东出资方面的责任问题，另外也涉及股东权益的认定和保护问题，这都是公司法实务中最核心的法律问题。公司法修改的时候有些问题有所规定，但也有的是没有作明确规定，有的是有所规定但比较宏观、笼统，对实务中遇到的各种具体复杂情况，公司法并未能提供太细的规则。这个问题在公司法的司法实务中遇到很多纠纷，为了统一执法的尺度，更便于法院适用公司法，最高人民法院前几年一直在总结案例，公司法适用的一些先例一些经验，对一些具体问题进行进一步的研讨，最后形成了公司法司法解释三。其中包括公司设立中的问题，比如说公司设立的责任，到底在设立过程中以公司的名义设立的合同、以股东的名义签订的合同最终由谁来承担责任，也包括在公司的设立过程中的一些不正当支出由谁来承担责任，这些都作了具体的规定。比如说关于隐名投资的问题，是在实践当中非常普遍，也非常突出的一个法律问题，在实际投资者投资，但是以别人的名义来注册登记为股东的情况下，其中发生的一些权益争执，到底谁是股东，到底谁享有股权，对外关系如何处理，等等，这些问题都是很棘手的，公司法本身对这个问题也没有规定，但是这个问题又是应当要解决的。这时候司法解释作了非常详细、非常完整的规定，对隐名投资大概有四个条文专门规定，规定得非常具体和到位。当然还有其他的，如出资的要求，出资的效力，出资责任的认定，不同的出资形式如土地使用权的出资，一些权利的出资，甚至一些非法获得的财产的出资，这种出资行为的效力如何，其法律责任如何确定，这些以往都是存在争议的，但司法解释都作了规定。也包括一些实际出资人法律手续的办理，如果过户登记、权利登记等这样一些事项的欠缺是否构成义务不履行，要承担什么样的责任，都作了规定。所以说公司法解释三解决的是公司法实务中非常普遍的、非常突出的、非常要害的一些法律问题，司法解释的通过对公司法律实务的作用是非常直接的，也是非常大的。

市场经济的发展与商事立法的演进

记者：请您谈一谈我国三十年来商事立法的演进有何特点？

赵旭东：应该说演进的过程实际上是反映了我们国家经济体制改革、对外开放、市场经济发展的一个阶段性的成果，以及发展过程中的一种规律和要求。因为法律规则是社会生活的一种反映，所以 20 世纪 80 年代的公司法具有反映当时的体制的一些结构。当时起草的两个条例，还有很多国有经济、计划经济的一些痕迹、一些特点。到 1993 年我们的市场经济体制基本形成的时候，公司法的结构就基本确定了，完全就是按照股份公司、有限公司这样一个结构，国有公司、集体公司这样一些概念在公司法中就没有出现了，当然还有国有独资公司等这样一些特殊的形式。可以说那时候是奠定了中国公司制度的基本框架，同时这个框架是在我们这个市场经济的框架之下形成的，反映了市场经济对企业形式的一种要求。到 2005 年公司法修改的时候，我们的市场经济发展到新的阶段，这时候更注意强调市场机制、市场手段的作用，更注意强调鼓励人们的投资行为，放松政府对市场的管制，更多地尊重当事人的自治，这次也带来了公司法修改的指导理念的变化。同时在具体的法律规则的设计上，也发生了很大的变化，根据公司发展中出现的一些矛盾和问题，对最容易引发纠纷、最容易形成冲突的一些问题，在法律规则汇总部分作了更具体更充分的规定，这使得法律对公司组织活动的调整更为细致，更为有效。从这个方面来说，公司法律的发展，包括其他一些商事法律的发展，反映出的一个规律就是，法律与一个国家一个社会市场经济的发展、经济体制的改革和发展，是一脉相承的，时时呼应的。

记者：请您谈谈对公司法未来发展的展望。

赵旭东：过去的发展是这样，未来的发展我想同样也是如此。随着我们国家市场经济的进一步发展，市场更加成熟，市场的法律规则也会越来越完备，越来越系统，越来越科学合理。像商事法当中，我们已经基本上形成了一个商事法的基本体系结构，公司法、证券法、保险法、票据法、破产法这些法都是商法的主要组成部分，包括信托法、基金法，等等，这些法现在都已经有了。但是由于阶段性的特点，有些制度显得还比较粗糙，有些规则还显得有些空白，有些规则还存在着与现实的冲突和矛盾。我想未来的商事法的发展也会因应现实的发展需求，而进行相应的完备和改善，包括公司法。公司法现在距修改已经六年了，有些制度、有些规定还是要进行深思，要进行相应的改革，将来的公司法修改可能会更经常一些。修改可能不会像 2005 年那样，是一次全面的、彻底的、动作那么大的修改，会根据一些情况，而进行相应的修改。希望这个法律的修改是能够更经常一些，更灵活一些。

刘纪鹏

国资立法先行者　企业股改第一人[*]

关键词：国有资产法、证券法

刘纪鹏，中国政法大学二级教授、博士生导师，高级研究员、高级经济师和注册会计师。曾任天津、成都、南宁等市人民政府顾问，中国证券市场研究设计中心高级顾问，内地企业到香港上市法律专家组成员，第七届、第八届青联委员。曾任全国人大证券法修改小组专家组成员、全国人大企业国有资产法和期货交易法起草组成员。曾主持国家电力公司、中国投资银行、海尔集团、海南航空、万向钱潮、天津经济技术开发区总公司、好孩子集团、李宁公司、四通公司、哈药集团等近200家各类企业的股改、上市及管理咨询方案设计，这些企业遍及二十多个省市和众多产业，被媒体称为"企业股改第一人"。

促进国有资产的保值增值

记者： 刘教授，您好，非常感谢您于百忙之中接受我们的采访。我们采访的主要目的在于想了解您在参与我国相关立法过程中的一些情况。

刘纪鹏： 好的，也谢谢你们。我参与的立法和法律修订工作还是比较多的，例如《企业国有资产法》《证券法》《期货法》《基金法》，要不我一个一个谈吧。

---

* 采访于 2011 年。

记者：好的。首先是《企业国有资产法》，您能谈谈当时立法的主要情况吗？

刘纪鹏：《企业国有资产法》是我作为起草小组的成员参与的立法，该法从2002年起草组成立，到2010年5月正式通过，经历大约8年时间。这8年时间，我和李曙光教授一起参加了起草小组，对国有资产的立法主要分为以下几个议题。第一个议题，这部法律是国有资产退出法还是保护法，还是退出中的保护法呢？我们是坚决主张确立国有资产的保护法，这个观点在最初的学者中争论比较多，我和李曙光教授对此一直比较支持，而且它后来成为主流观点。第二个议题，是制定一部大国有资产法还是小国有资产法，我的主张是制定小国有资产法，即企业的国有资产法，主要不要把国防的、事业性的国有资产纳入进来，而是围绕着经营性的国有资产而立法。这个观点也应该是被接受了。第三个议题，是立资产法还是立资本法，是立总资产，也就是包括负债等企业的总资产，还是仅仅就国家对企业投资以及在投资基础上形成的权益的净资产立法。我是主张对净资产立法，扣除负债，而这个净资产就是我们说的资本。就此我还专门写了有关"是立资本法还是资产法"的一个内参，发表在全国人大的内参上，财经委的领导、人大的领导等对此都有不同程度的批阅。最后的观点是立资本法，但是不叫资本法，最后是立一个叫"企业国有资产法"的资本法，实际上就是净资产的立法。

记者：那么当时为什么要起这样一个名字，而不直接叫做"国有资本法"？

刘纪鹏：因为"资本"这一名词在理论上、政治上还都没有解决，如果我们在法律上公开给"资本"立法，政治上不能通过。所以在名字上是叫"企业国有资产法"。而国有资本的定义也基本上采纳了我的观点，即国家对企业的投资并在投资基础上形成的所有权益，这一点应该是被接纳了。

金融证券立法的修订完善

记者：那么其他几部法律是什么情况呢？

刘纪鹏：对其他几部法律主要是修订，一个是《证券法》的修订，我是作为该法修改小组专家组的成员参加的。对证券法当中关于什么叫股票交易所与股票交易场所，在这一点上希望把我们的场外交易也涵盖进去。不仅仅是证券法只管深、沪两个交易所，而且今后还要开通场外交易市场，比如三板市场，还有创业板市场都要考虑进来。此外在信息披露、制度性原则，以及对我国以后的交易所，应该设立什么性质的交易所，是公司制还是事业单位制，还是政府机构制，还是会员制，我提了一些建议。

记者： 那您的主张是什么？

刘纪鹏： 我的主张是今后对交易所的类型要放宽，因为现在我们深、沪两个交易所是"四不像"，既有会员单位，同时它们又是证监会事业单位的原身。其实证监会就是一个事业单位，它们本身又有公司股份，所以在这种情况下，交易所的体制不应该停于现状，而应该有所调整。当然这一点并没有写进法律。

记者： 哦，是这样。那么《期货交易法》是什么情况呢？

刘纪鹏： 对，第三部是《期货交易法》，这部法律的修订主要是为了完善当时商品期货的交易规则，并且把股指期货写进去，开通中国的股指期货，为中信期货交易所正式开张奠定基础。所以在这个当中，对于中国开通股指期货的意义，这一重要使命应该放在套期保值，而不是放在简单的投机获利，并且适当地建立一定的投资人的门槛。不要把它建立成一个大众市场，而是建成一个小众市场；不要把它建成一个散户市场，而应该建立一个机构，让那些保险机构、基金机构、券商机构在做股票限购的同时，也能够通过股指期货的反向做空，实现风险控制最小化。

记者：《基金法》的具体情况又如何呢？

刘纪鹏： 我现在正在参加的是《基金法》的修订工作。这部法律主要是对公共基金进行了定义和规定，但是当前现实中大量存在着私募股权基金和私募证券基金，二者皆未受到法律上的约束，因此，这个法律的修订主要是增加一章，关于私募基金，包括私募股权基金与私募证券基金的监管和规范的相关条款。所以这部法律的修订也是格外引起证券市场、广大投资人关注的重要法律，目前相关工作正在进行中。这部法律的修订也是请了两位专家，就是我和李曙光教授。

"企业股改第一人"的社会活动

记者： 好的，谢谢刘教授。另外，您除了参与国家立法活动，据我们了解您还参与了许多社会活动，可以谈一谈您参与社会活动的情况吗？

刘纪鹏： 我是参加了很多的社会活动，从事资本市场和国企改革，这是我主要的两个工作，我完整地经历了中国改革的历程。从最早的中国社会科学院，后来到中信国际研究所研究跨国公司，做副研究员，然后就是参与中国证券市场的设计，包括建沪深交易所，建北京的股票。在这期间，我最早地参与了相关的实践活动，后来又做了注册会计师和律师，相关资格证书我都有，但是没有经过考试，都是特批的。之后我又被聘为海南航空的首席经济学家，并且获得了高级经理的称号。

因为我比较喜欢做研究，所以后来到了首都经贸大学，并被评为教授，成为公司问题研究中心主任。然后才到中国政法大学做教授、博士生导师，并任资本研究中心主任。我在中国社会科学院工业经济研究所是研究企业改革的，我熟悉公司，所以我的研究方向就是公司，我参与了早期公司法的修订。以后我从1991年开始参加国家体改委《股份公司规范意见》《有限责任公司规范意见》这两部规章的起草工作，这两部规章比公司法还要早，主要是针对我国国情，并与国际规范相结合。这两部规章是由国家体改委组织起草的，与之相应的还有13个配套文件，关于股份制改造与税收的处理办法等共13个文件，这些立法实际上是非常重要的。之后我又参加了中国证券市场的设计工作，在中国证券市场设计研究中心，这期间就是我在中信国际研究所，主要是设计上市公司招股募股说明书的规范、标准格式的制定等，到现在做了250多家公司的股改、融资、上市等工作，以及他们的管理和经营发展战略等企业的咨询顾问工作。

除了这些，我还在天津、成都、南宁等城市做政府顾问，而且从1990年到1998年做了两届（即第七届、第八届）青联委员，主要是因为我在国家经济和改革中的贡献而做的青联委员。另外包括团中央下属的企业怎么规范发展，时任团中央书记的李克强也是找到我谈怎么做团中央下属企业的规划工作，我建议成立团中央的一个事务所，也就是方圆会计师事务所，以后团中央下属企业的一些上市工作我也在做。在参与中国资本市场的完善过程中，我也是提了很多重要意见，包括股改、创业板的提出，三板市场的建设，股市新文化的理论，很多意见都被有关的监管部门采纳。而且我还参与了国资委的六项课题，以及一些国资委的部门法规的起草修订工作，比如《国有控股上市公司股权管理办法》，我在其中发挥了重要作用。

记者：这个法律专家组主要的工作是什么？相关的立法工作都有什么？

刘纪鹏：主要是立法工作。当时由国家体改委和我国香港地区政府联合组织了内地企业到我国香港地区上市的一个活动，并且双方组建了这样的小组，一共组成两个组，一个法律组，一个会计组，我是法律组成员，专门针对内地企业到海外上市法律文件的起草和修改。

记者：当时咱们有没有帮助有关企业去我国香港地区上市？

刘纪鹏：那就多了，非常多，得有250多个，包括上海石化、马鞍山钢铁等。

记者：所以说，这些企业的上市也有您的助力。

刘纪鹏：我是其中一个，不是得益于我本人。对第一批国家选的重点到海外上市的九家内地企业进行改造，进行制度设计，我是其中的设计人之一。而至于其他，像国家电力公司、海尔集团、海南航空、万向钱潮等企业的上市，其中有些项目就是我直接主持的，起到非常重要的作用，例如像海尔集团，就是我主持做的方案。

另外 1998 年起，我做国家电力公司的顾问，对国家电力改革一系列的法律文件的修订，包括国家电力公司、中国电监会、国家能源局的一些重要的会议和文件，提供了重要的咨询意见。并且在国家五号文件对国家电力公司进行重组的过程中，担任主要制订其重组方案的角色，所以说我也参与了中国这种垄断行业的改革。

大学教授的改革三部曲与校庆寄语

记者：您个人认为在所有担任的工作中，您最感自豪的是哪一项？

刘纪鹏：当老师，当教授吧。我喜欢跟学生在一起，喜欢搞研究，把我所知道的东西传授给我的学生，理论跟实践结合、法律与经济结合、国情和规范结合，这是我讲课的三原则。有些媒体的报道里也专门写了我“40 岁教书，50 岁写书，60 岁种树”的人生理想，现在完成了前两个，写了两本书《路径选择》《大道无形》，第三本是《大船掉头》也很快就要出版了。《大道无形》是专门谈国企改革的，《路径选择》是写中国资本改革的，《大船掉头》是写电力改革的。

记者：书名都很有意境，构成了您的“三部曲”。

刘纪鹏：对，“刘纪鹏改革三部曲”，书的封面就是这样写的。

记者：刘教授，您参与了国家很多立法和修订工作，并且承担了很多社会工作，在咱们学校校庆的时刻，您对学者参与立法这件事有什么感触，或者说，您对学校的校庆有哪些寄语？

刘纪鹏：我觉得，中国政法大学应该是一个把对策性、应用性当作重要的方向和目标，能够为国家改革与发展、参与实践活动提供重要的人力资源基地，无论是教师直接参与国家立法的进程，还是培养的学生能够直接参与中国日新月异发展的改革与实践，对社会公平与正义、公平与效率的平衡，都应该对实践发挥重要的优秀人才库的作用。我之前参加国资委组织的一个中国企业国际化进程中对美国法律的诉讼，这是一个非常重大的案例场合，几乎集中了中国各个权威部门的权威专家，其中不仅有国资委，还有司法部、最高人民法院、外交部、学术界的重要专家，而在这支专家队伍中，来自法大的毕业生和专家教授的比例是最高的，占到了40%。

席　涛

监管好市场经济　尽力为漫长变革[*]

关键词：证券法、破产法、反垄断法

　　席涛，中国政法大学教授、博士生导师，中国政法大学法与经济研究中心主任，中国世界经济学会副秘书长、常务理事，中国民用航空局首席经济学家，深圳证券交易所博士后工作站兼职博士生导师。2007年6—7月，应欧盟委员会邀请访问欧盟委员会、欧盟议会、欧洲中央银行和德国弗莱堡大学，讨论欧盟立法的经济、社会和环境影响的指引文件。2009年4月，应澳大利亚与联合国人权委员会邀请，赴澳大利亚悉尼参加"经济发展过程中对弱势群体的法律保障"国际研讨会并做主题发言。2010年1—2月，应中国WTO常驻代表团邀请，赴瑞士达沃斯参加"世界经济论坛"，并作主题报告。2010年10月，应邀访问欧盟议会、经济合作与发展组织，出席欧盟议会、经济合作与发展组织监管改革国际会议。

经济立法的中国问题

　　记者：席老师，您好！据我们所知，您参加过很多次立法会议？

　　席涛：大的会议我参加，小的会议我不参加。我只是提出我自己的建议，学者的建议。我曾写作一篇文章《谁来监管美国的市场经济》，美国的市场经济在世界上横行霸道，蛮不讲理，100年发展，世界第一，但是问题是你不能拿你自

---

　　* 采访于2011年。

己的标准去要求别人，是不是？如何处理政府监管和市场之间的关系，在市场经济演进与发展的过程中始终占据突出的位置，也是中国面临的极其重要的问题。这篇文章回答了谁来监管美国的市场经济；以何种方式进行监管；如何监管监管者的问题。然而，市场与管制在一定时期内是相互协调发展的，经历了一段协调发展之后，动态的经济和静态的规章有可能发生冲突。一种有效的管制制度是市场与管制之间不断进行调整和改革的过程，从而解决和回应市场和管制中不断产生的摩擦和冲突。美国如何加强社会管制、降低管制成本及提高管制的效率？中国能从中得到什么启示以更有效地监管社会主义市场经济、降低管制成本？这是参与证券法、破产法、反垄断法等法律的立法工作前需要思考的问题。

记者：您参加了我国证券法、破产法、反垄断法等相关法律的制定、修改和讨论工作，您可以就一些细节谈一下吗？

席涛：证券法就是分业经营和混业经营的问题。

反垄断法立法的时候，我认为反垄断法最主要的问题是太弱、太落后，就是没有借鉴100多年来其他国家的相关经验和技术，或者研究方法，只有一些很原则性的规定。反垄断法是一部经济法，像市场集中等问题，我们没有量化标准。法学和经济学是非常有隔阂的，所以我们只能立这种原则性的法。现在我们的立法还在讲必要性，已不合时宜。

市场集中是什么？反垄断法对个人是什么影响？对企业是什么影响？因为价格高，企业一家独大，最后影响了消费者的利益。《反垄断法》第3条规定的垄断行为包括：一是经营者达成垄断协议；二是经营者滥用市场支配地位；三是具有或者可能具有排除、限制竞争效果的经营者集中。《反垄断法》的这条规定，建立了禁止垄断行为的三大支柱。这三大支柱，从理论与实践上看，涉及供给与需求、价格与产量、市场集中度、市场份额和营业额，这些都是具体的数量指标。一个经营者的市场份额占到市场份额的百分之多少，或者营业额占市场营业额的百分之多少，就具有垄断行为？各个产品、各个行业由于生产和消费的不同，是否以相同的市场份额或者营业额还是以不同的市场份额或者营业额，划分垄断行为的标准？这些指标的量化与规定，是反垄断法的基础。如果具有市场垄断的垄断者，利用垄断协议，滥用市场支配地位，设置障碍排除其他企业进入而限制了竞争，市场的直接反应就是市场供给和需求发生变化，引起价格波动，竞争秩序受到影响，价格在配置资源过程中发生扭曲，消费者利益受到损失，社会福利减少。

另一个缺乏量化标准的则是影响分析。影响分析涉及反垄断法规定的审查经营者集中的因素，包括经营者集中对市场进入和技术进步的影响、对消费者的影响、对产业结构的影响、对国民经济发展的影响等。经营者认为经营者集中并没有排除和限制竞争，就必须能够证明集中对竞争产生的有利影响明显大于不利影响，或者符合社会公共利益。这些规定，如果没有相关市场数据支持、没有市场细分下的市场份额标准、没有依据这些数据建立的经济模型分析标准得出有关垄断市场份额、市场集中度的数据，那么又如何能够证明集中对竞争产生的有利影响明显大于不利影响呢？

还有就是 2003 年商业银行法的修改。我认为最重要的就是风险，但是我们又不懂这个。当时是修改中国人民银行法和商业银行法，其中有关监管的内容抽出来，纳入银监法，因为银监会要成立了嘛！

记者：那您关于风险的意见被采纳了吗？

席涛：并不是我关于风险的意见是否被立法者采纳的问题，这里我想谈谈"风险"始终不被法学接受的问题。银行业中最重要的就是风险，对商业银行，就是信用风险、市场风险、操作风险，对中央银行，就是系统性风险。什么时候风险进入了法学的教材呢？我们什么时候讲过风险呢？风险有很多种，经济学是非常强调风险的，从不确定性到风险。但是谈这个都没有用，我们根本就不知道怎么量化。所以，银监法就非常原则性，之后我们也没有出台行政法规。到现在银监会连规章也只是指引，我们只能慢慢地把它完善。2005 年开始，市场风险，信用风险，操作性风险，流动性风险，陆续建立起来，但是都是以红头文件的形式，而不是法规，我把它叫做"一法四配套"。我曾发表了一篇文章《我们所知道的法律和不知道的法律》，引用率是非常高的，被中国法学网转载。

记者：在您参与的这么多立法中，你可以谈谈令您印象最为深刻的一部吗？

席涛：《企业破产法》一审上会后，银行担保债权和职工劳动债权在破产清算顺序中哪个优先偿还，成为社会关注和理论激辩的焦点。

第一种意见认为，企业破产法是保护银行有担保债权的最后一道防线，银行有担保债权应优先偿还。如果是职工劳动债权优先于有担保债权的清偿顺序，这种制度将会使担保债权落空，动摇担保制度的基础，危害市场经济的交易安全，也会使困难企业更难得到贷款。职工劳动债权应由社会保障法、劳动法调整和社会保障体制解决。这种意见主要以金融业从业者和部分学者为主。

第二种意见认为，职工劳动债权应优先于银行担保债权受偿。劳动债权，是指因为企业拖欠职工工资、劳动保险费，因企业破产解除劳动合同而应支付给职工的补偿金等所发生的职工享有的对企业的请求支付的权利。职工劳动债权是最基本的生命权、生存权，劳动所得应该受法律保护。劳动债权优先受偿不会动摇担保制度，企业破产受损害最大的是破产企业的职工。职工工资、社会保险费被拖欠，严重的已经影响了社会稳定，企业可以破产但不应该让职工破产。这种意见主要以中央政策研究部门、劳动社会保障部、全国总工会和社会舆论为主。

第三种意见，有人将它称作折中说。在企业破产法中，劳动债权原则上只能作为一般优先权，而不能优先于担保物权实现。当然，如果确实考虑到我国正处于社会转型期，从维护社会稳定考虑，需要各方面共同分担社会过渡时期的改革成本，那么也要对优先于担保物权的劳动债权的种类、期限加以严格限制。我们认为，对优先于担保物权的劳动债权只能限于一定时期内工人的平均工资债权。

清偿顺序的实质是，既要尊重《企业破产法》的立法宗旨，也要从国情出发，平衡债权人利益关系，使各方债权人利益得到适当保护。问题是，到 2004 年《企业破产法》审议前，我国到底有多少破产企业？关联多少企业职工？需要偿还多少劳动债权和银行担保债权？国家财政是否有这些政策性破产的财政安排？或者是中央财政与地方财政各负责其资产所有的破产企业的职工债权？《企业破产法》既是市场经济中优胜劣汰的企业退出的制度设计，也是职工失业丢饭碗的制度安排。我认为，从破产法对经济、社会影响的分析来看，中国制定《企业破产法》需要讨论以下问题。

第一，破产法在西方市场经济国家是一个自然发展的历史过程，对我们来说却是一步跨越几百年。我们建设社会主义只有 70 多年的历史，改革开放只有 40 年的实践，从 1992 年中央确立建设社会主义市场经济到 2004 年只有短短的 12 年，从 2002 年十六大宣布建立了初步的市场经济至今，我们仍处在进一步完善市场经济的建设中。在这样一种体制转型过程中，我国制定《企业破产法》，遇到西方市场经济国家破产法理论和实践中从未听说过的概念、从未讨论过的问题和从未处理过的困难，是一种前所未有的探索和实践。成熟市场经济国家的企业破产法，只能起到参考、借鉴的作用，切不可照抄照搬。

第二，西方市场经济国家的破产法，没有中国企业破产法所要处理的如国有企业改革、工资拖欠、改制下岗等问题。同时，西方市场经济国家已经建立了比较完善的社会保障体系，社会保障支出占财政支出的比例，美国大约 33%，西欧大约 40%，北欧大约 60%。中国还未制定社会保障法，社会保障体系不完善，覆盖面非常有限，面临破产的企业拖欠职工工资却形成常态。

第三，中国制定企业破产法，不仅要考虑企业破产法的法理基础，也要兼顾中国社会转型时期的政治成本、经济成本、心理承受成本与收入分配问题。从 2004 年一审到 2006 年通过《企业破产法》，在两年的时间内，各方不断交换意见、推出公司治理指引、实施再就业工程、提高财政积累、完善社会保障体制、清偿拖欠的职工工资等，为《企业破产法》出台铺平道路。同时，选择了《企业破产法》出台的最好时机。我国宏观经济处于高位较快增长期，GDP 年均增长率 10% 以上，财政收入年均增长 22% 以上，社会保障制度不断完善，就业机会增多，实施《企业破产法》的时机较为成熟。时隔两年，各方意见基本达成一致，采取新老划断的折中办法，确立了破产清偿顺序制度，即《企业破产法》公布之前形成的职工工资拖欠，必须优先清偿给职工，即使设定了担保权的财产也要随后清偿。因为这是历史遗留的问题，历史欠账是一个定量，其优先于银行担保债权清偿，可能带来的社会风险基本上是可预期、可控制的。《企业破产法》公布后形成的拖欠职工劳动债权，则是银行担保债权优先清偿，职工劳动债权只能通过无担保的财产清偿，通过劳动法和社会保障制度建设，维护劳动者权益。

第四，重大制度设计安排缺少实施机制，已经试点和实践的相关经验教训未能为设立法律制度提供理论支撑与实践支持，金融法中遇到具体制度设计和操作性规范，以"国家另有规定的除外"条款而委托、授权。

记者：那么最后的结果呢？

席涛：最后就是折中了。新人新办法，老人老办法。以前的都是劳动债权优先，以后的按照正规的破产法来，银行担保债权优先。

注重立法的成本效益分析

记者：您准备在中国推广有关立法的成本效益分析的研究吗？

席涛：对。这些在我那篇文章《我们所知道的法律和不知道的法律》里面讲了，这是一篇国际会议的发言稿。这篇论文，主要从几部法律制度设计的争论提出问题，中国框架式立法，普遍缺少对经济、社会和环境的影响评估及法律法规的成本和效益分析，形成了"一法四配套"的法律特征。它削弱了法律的权威性和强制作用，强化了行政主导和自由裁量权。事实上，法律中的公正和公平、权利和义务，受制于成本与效益；经济中的增长与就业、价格与财政，都需要法律规制。应当强调实施立法前和立法后的法律法规对经济、社会、政府、企业和个人的影响评估，注重分析法律法规的成本和效益，提高法律的技术性和可操作性，用法律保障中国经济社会的安全和稳定。

记者： 刚才看见一个您参加的有关国务院行政法规立法后评估的文件，您怎么理解这个问题？

席涛： 现在全国人大和国务院正在搞试点，但是我是有不同意见的。主要是因为现在它还在评估合法性、合理性、协调性、必要性，我认为最应该评估法律实施之后对经济、社会和环境的影响，主要看它的绩效。我国在立法、修法和废法的议程中，缺少法律对经济、社会和环境的影响分析的背景文件，也就没有客观的定性、定量基础上的法律条款的判断标准。因此，全国人大常委会立法审议过程中，有时很难达成一致，或者审议通过而变成一部原则性、授权性的法律。如审议《企业破产法》时，2004年6月和10月分别进行了一审和二审，委员们对劳动债权和银行担保债权的清偿顺序争议较大。但选择劳动债权或银行担保债权孰为优先偿还的清偿顺序，并没客观深入地评估劳动债权和银行担保债权的具体数据，也没有评估对经济、社会的影响，一直在定性问题上争论。直到2006年8月提交三审，时隔两年。

再如2005年10月通过的《证券法》，在分业经营与综合经营的金融体制选择时，并没有深入论证如果选择了综合经营的体制，如何建立金融业综合经营之间风险隔离的防火墙，如何建立金融业综合经营体制下的协调机制。由于论证的不充分，最后通过的《证券法》仍然坚持了分业经营、分业监管的金融体制，但为了适应金融业发展的新情况、新问题，它为发展综合经营预留了空间，授权性条款40多处，削弱了法律本身的威严和强制性。因此，要完善社会主义市场经济的法律体制，提高立法的质量，加强法律的量化性条款和可操作性，关键是要对制定法律时的制度环境和经济环境有深刻的分析和论证，把握法律出台的条件和时机。条件和时机，客观地讲，就是经济社会环境，就是这个环境中的政府、企业、个人和其他组织，他们对法律的认知、接受和遵守程度，决定了法律的成败。从这个意义上说，提交立法草案的同时，如果能够一并提供一个该法对经济、社会和环境影响分析的背景报告，并且使之程序化和制度化，将有助于提高我国的立法质量，建设以人为本的和谐社会。

记者： 您认为这样的分析是不是应该进一步推广？

席涛： 现在就在做。全国人大做了两次评估，16个省也在搞试点。国务院法制办也已经开始了监管影响分析和评估方面的试点工作，这需要一个实践过程，需要一定的经验积累，需要培养专业人才。同时，我们应该梳理我们的法律、行政法规和规章，保持法律、行政法规和规章之间的一致性、协调性和前瞻性。更重要的是，一定要把握法律法规的立项、制定、修改、废止的条件和时机，加强论证、分析和评估，使每一部法律法规，切实发挥保障中国稳定和发展的制度功能。我一直都在参与，正在准备写一个大文章。

我曾经建议在条件成熟时，修改《行政法规制定程序条例》和《规章制定程序条例》中的有关条款，建立提议、制定、事后评估行政法规和规章的评估分析制度。这一点对提高行政法规和规章的客观性、公正性、透明度、信息量、公众参与度，改进行政法规和规章的质量，提高监管的效率，是极为重要的。

2001 年《行政法规制定程序条例》第 17 条规定，起草部门将行政法规送审稿报送国务院审查时，应当一并报送行政法规送审稿的说明和有关材料。行政法规送审稿的说明应当对立法的必要性，主要思路，确立的主要制度，征求有关机关、组织和公民意见的情况，各方面对送审稿主要问题的不同意见及其协调处理情况，拟设定、取消或者调整行政许可、行政强制的情况等作出说明。有关材料主要包括所规范领域的实际情况和相关数据、实践中存在的主要问题、国内外的有关立法资料、调研报告、考察报告等。2001 年《规章制定程序条例》第 17 条第 3 款规定，规章送审稿的说明应当对制定规章的必要性、规定的主要措施、有关方面的意见及其协调处理情况等作出说明。

上述无论是行政法规制定规定，还是规章制定规定，同送审稿一并报送的只是说明，说明中都没有规定制定行政法规和规章的经济、社会和环境影响评估分析，没有成本效益评估、成本有效性分析和评估。建议在国务院现在进行试点的基础上，如果条件和时机成熟，则要修改这两个规定，增补有关对经济、社会和环境影响的评估分析、成本效益评估分析、定量分析的规定，提高立法质量。立法需要支付成本，更要产生效益，增进公共福利。因此，法律法规产生的效益能够证明为其支付成本的正当性，这既是制定行政法规和规章的必要前提，也是行政法规和规章生效后成本效益评估绩效的衡量标准，更是法律法规制度安排的重要原则。

我们现在无论是监管机构，还是有监管权力的其他部门，可能都没有立法成本、立法效益这样的评估体系和核算指标。政府部门、专家学者、新闻媒体在评论政府职能转型和建设服务型政府时，多用"大政府、小政府""政府不到位、政府越位、政府错位"等较为模糊的定性概念，较少从立法的程序、工具、方法上进行分析。因此，应当建立提议、制定、事后评估行政法规和规章的评估分析制度，促使行政法规和规章在制定时，能够对要建立的制度和解决的问题有深入的调查、透彻的把握、深刻的分析，促使评估行政法规和规章时，能够对经济、社会、环境的影响进行客观的评估，量化成本和效益，不能量化的使用成本有效性分析，提高立法质量，扩大社会福利。

国际学术会议的参与和启发

记者：您多次赴外参加学术会议，例如，1993 年参加在美国芝加哥大学举办的经济学理论研讨会，2002 年在美国宾夕法尼亚大学参加市场经济与政府管制国际会议，2004 年在美国哈佛大学和芝加哥大学就美国管制问题进行学术交流。您曾受邀访问欧盟委员会并参加经济合作与发展组织监管改革国际会议，此次学术访问提升了法大及法与经济研究中心在欧盟以及经济合作与发展组织的影响力，您可以谈谈这次学术访问，主要做了什么吗？

席涛：我是参加了很多次国家会议，但我不想谈我自己的国际化，就说说我们法与经济研究中心。我们中心十个老师，九个是博士，八个有海外留学或者访学经历，三个取得了海外的博士学位，都是法和经济学的博士。我们的博士一直都是国际互换，我们的学生都是看国外学报的文章，例如美国前六位大学的学报，欧洲的我们选择前三位的大学学报。

记者：您参与了这么多国际会议，给您印象最深的是什么呢？

席涛：印象最深的就是别国的立法是要进行评估的。例如，在立法之前都会有立法建议，那么你就要证明这个立法建议的成本收益上的正当性，必须证明它对社会经济环境的影响，只有证明了这个正当性，才可能立法。我们已经系统研究了美国、欧盟、经济合作与发展组织关于对经济、社会和环境影响的评估、成本效益评估和衡量标准的立法制度、法律文件；2004—2007 年六次与美国立法机构和欧盟委员会共同讨论立法成本效益评估机制和模型；发表了有关立法成本效益评估分析方面的研究论文、研究报告、法律译文 80 多篇；先后参与了全国人大常委会、国务院法制办、国务院部委、地方人大和政府大量的法律法规的起草、论证、讨论和修改工作。目前，我们正在研究国务院部委、地方省市试点立法后评估成本效益的报告，在总结试点的基础上，已经初步建立了中国立法对经济、社会和环境影响评估分析、立法成本效益评估分析的指标体系。

学者的可为与不可为

记者：您除了任中国政法大学法与经济研究中心主任，还兼任中国世界经济学会副秘书长、常务理事，中国民用航空局首席经济学家等职，对于这些职务，您主要是从事什么工作呢？

席涛：这些东西就不需要提了，有些是不必要的东西。我主要就是做立法的工作，主要是讲法对社会、经济、环境的影响。当时围绕证券法，我写了一篇文章，《复杂的市场　细致的变法　漫长的改革——美国 66 年金融体制演变的启迪》（《国际经济评论》2005 年第 5 期），这个报告是中国人民银行金融研究所委托的课题，提供给证券法修改小组的背景报告。美国经历了三次经济危机，逐渐由分业经营迈向混业经营，这 66 年间，无论世界如何改变，美国始终没有走向混合经营，一直到 1999 年通过了《美国金融服务现代化法》，该法废除了 1933 年美国银行法，2002 年第一天开始生效，标志着美国开始由分业经营迈向混业经营。在美国这一法规相对完善的市场经济国家，为什么改革分业经营转向综合经营的金融体制需要长达 66 年的历史演变？进一步说，需要具备和完善哪些价值理念、市场条件、金融工具、制度环境，才能实行混合经营？2002 年开始改革，但是仅仅过了 6 年，2007 年就爆发了金融危机。所以美国就通过了《华尔街改革与消费者保护法案》，加强金融监管。这是我们需要探讨的问题。所以，我就建议中国不适宜实行混业经营，因为我们没有一系列的制度保证。我的这个建议，最后立法时也被采纳了。

我们的证券法、反垄断法等，大多只有六七千字，最多也就一万两三千字。所以遇到什么事就到了国务院，由国务院制定规章决定。为什么呢？因为我们的法学者们大多不专门学经济学、财政学，那么遇到问题，就没有办法了，只好去找国务院制定规章。遇到这次这么大的经济危机，我查遍了《中国法学》《法学研究》，我们的《政法论坛》，几乎找不到讨论经济危机的文章。为什么呢？因为我们的法学家大多不懂经济学。

记者：您对学者参与立法怎么看？您对以后学者参与立法有什么期待？

席涛：我觉得学者参与立法很正常，而且任何法律都需要理论基础，需要理论支撑着我们的法律。但是我们的理论必须是实证的，我们得有数据，得有分析，重要的是要研究法律对经济、社会、环境的影响，对经济来说，包括经济增长、就业、财政等，对社会主要是公平公正。公平公正要量化分解，比如说《劳动合同法》第 14 条，关于无固定期限劳动合同，这个争论很大。有人主张以契约看待，但是我们的数据和分析在哪里？这是一个很大的问题。

光说公正不行，我们得以数据来说话，要对正义进行量化。我们就要分析这个法对经济、社会、环境怎么影响？劳动合同法实施了，可能短暂会对企业发展造成影响，但是长期来说，有利于工人的收入、购买力的增长，而且稳定，生存权、发展权能到保障，这就是公正啊！所以说，学者参与立法啊，一定要拿出理论根据，你才可以说话！这是学者参与立法需要注意的。

另一方面，也千万不要夸大学者的作用。学者只可能提出一些理论和观点，立法的权力主要还是在立法机关。要辩证地来看待学者参与立法这个现象，既不能抹杀也不能夸大其作用。

王灿发

点滴汇环保立法　群力策公益诉讼[*]

关键词：环保立法

王灿发，中国政法大学教授，博士生导师，民商经济法学院环境资源法研究所所长，环境资源法研究和服务中心主任，学术委员会委员，民商经济法学院学术委员会委员。参加了近 15 年来中国大多数环境法律、法规的起草。从 1994 年起在《中国环境报》主持"律师信箱"，回答有关环境法的疑难问题 200 多个。个人独著和与他人合作完成环境法的著作 40 多部，发表环境法论文 70 余篇。2005 年 11 月被全国人大环境与资源保护委员会、全国政协人口环境资源委员会、文化部、国家环境保护总局、共青团中央、联合国环境规划署授予"2005 绿色中国年度人物奖"。

环保立法的艰难历程

记者：王老师，请您简要介绍曾参与的国家立法。

王灿发：我曾直接参与一些国家立法，也曾参加过那种审查、提意见的立法活动。1988 年我从北京大学毕业后来到法大，1989 年就开始参与国家立法的起草，比方说《固体废物污染环境防治法》。当时这个法的起草已经进行好几年了，但是没有太大的突破，一直都通不过。当时我还很年轻，二十多岁，没什么

＊ 采访于 2011 年。

影响，人家发给我这个文本的时候，我就提了很多很多的意见，一个是从框架结构上，应该是什么，然后从内容上，哪些该规定的没规定，该写的没写，哪些不该写的写上了，然后又从语言的规范性上提了意见。第一次参加草案的讨论，光我自己就讲了一个多小时，所以很快就引起了环保部门的重视，觉得这个人还是有研究的。后来这个法就转到我手里，我起草了两三稿，但这个法最后通过得很慢，到1995年才最后通过。在该法的起草过程中，当时的国家环境保护总局就委托我起草这个法的实施细则，起草了好多稿，但是最后这个实施细则因为环保部门的原因没有通过。我认为，特别是年轻的教师，你有一次机会的时候，你必须抓住，人家给你一个东西，你不能糊弄着来做，而且还要做得很认真，第一次就争取得到认可。

从那以后我就做得越来越多，因为环保部门还有别的立法。到后来又起草自然资源保护法和自然保护法，对这两个法各个部门争议特别大，但是环保部门都给我立过项。再往后就是1994年开始起草《建设项目环境保护条例》，这个当时只有《建设项目环境保护办法》这样一个规章，要改成由国务院通过的一个行政法规。国家环境保护总局当时有一个司长，他整天跟我讨论来写这个，一下讨论了一年多，从一开始起草稿子，到最后这个条例在1998年通过。

在这个过程当中，我又参与了海洋环境保护法的修订。海洋环境保护法是当时全国人大环境与资源保护委员会让提供两个修改版本，由当时国家环境保护总局提供一个版本，再由当时国家海洋局提供一个版本，结果国家海洋局就委托我给他们拿出一个版本来。开始的时候一些海洋局系统的人讲这个原来的海洋环境保护法对环境保护很有成效。我便指出，要想修改的这个法律有用，就得指出这个立法哪里有问题，要不然根本就不可能做很大的改动。后来当时国家海洋局负责起草的司长就说要按照我的思路来做。他们还做了一个光盘送给国务院，指出中国的环境污染比较厉害，甚至有的都成为海底沙漠，就是在海底一点生物都没有了，结果引起国务院的重视。所以他们一看我讲得有一定道理，有两稿就直接交给我和中国社会科学院的马老师，我们专门进行起草，然后2000年就通过了一个新的海洋环境保护法。

《大气污染防治法》是1995年修改，1995年通过的，我也参与过。《水污染防治法》的第一次修改我也参与过，但不是我们发挥主要作用的。《清洁生产促进法》，还有《环境影响评价法》，特别是《清洁生产促进法》是我们几个专家每个人写一章，然后全国人大起草。《环境影响评价法》也是我们一开始的时候就参与讨论，甚至稿子都一点一点改。

在我参与立法的工作中，参与了很多年的一个立法叫《转基因生活安全法》，是从 1999 年就开始做，直到 2006 年、2007 年，这个法最终没有通过。开始想制定《转基因生活安全管理条例》，但是农业部后来通过了《农业转基因生活安全管理条例》，就不制定了，然后转而起草《转基因生活安全法》。这期间我参与了很久，而且带出了一个博士生，有一个现在在我们学校作副教授的，他就一直跟着做这个法律，最后以这个转基因生活安全立法演进为题目写了博士论文，而且这个论文成为教育部的百篇优秀博士论文之一，至今咱们学校只有两篇这样的论文。

除此之外，我还参与了《水污染防治法》的第二次修订。该法第二次修订一开始就是直接由我们来主持起草，于 2008 年通过的。这里面更多地直接反映了新时期环境保护的要求，比如说，政府怎么对环境质量负责，还有对生态补偿，还有对饮用水源的特殊保护，特别是对污染受害者，对弱势群体造成污染的民事条款，等等。然后是《固体废物污染环境防治法》的修改，《固体废物污染环境防治法》是 1995 年通过的，到后来 2004 年修改，我们也是提出了很多的意见，而且由于我们曾经建议制定一个环境损害赔偿法，但这个法一时制定不了，结果在《固体废物污染环境防治法》的修改过程当中我们就召开了一个环境损害赔偿的国际研讨会，就让全国人大环境与资源保护委员会、全国人大常委会法工委、最高人民法院、国务院法制办，还有国家环保局的人都参加我们这个会，最后我们的意见得到了采纳。第一次在环保法里面规定了被告举证制，规定了对污染受害者提供法律援助，规定了环境监测机构可接受受害者的委托，如实提供检测报告。这些都是根据我们学者的建议来写上的，而且很多都是结合我们在帮助环境污染受害者的实践中所碰到的问题而反映到法律中的。

还有一个就是《消耗臭氧层物质管理条例》，即防止臭氧层被破坏的立法，这个立法也是从项目立项开始就由我们来做，到最后这个条例通过，从 2004 年到 2010 年，起草了五六年。实际上这个条例在环境立法中也作了很多的突破，比如某些处罚可以上不封顶，比如赋予环保部门可以查封扣押设备的权力，这些都是在环保法中第一次规定的。现在我们又在起草这个条例的实施办法。然后像《消耗臭氧层物质进出口管理办法》也由我们来直接起草和讨论。

还有参与起草的立法就是《畜禽养殖污染防治条例》。这个也是最初由我来直接起草，最近两年因为我太忙了，就转给杨淑娟老师来负责，但是这个条例还没有通过。另外我们起草的还有自然保护区法，自然保护区法当时要让环保部门、林业部门各拿一个完整的稿子，然后还有其他部门分章拿，环保部门要向全国人大环境与资源保护委员会交的稿子就是由我来起草的。但是合到全国人大环境与资源保护委员会以后，又变成自然保护立法，现在又变成自然遗产法，但这个法目前还没有通过。还有没被通过的由我们起草的立法是化学物质污染环境防治法，那个也是起草了好几年，但是由于各个部门意见不统一，所以这个法律就老通不过。还有一个是野生动物遗传资源管理条例，这个条例也是起草了两三年，但最后也是由于各个部门争议比较大，所以也就停止了。但是我们都起草过。另外还起草一些规章，比如像环境行政复议办法、限期治理办法，还有环境保护违法违纪处分暂行规定，等等。

记者： 王老师，听说您现在正在做应对大气层污染防治法？

王灿发： 对。目前我们接受了最高人民法院的委托，起草环境侵权责任法律适用的司法解释，侵权责任里有专门一章是环境侵权责任，这里要做一个司法解释，我们正在起草。另外，我们又接受国家发改委委托，起草应对气候变化法，这个我们要做好几年，至少可能要做三年，这是国家很重要的一个立法。还有一个循环经济促进法也是国家发改委委托我们做的。

记者： 在您参加的诸多立法之中，哪部立法让您印象特别深刻？

王灿发： 印象特别深刻、发挥作用特别大的是两个条例，一个是《消耗臭氧层物质管理条例》，再一个就是《建设项目环境保护管理条例》。这两个条例，因为是环保部门全权委托我们来做，来起草，然后这样就能更多地规定一些我们感兴趣的东西，当然送上去之后还需层层征求意见。但是在《消耗臭氧层物质管理条例》中有好多个突破。例如，这个条例第一次规定了举报奖励措施，谁要举报违法的可以给予奖励，这是在环保立法中第一次规定。再有一个就是规定了定额和定倍处罚，原来的规定都是谁要违法，处几千元以上、几万元以下的罚款，而这个立法直接规定给予违法所得几倍的罚款，不能说三倍以下的罚款，就说三倍罚款，你罚多了是违法的，罚少了也是违法的。还有一个就是环保部门直接强制执行的手段，原来环保部门都不能拆除违法的设施设备，这次就规定环保部门可以直接没收用于生产消耗臭氧层物质的生产原料、违法所得，可以直接拆除用于违法生产消耗臭氧层物质的设备和设施。这些都是原来的环保法里面不规定的，还规定了环保部门具有扣押查封违法生产、销售、使用、进出口消耗臭氧层物质及其生产设备、设施、原料和产品的权力，这在原来的环保法里也没有规定。

再一个感触比较深的就是水污染防治法，当时我们学者起草的稿子里头都规定了公益诉讼，但是送到国务院后还是被删掉了，但是到了全国人大，经过我们提意见，还是增加了很多有利于污染受害者的条款，这些我都觉得感触很深。

公益诉讼的法律启示

记者：您一直在进行公益诉讼，这些经历对您的立法活动有何影响？

王灿发：这个主要是我们平时的活动。我们建立了一个环境污染受害者帮助中心，支持了 200 多起环境诉讼，在这个过程当中，积累了丰富的经验，每当有立法的时候，或者要发生什么事的时候，我都会拿具体的例子来说服他们。比如像《水污染防治法》有一个规定，污染损害是由第三人造成的，现在规定是由排污者赔偿后，向第三者追偿，有的人说，这样对企业课以了太重的责任，因为好多时候找不到第三人，他就没法追偿了。我就坚持，说一定要让排污者先承担责任。我举个例子，在江苏，有一个化工厂，停产了，然后把他们的原料放在后面的院墙的角落里，搭个小棚子。但是周围有的农民隔着墙，看到他那里有塑料桶，想用那个塑料桶，就进去偷了，化工原料他没用，就把它倒在池塘（养鱼的小池子），一下就把鱼全毒死了，一化验，肯定是化工厂的原料造成的。在这种情况下，抓不着小偷，由谁来承担责任？如果工厂不承担责任，就要由养鱼的人来承担责任。人家在那养鱼又没有妨碍谁，凭什么要让人家承担这个不利的后果？肯定是应该要由化工厂来承担责任，因为最起码你没有尽到注意义务，你为什么没把这个原料看好？还有一些像石油公司，他们的石油管道经过人家的土地，或者经过河流。然后有人转眼把石油偷走了，然后塞不上啊，油流出来了，污染土地，污染河流，小偷跑了，由谁来承担责任啊？肯定是由石油公司来承担责任。所以我跟他们举了大量的例子，最后说服全国人大常委会法工委接受我的意见，规定由排污者向受害者赔偿后，向第三人追偿，但是很多时候像这样的第三人根本就找不到，找到了也赔不起。去偷油的、偷塑料桶的小偷，有几个有钱的啊！所以在这种情况下，你的天平站在哪里，你是维护谁的利益呢？我是坚定地站在弱势的一方。

记者：是什么信念让您一直坚持做公益诉讼？

王灿发：一种追求吧。法律的本质应该是公正、公平。我们作为法律人，这应该是最大的价值观，最重要的价值观。如果没有这个价值观的话，搞法律，我觉得就没有什么意思了。所以在这个情况下，有一个明确的目标，对公平正义的追求，再贯彻到自己的行动上，而不是停留在嘴上，那可能就能把这个事情坚持下去。再一个可能就是从小所受的教育，或者家庭背景的影响。

法律学人：追求理想，脚踏实地

记者： 作为一个学法之人，您认为最大的理想应该是什么？

王灿发： 实际上，每个人都能从不同的角度，在不同的岗位上来对这个社会发挥作用。比方说，我是学者，我可以尽我的能力，积极参与各个部门的立法，我可以把我的观点带到立法里面去；我能够筹集一些基金，建立一个中心来帮助这些受害者。我现在还建立了一个北京环助律师事务所，也在帮助老百姓打官司，这个律师事务所也是直接服务于我们中心的一个律师事务所。在这种情况下，你有这个能力你就可以做，但是必须坚持原则。我们每个人都可以为法治的发展作出一定的贡献。

记者： 王老师，请您谈谈对年轻法律人的期望和建议。

王灿发： 我觉得呢，年轻的法律人首先是要有对公平正义理念的追求，要有把我们国家建设成法治国家的这样一种追求。不要说我是一个学生，我在这个世界上的作用是微乎其微的，我为什么要有这么大的重任，这么大的包袱？我觉得应该有这样的包袱，你做事才有动力，才有方向，这是一点。

再有一个就是应该脚踏实地，就是要一步一步地做起，包括在自己的生活当中，比如说，在任何情况下都不要弄虚作假。这也是法律人的一种追求。此外，要不断地丰富自己的知识，只有有了知识有了能力，你才能为这个世界做贡献。就我们国家来讲，真正有本事有能力的人是压不住的。所以要不断地丰富自己，要使自己真正有本事、有能力。

记者： 王老师，是不是还要善于抓住机会呢？

王灿发： 对，这是对待工作的一个态度。我开会经常注意到，人家开会征求意见，召集十多个人去，有的人说两句就没什么可说的了，他根本没有仔细看法律文本。我每次拿到一个法律文本，都要看，首先要看整体上、框架上有什么问题，然后内容上有什么问题，再看具体条文的文字的应用，从大到小，都能给人家提出一套来，这样人家就不得不重视你。要真能发现出问题才有用，人家才会重视你。

记者： 您当时是怎么选择环境法这个领域的？

王灿发： 当时也是一个偶然吧。我当时从吉林大学毕业，分到厦门大学去教书，第二年就到北京大学进修，进修的时候正好赶上有个老师开环境法的课，我就去听，我一听就非常契合我的观念，即环境法要为全人类的利益服务，要为人类的子孙后代来服务。再一个那位老师讲得也比较好。所以我就确定了要搞环境法。我给厦门大学我们的系主任写信，问回去能不能开环境法，他说可以，我就一边听课，一边进修，一边写讲稿。1984 年回去以后就开了一门环境法，结果一开学生就挺爱听，然后就感觉到自己特成功，在那里讲了两届，后来我就又考研究生，就考到北京大学去了，从那以后就一直研究环境法了。实际上，当外在的条件跟内心的追求相一致，这样就容易达成一个默契，然后选择了一种职业。其实可能既是偶然的，也是必然的。

王传丽

积极为外贸通衢 始终与入世同行*

关键词：外贸法、三资企业法、WTO

王传丽，中国政法大学国际法学院教授，博士生导师，原为中国政法大学国际经济法系主任，国际法学院院长。中国国际经济法学会常务理事，中国国际法学会常务理事，中国法学会世界贸易组织法研究会常务理事，深圳市人民政府WTO法律专家咨询委员会委员，北京市人民政府专家顾问，北京国际法学会副会长，北京市法学会理事，中国太平洋学会法学专业委员会副主任委员，全国高等教育自学考试指导委员会法学类专业委员会委员，中华全国律师函授中心教学委员会委员，中国国际经济贸易仲裁委员会仲裁员。北京市优秀教师（1995年）、全国优秀教师（1995年）、全国司法系统英雄模范（1996年）、中国共产党第十五次全国代表大会代表（1997年）。

20世纪80年代外贸法和三资企业法的制定

记者：王教授，您好，感谢您于百忙之中抽空接受我们的采访，我们采访的主要目的是想进一步了解您在参与国家立法和社会活动中的具体情况。在1983年和1984年您曾经参与过我国外贸法和三资企业法的制定，您能否具体谈一谈您在这些法律制定中所扮演的角色及贡献？

---

* 采访于2011年。

王传丽：我当时是这两部法律的起草小组的成员。我觉得我个人在起草小组中也没有什么特殊的贡献。在起草小组中，大家是一起翻译资料，出去搞调研，另外要召开专家论证会，这里面很多事情都不是我一个人干的，很难说哪一点贡献是属于自己的。

记者：当时在立法中有没有什么激烈的冲突？

王传丽：外贸法主要涉及其到底是一部什么样的法的问题。有的说要像美国商法典那样是一个统一的法律，有的则建议说制定像南斯拉夫外贸法这类的，后来大家达成共识是制定一部政府管理的、行政法规之类的法律。就是把原来的商法部分和政府贸易管理部分，两个捏到一起，制定一部大的国际贸易法典。不过最终大家还是觉得有很多条件还是不成熟的，因为当时刚刚改革开放，关于商法那一部分，外贸交易那一部分，是用涉外经济合同法来解决。这样的问题都按照一个一个的部门法来解决，也就没有制定这样一个统一的法典。实际上你看我们现在的外贸管理法，其实就是一部政府管理贸易的行政法规性质的法律。

三资企业法则完全是一个实践的产物，用于吸引外资。最早是广州那个合资宾馆——白天鹅宾馆，另外像是山西的安太堡煤矿，等等。很多情况都不是先有了法律之后才出现，而是先有合资合作的这种实践。当时主要是以合同谈判中的问题、框架结构等实践为基础，制定了三资企业法、中外经营合作企业法，后来还有一个独资企业法，都是单独的，以合资、合作、外商独资为基础。这些都是在改革开放之中，先有实践，然后按照实践形成了立法，当然不能说它们是很完整、很完美的，但它们的确在吸引外资方面发挥了很重要的作用。

说到外贸，当时我们长期以来没有外贸、没有规则，之前都是在计划经济下，主要跟社会主义国家打交道，那时候有《交货共同条件》。但改革开放后，除了社会主义国家外，大量地增加了欧美、日韩等国家或地区。而《交货共同条件》主要是针对社会主义国家计划经济体制下的合作，其并不能适应改革开放，因此情况变得复杂起来。所以说我们国家的涉外经济立法，特别是外资外贸立法，则是与改革开放的需要相关的，而且那种需要不是一般的需要，而是每天、每时每刻都感觉到立法的不足，每天发生的事情都急切需要这部立法，不光是中国需要，而且外商在跟中国打交道时，他也迫切需要知道，中国人是如何想的，我们的规则是什么。这种迫切性是20世纪80年代从事外资外贸的人们深有体会的。

20 世纪 90 年代以来的入世立法

记者： 在 2003 年左右，您又参与了外贸法修改的工作，请您谈一谈具体情况。

王传丽： 到了 20 世纪 90 年代的时候，改革开放的形势与 20 世纪 70 年代又有很大不同，尤其是中国要准备参加乌拉圭回合谈判，提出要恢复关贸总协定的地位。而且我们是最早的，在 1947 年 23 个缔约国的时候谈判，那时还是中华民国，中国就是它的缔约方，而且是原始缔约方，后来 1949 年中华人民共和国成立，就跟关贸总协定基本上没有什么联系，所以当时就提出来要恢复在关贸总协定中的地位，那是 1986 年的事情了。后来随着关贸总协定的发展，要进行乌拉圭回合谈判的时候，就要成立一个国际贸易组织，即 1995 年成立的世界贸易组织，这样的话，我们恢复关贸总协定的工作就变成了进入乌拉圭回合谈判，成为世界贸易组织的成员。在这个转变的过程当中，中国原有的外贸法，与乌拉圭回合谈判中，也就是与关贸总协定那些新协定、其他涉及的新问题相比，已经是远远不够了，无论是从适用范围上，所调整的面的广泛程度上来讲，原来的外贸法已经不能适应新形势需要了。特别是当中国想要恢复关贸总协定地位或者作为后来世界贸易组织成员的时候，一方面需要我们市场经济的发展已经有了一定的深度和广度，另一方面如果我们要作为世界贸易组织的成员，对外贸易法要和关贸总协定保持一致。另外，还要考虑到香港、澳门回归，怎样使我们的外贸法能够和港澳回归作为单独关税领土相适应，怎样处理二者的关系，这些在我国的外贸法中都应该有所体现。但是原来 20 世纪 80 年代所设想的内容都没有把这些问题考虑进去，因此到了 20 世纪 90 年代要对外贸法进行修改，就是有这样一个背景。

记者： 当时您是负责对外贸易法修改草案的咨询报告工作，是吗？

王传丽： 对，当时我们从商务部接到了一个课题，就是要针对如何修改外贸法提出一个草案。所以外贸法的修改实际上从 1992 年就开始了，一直到 2003 年外贸法修改。最后有一个七人小组向当时的国务委员李铁映负责这个工作，七人小组中作为高校代表的就是我一个人，时任商务部部长的石广生也在小组内。而且那一年李铁映和石广生也来到中国政法大学。当时学校领导向他们汇报学校情况的时候，石广生还说过一段话，他说在中国外贸法起草过程中以及与外贸法实施细则配套的那些法律法规方面，中国政法大学做了很多的工作，他对此表示感谢，说当时我们所提的意见，都已经汇报上去了。当时七人小组，我记得有商务部、海关总署、国务院法制办、全国人大常委会法工委的同志，其他的我就记不住了，反正就是这七个人向李铁映汇报。我们讨论这些事情，高校代表参加的也比较多，比如像中国人民大学的郭寿康，我们最早的还有冯大同、沈大明、芮牧等，那是老一辈的专家。

记者：您在 2002 年还参加了当时外经贸部的 WTO 争端解决机制改革中国政府的提案草案？

王传丽：对，当时对 WTO 争端解决机制大家反应比较强烈，就是说有些问题，如日内瓦谈判代表希望从商务部得到一些资源，商务部就把这个课题交给我们。我就在院里组织了一个由博士生、研究生参加的提案小组，提案小组就把我们在争端解决机制中碰到的问题做了一个综述，然后对怎样修改提了一个提案。

记者：您曾经负责中国法学会世界贸易组织法研究会法律大辞典和世界贸易组织中国案例精选编纂工作？

王传丽：那个是比较早的，因为当时世界贸易组织案例开始出现，对世界贸易组织的一些规则、解释，以及它在施行过程中专家小组上诉机构，包括它的程序、实体，大家都不是很熟悉，因为它和我们国内法院的做法还是有很大区别的。我国也是第一次参加这些重要的国际争端解决。因此我就给大家分分工，找一些典型案例，作了一些详细的研究，阐释了一些问题，使我们国家在参加世界贸易组织争端解决的时候能够作为一个经验或者教训，能够借鉴那些已经发生的案例，对我们以后的学习提供一些帮助。

辞典工作主要是张玉卿主持的，世界贸易组织法律大辞典，这个到目前为止也是第一部，其中包含了大量我们很少接触也不太清楚的专业词汇。从作为学者、作为法律事务部门或者作为律师的角度来看，这部辞典都是非常必要的，而且也是起了很大作用的。过去关于关贸总协定的参考书，在图书馆中不是放在法律类里面，而是在经济类中，而且关贸总协定在咱们国内往往作为经济学领域中的一个问题进行研究，但实际上呢，它不光是一个经济问题，更重要的是一个法律问题。因此从那之后大家才将它作为一个法律规则来研究。那里面涉及了很多西方经济学的或者是市场学中的一些专有词汇，再加上一些法律词汇，所以说这个词典也算是一个初步尝试吧，无论是对当时的关贸总协定，还是对今天的世界贸易组织来讲。也是在 20 世纪末 21 世纪初，顺应着中国入世所进行的一些工作吧。

活跃于国际舞台

记者：作为"国际投资和跨国公司法"专题的中方主席，您曾在世界法律大会上发表《论跨国公司的社会责任》的演讲？

王传丽：对，世界法律大会在中国召开了两次，一次是在 1990 年，主题是"法律促进世界和平与发展"。另一次就是 2005 年第 22 届世界法律大会在中国北京、上海举办，大会的主题为"法治与国际和谐社会"。当时由我来承担其中的一个专题——国际投资与跨国公司，这个专题的主持人有两个，一个是中方主席，一个是外方主席，我是中方主席。

记者："解决投资争端国际中心"（ICSID）是当前解决外国私人投资者与投资东道国政府之间投资争端的重要国际机构，在国际仲裁界具有重大影响，您已经两次被指定为调解员，您能和我们谈谈具体情况吗？

王传丽：这个我觉得跟世界贸易组织参加小组以及上诉机构成员属于一类，解决投资争端国际中心是在世界银行下设立的，我们国家很早，也就是 1992 年就已经成为它的成员。它的主要组成有两部分，一个是调解，另一个就是仲裁，所以它有一个调解员名单，一个仲裁员名单。1992 年也就是第一批的时候，我们进入的是调解员名单，还有一些老师是进入仲裁员名单。我们国家吸引外资这么多年了，但是到目前为止在解决投资争端国际中心里面，以中方为原告或者被告的案件还没有出现过。所以，这个调解员名单也好，仲裁员名单也好，都是供当事人选择的，因为我们在其中也没有案件，也就没有人选我们当调解员，或者当仲裁员。也就是说，进入这个名单仅仅意味着将来可能会有当事人指定，但是指不指定是另外一回事。当然了，我们国家在 1992 年加入这个公约之后，我们就提出了我们自己的名单，我们国家对外资外贸是非常重视的，而且在国际组织里面我们也有自己的人员作为代表参加，确实说明我国在外资外贸领域已经有了这样一支队伍。但是能发挥什么作用呢？实际上，在仲裁或调解过程中还没有发挥实质性的作用，作用还只是体现在研究领域，或者是在国内的咨询、讨论、研究的有关问题上，真正从实践参与到争端解决，我们还没有。

尽其力而及各立法活动

记者：请问王教授，除了我以上提到的这些，您还有没有其他比较重要的立法活动或者社会服务项目，可以跟我们谈谈吗？

王传丽：你们提到的这些已经是比较充分了，从 1982 年改革开放开始，我就一直在这方面是特邀专家，一直参加相关的活动，包括实施细则，像反倾销条例、反补贴条例、保障措施条例等，以及我们平时处理一些重大案件、提供一些法律咨询，这些一直是从 20 世纪 80 年代跟踪到现在。但有些立法则没有从头到尾跟着，比如像反垄断法、航空法，还有一些条例，比如海上石油开采条例、陆上石油开采条例、海关关税税则、海上救助的标准合同规则等，像这些呢，我们都是参加了它的立法咨询活动，但是没有从头到尾一直跟踪。

记者：那您在参加的这些立法中，有什么印象比较深刻的呢？

王传丽：比如像反垄断法，我们主要参考的还是美国或欧洲国家，有时会举办一些国际会议，还有邀请一些欧美专家对它们的课题进行研讨，包括在会议上的发言，都是非常重要的资料。

校庆寄语

记者：谢谢您，王教授，我们最后想请您谈一下如何看待学者参与立法的事情。您对咱们学校 70 周年校庆有什么寄语吗？[1]

王传丽：关于学者参与立法，我的看法是，学者作为某一领域的专家直接参与立法是必要的、不可少的。但学者必须要保证自己的公正和中立态度。国内外不乏学者被利益集团左右，违背良知误导公众的实例。从法制的角度看，法律不过是各方利益平衡的产物。为保证制定出来的法律是良法，除学者意见外，还必须有广泛的利益相关者以及广大群众的参与并提供一个充分发表意见和辩论的过程。因此建立一个保证立法过程和信息的透明度并将立法放在广大人民群众的监督之下的机制，是很重要的。

我认为，70 周年校庆应当突出学术性，召开各种规模和形式的高质量学术研讨会，向社会展示出经过 70 年的学术沉淀，中国政法大学今天的学术水平，我想，没有什么能比这个更有说服力了。为保证高质量应从学术性和实践性两方面入手，不回避社会关注的热点问题。

---

[1]　本问题补充采访于 2021 年。

周忠海

宏图经略海天外　高亢发声遍国中[*]

关键词：海洋法

周忠海，中国政法大学教授，博士生导师。中国政法大学学位评定委员会委员、国际法研究中心主任、国际法学院学术委员会主席。兼任中国国际法学会副会长、中国海洋法学会副会长、北京国际法学会副会长、国际商会中国国家委员会国际仲裁委员会委员、中国国际经济贸易仲裁委员会仲裁员、中国海事仲裁委员会仲裁员、中国律协海商海事专业委员会特邀顾问、中国法学会 WTO 法研究会常务理事、中国民用航空局特聘专家、中国社会科学院法学研究所国际法研究中心特聘教授（研究员）。先后参与《中华人民共和国海洋环境保护法》《中华人民共和国领海及毗连区法》《中华人民共和国专属经济区和大陆架法》等多部法律的起草讨论工作。

创建新的国际海洋制度

记者：我们知道您在国际法，特别是海洋法领域颇有建树，今天的访谈主要围绕您对于海洋法领域的立法贡献展开。1982 年 6—9 月，您作为中国海洋法代表团顾问，出席第三次联合国海洋法会议，并作为倪征燠教授的助手参加公约草案起草委员会的工作。您能谈一谈这次公约起草的背景吗？

---

* 采访于 2011 年。

周忠海：好的。第三次联合国海洋法大会于 1982 年召开，会议议程之一就是制定《联合国海洋法公约》，当时中国已经恢复联合国合法席位 10 年了，作为联合国常任理事国身份参加这次国际大会。当时我作为中国代表团的顾问参加这次会议，并作为倪征燠教授的助手参加《联合国海洋法公约》的起草工作。《联合国海洋法公约》在第十一期会议上以 130 票赞成，4 票反对，17 票弃权的表决结果通过了。这个公约长达四百余条，近二十万字。在某种意义上说，这个公约为海洋经济秩序，甚至为世界经济秩序建立了新的制度，是一部新的"海洋宪章"。

早在 17 世纪，荷兰国际法学家格劳秀斯认为，海洋资源是取之不尽、用之不竭的。主张海洋自由原则，海洋不能被占有，但他同时又承认部分可以从岸上进行控制的海面属于沿岸国所有。格劳秀斯的理论指出了领海本身存在的根据。国际法的理论和实践历来都承认滨海国家领有沿岸一定宽度的领水水域，以别于公海。领有这一海域，对沿岸国的安全、海关、卫生和沿海渔业的保护，是有重大意义的。因此，领海制度的存在是海洋自由和沿岸国利益之间的一种妥协。除领海的宽度、基线和法律地位外，领海和公海制度，一直被认为属于传统的海洋法。

1930 年，"国际联盟"在海牙主持召开了国际法编纂会议，对海洋法的编纂进行了第一次尝试。会议上对领海宽度问题争论很激烈，但未能达成协议，只确立了领海的法律地位。

第二次世界大战中，大多数交战国坚持保有三海里领海的规则，以行使海上捕获权。但是这样做并没有完全消除以往在领海宽度上的混乱。

1958 年第一次海洋法会议，把海洋分为两大部分：一部分是沿海岸的一条狭窄的海水带，沿海国对其享有完全主权，仅受无害通过的限制。这就是所谓的领海。另一部分是领海带以外的全部海域，称为公海。公海是自由的，这种自由适用于公海的全部水域和水域的上空，适用于有海岸国和无海岸国。根据 1958 年的公海公约规定，公海自由主要包括：航行自由、捕鱼自由、铺设海底电缆和管道的自由、公海上飞行自由。

1982 年第三次联合国海洋法会议的召开，突破了传统的海洋法，主要有以下几个方面的原因：（1）人口的急剧增长，陆地的食物来源日趋紧张。（2）科学技术的迅速发展，使人们对于海洋资源的开采由梦想变成现实。（3）大量向海洋抛掷有毒、有害物质特别是原子废物，对海洋造成严重污染，破坏了海洋生态平衡。（4）所谓的能源危机。这几个原因使沿海国逐步地向海洋扩大自己的管辖权。海洋大国更是不遗余力地进行扩张。一开始，各国只限于扩大航行和利用海洋生物资源，还没有也不可能发现浅海或海底的其他自然资源。1894年美国第一个在加利福尼亚海岸发现石油，但直至第二次世界大战结束，人们都并不急于去开采这种耗资巨大的能源。

在法律方面，直到1924年，英国法学家塞西尔·赫斯特爵士才对国际法提出一个严肃的问题，"海床洋底是属于谁的？"问题涉及的主要是定着物而不是矿物。他认为海床是无主的，它的财产是可以占有的；对海床的某一部分可以享有专属权利；人们可以像在公海上享有自由航行、捕鱼等权利一样，利用海床取得财富。

1925年至1926年的国际法编纂委员会专家委员会中，有人提及大陆架上的生物资源的开发问题。25年后，英国法学家劳特派特发表了大陆架是沿海国领土的一部分的理论。1958年《大陆架公约》和《联合国海洋法公约》都采用了这种观点。继而劳特派特进一步发展了他的观点，认为邻接是对海底区域享有主权的法律基础。国际法院也认为，沿海国对于大陆架区域的权利构成沿海国陆地向海的自然延伸。这使得大陆架的概念分成两个部分，一个部分是领接，另一个部分是距离。比如《联合国海洋法公约》第76条规定："沿海国的大陆架包括其领海以外依其陆地领土的全部自然延伸，扩展到大陆边外缘的海底区域的海床和底土，如果从测算领海宽度的基线量起到大陆边的外缘距离不到200海里，则扩展到200海里的距离。"这就结束了第二次世界大战后关于大陆架概念的争议。

早在19世纪，人们开始发现海洋生物资源并不是取之不尽、用之不竭的，因此有必要采取措施进行科学研究和控制开发。1882年5月6日颁布的关于北海捕鱼政策的规定和英国1958年颁布的科恩华尔海底采矿法，就是这方面的例子。1884年3月14日关于保护海底电话电缆的国际公约，提出对海底电缆的保护问题。1958年《公海公约》和《大陆架公约》扩大了上述公约中的有关条款。在新的《联合国海洋法公约》中重述了上述条款。

1958年第一次联合国海洋法会议所通过的某些条款，与格劳秀斯的海洋自由概念很难一致，甚至完全不一致，但会议还是把传统的海洋法规则编纂起来，区分开公海和领海，同时增加了格劳秀斯从未触及的一些新规则和新问题。可以认为，第一次联合国海洋法会议是格劳秀斯海洋法概念的高潮线，是格劳秀斯17世纪进行论战的最后胜利，但同时也是传统海洋法向新的海洋法发展的转折点。

记者：您能对公约的内容以及对于公约的评价作一个细致的介绍吗？

周忠海：第三次联合国海洋法会议要解决1930年、1958年和1960年会议都未能解决的问题，包括在各国管辖范围以外的海床洋底和底土及其资源方面建立公平的国际制度，并为这一区域规定一个精确的定义，讨论有关公海、大陆架、领海（包括沿海的优先权问题）、海洋环境保护（尤其是防止污染）和科学研究的各种制度等。最后，这次会议制定了《联合国海洋法公约》，从这个公约看，可以看到海洋法在以下六个方面有所发展。

第一，《联合国海洋法公约》第二部分确定了领海的宽度，就是领海基线以外的12海里海域。

第二，该公约在第二部分领海和第七部分公海之间加入了四个部分。其中三个部分在传统的海洋法中都是没有的。具体如下：

第三部分，用于国际航行的海峡，除海峡划分部分外，全部是新的规定。与1958年领海和毗连区公约中仅在无害通过领海中提及的用于国际航行的海峡，提法上完全不同，《联合国海洋法公约》使用了新的法律概念——"过境通行"。"过境通行"系指"专为公海或专属经济区的一个区域和公海或专属经济区的另一个区域之间的海峡继续不停或迅速过境的目的而行使航行和飞越自由"。这是从"无害通过"转化而来，但又不同于无害通过。公约虽然还规定了过境通行制度不影响海峡水域的法律地位和沿岸国行使主权，然而这一规定限制了沿岸国家的权利，有利于海洋大国，却是显而易见的。

第四部分，把群岛国正式作为海洋法的一个新概念，但保留了外国船舶通过群岛水域的权利。

第五部分，关于专属经济区，这是第三次联合国海洋法会议对海洋法最主要的发展和最杰出的贡献。在这一部分中，该公约第一次从法律上确定了这一区域的法律地位，承认了沿海国对邻接其陆地的从领海基线量起200海里海区内有勘探、开发、养护、管理生物和非生物资源及其他经济性开发和勘探活动的主权，以及对人工岛屿、海洋科研、海洋环境保护享有管辖权。其他国家在该区域内享有航行、飞越、铺设海底电缆和管道的自由，但必须遵守沿海国的有关法律和规章。这就结束了这一区域无法律规制的混乱状况，成为海洋法中一项崭新的法律制度。这也是我们当时参加会议的时候努力争取来的，因为当时对这个问题的争议是比较大的。

　　第六部分，关于大陆架，比 1958 年的公约有较明显的发展。其中第 76 条关于大陆架的定义和第 56 条第 5 款详细规定了大陆架的范围和法律地位，同时指出本部分也适用于专属经济区的海床及其底土。

　　第二部分至第七部分的安排顺序很值得注意，其主要目的是强调航行和飞越的优先权，同时限制最新承认的沿海国的权利。它把沿海国所享有的主权或其他形式的管辖，限定在海洋资源领域，即专属经济区的生物资源和大陆架的矿物资源和定着类资源。在用于国际航行的海峡的情况下，用过境通行的概念与沿岸国自保的权利取得平衡。在群岛国部分，用群岛海道通过制度这个有很强政治意义的妥协加以平衡。在专属经济区部分，第 58 条作了详细规定。在大陆架部分，第 78 条作了规定。公海部分仅是 1958 年日内瓦公约中公海自由的重述。而在国际海底区域一部分，第 135 条特别指出，无论是第十一部分还是由此而产生的权利，都不应影响该区域上覆水域或上空的法律地位。这种现象是第三次联合国海洋法会议上第三世界与海洋大国妥协的结果，是传统海洋法与新的海洋形势调和的产物。

　　第三，对公海自由的定义增加了新内容：一个方面，明确规定了铺设海底电缆和管道的自由，建造人工岛屿和其他许可的设施的自由以及从事海洋科学研究的自由。这几种自由在 1958 年的《公海公约》中均无明确的规定，有的甚至没有提到。另一个方面，规定了海洋科学研究的自由，这是 1958 年《公海公约》所没有提及的。

　　第四，"谁是海床洋底的主人"，这个内容主要包括在第十一部分中。公约使用了全新的国际海底概念。这是对国家管辖范围以外的海床洋底是"人类共同继承财产"这一概念的具体表达。公约强调指出，这种区域仅涉及国家管辖范围以外的海底区域，而不适用于整个海域。这也是一项崭新的制度，是海洋法中一项新内容，其实质涉及建立新的国际海底管理机构及其执行机构"企业部"并要创建一种新的平行开发制度。

　　第五，关于解决争端的条款。这是更具体更有意义的新发展，这部分规定包括在第十一部分第 5 节、第十五部分和附件五至附件七中。公约规定要设立两个国际司法机构，即国际海洋法法庭和国际海底争端分庭。国际海底争端分庭对有关国际海底的某些争端享有排他的强制管辖权。公约规定，各国应和平解决在适用和解释公约中产生的争端；双方不能在解决争端的方法上取得一致意见时，应提交强制程序解决。通过强制程序所作出的裁决对当事人有拘束力。但解决争端的方法，当事人必须在下列方法中选择一种：国际海洋法法庭、国际法院、仲裁程序和特别仲裁程序。有些争端将经过调解程序，由调解程序作出的决定对当事人无拘束力。

这里有两点需要说明。第一点，从广义上讲，与该区域活动有关的所有争端，包括勘探和开发区域资源活动的争端，都需要提交具有强制力的第三方作出具有拘束力的判决。但是，条文本身既复杂又含糊，有时是政治上的妥协，有时又包括各类争端，甚至包括个人合同者和管理局之间的争端以及扩大适用于沿海国关于海洋环境保护方面所引起的争端。第二点，公约一个突出的特征是争端当事各方有义务提交调解。但调解委员会的报告，包括结论和建议，对当事各方没有拘束力，而且其报告本身无需说明理由。

第六，关于海洋环境保护和海洋科学研究的新规定。第十二、十三、十四部分是关于海洋环境保护、海洋科学研究、海洋开发技术特征和发展的条款。这些条款是海洋法中的新规定，但还比较粗糙，有待进一步完善。

上述一系列规则的制定和新制度的建立，对于稳定世界经济秩序，促进世界经济的发展，以及促进国际合作和保持世界局势的稳定，都具有深远的历史意义和现实意义。这些新的发展总的说来是符合历史发展方向的，是有利于第三世界发展中国家的。

同时，新海洋法公约对于传统海洋法的许多方面也进行了修改，有所发展。如确定领海宽度，这一长期以来争论不休但未能解决的问题，在第三次联合国海洋法会议上终于确定下来了。再如公海制度，1958 年公约规定了四大自由，新的海洋法增加了两项自由，即科学研究和建造人工岛屿的自由。此外，在大陆架划界、用于国际航行的海峡等许多方面，新海洋法公约都完善和发展了传统的海洋法。

《联合国海洋法公约》是在深入研究传统海洋法和国际习惯法规则的基础上，根据社会和科学技术的发展及当前形势的要求而制定的。公约还充分考虑了国际法学会和国际法协会的研究成果，参照了国际法院的判例和 1958 年日内瓦公约。因此，它能够为绝大多数国家所接受，可以称得上是海洋法的新发展。

当然，《联合国海洋法公约》并不是尽善尽美的。由于大会采取"协商一致"的表决程序，第三世界在许多方面作出了让步和妥协，海洋大国也在某些方面作了让步，所以新的海洋法公约是一个折衷的产物。

公约第二部分虽然确定了 12 海里的领海宽度，但超级大国提出了以船舶无害通过（包括军舰）为条件。第三部分用于国际航行的海峡，确定了过境通行制度，也是海洋大国对沿岸国施加压力的结果。海洋大国还以此作为接受专属经济区的新制度的条件。对此，第三世界沿海国为了顾全大局，作出了让步。但当时中国就特别反对军舰的无害通过权，特别是军方很反对，但是又不能取消这条或提出保留，所以当时就想办法。我还有几位参加会议的人员就找当时的会议主席沟通协商。我们说，这个问题可不可以这么解决，就是外国军舰通过中国领海需要事先报告才能无害通过。后来，这个问题就这么定下来了。另外，海洋科学研究分基础科研和应用科研。对于基础科研，沿海国一般不应反对，这也是一个妥协的产物。这些妥协和让步，在当前的形势下是可以理解的，也是必要的。

总之，新的《联合国海洋法公约》的签订，是对海洋法的重大发展，世界各国对它的评价是积极的。但是应该看到，要使《联合国海洋法公约》真正成为所有国家普遍遵守的法律原则，使它的各项规定都能够付诸实施，并不是没有困难和阻力的。这就需要所有的国家，特别是广大第三世界国家，团结奋斗，为维护新的海洋制度，为《联合国海洋法公约》的全部实施，作出不懈的努力。

维护中国的海洋权利

记者： 除《联合国海洋法公约》外，您还参加了《海洋环境保护法》《领海及毗连区法》以及《专属经济区和大陆架法》等法律的起草讨论工作，首先请您谈一下您在《海洋环境保护法》起草与修订过程中的立法建议与贡献。

周忠海： 情况是这样的，1999 年 5 月 10 日在全国人大环境与资源保护委员会专家论证会上我提出了若干项关于《海洋环境保护法》修订草案的意见和建议，主要有这样几点。

第一，针对修改的目的，我认为除说明中已经表述的之外，还应增加：为行使《联合国海洋法公约》所赋予的我国的权利和义务，充分勘探、开发和利用我国大陆架、专属经济区及其他我国管辖的水域的自然资源，保护海洋环境，等等，依据《联合国海洋法公约》制定本法。

第二，关于适用范围的问题，修订草案已经表述清楚。但是，在我看来，文中的有关规定很少涉及 200 海里这一重要区域。应该将本法的立法中心向专属经济区和大陆架区域倾斜。应该将我国专属经济区和大陆架法的有关规定及海洋资源法的有关内容列入，这样对于适用的范围上来讲就更加趋于合理。

第三，对于我国已加入的相关公约，比如《1973 年国际防止船舶造成污染公约》及 1978 年议定书，《防止因倾弃废物及其他物质而引起海洋污染的公约》，《关于油类以外物质造成污染时在公海上进行干涉的议定书》，《禁止在海床洋底及其底土安置核武器和其他大规模毁灭性武器条约》，《国际油污损害民事责任公约》，《国际捕鲸管制公约》，及公海和跨界鱼类养护公约等，我国《海洋环境保护法》的相关规定应与上述公约的规定保持一致，并应处理好与其之间的相互关系。

第四，关于 200 海里的海洋环境的保护和保全的规定应该加强，这方面应该单列一章。因为这一海域是《联合国海洋法公约》赋予我国的新的专属经济区，海洋环境保护是我国享有的专属管辖权。我国应制定具体的法规，包括监测、各种污染源所造成的污染的防治、生物资源与非生物资源的开发与利用；对于进入该区域的船舶和人员所造成的污染的监管；义务与权利；进行国际合作等。

第五，专属经济区内的监视和执行是很重要的问题，应有具体的规定。如，要有完善的监视制度，要有体系和中心。原有的管理体系是不适用于这一新领域的。要依法设立 200 海里海域监视和执法力量。专属经济区虽属于国家管辖区域，但其执法力量必须是军舰、政府授权并有明显标志的飞机和船舶。单靠地方行政机关或部门是达不到目的的，要求国家统一协调，而且提供足够的财政支持，切实解决专属经济区内的监视和执行问题。比如说，行政执法部门在海上执法所使用的船只，如果像以前使用的是些小船只就不行，人家的船开得快你根本没法追上，或者遇到大邮轮货轮你更没法接近，接近了也没用。所以后来有些部门就采用了退役的军舰，这样才大大提高了执法的手段和力量。

第六，原来修正草案中关于条块管理问题很突出。如何将公约中的沿海国、港口国、船旗国管辖和我国的行政管辖与司法管辖相协调，很值得研究。既然立法，就要很好地解决这个棘手的问题。仅有环保行政部门，无论是集中还是分散，面对 200 海里，唯有望洋兴叹，鞭长莫及。九龙治海的局面一定要改变，海洋属于国家，地方和部门争权夺利，保护部门和局部利益的现象，应从立法上予以改变。

除了上述几点主要立法建议外，我还主张：海洋环境保护和保全是两个方面，不能仅限于被动的防止和治理；对于外国船舶和人员违法处理属于涉外部分，也适用本法与国际法。要有相应的具体明确的规定；我国承担的义务应包括，污染防治、不扩散、不转化和国际及区域合作治理；生物资源养护及跨界污染问题应作出规定。

记者： 1996 年 12 月国务院讨论通过了《专属经济区和大陆架法（草案）》，并提交全国人大审议，您也参加了起草等相关工作，您能谈谈该法的制定宗旨、主要规定以及您的一些看法吗？

周忠海： 就立法宗旨而言，《专属经济区和大陆架法（草案）》是以《联合国海洋法公约》为依据的，内容没有超出公约的范围。本法主要是确定我国对专属经济区和大陆架的主权权利和管辖权，因而未涉及海洋管理体制及有关主管机关的职责分工问题。

一个核心的问题就是关于我国专属经济区和大陆架的范围，该草案规定："中华人民共和国的专属经济区，为其领海以外并邻接领海的一个区域，从领海基线量起延至 200 海里"，同时，根据《联合国海洋法公约》对于大陆架的规定，结合我国周边海域中大陆架状况不一致的实际情况，草案在强调大陆架自然延伸这一基本原则的同时，又以 200 海里距离作为补充，规定："中华人民共和国大陆架，为其领海以外依陆地领土的全部自然延伸，扩展到边外缘的海底区域的海床和底土；从领海基线到大陆边外缘的距离不足 200 海里的，延至 200 海里。"

我国与周边国家存在着专属经济区和大陆架主张重叠而需要划界的问题。参照《联合国海洋法公约》关于专属经济区和大陆架划界"应当在国际法的基础上以协议划定，以便得到公平解决"的规定，根据我国批准公约的决定中所做的"中华人民共和国将与海岸相向或者相邻的国家，通过协商，在国际法基础之上，按照公平原则划定各自海洋管辖权界限"的声明，草案规定："中华人民共和国与海岸相邻或者相向国家关于专属经济区和大陆架的主张重叠的，在国际法的基础上按照公平原则以协议划定界限。"关于我国与日本在东海问题上的摩擦，我在日本和他们的外长说，我只要他承认一个问题，东海海底是不是中国大陆架的自然延伸？他说是，那么这个问题还有什么争论呢？所以，日本是有点无理地争取他们的国家利益啊！

关于权利的规定和实施。草案规定了我国在专属经济区和大陆架的主权权利和管辖权，对我国在专属经济区和大陆架对渔业和矿产等自然资源的勘探、开发、养护和管理，以及海洋科学研究和海洋环境保护方面权利的行使，作了原则性的明确规定；对《联合国海洋法公约》有关专属经济区和大陆架的一些解释性、具体操作性的规定，草案未作具体规定，为了明确我国享有公约和国际法赋予的全部权利，草案规定："中华人民共和国在专属经济区和大陆架享有的权利，本法未作规定的，根据国际法和中华人民共和国其他有关法律、法规行使。"为了保证主权权利和管辖权的实施，草案规定："中华人民共和国在行使勘探、开发、养护和管理专属经济区的生物资源的主权权利时，对违法行为依法追究法律责任。"

新《联合国海洋法公约》和《专属经济区和大陆架法》的制定，使国家管辖水域的范围大大向外扩展，无论是大陆架还是专属经济区都在理论和实践上扩延至 200 海里。资源和环境的保护以及人类在 200 海里海域的活动，使沿海国在该区域的监测、监视和控制变得尤为重要。搞好监测和监视主要靠沿海国，当然沿海国要加强与外国、区域和国际上必要的合作，要发展和加强本国的监测和监视能力，加强对 200 海里专属经济区的管理，就要进一步健全相关的海洋立法，要做到具体操作中有法可依，并且明确具体。

记者：您参与的另一部重要的海洋立法就是《领海及毗连区法》，您能谈谈该法的颁布有什么现实意义吗？

周忠海：1992 年，中国政府颁布《领海及毗连区法》，这项法律的颁布，再次肯定了南沙群岛的主权属于中国。该法第 2 条第 2—3 款规定："中华人民共和国的陆地领土包括中华人民共和国大陆及其沿海岛屿、台湾及其包括钓鱼岛在内的附属各岛，澎湖列岛、东沙群岛、西沙群岛、中沙群岛、南沙群岛以及其他一切属于中华人民共和国的岛屿。中华人民共和国领海基线向陆地一侧的水域为中华人民共和国的内水。"

根据《领海及毗连区法》，中国将在南沙群岛划定直线基线，宣布"内水"水域的范围。但鉴于：第一，作为直接连接印度洋和太平洋重要通道的南海，是国际航海、航空之要冲，长期以来这里的国际航道自由畅通，相信以后也不会遇到阻碍。第二，南海是一个半闭海，南沙群岛的岛礁滩沙洲，相当广泛地分布于国际航道附近。因此，在确定南沙群岛的内水范围及其附近海域的法律地位时，充分考虑上述地理特点和历史特点，作出在一定程度上区别于其他群岛的规定，将是十分必要的。依据《联合国海洋法公约》第三部分"用于国际航行的海峡"之第 34 条、第 45 条的精神，以及第 53 条"群岛海道通过权"的规定，在南沙群岛附近海域继续赋予其他国家过境通行权，也将是合理和恰当的。这样做，既保持了作为"历史性水域"的历史本来面貌，表明中国无意在这里扩大自己的历史权利；也有助于消除国际社会一些人士对于该海域能否继续自由通航的担心、疑虑甚至是抵触情绪。

南海诸岛历来归属于中国。中华民族早在几千年之前便在南海及其海域生产劳作，繁衍生息。中国政府在宋朝以前便开始对南海的千里长沙、万里海疆行使了有效的管辖。除近代史上法国和日本侵略者侵占南海诸岛和海疆外，中国的管辖从未中断。直到 20 世纪 70 年代，世界各国从未对中国的这一历史性权利提出过异议。在新中国成立后的几十年间，南海是不存在领土争议问题的，周边国家都承认中国的权利，只是在后来越南和菲律宾才提出一些主张。所以，我国对南海的历史性所有权满足了两项基本的要件，即有效管辖和世界各国的默认。中国对于南海海域享有无可争议的历史性所有权。我有幸参与了《领海及毗连区法》的立法工作，能够以法律的形式向他国宣明我国的领海主权，是立法史上一个伟大的进步。

黄　进、赵相林

促国际私法协调　领社会服务之先[*]

关键词：涉外民事关系法律适用法

黄进，中国政法大学国际私法学教授，博士生导师，曾任中国政法大学校长。新中国自己培养的第一位国际私法专业博士。曾在瑞士比较法研究所、荷兰海牙国际法学院、美国耶鲁大学法学院从事研究工作。国务院学位委员会法学学科评议组成员、教育部社会科学委员会委员、中国国际私法研究会会长、中国法学会副会长、立法学研究会副会长，中国国际经济贸易仲裁委员会仲裁员，国际商会中国国家委员会（ICCC）国际仲裁委员会委员、国际体育仲裁院仲裁员，澳门特区政府立法事务办公室法律专家、《中国国际私法与比较法年刊》主编、英文《中国国际法杂志》（美国出版）副主编、英文《国际私法年刊》（荷兰出版）顾问委员会成员等职。1996 年荣获全国"杰出青年法学家"称号，2004 年入选首批"新世纪百千万人才工程国家级人选"。

赵相林，中国政法大学国际私法学教授、博士生导师，曾任中国政法大学副校长。兼任中国国际私法学会副会长，中国国际经济贸易仲裁委员会副主任（兼职仲裁员），北京市哲学社会科学评审专家，中国高等法学教育研究会副会长，教育部高等学校法学学科教学指导委员会副主任，中国法学会理事。参与起草了我国《涉外民事关系法律适用法》。

---

* 采访于 2011 年。

中国国际私法的立法发展

记者： 两位老师都是国际私法方面的著名专家，参与了国际私法的诸多实践。我们先向黄进校长提几个问题。黄校长，我们都知道您主要的研究领域是在国际私法这一块，您是新中国第一位自己培养的国际私法博士，新中国成立几十年来在私法立法这一块一直是处于空白，那您在这个领域做了相当多富有成效的工作，首先想请您对改革开放几十年来中国国际私法领域立法发展做一个概况介绍，在此期间，您做了哪些与之相关的工作？

黄进： 新中国的国际私法，应该讲是从改革开放以后才逐渐发展起来的，从改革开放开始经过三十多年的发展，从比较分散逐渐发展到一个统一的涉外民事关系法律适用法。早期当然它是比较分散的，比如说在不同的法律《票据法》《民用航空法》《涉外经济合同法》《民法通则》《海商法》以及后来的《合同法》等等中都有规定，另外当时一方面是立法的规定，既有人大的立法、国务院的行政法规，可能地方立法都涉及国际私法的一些规定，另一方面一个主要部分是司法解释，因为中国国际私法的一个发展，首先是有了民法、刑法，刚开始是散布在不同的法律里面，这就需要大量的司法解释来补充以及进一步完善它，那时候主要是从法源上来立法，而立法是不同层面的立法都有，而后就是司法解释——最高人民法院的司法解释。发展到去年有了一个《涉外民事关系法律适用法》，这样的话就有了一个比较独立的涉外民事关系法律适用的法律。

实际上我们中国在国际私法成文立法方面是比较早的，世界上的国际私法早期都是学说法，刚开始是民意，后以学者学说的形式表现出来。真正比较成文的、独立的国际私法，应该是 20 世纪以后才有，当时比较集中的一个规定是《民法施行法》，它主要是国际私法的一个规定，还不能说是一个独立的国际私法。最早期的一个成文的国际私法是日本的《法例》，它是 1900 年制定的。中国在清末民初的时候因为借鉴西方的法律，在 1918 年，当时的北洋政府就制定了《法律适用条例》。可以说中国成文的、独立的国际私法立法很早，历史很早，但是那个时候，也就是在 1949 年以前，中国是一个半殖民地半封建社会，中国这种私法主权还是受到一定限制的，所以那个时候国际私法发挥的作用不是很大，而改革开放以后，发展得比较迅速。

我自己是研究国际私法的，肯定要对自己国家的国际私法予以关注，1988 年我在《中国社会科学》发表了一篇名为"中国冲突法体系"的文章，就是讲中国的国际私法立法，把 1988 年以前，中国国际私法包括改革开放在内的，八九十年的一个状况写了一个总结性文章。我还有一个贡献就是一直推动中国国际私法集成化、成文化。最早我起草了一个涉我国港澳地区的民事法律适用的条例，后来是以我和韩德培老师的名义发的。从 1993 年开始，中国国际私法学会就制定《中华人民共和国国际私法示范法》，一直在推动国际私法的法典化。这个工作从开始到最后成文，我都一直参与其中，这部示范法应该说是我们中国整个法学界最早的。《涉外民事关系法律适用法》我也一直有参与，当时全国人大常委会法工委托我写了一个建议稿，当时说要么我自己搞一个，要么组织国内国际私法学者共同搞一个，最后我还是觉得应该组织国内私法学者共同搞一个，最终以中国国际私法学会的名义向全国人大常委会法工委提交了。现在这个建议稿马上就要出版了，应该说我们的建议稿还是比较先进的，吸收了不同国家的经验。当时有考虑中国国际私法这个立法，到底是做个法典，还是只就法律适用问题做一个规定。学界当然是希望做一个法典，但是因为考虑到我们现在的法律，涉及国际民事诉讼的内容在民事诉讼法里已经规定了，涉及国际商事仲裁的内容在仲裁法里面已经规定了，即使是按照我们示范法的体系，三大部分（管辖权、法律适用、司法协助）来划分，有两部分在原有的立法中也有体现。因此最后还是想单独做一个涉外民事关系法律适用法，建议稿提交后在全国人大常委会法工委立法的过程中，只要有学者参与的活动我都参加了。

学者示范引领区际冲突与电子商务立法

记者： 您刚提到的您参与起草的一些示范法，其中比较早的一部是您和您的导师韩德培教授起草的涉港澳地区的民事法律适用条例，这个条例虽然属于学术条例，但是由于当时这方面的立法空白，应该是一个很有创建性的学术活动，那么针对这个条例，当时是以什么样的背景情况和目的来从事此项工作的呢？

黄进： 当时学界就国际私法是国际法还是国内法一直争论不休，同时中国的国际私法，在 20 世纪 80 年代发展的过程中，还面临随着我国港澳地区的回归出现的新问题。即港澳地区回归以后，按照当时的中英、中葡联合声明，以及后来的基本法，港澳地区回归中国以后他们原有的法律基本不变，就意味着他们的法律和内地的法律是不一样的，是独立的法区域，我们把它们叫作"法域"。对于这些问题的研究中国国际私法学界的一部分学者早就开始了，他们不仅研究跨国的国际民商事法律冲突，也关注我们的区际民商事法律冲突，这是一个国家内部不同地区由于法律不一样而出现的法律冲突。那个时候像韩德培老师、李双元老师他们也发表了许多要重视冲突法的研究文章，里面就提到了区际法律冲突的问题。

我也是最早研究区际法律问题的学者之一，我的博士学位论文就是专门研究区际问题的，即《区际冲突法研究》。我读博士是 1984 年，那时候正好是港澳回归谈判的时候，所以当时就对这个问题比较感兴趣。但那时大家对这个问题的认识不是很充分，包括法院都不知道什么叫区际冲突法，但现在你跟法院讲，大家都知道是什么意思了。在那个时候我们搞国际私法的人，确实是对国外法律统一的情况比较熟悉，它除了通过制定条约、国际公约来统一法律以外，联合国的一些机构还拥有很重要的一个方法——示范法例，比如联合国国际贸易法委员会，他们做的一些文本都是些示范法，都是些 Model Laws，包括有些国家，它的本国法律不统一，像美国、澳大利亚、加拿大、英国等国家的法律都是不统一的，为了解决这个问题而做了示范法这样的尝试比较多。在这种背景下，我们香港澳门地区要回归，就面临区际法律问题，会涉及港澳地区的一些民商事法律。怎么来解决这些问题，在那个时候人们的认识并不清楚，所以我们当时就借鉴了这个办法、模式，那个要比中国国际私法学会做的示范法还要早，是当时我们个人的研究结果。

记者：那您提出了哪些比较核心的，对后来的立法有建设性意义的主张呢？

黄进：到目前为止，这种区际的法律适用的立法很少，都是参照国际法，当然就区际而言，最高人民法院就做了一个关于我国台湾地区的民事法律适用的司法解释，只有三条。在涉港澳台地区的民事交往中如果发生法律冲突到底怎么来解决，实际上就是涉及确定法律的选择，比如说一个涉港地区案件，到底适用内地的法律，还是适用香港地区的法律呢，还是用澳门地区的法律？我应该是国内最早做这方面问题研究的学者之一。我们最初是给深圳做相关研究，因为深圳那个时候刚好是改革开放初期，他们有很多超常规的做法，也有很多新的立法是国内整个国家立法所没有的，当时国家也赋予了深圳立法权，所以我们最初是把这个条例给了深圳法制部门，希望他们也能接受变成深圳法规，但那时对这个问题的认识确实是不深刻，大家比较关注回归政治层面的东西，对法律技术的关注不够。我们把研究报告给深圳的立法机关他们也没有最后采用，所以我们就自己发表了。

记者：在 1999 年末 2000 年初，电子商务刚刚产生的时候，您就首创主持了中国电子商务示例法的工作，我个人觉得这是一个非常有远见的、有创造性的研究，您为什么会想到去主持这样的一项研究呢？

黄进：那是 90 年代末进入新世纪初期，网络刚刚兴起，远远没有现在这样普及。但是我们看到它今后的前景是非常好的，就在武汉大学推动并成立了一个网络经济法律中心。恰逢一个武汉大学的校友，他捐赠武汉大学 200 万元支持母校，其中 100 万元就是要给我们经济法中心来做研究，当时我们想做两个内容，一个是《电子商务示范法》，另一个是办《网络时代》这么一个杂志，后来那个杂志出了一期。当时有很多老师都参与其中，包括国内很早开始研究电子商务领域的张楚老师，还有中国人民大学的王利明老师，但是他参与得很少，主要派他的一个叫刘炳鑫的学生来参与工作，而刘同学也正好是搞电子证据方面的，电子证据方面他比较熟，就这样我们搞了一期，后来还做了《电子商务示范法》的一个文本，也发表了。

记者：那当时这个行业刚产生时，您是怎么看待这个行业的？采取了什么样的法律原则去引导这个行业的发展呢？有哪些立法宗旨和精神在里面呢？

黄进：电子商务法的核心还是商务，只不过它的表现形式是网络、数据，所以我们当时认为，虚拟空间的法律关系，本质上还是一种社会关系，是人与人之间的关系，所以我们没有想着完全要在虚拟的空间里面另外来构建一个法律体系，而是要依据既有的法律制度，同时针对并结合网络本身虚拟空间的特点，来设计一些规则，另外当时联合国对这一块也有示范规则，可以借鉴他们的一些做法。

记者：现在已经过去十几年了，虽然电子商务法正式的法律还没有出台，但是电子商务发展却很迅猛，有些专家和学者，包括一些人大代表提出这方面的实力已经成熟，您是怎么看这些主张或是说法的？

黄进：那个时候还只有几千万的网民，是很少的，现在几乎涉及每一个人，只要有手机，差不多都会跟电子商务有联系，我始终认为当然肯定是要立法的，但我认为不能完全地脱离我们现有的立法体系，在这个基础上，针对这一活动当中比较有特殊性的东西来做一些规定，不一定像我们当时那样做的是综合性的，有好多方面，我觉得可以就某个问题，分别立法，而不是做一个综合性的电子商务法，实际上我们现在已经有了一些电信方面的立法。

从示范法到国家立法

记者：您刚才在做概况介绍时提到了《中华人民共和国国际私法示范法》，能否请您具体介绍一下？

黄进：这是我们中国国际私法学会制定的一个示范法，专门出了一本书就叫《中华人民共和国国际私法示范法》。1993 年，当时在中国国际私法学会深圳的年会上决定成立一个小组，之后每年的年会都讨论，还在武汉、北京、深圳开了一些专门的会议，最后那个示范法，形成的终稿是六稿，共 166 条。在当时这也是条文最多的一个立法，现在国际私法条文最多的一个法律是瑞士联邦的一个国际私法，有 200 条之多。我们当时的那个示范法也就 166 条，分成五章，第一章总则，第二章管辖权，第三章法律适用，第四章司法协助，第五章附则，这个结构也是比较合理的，然后还逐条解释，后来还把它译成英文，出版在法律出版社。英文的之后在国外也出版了，日本有个学者又把它翻译成了日文，在日本出版。当时全国人大常委会法工委公布的民法典草案的第九编涉外民事关系法律适用问题，主要内容就是我们的示范法。

国际私法立法史上的里程碑

记者：赵老师，您和黄老师一起参与了《涉外民事关系法律适用法》的制定工作。能否请您介绍一下这部法的立法背景以及二位参与立法的具体活动？

赵相林：可以。《涉外民事关系法律适用法》2011 年 4 月 1 日生效，它是国际私法立法史上的里程碑。

国际私法晚近发展趋势中重要的一点在于国际私法的法典化，即近年来许多国家制定的国际私法都采用法典或单行法的模式。相比之下，我国现今的国际私法立法散见于《民法通则》《继承法》《海商法》《票据法》等单行法规当中，此种立法体例上的分散已造成许多问题，如许多重要的领域形成了立法上的盲点和真空；《民法通则》第八章的规定与遍布其他法律中的国际私法规范存在内容上的不一致和不和谐。此种立法现状远远不能适应我国涉外民商事法律关系发展的需要。随着国内外形势的发展，中国民法典中国际民商事关系的法律适用法的立法工作已经正式提上了议事日程。本法律的起草从上个世纪末提上议事日程。全国人大常委会法工委 2002 年底完成《民法（草案）》，并提交 2003 年 3 月召开的全国人民代表大会上进行初步审议，其中第九编为涉外民商事关系的法律适用法。2003年底公布的《十届全国人大常委会立法规划》中，进一步指出本届全国人大常委会5年任期内，将审议民法典中国际民商事关系的法律适用法编。这标志着我国涉外民商事关系的法律适用法的立法工作已经进入倒计时。

大家知道，《民法通则》第八章有9条涉及冲突法法条。民法典到底是否应包括冲突法，这一论争在20世纪提上议事日程。当时有两种观点。第一种意见是随着民法典出台，时间上比较快，缺点是不够完善，不能包括国际私法的全部内容。第二种意见是单独起草，国际私法的内容会比较完善，除包括冲突法外，还包括司法协助和涉外法律的执行。但缺点是如果不搭上民法的"便车"，出台时间会很慢，不知道什么时候才能颁布出来。在国际私法学界围绕此问题争论激烈且争论了许多年。我主张第一种意见，有这样几个理由：第一，随着改革开放的发展与深入，中国国际地位的不断提高，涉外法律关系日益增多。在司法界，涉外民商事案件的数量逐步增加。这种形势下，需要这样的法律适用的法律，而中国在这一方面是滞后的。《民法通则》第八章涉及涉外的法律只有9条，非常的不完善不完整，远远难以满足需要。形势所迫，必须要制定一部这样的法律。第二，改革开放以来立法发展突飞猛进，在国际私法领域司法实践丰富，积累了大量的经验。第三，从国际上看，尽管立法时间有早晚、立法内容有繁简，一百多个国家都有国际私法的立法，就连周边一些改革开放不及我们的国家都有冲突法立法，比如越南和朝鲜。唯独我们这样一个泱泱大国，国际地位日益提高，却没有专门的国际私法立法。我们迫切需要在近期出台这样的法律，这是改革开放的需要。

学界围绕此问题争论了很长时间，该法的起草从2001年开始，全国人大常委会法工委曾经委托我们法大和北京大学起草一部草案，因此，我就组织了法大国际私法研究所的老师和研究生，利用我们的教学科研优势，通过对有关国家的国际私法立法进行比较研究，充分吸纳国际私法理论科研的先进成果，酝酿起草这样的法律。起草首先要务虚，比如起草的立法宗旨、理论基础等，为此写了一本著作《中国国际私法立法问题研究》，这是2002年出版的，这部著作得到了司法部的支持，主要是对国际私法立法的基础理论的研究。本书对于国际私法立法的基础理论有帮助，但缺点是没有形成条文，且仍旧是教科书的形式。

接下来到2004年，开始正式起草国际私法法律的条文。在2001年至2005年这一段时间，全国人大常委会法工委把国际私法的立法暂时搁置一边，重点在合同法之后起草物权法、侵权责任法等。全国人大常委会法工委的民法室也有部分调整，原准备做大的民法典，后来转变战略，先做部门法，且单独成法，最后做总则，形成大的民法典。整个工作策略的改变使得国际私法的立法暂停了几年。2004 年、2005 年的战略定型后，再次启动。全国人大常委会法工委邀请法大起草草稿，就明确了不包括程序法，只包括冲突法。在借鉴国际民商事法律关系法律适用法的专家稿、室内稿、送审稿以及国际私法示范法的基础上经历多次讨论、修订，起草经历了一两年的时间，先后形成了四稿，第四稿最为成型，在2005 年底完成，70 余条。全国人大常委会法工委提出，有些专有名词不解，需要名词解释的小词典及释义，便于领导参考。1986 年起草民法典时，就国际私法部分专家提出 40 余条，到全国人大常委会法工委有 20 多条，最后交由全国人大表决通过时只剩下 9 条，为什么这样呢？很多条文都看不懂，连具有表决权的人都看不懂，公布了以后民众怎么能看懂呢？法律业内人士都不是很懂。因此，就在这种考量下，我们做了个名词解释，并对第四稿进行了逐条释义，在这个基础上，又形成了一本书《国际民商事关系法律适用法立法原理》，2006 年由人民法院出版社出版的。在讨论草案时，本书起到了重要作用，除了 70 多条的列举，每条都附有案例、注释、立法原理、国外的立法状况、评论，供立法的人做重要参考，可以说是一本比较法，因为国际私法本就是比较法。这些年国际私法发展比较快，我们起步本就晚，但也不能太超前，与基础有关，司法界接触不了，既不能滞后，也不能太超前，既要符合国际主流又要符合国家发展需要，要找一个结合点。这本书反响很好，起码对法律的通过发挥了重要作用。

2009 年，在本法的起草讨论过程中，不仅法大，武汉大学等也提供了建议稿。全国人大常委会法工委先后三次起草讨论会议，我都参加了，黄进校长是作为武汉大学的代表。这几次讨论争论都很激烈。争议点，首先，在于条文的具体表述。条文表述问题归纳有两种。第一种意见是要符合国际立法的趋势，使用一些专业用语，甚至有些学者提供了西方国家立法的译文本，就是翻译文件，看起来十分的晦涩难懂，就连专家也得转几个弯才能明白。第二种意见就是要大众化，法律是个大众物，人人看得懂才能遵守，司法部门才能依法办案。后来全国人大常委会法工委吸取了后一种意见。我在会议上多次发言，反对学者化，不能太学理，应让大众看得懂，至于是否完全明白，将来还有司法解释。其次，还有一种争议是到底写多少条。是一百多、二百多还是几十条？原则应该是繁简适当，起码应当够用。当前对外开放涉外民事法律关系涉及的主要问题应当都包括进去。后一次讨论时，全国人大常委会法工委将沿海许多城市法院民庭的法官请来，谈一谈需要什么。作为第一线，有发言权，不要将平时根本碰不到的法律写进来，立法不能一步到位。再说还有司法解释，解决司法实践的需要，这是一种慎重的选择。因为中国东西南北地域广阔，文化差异太大。几条法律很难涵盖复杂的国情，应允许有差异。最后，还讨论的一个问题是将现在国际上非常流行的法律适用原则吸收进来，符合当今国际经济形势的需要，比如意思自治原则。意思自治原则最早是在合同上，现在已经发展到民事法律关系的各个方面，都允许适用该原则。因此在讨论时充分考虑到这一原则。还有最密切联系原则，随着国际交流的扩大，一个人离开其国家在世界范围内参加民商事活动的机会越来越多，所以传统的国籍国、住所原则已经不能适应现实需要。因此最密切联系原则得到广泛适用。这次立法允许法官、当事人依据此原则适用法律，这样就保护了当事人的合法利益和需求，就超越了传统呆板的属地原则。

这部法 2010 年 10 月出台，五十余条，与我们的草案基本大同小异，就该立法而言，在 2010 年 9 月国际私法年会上，我对这部法律赞赏有加，这部法律是符合国情与法律体系的。但批评者也甚多，比如批评法律立法过于简单、漏洞太多。是不能否认有些该写入的没有写入，但能做到现状已经不错了。比如大家提及国际条约的适用。此问题确实很重要，但一两条说不清楚。我们的草案中有这一条。但简单几句说不清楚，全国人大常委会法工委就删掉了。还有比如涉外民商事法律关系的界定问题，我们草案中也有，但全国人大常委会法工委也认为说不清楚，需要留待以后的司法解释解决。前年全国人大常委会法工委的立法规划会议，我应邀参加并提出立法建议，条约的适用应当在宪法中写明，或单独制定一部国际条约法。条约在国内民商事审判中如何适用，是很重要的问题。

中国还有一个比较困难的问题，就是区际私法的问题，按理说不应属于国际私法范畴，但涉及我国港澳台地区依旧需要借助国际私法的法律原则。大部分学者认为不能混同，国际私法涉及主权国家之间的问题，而区际私法是一国范围内的问题。有学者建议是否在本法附则里添加一条，我国港澳台地区参照适用。但仍旧不妥，因为本法的范围就限定是涉外民商事法律关系，这样的附则就会不伦不类，最后我就建议，不如单独制定一部区际私法。专门针对我国港澳台地区法律适用的问题。司法实践中其实大量涉及这样的涉港澳台地区案件。

黄进老师主持做了一个建议稿，并提交给全国人大常委会法工委。还有就是，最后在全国人大审议的阶段，黄进老师为他们写了一个说明，做了名词解释。

记者：黄老师，您提到这部《涉外民事关系法律适用法》属于我们现在正在整体规划的《民法典》的第九编，从世界各国的民法立法体系来说，似乎没有哪个国家立法是把它单独成编的吧？

黄进：世界各国的立法模式大致有这么几种：第一是散见在民法典各个地方；第二是在民法典中设专编、专章和专节加以规定；第三是在一个单独的法律里，特别是普通法系国家，在我们认为是属于民商法律的范畴里面，对国际私法作以规定，比如说英国早期的票据法，它在票据法里面作了规定，像中国的票据法、海商法、民法、航空法，里面都有专章国际私法的规定；第四是独立的、法典式的，或者是独立的法规。

早期欧洲大陆很多国家，意大利的民法典、葡萄牙的民法典、西班牙的民法典都还在里面设有一章，但是像意大利现在已经独立出来了，奥地利也独立出来了，瑞典也是单独的，现在比利时也单独设立了，很多国家都设立了，国际私法的立法趋势就是呈成文化、法典化。

《涉外民事关系法律适用法》的亮点与不足

记者：请两位谈一谈这部法律主要的亮点在哪里？

黄进：关于亮点，我写了篇文章在《政法论坛》上发表了，你们可以看一下最后我对它的评价，把它的优点和缺点都说了一下。比如说优点：第一，相对来说它是把法律法规分散的状态联合了起来，虽然没有完全实现，但毕竟是独立的国际私法的一个立法。第二，有一些规定比较有创新。比如把最密切联系原则作为一个兜底原则，这个意思是说，我们现在只有 52 条，但是它不可能涵盖所有涉外民事法律关系，我们有些新的民事关系如何适用法律，假如我们现在的法律没有规定就可以用最密切联系原则作为选法的原则，也就是说最终可以用这个原则来选择法律。再比如说，在属人法方面它是用了叫做经常居所地法，也就是我们民法上讲的惯常居所地，世界上，属人法在英美普通法系国家都是用住所地法来代替作为属人法的，那么在大陆法系国家就是用国旗国法或是本国法来作为属人法的。国际上专门有一个政府间执法组织，叫海牙国际私法会议，这个组织制定的公约，就会调和两大法系的矛盾，就是用经常居所地法作为属人法，它又为了让这两大法系国家能够更多的接受，所以我们新的法律就用经常居所地法，这在世界各国的国内立法中用得都不多，是借鉴了海牙国际私法公约的规定，也是我们学界对国家的一个贡献，我们的建议稿用的就是这个，最后被全国人大常委会法工委所接纳。

赵相林：尽管有这样那样的不足，我依旧看好该法，毕竟是新的里程碑。中国国际私法经历了一个艰难的发展历程。尽管我国早在唐朝时期就出现过国际私法的萌芽，但在此之后的一千多年时间里，我国的国际私法立法完全处于沉寂状态。19 世纪下半叶，在帝国主义的侵略和压迫下，中国沦为半殖民地半封建的国家。西方的国际私法学随着洋枪、洋炮也被引入中国，但在西方列强通过一系列不平等的条约在中国取得领事裁判权的情况下，国际私法失去了在中国产生和存在的基础。从历史上，早在民国时期，1918 年北洋政府就曾模仿法国、日本颁布过涉外民事关系法律适用法的草案即《法律适用条例》，但在当时的历史条件下，形同虚设，起不到什么作用，且该法很快被废止，1927 年中国无独立主权，涉外法律就没有用了，国民党政府就宣布废止。从此，我国就没有涉外关系的专门法律了。

新中国成立后宣布废除一切旧法。虽然中国人民开始站起来了，中国开始独立自主地进行对外交往，但在前三十年里，由于受到西方国家的经济封锁和政治遏制，内部实行以阶级斗争为纲和计划经济体制，对外民商事交往受到很大限制，国际私法依旧停留在教科书上，国际私法的立法也基本上一片空白。改革开放以来，对外经贸合作、科技文化交流和民间往来迅速发展，从此国际私法走出书斋、进入生活、进入立法、进入司法审判，真正有了用武之地。在 20 世纪的最后 20 年里，国际私法的立法从无到有，从民事到商事，从法律适用到诉讼、仲裁逐步展开，取得了较大的发展，司法审判也积累了不少实务经验，理论研究更是呈现出一派兴旺的景象。但是我们也不得不承认，国际私法立法中的现状零打碎敲、内容不完善、杂乱无章、体系不科学的缺陷异常突出，远远不能满足在全球经济一体化之下，我国和平崛起、全面多层次地参与国际经济合作和民商事交往的需要。为了推动我国国际私法立法的进一步发展，中国国际私法学会历经 7 年努力于 2000 年发表了《中华人民共和国国际私法示范法》。到今天为止，终于出台了国际私法的相关立法，作为一名国际私法的学者，当然备感欣慰。这部法律 2011 年 4 月正式生效，学界也对此感到很高兴，学了一辈子终于有个法律能够出台，司法界也在加紧学习这个法律以便适用，毕竟里面还是有很多专业性的知识。

记者：这部法律的制定过程中是否存在一些争议点呢？又有哪些不足？

黄进：争议点也有不少。较大的争议点，用我们学界的话说就是，既然不能制定一部法典，至少把那些法律适用的主要问题都带到新的法律里来，但是没有实现，比如说《海商法》《民用航空法》《票据法》这里面的国际私法规定就没有包括到这个新法里面来，所以说就导致了一个还不是十分全面、系统、完善的涉外民事关系法律适用法，好多东西还留在其他的法律里面，学界是希望至少是在法律适用方面，在这个法律制定以后，能把前面的全抛弃了，有冲突的，我就用这部法律了，但是现在还留了很多规定在其他法律里，这主要是立法机构跟我们学界的一个比较大的分歧。

再一个分歧是存在于学者之间的，就是属人法，即是适用国际居所地法还是经常住所地法，大家是有分歧的，最后学者之间也有分歧，立法机关也有一些摇摆，我们主张是用经常住所地法。

还有一个分歧在学者内部之间，关于继承的法律适用，它有两种法：一种叫单一制，另一种叫区别制，就是说把继承的动产或是不动产都适用一个统一的法律，那就是单一制，也就叫统一制，把继承的动产或者不动产分开，分别适用不同的法，那就叫区别制。到底是用区别制还是单一制也是有分歧的，后来大多数人还是用区别制。我们1985年颁布了《继承法》，其中也有一些国际私法的规定，里面就用的是区别制，即不动产适用不动产所在地法，动产适用被继承人死亡时经常居所地法。

再有一个分歧就是，是否要把司法解释里的一些合同法的法律适用吸收进去。合同法规定，首先当事人要选择，当事人没有选择，就适用与合同有密切联系地的法律，那与合同有最密切联系地是如何确定的，我们的司法解释就把各式各样的合同做了一个规定，比如说担保合同在通常情况下应该适用何种法律，这要不要在立法中进行规定，这是有分歧的。后来还是规定得比较简洁，没有把这些司法解释放进去。

最后一个分歧就是，这个法是否适用区际法律，是否适用我国港澳台地区法律，这个方面其实我们学界是主张在附则中规定的，这个办法涉及我国香港特别行政区、澳门特别行政区以及台湾地区的民商事法律关系的法律适用，参照本法，但是由于全国人大常委会法工委，认为这个问题有些敏感，就未作规定，所以现在说这个法，我国港澳台地区能否参照使用，现在规定是不明确的，但是实际上在中国类似的立法很多，特别是投资法，都是规定我国港澳台地区参照使用，很多法律都是这样，包括司法解释也是这样。

赵相林：若要说这部《涉外民事关系法律适用法》有什么小小的遗憾的话，那就是这个法律因为受到条文的限制，包括涉外民事法律关系的界定，反致这些问题都没有规定。反致大家当时也讨论了半天，其他国家都有，我们这个建议草案也有，因为法律作为一个工具作为一个武器，只有有这个武器才能用，一旦法条没有这个规定就不能用。所以许多国家都有这个规定，但我们把它去掉了，因为它太繁琐了。反致就是当我们国家的法律规定应该适用外国法，而该外国法又规定应该适用我国法的时候就该用本国法。立法本意都是为了扩大本国法的适用范围的，本国法才能最大限度地保护本国人的利益，毕竟本国当事人最熟悉的是本国法，但是这个规定太繁琐太难操作。另外从立法原理来说，从法学理论来说，这个也是不对的，既然中华人民共和国的法律适用法说适用外国法，就应该适用外国的实体法，而不能适用外国的法律适用法，冲突法所指向的就是实体法，因此这个规定从法理来说是不对的，违背了立法者的本意。之所以说适用外国法，是因为这个民事关系和那个外国关系更紧密，但是反致作为一种制度，我们也可以拿来适用，当时对这个争论很激烈；法律规避作为传统国际私法制度，世界上各个国家都认可，只要你规避了我的法律我就可以拒绝适用，这个就相当于排斥外国法，当然公共秩序保留我们吸收了，这个《民法通则》都有的，因为这是一个弹性的制度，它不光是一个法律概念更是一个政治概念，不需要解释的，所以对这个制度大家没有异议。此外，还有很多条文没有写进去，这个还要留待未来法律的进一步完善。

以学者的责任感积极投身社会事务

记者：黄老师，1996—1998 年您是我国澳门地区政府立法事务办公室法律专家，推动了我国澳门法律事业的发展，您能介绍一下这个工作的过程吗？

黄进：那时候在我国澳门地区主要是做研究，也为澳门地区政府提供一些法律建议，主要工作就是为了要做一些法律的本地化。回归以后，我们虽然说法律基本不变，但是我们不能说到时候澳门地区还继续使用葡萄牙的法典，所以要把它换成澳门地区的民法典、澳门地区的刑法典，我主要就是做这个工作，因为当时我主要是帮助做两个东西，一个是做一些立法的建议，一个是民法典，澳门地区的民法典也有国际私法，还是其民法典的一编，也对这个提了些建议吧，再就是，为当时国际条约在澳门地区继续适用做了一些建议。

记者：黄老师，我们都知道您在国内外的相关机构参与一些社会服务的工作，请您挑几个比较有代表性的简单介绍一下。

黄进：国际投资争议解决中心，是一个国际组织，在华盛顿，我参与这个工作也是政府推荐的，但是到目前为止也没有什么实际的工作，我还担任了体育仲裁院的仲裁员，体育仲裁院的总部在瑞士洛桑，我是那里的仲裁员，参加了2004年雅典奥运会的仲裁，在奥运会期间会设一个体育仲裁院的特别分院，在夏季奥运会和冬季奥运会都会设立。2004年雅典奥运会我就全程参与了，就是做体育仲裁。

记者：那在这期间有没有遇到过有意思的案子？

黄进：仲裁过一次，是一个肯尼亚的案子。一个肯尼亚的拳击运动员，在雅典奥运会期间训练，在训练期间每个运动员都要进行兴奋剂的测试，测试出来他有问题，因为按照规定你若测试出来有问题，就要取消你的参赛资格，然后国际奥委会做了决定，他不服，然后我们就仲裁，后来还是维持了国际奥委会的决定，因为他当时的理由是说他在古巴训练期间吃了，他说他也不知道，他也不是故意的，因为兴奋剂是严格责任，只要你体内超标都要处罚。

记者：赵老师，您也为社会有关方面提供了很多的法律咨询服务吧？

赵相林：这个参加的就很多了，最高人民法院之类很多涉外案件的咨询，电视采访，这些事情参加的都是很多的。我还在2001年主持了受国台办委托主持的一个课题。从法律上讲，这两个法律体系是不同的，既然承认它的法律体系，把政治观念和法律观念混为一谈是不对的。

记者：作为知名的国际私法专家，您还参加了哪些其他社会活动？

赵相林：我除了在学校教书，在社会上参加最多的就是国际商事仲裁，参加了可能有20年了，担任中国国际商事仲裁委员会副主任起码两届了，审理案件很多了，现在还是仲裁员。这个仲裁委员会涉及的案件方方面面，投资、货物买卖、租赁等等。我的体会是中国的仲裁机构在审理商事仲裁案件时还是比较公正公平的，既要维护中方当事人的合法权益，也要充分尊重外方当事人的合法权益，不能一味偏袒中方，尤其是在商事仲裁中，这一点大部分仲裁员做得很好，所以中国国际商事仲裁在国际上信誉还是很好的，受案量每年在增加，多的时候一年几十个案件，少的话也有几个，程序透明，时间一般半年或3个月就能结案。一些外国的仲裁机构对我们还是很认可的，因为有很多外籍仲裁员，当事人可以按照自己的意见去指定。我甚至还做过很多独任仲裁员，标的50万以下的可以独任仲裁。中国政法大学在国际经济仲裁委员会的人也是很多的，有时候3个仲裁员和双方律师都是中国政法大学的。我做过北京仲裁委员会的仲裁员，还担任外地的仲裁员，不过仲裁案件很少。国际私法协会是个学术机构，每年开一次年会，我现在还是副会长，代表中国政法大学。中国政法大学主办过两次年会，1995 年举办过一次，2008 年举办过一次。

我还参与了高等教育的研究，因为我也曾经做过几年的副校长，从 1994 年到 2001 年这一期间在中国政法大学担任副校长，分管教学科研。教育部曾经成立了一个法学高等法学教育指导委员会，我在里面曾担任副主任，指导委员会负责全国法学高等教育的规划、课程的设置等一些重大问题的决策。比如法学本科到底应该学什么，这个争论很大，其中一个就关系到国际法。因为这个委员会里从事国际法教育的只有两个人，当时争论的是将国际法作为必修课、其他作为选修课，还是将国际法、国际私法、国际经济法都作为必修课，我们当然是同意后一种意见的。第一个原因是国际法作为二级学科下面包括公法、私法、经济法，大专都规定要学习国际法，那么法学本科就应该在这个程度上有所提高；第二个原因就是现在改革开放的需要，国际经济贸易的需要，学生需要知道更多涉外民事审判方面的国际私法和国际经济法，公法知识应用性相对较差，因此，我们在高等教育指导委员会里就极力主张应该把这 3 门都设为必修课，当然我们的意见最后还是得到了教育部的支持，现在 14 门必修课包括了这几门。当然，国际私法和国际经济法本身也在争论边界问题，我们曾经有一次在司法部统编教材，当时各校国际私法老师集中在一起讨论教材怎么写，大纲怎么定，当时有的观点认为就是写冲突法，另一种观点认为凡是涉外民商事法都应该算在国际私法里，大到把国际经济法吞并，我认为这两种观点都不对，一是，小国际私法即只有冲突法已经远远滞后了，包括西方国家都不是只将冲突法视作国际私法；另一个就是，吞并国际经济法也不好，虽然它起步晚，但它作为一个独立学科已经产生发展了，因此不应该扼杀，而是应该给予生存空间，因此我将界限划到就解决法律适用法，各种商事关系的法律适用由国际私法解决，但商事关系的实体法我们不涉及，留给国际经济法解决。我的这个意见得到了很多中青年老师的支持，因此最后就是按照我的这个思路写的教材，后来这本书进行修订的时候那位持小国际私法意见的老先生也突破了自己最初的体系，毕竟世界的潮流是在发展的。

在法学教育的管理上，我也做了一些事情，教育部还有个组织叫大学生文化素质教育委员会，我跟石亚军老师都是这个组织的成员。大学生的素质教育包括方方面面，文化、政治、体育，但我认为还应该包括法律素质，毕竟大学生作为各行各业的高层人才，除了有基本的做人素质，还应该模范守法，而且大学生在校期间犯罪率也在提高，所以我也写过文章呼吁增强大学生法律意识的教育，作为一个有知识有修养的人应该去模范守法。在我国香港地区召开我国大学生文化素质研讨会上，我做了发言，也收录到清华大学出版社出版的《半生言》里。

大学的功能与 60 纪年的期许

记者：黄老师，近代大学的奠基人冯·洪堡说过大学的任务有两项：一个是教学，一个是科研，现在大学的任务又被赋予第三项，那就是社会服务，应该说立法大体上是属于社会服务这块的，您作为一位学者，一位管理者，一直是有前瞻性的，积极地投入工作，那么请您以一位管理者的身份，来谈谈您是如何看待大学之中这三个任务之间的关系的？

黄进：关于现在大学的功能，现在已经发展到有四项任务了，一个是人才培养，一个是科学研究，第三个是社会服务，第四个是文化引领。我觉得这几者的关系，就大学而言最本质的、最主要的、最首要的还是在培养，所以我觉得应该是要以培养为中心来搞教学、科研、社会服务和文化的传承与创新，这样才是正确的。但是我觉得一个高水平的大学，又不能仅仅是人才培养，一定要进行课题研究，进行课题研究一方面要转化到人才培养上去，同时也要为回馈社会做贡献，比如我们法科强项，那么我们要为国家的立法、司法、改革作出我们应有的贡献，同时对整个中国的法制文化、法制精神这些方面也要有引领的作用，因为一个高水平的大学，不能够仅仅局限在人才培养和教育上。

记者：从新中国成立制定的第一部法律开始，中国政法大学就有教师或者学者参与其中了，走到今天已经有 60 年了，可以说伴随着共和国成长的立法过程都有我们法大人的印记，现在正值校庆之际，黄老师和赵老师，二位对学校有什么期许或是寄语？

赵相林：中国政法大学风风雨雨走过 60 年，坎坷不平。现在取得了这样的成绩是非常值得欣慰的，这是历代师生员工努力奋斗的结果。但是这只能说明过去，展望未来中国政法大学形势应该更加光明。我记得中国政法大学体制改革的时候，就是把我校从司法部转到教育部的时候，教育部领导的一句话我当时记忆犹新：我之所以把你们政法大学留在教育部，不下放到地方，是因为我寄希望于你们作为法学教育的国家队，起到表率主力的作用。他的话我觉得很有道理，教育部对我们寄予厚望，我校应该在教学科研人才培养各方面起到领军作用。所以我不主张过多扩招本科生，并且要加强研究生的教育，应该加强向高层次的发展，现在已经有几百所院校在招法律本科，如果我们停留在这个水平那谈何领军呢？

当然最近这些年我们已经在逐步起到这个作用了，从我们参与立法到我们的学生在政法界司法界起的作用和地位，到我们的科研成果，各方面我们正在实现这个愿望，在这个道路上我们应该马不停蹄地前进，毕竟作为高等法学教育我们这里集中了最强的力量，人数多精英也多，这是我们的优势，师资力量也雄厚，比如我们绝大多数教师都有博士学位，都有海外留学经历，都参加过国家立法，以及法律社会实践服务等，都有这样的阅历。我认为这是非常值得欣慰的。

黄进：我们不能说新中国成立以来，只能说自法大成立以来，我们国家几乎所有的立法活动都有法大人参与，这么讲比较科学。因为中国政法大学作为一个法科强校，作为中国法学教育的最高学府，而且作为一个世界上最大的一个法学家的群体承载，我觉得应该对中国的法治建设，包括立法、执法、司法，甚至包括我们整个社会全体成员的守法，这些方面都应做出我们自己的贡献，而且我觉得还不能简单地、很肤浅地参与，应该是一个深度的参与，能够做出实质性的东西来，我们在有些方面做得不错，但我们做得还不够，还有欠缺，也希望我们法大全体人都能够在这方面继续努力，做出更大的贡献！

第四部分

法治新时代
法治中国的日臻成熟（2012—2021年）

　　2011年，时任全国人大常委会委员长吴邦国宣告，一个立足中国国情和实际、适应改革开放和社会主义现代化建设需要、集中体现党和人民意志的中国特色社会主义法律体系已经形成。2012年，中国共产党第十八次全国代表大会召开，意味着中国特色社会主义和中国特色社会主义法治进入了新时代。2014年10月，党的十八届四中全会首次以全会的形式专题研究部署全面推进依法治国这一基本治国方略。2020年11月召开的中央全面依法治国工作会议正式提出"习近平法治思想"。完备的法律规范体系逐渐显露，法治中国日臻成熟！

　　在这一阶段，法大人与中央对法治的顶层设计保持了更加紧密的步调一致，也更为积极地参与其中。尤其是2017年5月3日习近平总书记考察法大并提出殷殷期望之后，法大以更加饱满的精神和昂扬的姿态驶入了法治中国的快车道。在这一阶段，正处盛年的法大教师依然扮演着共和国法制设计之脊梁的角色，同时也有越来越多的青年一代学者开始对中国立法实践发挥影响。他们之中，有以各种形式参与中国首部民法典制定的李永军、赵旭东、夏吟兰、于飞，有孜孜以求"绿水青山"的林灿铃和生物安全问题的于文轩，有执着于破除垄断、保护弱者利益的刘继峰，有心心念念于知识产权激励创新的冯晓青，有操心于大国总体安全的马呈元，有在体育运动科学规范之路上奔走的马宏俊、王小平，有拓荒于党内法规体系的秦奥蕾，也有身体力行完善对弱势群体法律援助的吴宏耀……

李永军、赵旭东、夏吟兰、于 飞

呕心沥血铸法典　润物无声育丹心[*]

关键词：民法典

李永军，中国政法大学民商法教授、博士生导师，中国法学会民法学研究会副会长，中国法学会民法典编纂项目领导小组成员，北京市破产法学会副会长，中国企业破产法起草小组成员。作为首席专家承担国家社科基金重大项目"民法典编纂的内部与外部体系研究"、重点课题"民法典分则的内部与外部体系研究"等。

赵旭东，中国政法大学民商法教授、博士生导师、商法研究中心主任，中国法学会商法学研究会会长。曾担任最高人民检察院民事行政检察厅副厅长。1999年起先后被评为北京市优秀中青年法学家；第三届全国十大杰出中青年法学家；北京市优秀教师；教育部新世纪优秀人才；2005年入选《当代中国法学名家》；2016年入选"法治中国——有突出贡献百名法学家"；2018年被评为国家"万人计划"教学名师；2019年被评为国务院特殊津贴专家。在民法典编纂研究工作中，担任中国法学会民法典编纂项目领导小组成员和合同编牵头人之一。2019年起，担任新一轮公司法修改专家小组成员。

---

* 采访于 2021 年。

　　夏吟兰，中国政法大学民商法教授、钱端升讲座教授、博士生导师，先后兼任全国妇联执委、北京市妇联副主席、中国法学会婚姻家庭法学研究会会长、中国婚姻家庭研究会副会长，中国法学会常务理事，中国妇女研究会常务理事，国际家庭法协会执委等职。先后获得"全国三八红旗手""全国维护妇女儿童权益先进个人"等称号。中国法学会民法典编纂项目领导小组成员、《民法典》婚姻家庭编主要召集人。

　　于飞，中国政法大学民商法教授、民商经济法学院院长、博士生导师。中国法学会理事、中国法学会民法学研究会理事、北京市法学会理事、北京市法学会不动产法研究会副会长、北京市债法学研究会副会长、国家药监局法律顾问等。参与《民法典》总则编和侵权责任编的立法工作会议和草案专家建议稿起草，以及最高人民法院制定的关于时间效力、担保、侵权责任、合同以及总则编的司法解释制定工作。

I

应运而生的民法典

　　记者：李老师，我们十年之前就采访过您，当时就破产法跟您进行了交流。此次因为正值校庆 70 周年，想对这个书做一个全面的增补。我们了解到您在民法典领域的突出贡献，主要想就民法典的相关问题对您做一个采访。第一个想请教您的问题是，此次民法典编纂的背景，民法典的编纂是在什么情况下提出的呢？

　　李永军：民法典编纂的背景，我总结了这么几个方面，首先是完善中国特色社会主义法律体系的需要。从事实上来说，民法典是宪法外最重要的一个方面，在某种程度上跟老百姓的关系比刑法和行政法更加密切，切实关系到老百姓的人身和财产权利。而我们中国长期以来没有民法典，这个状况其实在周边的国家，包括世界上其他大陆法系国家，都是很少见的，所以需要我们继续完善中国特色社会主义法律体系，这是一个方面。

　　第二个方面，是巩固改革开放胜利成果的需要。我们改革开放 40 多年，应该说在这期间取得了很多的成果，有很多成功的经验，也有很多失败的教训。民法典很重要的一个任务，就是要以法典的方式把成功的经验，包括对于承包经营权的保护等总结下来。从世界的范围来看，不管是法国还是德国，法典的制定，就是为了巩固革命的胜利成果。我们这个民法典的编纂，也是为了巩固我国改革开放 40 多年来的成果。

第三个方面，是我们中国现在的内外部环境还需要进一步发展。无论从外部环境还是从内部环境来看，我们正处在一个十字路口，下一步朝何处走，很多人都有疑问，这确实是个很大的问题。中央决定起草民法典，是对未来建立一个坚实的、基础性的方向，这也是一个很重要的原因。

第四个方面，是整理现行的法律法规、司法解释和判例规则，以便更好地适应法律体系。因为我们很多法律制定在不同时期，而且都是以单行化的方式制定，没有很好地系统化。比如说，我们从 1986 年民法通则、1999 年合同法、2007 年的物权法到 2009 年的侵权责任法，还有在 1986 年之前的继承法和婚姻法两部法律，这些法律的理念，很多东西实际上前面跟后面的差别是很大的，非常非常大；而且有些规定已经不适应中国的需要；有些司法解释前后不一致，对法律的解释不一致；最高人民法院的很多判例规则也不一致，这在法律适用中造成了很多问题。民法典通过编纂、通过立法来整理这些法律法规、司法解释，包括判例汇总，如果合适就要放到民法典中去，不合适就要整理删除。这次民法典的很多条款，都是从现实生活、以前的法律法规，包括一些司法解释中提出来的。比如说，合同法部分中很多条款、融资租赁合同的相关规定都是从最高人民法院的司法解释中提取出来的，这是一个很重要的任务。

第五个方面，是为了适应现代社会的需求。比如说，我们现在的无形资产、网络财产、网络侵权包括智能技术的发展，对民法提出了很多挑战。原来的财产观念已经发生了很大的变化，我们怎样应对现代社会这一特殊的情形——技术进步带来的人们利益保护的需求，民法典的编纂应该说是一个很好的时机。确实在民法典编纂中，也吸收了社会的许多现实需求，具有很强的时代性。

记者：我们都知道民法典的编纂是一项非常庞大、非常艰巨的任务，尤其是老师刚刚提到的第四点，要整理现在所有的相关法律。那么民法典在编纂的时候，所持的一个整体的思路是什么？

李永军：第一个就是要必须坚持社会主义核心价值观，体现习近平法治思想，这是最基本的指导思想。第二个是要立足本土，体现民族性，体现我们中国特殊国情的需要，不是一概地照抄、照搬西方的法律。例如，我们的物权编，我们的婚姻家庭继承编以及侵权编等，都有很重要的本土痕迹，以更好地体现本土民族性，适应中国自身的需要。第三个是要立足中国现存的法律法规，在这个基础上，把成熟的经验固定下来——这个就叫编纂，不是重新起草。在现有的婚姻家庭法、继承法、物权法、合同法、民法总则、民法通则，包括侵权责任法的基础之上，来这做这样一个编纂工作，不是推倒重来。

具体的步骤，就是制定一个详细的规划，分两步走：先制定民法总则，也就是 2017 年通过的民法总则，作为未来民法典的总则编，以后各分编再分别制定出来，最后统一来整合，就形成了民法典。在这个过程中，人格权编是重新起草的，以前没有，而且有一定的争议，目前我正在写篇文章，关于人格权编的教义学分析，其中确实有很多的问题。所以说我们是立足现有的法，在这个基础之上形成自己的民法典，不是推倒重来重新起草一个。我觉得我们确实也做到了。

记者：我们这部民法典和以往法律相比，它的创新之处主要在哪里？

李永军：我们的人格权编是一个很大的创新。目前，只有个别国家的法律有人格权的规定，我们为了在现代社会更好地保护人格权，保护人的尊严和自由，专门加了人格权的规定。

对于人格权的保护，大家在立法的过程中有充分的讨论。当然，对人格权的保护是没有争议的，争议的方式是人格权如何去规定，是规定在自然人下单独设一节去保护，还是设一章或是独立成编去保护，这是大家的争议点。所以说争议的实质，实际上是一个技术问题，不是说要不要的问题。共同的认识都是需要保护，只是说在技术层面放在哪里规定的问题。在我看来它的争议是这样一个问题。这个是最大的创新。

当然还有好多制度也有创新，比如说对于成年人的保护问题。有的成年人虽然他年纪很大了，但他的行为能力也可能有限制或丧失，没有什么自理能力了。这样的人以前法律没有规定，现在步入老年社会之后，这个问题就很突出了，他们未来的这个养老问题、未来的生活等，需要保护他们的合法权益。此外，像继承法中遗嘱的形式有创新和变化、婚姻法中重大疾病不准结婚的规定被删除，还有关注无形财产的保护问题，公共设施或者是一些公共场合的安全保障义务，等等，这都是民法典的创新。

民法典诞生的参与者和见证者

记者：您作为民法典专家组的成员，具体参与了哪些方面的工作？在民法典的编纂过程中遇到了怎样的困难？

李永军：我作为中国法学会民法典编纂小组的成员，参加了民法典的整体结构的完整设计。我跟王利明教授具体负责合同编的撰写，其他编也参加过讨论，但我们主要负责的是合同编。

遇到的困难有这么几个，第一个应该说时间比较紧。中央决定制定民法典是在 2014 年，2015 年 3 月份正式启动相关工作，5 年的时间就要制定完成，实际真正的时间还不到 5 年，最多 4 年。时间紧是一个很大的问题。

编纂的工作跟起草工作比起来更难。我举个例子，法国在 1804 年民法典起草的时候是用了 4 个月，2017 年法国修订债法的时候，113 条用了 13 年。为什么这样？因为起草像在一个平地上盖房子，而现在相当于架好了房子，在修整的时候，需要拆迁动迁，动哪儿不动哪儿，学理和判例都有很多固定的思维，你动就很困难，所以编纂一部民法典比起草困难大得多。我们这 4 年多的编纂时间，应该说是非常紧张，这是第一个。

第二个就是现在学界，大家对于法教义学的认识不是很充分，也就是中国还没有形成法教义学的传统。很多问题，甚至很多基本概念，争议都非常大，大家在很多问题上不能达成共识。我在民法典编纂工作的过程中，深深感觉到实际上学者之间有很多基本的概念都没有共识。比如说什么叫人格权？这个概念本身就争议很大；物权债权的区别到底是什么？差别也很大。再比如说，登记对抗这样的物权是不是物权？在我看来这就不是，物权是一个支配权，能够排他地对抗别人，这是物权的基本概念。但是我们的物权，有很多没有排他性，只有对抗性，这是违背基本概念的。还有，到底什么是法律行为？法律行为能不能分为负担行为和处分行为？是有因的行为还是无因的行为？类似这样的问题，争议是非常大的，几乎没有共识。这些根本的问题，在中国的民法典上始终是若隐若现，若离若合。

另外一个，应该说民法典在整体结构方面的争议也是有的。实事求是地说，就我个人来讲，这个法典离我个人心目中那个理想的民法典应该是有相当大的差距。比如说债法总则都没有，债的很多规则放在合同编上，我始终认为这种做法不太妥当，实际上大部分学者都主张民法典应该有一个"债法总则"，例如王利明教授、杨立新教授、崔建远教授、郭明瑞教授、柳经纬教授等都通过发表文章或者讲座的形式表达过这种观点和愿望。合同编的很多规则直接适用于其他方面，从逻辑上来说是不合适的，但债法总则适用于作为分则的各个部分或者其他特别的债，从逻辑上说就是顺理成章的。类似这样的问题还有很多。

记者： 实属不易。作为民法典从酝酿到诞生全过程的见证者和参与者，您的体会和心得是怎样的？

李永军： 我的体会是这样，首先第一个就是法典不是一个学术作品，是各种因素、各个方面意见的一个妥协体和混合体。它不可能从学理上看起来那么完美，仍有很多的缺憾，每个人可能对它都有一些不同的看法。世界各国好像都有这个问题，包括像美国的侵权法、合同法都有这样的问题。这不是一个学术作品，从纯粹学术的眼光和教义学的眼光来看，可能有很大问题，但是最后实践可以告诉我们，到底适不适合中国生活和时代的需要。如果有问题，我们再通过正当程序修复。

第二个体会呢，从未来的法律教育来看，民法典出来以后，应该会对中国法学和法学教育产生深远的影响。如今我们有了自己的民法典，我们在这个基础上去教学、去研究，这对我们的法学教育、对法律实践、对法官判例的规则都形成了影响。现在我看有一些地方，很多人已经在发表对民法典条文的注释，这很有作用，大家慢慢地对民法的很多东西达成共识。大家对很多制度也应该达成共识，这个共识必须在民法典的基础之上，通过解释、通过讨论、通过办案的实践，去达成一致的认识。这样，不管是对法学教育还是法律实践，都是有好处的。民法典是一个非常有意义的东西，它会对中国的法学教育产生积极的影响，这是我的感受。

毕生的追求是做个好老师

记者： 您在法大已经有许多个年头了，在校庆 70 周年的时间节点上，想请李老师谈一谈您和法大的一些故事。

李永军： 从我来北京做博士后，到成为一名教师，我一直在非常认真地从事我的教学工作。我对法大的感情还是比较深的，这是我学习和成长的地方。到今天为止，应该说我把我大部分的生命和青春都献给了法大。

现在都快 60 岁的人了，对法大还是非常有情结，特别是在江平老师的教育指导下，和法大一起经历、一起成长。应该说，法大给了我一个很好的舞台，我看着法大一步步走向今天的辉煌，经历了不同的时期，我见证了这个过程。法大真的很了不起，其中，有老师的努力，也有同学们共同的努力。

对法大有很多想说的东西，但是也很难一下子表达出来，还是感谢法大给我提供了一个很好的平台。

记者：作为一位民法学者，您毕生的追求是什么？

李永军：我毕生的追求就是做一个好老师。其实我大学毕业的时候，真的不想做一名老师，但是自从来到法大之后呢，这一帮年轻人学习的热情、学习的激情和努力激励了我，让我觉得做一个老师真的是非常自豪的事情。所以我自从来到中国政法大学，就再也没想过变换职业。

我 1994 年来到中国政法大学，快 30 年了，从来没有迟到过一节课。我向来认为，作为老师必须这样，不仅这样，我要求学生也这样。你们可能都听说过，我的课，你迟到了不准进课堂。你当学生、我当老师，都不可以迟到；作为老师、作为学生，一点时间观念都没有，那不配学法。所以我历来都是说，不准迟到，其他都不要紧。这不是要惩罚你，这就是要告诉你，上课很重要。

在中国政法大学的这些年来，我一个最深的体会就是，中国政法大学这群学子，应该算是全国最优秀的学子。每次上课那种学习的认真劲儿，课上什么动作都没有，鸦雀无声。这种学习的上进，不断地追求和努力，给我留下了很深的印象，到任何地方去讲课，都很难感受到这样一种气氛。这对我教学工作确实是一个很大的鼓励，有满足感。中国政法大学当时没有建大楼的时候，除了学生就真的没有吸引人的地方。当时应该说有很多学校希望我到他们那里去工作，我确实是没有动摇的，没有想过要离开中国政法大学。我这都快退休了，至少说到今天为止，还没有这个想法。

如果说谈到法学教育的未来，中国的法学教育应该向何处走，这是一个现在需要思考的问题。在我看来，我们中国目前法学教育基本的改革思路，并没有达到非常好的效果。我们很多的评价、很多的指标都是急功近利、竭泽而渔，并没有真正把法学教育实实在在提上去。作为民法学科的一名教师，我觉得踏踏实实地做事，是这个学科需要一直秉承的传统。我每周都与民法的老师进行教学研究，每一节课、每一部分，比如说法人、自然人怎么讲。在民法典出来之后，民法教学其实应该进一步去反思。中国法律教育确实面临很多的问题，对于学生如何有积极学习的动力、如何适应社会的需要这些方面，我想还是应该踏踏实实地走好每一步。

记者：您对法大有什么寄语或者期盼？

李永军：希望咱们法大的法学教育越办越好！真心地希望我们法大作为法学教育的领头羊，能够继续引导中国的法学教育走向辉煌。同时也希望法大的学生继续保持这种对知识的渴求，这种学习的劲头，对知识不懈追求的努力。

II

学贯民商，国之栋梁

记者： 赵老师，请您简单介绍一下您参与《民法典》的编纂情况。

赵旭东：《民法典》是在2015年前后开始的。我作为民商法专家学者比较全面、深入地参与了立法工作，主要是专项研究、提出立法建议等。具体来说，首先在《民法典》编纂工作启动以后，中国法学会被确定为《民法典》编纂的五个国家机关或单位之一。为此中国法学会专门成立了一个中国《民法典》项目领导小组来进行《民法典》立法的相关研究工作，我应邀担任这个项目领导小组成员。小组成员基本上都是全国民法专家，主要由中国法学会民法学研究会的会长、副会长组成，而我是作为商法学科的专家参与。其次，在《民法总则》颁布之后，又开始了《民法典》分编编纂工作。中国法学会为此又组成了5个分编的立法研究小组，其中一个是合同编。每一编由3位学者担任牵头人，我是其中之一。最后，在整个《民法典》编纂过程中，尤其是后期在全国人大正式审议之后，我作为立法的核心专家之一参与了绝大多数的立法草案研究、征询意见工作。这个核心成员大概有五六位专家，都是全国著名的法学家。在《民法典》的立法工作当中，我对一些重要的制度、规定提出立法建议和意见，有的得到了立法机关采纳，最终反映在《民法典》的条款当中。其中特别重要的有：（1）关于法人的分类和立法的体系安排。（2）关于法人格否认规则。（3）关于捐助法人的概念以及相关规则。（4）决议行为作为民事法律行为的定性和规定。这几个方面是《民法典》立法当中创新性的制度和规则，作为学者，建议和意见得到了立法机关的肯定，反映在立法中，我觉得是非常不容易的。

记者： 您刚才说到了《民法典》合同编的起草，请您再详细地介绍一下合同编的起草过程。

赵旭东： 在《民法总则》颁布之后，合同编的起草工作马上就开始进行了。这个和总则编一样，由中国法学会组织全国的专家学者向立法机关提供统一的立法建议。全国人大根据各方面意见形成了法律草案之后，按照各个分编征询意见。在立法过程中，《民法典》审议了3次。每一次全国人大审议之前都会召开专家座谈会，征询提交大会审议的意见。每一次大会审议之后，在下一次审议之前又会召开专家意见会来进行修改。其他分编我有时候参与，有时候没有参与，但是合同编每一次都应邀参与了。合同编的项目小组有三位牵头人，一位是中国人民大学的王利明教授，一位是北京航空航天大学的龙卫球教授，再加上我。合同编在《民法典》分编当中，条款最多，立法内容最多，立法难度最大。整个合同编的条款占《民法典》的大概1/3。其实在《民法典》分编立法中，物权编变化不大，基本上是把原来的《物权法》搬过来，侵权责任编、婚姻家庭编变化也不大。变化最大的就是两个，一个是人格权编，这是一次全新的立法，当然它的条款很有限；另一个就是合同编，增加的内容和条款非常多，其中合同类型就增加了4种，体系上也有很大的变化。

记者：请问在合同编的立法过程中，有没有出现一些争议比较大的问题呢？

赵旭东：当然了，争议问题很多。一个是我们的立法当中经常出现的各种争议问题，另一个是合同编修改比较多，增加的内容比较多，因此争议问题也比较多。从开头到最后，一直有各种问题的不同意见，甚至到立法要通过前的那一次，都还有一些相当重要的问题大家有不同的主张。比如关于合同的审批对合同效力的影响问题，理论上、实践中多年来一直有争议。《民法典》想把它在立法上作一个明确的、系统的规定，登记、批准对合同效力有什么样的影响？比如，未经批准的合同，它的效力是无效还是不生效？合同未经批准，当事人不去报批，如何进行救济？是不是可以要求当事人履行报批义务？当事人不报批，合同不生效，要承担相应的法律责任，这种责任是一种违约责任还是一种赔偿责任？可不可以要求强制履行，即强制当事人去报批？有些问题在立法上是有争议的，有些问题已经作了规定，但不是很清晰，这也反映了立法求同存异的一个过程。

民法典中的商法

记者：您是商法领域的权威专家，而商法在《民法典》编纂过程中的安排也是我们高度关注的一个重大立法问题，那么，在《民法典》的编纂过程中，您是如何看待这个问题的呢？

赵旭东：民法和商法是两个密切联系的法律部门，民法和商法的关系也是一个理论上的重大问题。同时，各国的立法也有不同的安排，由此形成了民商合一和民商分立两大立法体例。那么，我们国家是属于怎样的立法体例呢？这个在学理上、实务中都有不同的主张。有人说我们国家是民商合一，有人说我们国家是民商分立。就我个人的认识而言，我觉得我们国家以前其实既不是典型的民商合一，又不是典型的民商分立，因为我们国家从来就没有形成两个统一的法典，我们这次才刚刚制定《民法典》。当然，就这次《民法典》的立法来说，我们的立法机关在关于《民法典》的立法说明当中提出，中国是民商合一的立法体例。因此，大家一般都认为我们国家现在就是民商合一。

如果是民商合一的话，也就是按照传统的民法理论和商法理论，商法是民法的特别法，商事关系是特殊的民事关系，因此就是两个紧密的、不可分割的法律部门。在这次《民法典》立法当中，如何处理民事立法和商事立法的关系，从《民法典》立法启动以来，学界就高度关注，同时研究得非常热烈、深入。我自己从一开始就有这样一个意见，认为中国《民法典》的制定必须统筹兼顾商事立法主体。因为民法和商法之间存在着一种紧密联系，所以《民法典》立法必须首先确定中国的民商立法的体例安排，也就是制定一个民商合一的民法典，还是制定一个民商分立的民法典。如果要制定的是民商合一的民法典，那就要把所有的商事规范囊括其中，以后就不再制定商法典了。如果说要制定的是民商分立的民法典，那当然现在的《民法典》就不需要涉及商事立法的内容，而留待将来专门的商事立法去解决。

在这个过程当中，我也发表了一些文章提出我们国家从目前的情况看，不可能制定一个像西方国家那样包罗万象的民法典，不可能把现有的商事立法全部囊括到一部民法典当中，这既不需要也不可能。那么将来是不是要制定一部专门的商法典呢？也就是把所有的商事规范全部统合在一起，包括现在已经出台的《公司法》《证券法》《破产法》《保险法》等，都囊括在一部商法典当中呢？我认为这也不一定必要，可能没有什么实质的合理性。我所主张的是我们国家的立法体例可以采取一种有分有合的安排，也就是民法制定一部统一的法典，现在我们已经完成了。商法就采取单行法的立法方式，也就是让现在的《公司法》《证券法》《票据法》《保险法》《破产法》独立存在，不需要把它们统合在一部法典当中。当然这里面有一些具体的理由，我也认为这样一种立法结构和体例其实是符合我们国家的整个立法要求和客观需求的。这并不是理论的一种设计，而是中国立法发展自然而然的一个结果。而这种结果，实践证明它是合理的，这次我也对这个问题提出主张。现在来看，我们的《民法典》已经颁布了，现在的商事立法，我认为可以继续保持这种单一化的结构。但是我们提出一个非常重要的立法意见，即应当制定一部总括性的商法通则。也就是说，我们中国的商事立法到现在为止都是一个一个具体的部门单行法，缺少一部统领所有的商事单行法的一般性规则，类似于我们原来的《民法通则》。

　　我们国家其实在 20 世纪 80 年代制定《物权法》《合同法》之前，最先制定了《民法通则》作为民事关系的一般规范。而在商法领域，我们虽然制定了一个个单行的商法，但是却没有一部统领和覆盖所有商事活动、调整一般商事关系的法律规则。因此，整个商事立法现在处于一个群龙无首的碎片化状态，这个与立法本身要求的系统性、科学性、完备性有明显的冲突。因此，从这一点来说，我觉得我们国家历史上民商事立法已经有所完善，但是还不够。

　　现在看来，最缺少的是一部基本的商事立法，这就是我们所说的商法通则。这些年的商法学界为此进行了广泛深入的研究，在理论论证方面已经非常充分，现在需要的是立法能够进行实际的推动。为此，商法学研究会两三年前就在研究的基础上向全国人大提出了制定中国商法通则的建议，还向一些省份的全国人大代表反映我们的意见。在三年前，也就是 2018 年，在全国人大会议上，有四个省的人大代表团向全国人大提出了制定商法通则的议案，有一个省的人大代表提出了制定商法通则的立法意见。什么叫议案呢？议案要有 30 个以上的代表联署。另外还有一个省的全国政协委员向全国政协提交了一个制定商法通则的提案。全国人大的叫议案和建议，全国政协的叫提案。因此，在当年的两会上，也就是一共有五个省份的人大代表和政协委员提出了制定商法通则的立法意见。当然，这个工作现在看来也还是相当艰难，一个国家的立法推动确实不容易。我们《民法典》的立法从新中国成立就开始了，结果这一走就走了 40 年，还是靠党的十八大决议才确定了这个立法任务，现在才得以启动。对商法通则，现在看来也得作长期准备，不是一时半会能够推动的。这就是我的个人意见。

　　记者：赵老师，除了法律的修订，您还参与了哪些社会活动呢？

　　赵旭东：社会活动有很多，比如司法实践，其中很重要的就是参与最高人民法院一些司法解释的制定和研究，对于一些专门问题的研究，比如说最高人民法院起草的《九民纪要》，也就是第九次《全国法院民商事审判工作会议纪要》。这是一个很重要的司法指导性的文件，虽然它不是司法解释，但是它比很多司法解释都更为系统、更为全面。因为它把多少年来，我们民事、商事审判工作当中一些问题作了集中的梳理和总结，提出了相应的司法裁判规则。在纪要起草过程当中，我深度参与，提供了很多自己的意见，其中就包括参加最高人民法院最终通过这个会议纪要的第九次全国法院民商事审判工作会议，当时邀请了 4 位专家学者出席此次会议。其他有关部门，比如国家市场监管总局，他们在工作当中遇到一些问题，也经常邀请专家学者征求意见。还有大型国有企业的法律宣传，一些特别的法律问题研究，还有给领导干部进行相应的法律宣传培训，当然也包括对法官、律师进行的法律宣传培训。《民法典》颁布之后，对《民法典》进行宣传就是中央给整个法学会提出来的任务。

Ⅲ

切磋琢磨，为民立法

记者：夏老师，请您简单介绍一下您曾经参与过的立法工作，分别是以什么形式？

夏吟兰：我是 1986 年从法大研究生毕业，毕业以后就留校任教了。当时我的硕士生导师是非常著名的婚姻家庭法学专家巫昌祯老师，所以我留在学校后就开始追随巫老师参加一些立法活动，最早参与的立法活动是《妇女权益保障法》。我们在 1987 年、1988 年就开始做一些研究工作，然后在 1989 年前后就开始调研。我研究生毕业比现在你们研究生毕业的年龄偏大一点，因为我是先工作后上大学的，上大学时已经 22 岁了。我觉得在研究生毕业后能跟着老师有这样的一个机会参与立法活动，对刚毕业的我来说其实是特别好的，是一次非常好的经历。因为巫老师是当时专家组的组长，所以我跟着巫老师一起参与了《妇女权益保障法》立法的很多活动，包括调研、论证以及之后起草专家组的建议。在那之后我也参与了《婚姻法》2001 年立法修正案的专家组，那时候我就是专家组的正式成员了，作为专家组成员参与了调研、起草、论证的工作。再后来我又参与了《未成年人保护法》《残疾人保障法》等立法活动。

以上这些就是我从 20 世纪 80 年代末到 21 世纪初这一期间主要参加的立法工作，从 2000 年开始，我参与了全国人大常委会法工委组织的《民法典》立法活动，参与起草了《民法典》的专家建议稿，应该是在 2002 年、2003 年，大概就是那个时候，因为《民法典》是经历了五次起草，这一次实际上是最接近 2020 年颁布的《民法典》的一次，也是有一个专家建议稿，当时我们负责的就是婚姻家庭编和继承编，也是以婚姻法学研究会名义承办这项工作。当然那次《民法典》立法活动因各种原因未能完成，所以当时的专家建议稿就成为后来 2020 年颁布的《民法典》婚姻家庭编的专家建议稿中很重要的一部分参考资料。

2000 年，我同时参加了中国法学会主持的《反家庭暴力法》的调研、论证以及专家建议稿的起草工作。当时最开始做的工作也是做调研，其实我觉得立法最重要的就是调研工作，因为首先要知道实践中存在什么问题，立法要以问题为导向。立法一般要先讨论必要性和可行性，然后再考虑立法的效度、效益，是否可执行等因素。最开始推动《反家庭暴力法》立法的时候，我是参与中国法学会的一个项目的，当时那个项目是"反对针对妇女的家庭暴力对策研究与干预"。我认为反家庭暴力立法是一个改变观念的过程，因为家庭暴力在 2000 年的时候，从法律层面上根本就没有这个概念，而且在中国的传统文化中丈夫打骂妻子、父母打骂子女是理所当然，打是疼，骂是爱嘛。所以从 2000 年我们就开始做反家庭暴力的调研、倡导工作，然后开各种论证会，讨论要不要起草，需不需要立法，与其他相关法律的关系，等等，其实当时是从防治家庭暴力的角度做这个项目的。

2015 年中国法学会成立《民法典》编纂领导小组，那时民法典总则就开始起草，然后是论证，我是那个领导小组的成员。后来在 2016 年我们就开始进行分编立法的工作，我当时是婚姻家庭编的主要召集人，组织全国婚姻家庭法学界的专家学者起草了《民法典婚姻家庭编专家建议稿》。此外我还参加了一些部委及地方性法规的起草论证工作，比如说参与起草、论证《婚姻登记条例》《收养法》《北京市实施妇女权益保障法办法》等。作为一个学者参与立法，我觉得其中一个特别重要的意义就是能够将理论研究和立法实践紧密结合，能够把理论研究的成果转化为法律条文、司法解释、地方性法规。也就是说，你的研究实际上在某种意义上推动了立法的进展并最终推动社会的变化，我认为这个其实是非常有意义的一件事，因为我们做的法学研究本身就是一个实务性比较强的研究，不是一个纯理论的研究。所以我觉得通过这么多年参与立法，从我在法大读书再到毕业留校任教然后参与立法活动已经 40 多年了，作为一个法学专家或者教授法学的老师，能够参与社会实践、了解社会现实、参与立法，包括参与一些司法活动，我认为对于一个法学工作者来说是非常重要的。

民法典背后的故事

记者： 现在整个社会已经掀起了一股学习《民法典》的热潮。请问您参与婚姻家庭编起草的过程是怎样的？我们知道它的过程是非常长的，我们想听一听背后的故事。

夏吟兰： 全国人大常委会法工委自民法典总则颁布之后，开始启动分则各编立法。我是中国法学会民法典编纂领导小组的成员，我记得领导小组开了一个会，进行分工。我因为是中国法学会婚姻家庭法学研究会会长，自然就承担了婚姻家庭编的起草工作。我接到这个任务以后，就把它作为我们研究会的项目，组织我们研究会的专家学者来参与这个工作。作为会长，我有团结全国婚姻家庭法学法律工作者来完善婚姻家庭法律制度的使命与责任。我们把婚姻家庭编分成几个部分，各部分负责人就是婚姻家庭法学研究会的副会长。《民法典》婚姻家庭编立法课题组的主要负责人，一个是我，一个是中国人民大学的龙翼飞教授，他是我们研究会的常务副会长，还有一个是徐涤宇教授，他是中南财经政法大学法学院院长。我们课题组把婚姻家庭编分成几个部分，一个是总则，就是通则，后来又改成了一般规定。然后有结婚制度、家庭关系、离婚制度，还有亲子关系、收养、监护。我们把它分成这么几章，然后研究会的副会长每个人负责一章。我们从 2016 年接受了中国法学会的委托以后，先后召开过 5 次研讨会。我们先由各个章的负责人组织起草，先有初稿，然后再召开研讨会进行讨论。另外，婚姻家庭法学研究会每年都有年会，那几年我们年会大的主题基本上都是《民法典》婚姻家庭编的立法。所以说婚姻家庭编专家建议稿的起草是我们婚姻家庭法学研究会集体智慧的产物，它不是某一个人的。

记者： 您认为这次《民法典》婚姻家庭编立法主要的目标和价值取向是什么呢？

夏吟兰： 关于《民法典》婚姻家庭编，我认为这次编纂与从前相比最大的不同即在于立法价值取向上要特别关注中国婚姻家庭文化的一些特色，要能够体现本土价值和民族特色。我们将社会主义核心价值观这一重要理念贯彻在婚姻家庭立法当中，并特别重视婚姻家庭的人伦本质和人文关怀，坚持维护婚姻家庭的伦理属性以及它的团体价值，坚持尊老爱幼等体现中国传统文化的价值理念，同时将维护婚姻家庭关系的平等、互爱、和睦、诚信作为婚姻家庭立法的宗旨。实际上婚姻家庭编的立法过程中，既要保障婚姻自由，实现维护一夫一妻、男女平等的目标，又要特别关注对弱势群体的保障，无论是立法理念还是具体制度上都更加体现人文主义、养老育幼的家庭功能。

离婚冷静期制度之思

记者： 提到婚姻家庭编的具体制度，目前讨论最多的便是离婚冷静期制度，那么在中国本土语境下，这一制度在哪些方面体现了中国婚姻家庭文化的特色呢？

夏吟兰： 离婚冷静期最初被称为离婚审查期，规定在 1994 年的《婚姻登记管理条例》中，至 2003 年颁布《婚姻登记条例》时被取消。取消这一制度的重要原因是，2003 年的婚姻家庭立法开始关注对个人自由的保护，更加注重意思自治，立法者认为离婚是个人事务，不需要按照 1994 年的规定通知单位、征求单位同意、出具单位证明，于是立法改为离婚申请则立即审理，这一行政程序的改变也极大地降低了离婚的成本。此后，离婚行政程序的审查完全是形式审查，仅需出具身份证、户口本、结婚证等证件，有离婚协议书的则只需双方皆签具"同意"即可，诸如感情是否破裂、子女抚养问题、财产分割情况、是否需要给予对方特殊照顾等实质问题，婚姻登记机关不做审查。但正是由于离婚的成本极低，2003 年以后中国离婚率便持续升高，当年的离结比从超过 10% 到超过 20%、30%、40%，甚至有些省份的离结比达到近 60%，已经同美国等西方国家相差无几。

我认为婚姻自由是必须保障的，但任何自由都不是绝对的，而是法律规定范围内的相对自由。离婚不仅涉及夫妻双方当时的感情状况，还会涉及子女问题、社会问题等，并不是纯粹的个人事务。因此，在保障婚姻自由与防止轻率离婚之间应当有一个良好的平衡措施。而设置离婚冷静期的目的，就是保障当事人在登记离婚的冷静期内能够就是否离婚，以及如何处理离婚后的各种事务做冷静的思考。

有人会提出疑问，离婚冷静期的时间为什么是一个月而不是三个月、半年，为什么和其他国家不一样？其实各国之间的离婚冷静期规定也是不一样的，部分设置了离婚冷静期的国家只存在诉讼离婚，不设置行政程序的离婚，所以各国之间的冷静期时长也各有不同。至于"一个月"的时长确定，是与刚刚提到的离婚审查期有关。1994 年的离婚审查期时长即为一个月，当时便考虑到三个月的时间过长，会导致对当事人离婚的限制更多，如今的离婚冷静期也是作此考虑。

一方面，我们希望能通过这一个月的冷静思考，提高当事人之间意思表示的真实性和一致性，更好地保护未成年子女的利益。离婚涉及子女由谁抚养、抚养费如何支付、一方如何探望等一系列影响孩子身心健康的问题，这些影响是可能伴随孩子一生的，当事人一定要做认真的考虑。另一方面，我们希望能够从制度上减少冲动型和规避政策型的草率离婚，所以通过设置一定的期限来提高离婚的成本。2021 年 1 月 1 日后的新闻报道显示，离婚冷静期制度设置以来，有 70% 的人不会再第二次领取离婚证，不排除有部分夫妻通过诉讼程序离婚，但离婚冷静期的设置的确大幅度减少了草率离婚。

我想这个结果符合立法的目的，离婚冷静期设置的目的就是要达到保障离婚自由与防止轻率离婚之间的平衡。

记者：通过您的解读，我们对离婚冷静期制度的了解更加深刻，也感受到婚姻家庭立法经历了如此之久的立法过程。那么，自 1950 年至今，70 多年的婚姻家庭立法整体趋势是怎样的？在这些立法活动的参与过程中，您有哪些感触呢？

夏吟兰：1950 年《婚姻法》确立的婚姻自由、一夫一妻、男女平等、保护妇女儿童和老人的合法权益这四大基本原则一直延续至今，直至《民法典》婚姻家庭编时它的核心内容依然没有变化。1950 年《婚姻法》规定的这四大基本原则在当时的世界各国婚姻立法中都是非常先进的，那时很多国家的夫妻关系立法仍然是，妻从夫姓、财产归丈夫管理等，在很多规定上男女都是不平等的。世界上许多国家都是在 20 世纪六七十年代之后才逐渐修改婚姻立法，采取新的法律平等的夫妻关系。所以，从这个意义上来讲，我国 1950 年《婚姻法》不仅是新中国立法史上非常重要的开篇之作，也是新中国法律文化史上非常重要的开篇之作。

从 1950 年《婚姻法》出台至今，仅就婚姻自由这一方面来说，我国的婚姻家庭立法是从保障婚姻自由到强化意思自治，再发展到以人为本，稳定婚姻家庭关系。在夫妻关系上，从强调形式平等到更关注实质平等，这个也是非常重大的变化。我在前面也提及了，男女平等是我国婚姻家庭立法的一个基本原则，从1950 年《婚姻法》开始，我们就在如何逐渐实现从形式平等到实质平等展开了立法改革。比如，我国婚姻家庭立法中规定的家务劳动补偿、离婚经济帮助等制度，这些制度体现了我们在一些特殊的情况下，对相对弱势方采取特别措施的保护，包括对妇女、老人、儿童的保障。前述所列举的制度实际上就体现了我国婚姻家庭立法，从强调形式平等到更关注实质平等，然后再到关照弱势群体利益的趋势。每一次立法的进步，其实都体现了整个社会的发展进步，并且我国婚姻家庭立法始终保持着法律对正确婚恋观与家庭观念的引领，在社会秩序的稳定和家庭关系的和谐方面发挥了重要作用。

我国婚姻家庭立法一方面要解放人性，保障意思自治，另一方面也特别关注实质平等以及弱势群体利益的保障。同时，我国婚姻家庭立法也在真正地引领着我国社会上婚姻家庭观念的变革和发展。

记者：您对我国未来的婚姻家庭立法，有怎样的展望或期望吗？

夏吟兰：你刚才其实也提到了，你们认为我国婚姻家庭立法的时间已经足够长了。但在我看来，立法的时间其实还是不够。虽然 3 年的时间听起来很长，但其实一个法律的出台不是 3 年就能够完成的。既然现在我国《民法典》已经出台了，我希望立法机关、司法机关以及专家学者共同努力，对这个婚姻家庭编的实施状况进行一个大范围的调研。

这并不是说在《民法典》出台之前我们没有进行调研，而是这种全国性的、大范围的调研还是不够的。我希望通过做这种大范围的调研，在充分调研的基础上进行延展性的、有针对性的研究，通过调研我们也可以发现我们到底解决了哪些问题，还有哪些问题没有解决。其实很多问题在本次立法中是没有真正解决的，比如说同居关系。同居可以说是一个普遍现象，但同居关系是否要进行保护，我们是不是只能保护婚姻关系？我们现在的婚姻关系一定是办理结婚登记的、具有法律效力的夫妻关系。对于那些没有办理结婚登记的、在一起共同生活的人，他们的权利要不要进行保障？所以同居关系在本次立法中实际上是一个没有解决的问题。

所以，我想强调做大面积调研这件事的重要性，尤其是针对立法不成熟的现状和存在的立法空白。只有经过调研，我们才能发现实际上存在的很多问题，比如说人工生殖子女的问题，大家也看到了许多相关的案例。在案例中，这些孩子的法律地位到底怎么确认，这是一个值得思考的问题。当然，《最高人民法院关于适用〈中华人民共和国民法典〉婚姻家庭编的解释（一）》中对人工生殖子女的法律地位有一个概括性的规定，但这不足以解决所有的问题，需要进一步确认。此外，监护制度在《民法典》总则编中的规定比较概括，由于总则编的性质，对该制度的规定不可能具体到所有的情况，但在实践中，老年人的意定监护等问题还需要作进一步的、更具体、更完善的规定。

从立法上，我觉得需要通过大范围的调研对相关立法进行完善，可以通过制定一些司法解释、地方性法规等法律规范对更为具体的问题进行规定。

记者：马上就是法大校庆 70 周年了，请问您对咱们法大有什么寄语呢？

夏吟兰：祝母校人才辈出、桃李天下、立德树人、经国纬政，也希望法大学子早成才、多成才，为母校增光添彩！

IV

民法典：开启体系化的征程

记者：于老师，请您谈一谈，本次《民法典》的颁布有何意义？目前的实施情况是怎样的？

于飞：《民法典》的颁布实施，其意义是多维度、多层次的。首先是有利于民众的权利保护。对于整个社会及民众而言，《民法典》首先大大地唤醒了大家的权利意识，增强了民众的权利保护水平。其次是对市场经济的奠基作用。对于国家而言，《民法典》为整个市场经济的健康发展奠定了法律基础。《民法典》所规定的主体制度、使用权和所有权制度及合同制度，例如交易当中获得利益以后不受他人侵害和剥夺的侵权制度等，这些都是交易赖以发展的根本的法律前提。最后，《民法典》提高了民法的体系化水平。从学术的角度讲，《民法典》比单行法的进步之处即在于，它当然地增强了民法的体系。下面我通过两个例子具体解释《民法典》不仅仅是简单的"九法合一"。

第一个例子是，《民法典》合同编中，第464条第2款规定："婚姻、收养、监护等有关身份关系的协议，适用有关该身份关系的法律规定；没有规定的，可以根据其性质参照适用本编规定。"而根据之前《合同法》第2条第2款的规定，"婚姻、收养、监护等有关身份关系的协议，适用其他法律的规定"，是没有参照适用的规定的，即身份关系的协议不适用合同法。这就将合同法本身假设成了一部财产法，用以处理债权债务关系。一旦把合同、婚姻和家庭都纳入《民法典》当中，合成一部法典的时候，就必须得考虑身份关系的协议与合同之间是什么关系。而身份关系的协议同样也有要约、承诺的合意达成问题；也有合同效力的判断问题；也有合同履行的问题；违约以后也涉及违约责任的问题。于是《民法典》把合同的一整套机制、机理和规则都推进到了身份关系协议里，一下就打通了一个非常重要的领域：可以引用合同、债权关系的理论去整理家庭、继承、收养、监护等身份关系。

第二个例子是，《民法典》第1001条规定："对自然人因婚姻家庭关系等产生的身份权利的保护，适用本法第一编、第五编和其他法律的相关规定；没有规定的，可以根据其性质参照适用本编人格权保护的有关规定。"身份权的保护本身就比较薄弱，规定也有很多缺失，因为本来身份权这一部分就不属于民法范畴，不像婚姻法等有单独的学会、单独的一部法律。但是身份权和人格权都属于非财产权，二者就会有很多相似性，例如，消除影响、赔礼道歉、承担精神损害赔偿等保护方式都是类似的；且身份权也同人格权一样不能转让、不能继承。《民法典》的规定又把身份权和人格权这两个领域通过参照适用而融贯起来，使得相类似的领域可以适用相类似的概念规则。这才能够在整个民法里面实现相同事项相同处理，这是正义的根本保障。所以《民法典》里面有那么多参照适用，它们把两个原来各自封闭、各自独立的领域给打通了，使得类似的领域当中可以适用相似的机理、概念、规则。

因此，《民法典》绝不是把曾经的九部法律的编号变一变，而是积极地去考虑和处理体系内部的问题。但是这些参照适用只是指出了道路、搭建了桥梁，而非全部参照，例如合同编中不是每一个条文都能参照到身份关系协议，因为身份关系不能完全地价值化。此时就需要具体分析案情了，而这需要经过漫长时间的讨论，需要理论和实践相结合。《民法典》只是开启了体系化的征程，而民法体系化的重大探索，也为其他部门法的体系化提供了一个比较好的思路。

就《民法典》目前的实施情况来看，社会各方面的反响还是比较良好的。当然，在它的实施过程当中就像习近平总书记指出的，实质性的立法和配套措施还要继续，比如对于个人信息保护，仅有《民法典》中规定的几个条文是不足够的，还要加强同司法的融合，以及制定相关的单行法律。另外，制定司法解释的最高人民法院实际上也分享了一定的立法权，学界对此还是比较冷静的。双方在沟通和协作的过程当中，一方面为最高人民法院提供智力支持，另一方面也提出建议——即司法解释应坚持问题导向，不要搞体系，否则就会把法律架空乃至取代了。《民法典》中的哪个条文在实际操作中还存在不明确、不明晰、不统一的问题，就需要用司法解释的方式把一个一个的问题澄清、明晰和具体化，这才是司法解释该做的。此外，《民法典》在实施的过程中还是要依赖于法官具体的裁判，裁判当中出现了问题，就要回到理论界研究、解释，再反馈到立法层面。可见，《民法典》的实施仍需要立法界、司法界和理论界一起形成良性协作。

制定过程中存在分歧

记者：您是如何与《民法典》结缘的？在《民法典》的制定过程中，遇到了哪些困难？

于飞：我在中国社会科学院读博士的时候，协助导师梁慧星教授做过民法典编纂的相关研究和课题。到了法大任教之后，也在自己研究的领域尽力为民事立法提供帮助。应该说，我从读书时期便一直在研究民法的理论，又恰逢民法法典化的时代潮流，于是自然而然地就将法典问题和自己的研究，以及其他工作结合起来了。

在《民法典》的制定过程中，人格权是否独立成编是最大的分歧。一方面，人格权独立成编可以彰显人格尊严、人格至高无上的价值和受保护程度。"二战"以后，人格权逐渐发展起来，人格权保护也愈发得到重视。但是另一方面，人格权独立成编从法律适用的技术层面上看还存在问题，因为人格权所涉及的主要是受到侵犯之后的保护制度，而与交易相关的人格权商品化内容很少。人格权独立成编，很大程度上使得人格权编变成了"人格权侵权编"，而侵权责任编变成了"财产侵权编"，导致了侵权制度的割裂。而侵害几乎任何一个人格权，实际上都可以援引《民法典》第1165条第1款："行为人因过错侵害他人民事权益造成损害的，应当承担侵权责任。"即以侵权行为过错责任的一般条款为依据，这才产生侵害人格权的侵权责任。人格权编中的大部分规范都是对这个请求权基础规范的具体解释，属于侵权责任编的辅助性规范。人格权保护的理念非常重要，但这种理念是否必须要通过独立成编的立法技术路径才能表现出来，这是一个问题。但是现在人格权独立成编已经是既定的事实了。

另一个分歧，就是合同编中要不要有债法总则。目前的合同编其实是包含债法总则的，核心就在于《民法典》第468条："非因合同产生的债权债务关系，适用有关该债权债务关系的法律规定；没有规定的，适用本编通则的有关规定，但是根据其性质不能适用的除外。"特别法律没有规定的侵权之债等非合同之债，在代位权、撤销权和转让、变更、抵销、免除等方面是否适用债法总则规定？《民法典》正确地移除了草案中的"参照适用"，这就意味着整个合同编里是包含了相当数量的属于债法总则的规定。任何一种债都是直接适用债法总则的规定，而不是参照适用。直接适用使法律适用更为清晰明确，确定性更强。如果是参照适用也即类推适用，则在判决中就会出现不同法官在相似性判断上的完全不同，从而导致同案不同判，同样的事项无法同样处理。

例如，合同编第六章中将所有与合同转让有关的表述都写成了债权转让，这是正确的。如果表述为"合同"，则这些规则就只能调整合同关系；但是换成债的一般表述，则所有典型的债权规则都可以直接适用债权转让规定。可以想象，如果这里是"参照适用"，就会存在相似性的判断上的分歧，例如可能有人就会认为侵权产生的不是损害赔偿之债，而是侵权责任，因此无法类推适用债权转让的规定。但这恰恰是不正确的。我在参加立法工作会时多次强调，应当将第 468 条的"参照适用"改为"适用"，然后把合同编中的债的一般规则调整为债的表述。这样，虽然形式上没有独立的债法总则部分，但是债法总则规范是有的，只不过被散置在合同编里，各种各样的债均可按照第 468 条的规定直接适用合同编通则。于是，实质上债的体系就没有分裂，法律的统一明确适用就没有丧失。最终立法者采纳了这样的观点，应当说这是很多民法学者共同努力的结果。从立法者角度而言，其可能无法接受新设一个债法总则编这样大的形式上的变动，但是现在的合同编已经在实质上包含了债法总则，这就把债法总则的缺失造成的影响降到了最小，这个成果的取得是很不容易的。

参与立法的体会与未来展望

记者：这次参与《民法典》的编纂工作，您有何体会？

于飞：参与编纂《民法典》的经历，给我带来的感受体会是丰富的。像这样大规模的立法工程，首先，需要敞开门来，汇聚各方面的智慧，听取各方面的意见，包括各个院校、研究机构、法院，以及土地管理机关、规划部门等具体的行政部门，等等，而且还要协调各方意见，才能做好这个工作。其次，这个立法活动还需将理论与实践经验结合，协调各方利益。最后，立法还应该发挥专家的作用。在立法当中，有需要实践部门去处理的地方，也有需要领导拍板决策的地方，专家肯定不是任何情况下都管用的。但是涉及法律的理论性和技术性问题的时候，就需要善用专家的智慧，保障立法的科学性和正确性。

《民法典》经过那么多代人，那么长时间的奋斗努力才终于出台，这肯定是件大好事，可以提高群众的权利意识和权利保护水平，提升国家的治理水平。但是，对于国家治理水平的提升并不等同于管得越多越好、越死越好，而是要"放管结合"。既放手让大家自由平等地去发展，同时又以规则加以管控约束，在放与管之间实现美妙的平衡感。而《民法典》主要是在"放"的方面起作用，它对于市场经济和自由竞争的作用是根本性的、奠基性的，因此《民法典》颁布的意义重大。展望未来，我希望立法者、司法者和研究者能协同一致，共同努力，把《民法典》的落实和贯彻这一长期工作做好。

在教学科研方面，《民法典》制定出来以后，应该说所有的教材都要修改。毫无疑问，部门法教学应当围绕制定法进行。但是，在制定法还没有做得特别好的地方，大学教育也要有相对于制定法的独立品性。例如，现在制定法中没有"债法"这一编，但是以后的民法教育肯定还是要有"债法"这门课，包括债法总则、合同、侵权等内容。债作为一个整体，必须得进行体系化的教学，否则就是把本来成体系的事物割裂开来，各自形成一套规则了。制定法没做到很好，或者是态度没有很鲜明的地方，法学教育要基于法律的科学性，保持其独立的品性。

对于学术研究者来说，以后要立足民法典制定法的框架去做本土的法教义学或者说法解释论。学者不要动不动就说立新法或修改法律，这样太不负责任了；一切问题都应当从现有的有效法律条文出发，学者要为法官提供促成现行有效法律规范在个案中实现正义的路径。只有这样，《民法典》才有强大的生命力。

做一个有理想、有技术的法律人

记者：在法大校庆 70 周年的节点上，您想对法大说些什么呢？

于飞：我是 2004 年从中国社会科学院博士毕业的。由于很早就确定了到大学去做教学科研工作的志向，所以找工作就只向高校投了简历，很感谢法大接纳了我。

如今，我在法大已经工作了十六七年了，再过十几年也就退休了。我对法大很有感情，也衷心希望法大越来越好，能够在国内乃至世界都有卓越的地位。

作为一所大学，把学生培养好是第一要务。希望法大的同学们在毕业之后，不仅能记得在学校学到的知识，也能记住学到的法学理念。不仅能够用技术去裁判案件、处理法律问题，而且能够坚守法律理念和正义立场，不为其他诱惑所动摇，做一个有理想、有技术的法律人。

林灿铃、于文轩

林塘铃音红阳灿　文人轩宇佑生灵[*]

关键词：生态环境立法、生物安全立法

林灿铃，中国政法大学教授、博士生导师、国际环境法研究中心主任，兼任中国国际法学会理事、中国环境科学学会环境法学分会副会长、福建宁德市人大常委会立法咨询专家、广西防城港市人大常委会立法咨询专家等职。

于文轩，中国政法大学教授、博士生导师，中国政法大学环境资源法研究所所长，中国法学会环境资源法学研究会副会长，北京市生态法治研究会副会长，中国环境科学学会环境法学分会常务委员。曾获中国环境科学学会"青年科技奖""优秀环境科技工作者奖""励青环境法学奖"和"中达环境法青年学者奖"等奖项和称号。

|

国际视野，自然视角

记者：林老师，请您简单介绍一下您曾经参与过的立法工作。

林灿铃：我主要研究国际环境法。当前环境问题极其重要，环境外交已经成为外交工作的问题之一。所以，我参与的立法活动比较多，如《环境保护法》

---

* 采访于 2021 年。

《应对气候变化法》《深海海底区域资源勘探开发法》《华侨权益保护法》《生物安全法》等；参与国家立法的形式也是多样的，例如，主持或参加立法研究项目、参加立法调研活动、作为专家组成员参与立法起草、作为专家参与论证以及提交书面立法修法咨询意见等。

记者： 请您介绍一下《野生动物保护法》修改的背景，有哪些亮点？

林灿铃： 好的，我认为此次《野生动物保护法》的修改背景有以下几点：

第一，防范公共卫生风险，保护人民生命安全。野生动物是许多疾病的自然宿主，源于野生动物的致病风险始终威胁人民生命安全。2020年新冠肺炎疫情的发生，使公众视野聚焦到野生动物身上，2020年2月，在我们的建议下全国人大常委会制定了《关于全面禁止非法野生动物交易、革除滥食野生动物陋习、切实保障人民群众生命健康安全的决定》，叫停野生动物交易和食用行为，以防范野生动物交易和食用对公共卫生构成的重大隐患。

第二，野生动物致害问题突出。近年来，野猪等野生动物伤人、损害农作物或其他财产的情况相当严重，部分区域野猪等野生动物致害问题日趋突出，而不少地方重视不够，没有依法采取预防措施和制定补偿标准、办法，甚至将保护野生动物与猎捕调控种群对立起来。因此，为保障人民的人身和财产安全，解决野生动物致害问题是此次修订的另一原因。

第三，促进生态保护，保护生物多样性。《野生动物保护法》是我国生态环境立法的重要组成部分，该法的修订完善无疑对生态文明建设具有重要作用。同时，科学界定法律调整的物种范围，是科学进行野生动物保护的必备要件。

此次《野生动物保护法》修订的内容变化，我认为有以下亮点：一是注重预防原则。修订草案在立法目的中增加"风险防范"的内容，是注重从源头上对公共卫生风险进行管控。同时，在第11条增加"野生动物疫源疫病及其分布情况"的调查、监测和评估。第16条规定，发现野生动物染疫或者疑似染疫，可能引起人体或者动物疾病的，相关从业人员应当及时向野生动物保护主管部门报告，野生动物保护主管部门应当及时向有关部门通报，对染疫或者疑似染疫的野生动物及其制品进行无害化处理。这体现了贯彻预防原则，强调源头治理。二是加强对野生动物的分级分类。修订草案第10条规定，"三有"陆生野生动物名录的制定应当征求有关部门的意见，并由国务院野生动物保护部门成立的科学评估委员会为名录评估提供科学支撑，在此基础上，对名录施行每五年一次的动态调整，从而在野生动物的分级分类上更加科学、严谨，进一步完善野生动物保护体系。三是野生动物保护全链条管理。修订草案第 6 条规定，"禁止违法猎捕、运输、交易野生动物。禁止违法食用野生动物"。第 25 条规定，"禁止或者限制在野外捕捉、大规模灭杀其他陆生野生动物"。第 31 条第 1 款规定，"禁止食用国家重点保护野生动物、有重要生态、科学、社会价值的陆生野生动物以及其他陆生野生动物"。同时还在相关条款对人工繁育和科学研究野生动物作出相关规定。此外，在运输环节上，在彻底革除滥用野生动物陋习的基础上，形成了野生动物从猎捕、人工繁育、交易和运输形成的全链条管理，多环节管控和严格性审批。四是构建权责明确体制，加大处罚力度。一方面，修订草案第 7 条、第 16 条、第 35 条、第 36 条在内容上增减和修改，强化地方政府责任，明确相关部门职责。规定县级以上人民政府对本行政区域内野生动物保护工作负责，明确各相关部门按照职责分工对野生动物及其制品交易、利用、运输、寄递、携带等活动进行监督检查。另一方面，修订草案对违法行为增加处罚内容，提高处罚额度和扩大处罚种类，与《刑法修正案（十一）》的有关规定相衔接，修订草案规定以食用为目的非法猎捕、收购、运输、出售陆生野生动物，构成犯罪的，依法追究刑事责任。此外，发挥社会信用记录的作用，将有关违法信息纳入违法者社会信用记录中。

记者：请您介绍一下制定《生物安全法》的相关情况，有哪些重点制度？

林灿铃：生物安全无疑关系到人类的健康、发展与安全。同时，也是国家安全的重要组成部分。我国于 2005 年签署批准《卡塔赫纳生物安全议定书》，生物安全立法由此发端，开始就生物安全立法广泛征求意见。我国环保部（现为生态环境部）提出，"由于生物安全问题涉及农业、林业、卫生、科技等多个部门，还涉及疫病疫情暴发、生物恐怖和生物武器以及实验室逃逸等生物安全问题，建议由中国国家安全委员会牵头组织部委开展立法情况调研，并编制《生物安全法》"。2016 年全国人大环境与资源保护委员会《关于第十二届全国人民代表第四次会议主席团交付审议的代表提出的议案审议结果的报告》中，建议将制定《生物安全法》列入全国人大常委会立法规划，2017 年十二届全国人大五次会议上众多人大代表提出制定《生物安全法》的议案，全国人大环境与资源保护委员会认为亟需一部全面、系统的法律来规范和指导我国的生物安全管理工作，生物安全立法将有助于解决我国生物安全管理中存在的一系列问题，对保障国家生态安全和人民群众健康具有十分重要的作用。在生物安全立法列入十三届全国人大常委会立法规划和 2019 年度立法工作计划后，2019 年 10 月，《生物安全法

（草案）》被提请审议，后经 2020 年十三届全国人大常委会第十七次会议对该法草案二审稿的审议，2020 年 10 月，该草案经过三审审议后获得通过。《生物安全法》于 2021 年 4 月 15 日起施行。

《生物安全法》作为我国加入《生物多样性公约》和《卡塔赫纳生物安全议定书》之后在生物安全领域的首部基础性法律，是我国生物安全体系建设的一个新的里程碑。该法在重点制度的创建上具有鲜明的特色，如风险监测、风险评估、信息共享、公众参与以及风险预警、动态清单等制度。在此，还要特别强调一点，该法扩展了传统意义上的"生物安全"定义，对"生物安全"进行了重新界定，系统梳理了当前我国生物安全领域存在的疫情防控、外来物种入侵和生物多样性等八个方面的主要风险，并强调培养人们的环境伦理意识和提高人们的生物安全意识。

"双碳"立法，大国担当

记者： 应对气候变化是全人类共同的任务，中国的立法在哪些方面体现了国际担当？

林灿铃： 作为《联合国气候变化框架公约》及其《京都议定书》和《巴黎协定》的缔约国，中国始终积极承担国际义务并注重应对气候变化的国内立法。2009 年全国人大常委会通过《关于积极应对气候变化的决议》，2015 年《中共中央、国务院关于加快推进生态文明建设的意见》进一步明确要"研究制定应对气候变化等方面的法律法规"。2016 年应对气候变化法被列入国务院 2016 年度立法计划中的"研究项目"，2021 年生态环境部出台《关于统筹和加强应对气候变化与生态环境保护相关工作的指导意见》，明确提出把应对气候变化作为生态环境保护法治建设的重点领域，推动碳排放权交易管理条例出台与实施。迄今，《碳排放权交易管理暂行办法》《碳排放权交易管理办法（试行）》等行政法规相继问世，《碳排放权交易管理规则（试行）》《碳排放权结算管理规则（试行）》等部门规章和以《国务院关于加快建立健全绿色低碳循环发展经济体系的指导意见》为代表的国务院规范性文件等，皆促进了碳排放权交易健康有序的运行，在应对气候变化领域充分发挥了纲领性作用。中国不仅致力于应对气候变化专门法律制度的构建，而且着眼于实践，创新性地探索碳捕获、碳封存等技术，充分利用现有国际合作平台，推动应对气候变化国际合力的形成，以期为应对气候变化提供更多"中国方案"和公共产品。可见，于应对气候变化立法而言，中国行胜于言，以身垂范，积极履行国际义务和国际承诺，彰显了大国担当。

记者：为了实现"2030 年前碳达峰，2060 年前碳中和"的目标，我国在环境立法上能做些什么？

林灿铃：鉴于气候变化的严峻态势，结合当前全球应对气候变化的现状，为实现"2030 年前碳达峰，2060 年前碳中和"的目标，我认为在环境立法上可以且必须做到以下几点：

第一，进一步完善我国环境立法，为实现"双碳目标"建立完整的法律规范体系。为此，以四个坚持，即坚持以中国特色社会主义建设的碳中和法治道路、碳中和法治理论、碳中和法治体系和碳中和法治文化为指引，实现"双碳目标"在法治轨道上有序推进。

第二，注重国内国际两级立法的和谐。我国提出实现"双碳目标"的最终目的是为应对全球气候变化，并已经加入《联合国气候变化框架公约》及其《京都议定书》和《巴黎协定》等有关应对气候变化的国际环境条约，在应对全球气候变化过程中发挥着重要引领作用。因此，中国在实现"双碳目标"的同时，以自身行动和积极举措引领国际环境立法发展方向，进一步提升我国的国际话语权。

第三，在环境立法中强调并贯彻"发展与应对相协调"原则。实现"双碳目标"不能为追求绝对绿色发展而限制经济发展，也不能为追求经济发展采取粗放型经济发展模式，而是应当通过法治将"双碳目标"与促进经济社会发展协调统一起来。按照优化开发、重点开发、限制开发和禁止开发的不同要求，明确不同区域的功能定位，制定不同的发展方向和环保目标，在发展中落实保护，在保护中促进发展，坚持清洁发展、安全发展，从而实现可持续发展。所以，我国的环境立法应当寻求经济发展与实现"双碳目标"的最大公约数。

第四，在环境立法中强化公众参与。公众行为是法律规范的对象，"双碳目标"的实现离不开公众的参与。法律规范的制定不仅是对公民设定义务和科以责任，要求公民严格遵守法律规定，还要通过法律规范引导公众实行更加环保的生活和消费方式，如此必将有益于"双碳目标"的达成。

第五，完善环境公益诉讼制度，助力"双碳目标"。环境公益诉讼制度在我国已经初步建立，在我国生态环境保护和生态文明建设中发挥了作用。2017 年江苏三清山"巨蟒峰"损毁案，2018 年江苏省人民政府诉安徽海德公司生态环境损害赔偿案和 2019 年鳗鱼苗案，作为环境公益诉讼的典型案例，业已成为自然遗迹保护、河流保护和渔业资源保护的重要典范。

记者：国家主席习近平多次强调"绿水青山就是金山银山"，您认为在法律层面应如何实现生态保护与经济发展之间的和谐统一？

林灿铃："绿水青山就是金山银山"强调了"环境与发展的一体化"，既不能以生态保护否定经济发展，也不能因经济发展而牺牲生态环境，而是要将生态环境保护与经济社会发展有机地结合起来，即"生态保护与经济发展之间的和谐统一"。于我国立法而言，"生态保护与经济发展之间的和谐统一"是我们的立法目标。为达到这个目标，"绿水青山就是金山银山"这一理念首先需要放在整个国家法治背景下去理解，不仅包括环境立法，还包括宪法以及所有领域的立法。其次，以"绿水青山就是金山银山"理念为指引不断推动形成绿色发展方式和生活方式，这是我们正在进行的一场观念革命，在国家法律层面需要将此理念贯穿于全方位、全地域、全过程。最后，当以"绿水青山就是金山银山"为指导原则，如此，才能于法律层面不断推进"生态保护与经济发展之间和谐统一"的实现。

记者：从您参与的这些立法活动，您都获得什么感触？

林灿铃：从我参与的国家立法活动中，感触或者说感受最深、最强烈的就是我国立法更加注重国情，更加贴近民生，通过立法、修法出台良法。法治追求的目标并非仅仅是获得良法，关键是通过良法实现善治，以良法推进善治，良法与善治的有机结合是构建良好社会秩序的基本保障，更是倡导良好社会风气的航标典范，同时也是人类社会持续、和谐发展的根本制度要求。与此同时，我国通过不断完善的国内立法引领世界发展潮流，亦在不断地为国内与国际两级立法的和谐贡献中国智慧。

记者：对我国未来环境相关立法的完善，您有什么样的展望？

林灿铃：从我国现有法律和未来立法计划来看，环境相关立法必将进一步趋于完善。在完善未来环境相关立法问题上，我国具有诸多坚实的基础和先进的指导理念。首先，我国在环境立法上一贯坚持系统治理思维，着眼于岩石圈、水圈、生物圈、大气圈等诸领域，秉持"山水林田湖草"一体化保护保存思想，以完善中国特色社会主义法律体系为一项重要任务将环境立法与各环境要素有机联结，以求全方位、立体式完善环境法治法规体系。与此同时，我国立足于维护全人类共同利益，以"命运共同体"理念坚持可持续发展原则，高度重视国际环境立法并着力推进国际环境立法进程，积极构建新型国际关系，以实际行动和健全的法律体系充分体现大国担当。所以，我国未来环境相关立法的完善是势所必然，也是能够达成的。

记者：除了立法活动，您还参与了哪些社会活动？

林灿铃：在参与国家立法活动的同时，还为国家相关活动提供专家意见或解决方案。如 2005 年的松花江污染事件，受到俄罗斯乃至世界的高度关注，我受命进行对策研究并撰写专题报告《关于工业事故跨界影响的法律与实践》，为化解这一危机提供了法律方法。同年，我国承办第 22 届世界法律大会，我应邀为大会的模拟案例（国际空气传播污染案件）提供了法庭设计。在这里，我要特别强调一点，作为一个新课程新学科的"国际环境法"率先在法大应运而生，由此开启由我领衔的"国际环境法"硕士生博士生的独立研究方向，同时创建了中国政法大学国际环境法研究中心，推动了学科建设与发展。

前述以外，我还经常接受临时性的应急对策研究，例如为在联合国表明关于"预防危险活动的跨界损害及此类损害的损失分配问题"的国家立场提供专家意见；为联合国改革如"东亚酸雨监测网秘书处机构转制问题"的中国国家立场提供专家建议等。还有就是经常接受媒体就热点法律问题的专家采访、典型案例的专家点评等。

一流强校，更上层楼

记者：时值法大 70 周年校庆，您有哪些寄语？

林灿铃：我认为，真正的一流大学，教书育人是基本定位，同时，还应该是思想的策源地、文明的前沿地。中国政法大学不仅培养合格优秀的高水平人才，更应该是立法的引领者。所以，在取得成就的基础上继续努力，不断进取，为学术研究、培养人才、推进人类社会法治文明进程再立新功，更上一层楼，我认为这就是中国政法大学的价值定位。学习、奋斗的过程本身就是一种收获！作为中国政法大学的一员，我所致力研究和教学的"国际环境法"是新的学科，所以学术活动比较多，这也是学习和提升的过程。总而言之，学如逆水行舟，不进则退，被称为中国最高法学学府的中国政法大学亦然。

II

深耕近二十载，助力国家生物安全法治进程

记者：于老师，您参与了很多重大环境法立法工作，是环境法学科的重要学者，请简单介绍一下您曾经参与过的立法工作和学术历程。

于文轩：2020年2月，习近平总书记在中央全面深化改革委员会第十二次会议上提出，要把生物安全纳入国家安全体系，系统规划国家生物安全风险防控和治理体系建设，全面提高国家生物安全治理能力，并要求尽快推动出台生物安全法，加快构建国家生物安全法律法规体系、制度保障体系。党和国家对生物安全立法的高度关注，大大推动了生物安全专门立法的进程。我的关于生物安全立法的专访报道和署名文章开始频现报端和新媒体。我独著的《生物安全立法研究》《生物多样性政策与立法研究》，与王灿发教授合著的《生物安全国际法导论》以及先后在《现代法学》《法商研究》《清华法学》《法学杂志》等学术期刊发表的关于生物安全法基础理论和实证研究的论文再受关注。中央电视台、中国国际广播电台、《法制日报》《科技日报》《中国环境报》《21世纪经济报道》等媒体就生物安全相关问题对我进行了采访，《光明日报》也刊登了我关于生物安全立法建议的署名文章。

生物安全法是我攻读硕士和博士学位期间，也是直到现在我的主要研究领域。早在2002年，我在导师王灿发教授的指导下参与教育部人文社会科学重点研究基地重大项目"国际环境资源法的理论、实践及我国对国际环境资源法的应用研究"中生物安全保护法方面的课题研究，并将生物安全国际法的基本制度作为硕士学位论文的选题。

生物安全法是一个门槛比较高的研究领域，在当时也是一个新兴的前沿领域，这一领域具有很强的学科交叉性，至少涉及法学、生物科学、环境科学、环境伦理学、环境经济学、社会学等专业领域。由于这一原因，当时关注生物安全法制研究的学者不多，更多的是从环境科学、环境伦理学的角度去研究。开始进入这一领域时，感觉需要补充太多的"能量"。尽管我具有经济学的学科背景，但其他领域的专业知识都需要在很短的时间里高强度地补足。当时还没有现在这么方便的电子资源，所以每天跑国家图书馆查资料、做笔记。

我的博士学位论文选题也是生物安全法方向，论文题目非常简洁："生物安

全立法研究"。这似乎是一个立法论的题目，不仅构建了生物安全法的理论基础，而且提出了生物安全法的目的体系、原则体系和制度体系，甚至在此基础上草拟了生物安全法的学者建议稿。

在中国知网上，我的博士学位论文的下载量显示为近 4000 次。这篇学位论文被评为 2009 年"全国优秀博士学位论文"，这是当年唯一一篇法学领域的全国优秀博士学位论文，也是环境法学界迄今为止唯一的一篇全国优秀博士学位论文，在一些高校的环境法专业被作为学位论文的范本。想当初"生物安全立法的价值定位"这一章的理论基础部分，用了大约一年的时间才最终敲定下来。

十几年来，我主持了北京市哲学社会科学规划办公室、北京市科学技术委员会等单位委托的生物安全法方面的科研项目，而且还受生态环境部委托开展生物安全方面的立法研究，并直接参与生态环境部、农业农村部开展的生物安全立法工作，为国家生物安全立法提供支持。2019 年 4 月，我被推选为生态环境部生物安全立法专家咨询组组长。2020 年，在研究制定《生物安全法》的过程中，我多次参加国家立法机关组织的专家论证会，为生物安全立法建言献策。还参加了 2020 年 3 月 20 日在北京召开的由全国政协主席汪洋同志主持的十三届全国政协第 33 次双周协商座谈会，并就保障公共卫生安全问题做专题汇报发言。我建议积极回应人民群众对生态文明建设的需求，使人民群众有顺畅的渠道和便利的方式了解与野生动物保护和公共卫生保障相关的法律要求，促进以德保障、依法保护和严格执法三个方面密切结合。

当时争论最多的两个问题，一个是生物安全的内涵，另一个是生物安全法的基本原则。其中，关于风险预防原则的讨论非常热烈。当看到自己主张的风险预防原则被写入《生物安全法》后，我感到非常欣慰。

我认为，生物安全是国家安全的重要组成部分，特别是在 21 世纪这个生物技术的时代，其重要性再强调也不为过。因此，这些年来我还在致力于将研究成果转化为易于为一般受众理解的语言，普及生物安全和生物安全法律知识。让更多的人了解生物安全，才能实现更好的生物安全保障。我主编的《生物多样性保护法律手册》成为很多涉及生物安全法的专业培训的重要参考资料。

聚焦"双碳"目标，为国家能源法治建设建言

记者：我们注意到，除了生物安全法，您近些年来还在关注能源法，请您谈一谈这一方面的工作。

于文轩：2009 年我返回法大工作时，受命于学科安排，除了生态法，还专注能源法的科研和教学工作。这些年来，我在能源法领域出版了 4 部著作，其中独著 2 部、主编 1 部、第一副主编 1 部，发表了多篇相关论文。自 2012 年起我面向环境与资源保护法学专业硕士研究生开设"能源法学"课程，自 2018 年起优化为专业必修课"法理学与能源法学基础理论"，同时面向博士生讲授能源法学专题指导课。

能源法的价值体系由正义、秩序和效率三个方面构成，其中正义价值是秩序价值的目标和实质，秩序价值是正义价值的表现形式和实现手段；在低碳经济背景下，能源法治应遵循能源法的可持续发展原则、安全与效率兼顾原则、利益平衡原则和综合调整原则；在管理原则方面，应遵循管监分离原则和权力制衡原则；在管理制度方面，应通过科学的能源政策和管理制度，减少影响低碳经济发展的负面因素；在运行模式方面，应注重市场机制的作用，充分发挥行政权力与市场机制各自的优势，形成内洽的互补与协作模式。

另外，在应对气候变化和推进能源转型的背景下，基于适当的政策和法律工具促进可再生能源效率的提高愈发受到重视；激励性措施主要包括价格调控、税收优惠和财政补贴三个方面，规制性措施主要包括能源规划、标识标准、过程控制、评价考核等方面；可再生能源及其产业在社会经济发展中的地位和对提高能效需求的不断提升，以及可再生能源法制存在的诸多问题，使得两类能效促进工具亟需改进，并在此基础上需要这一工具体系内部各组成部分之间形成一个协同内洽的整体。

这些论著和论文出版、发表后，受到广泛关注，其中很多观点获得学界的广泛认同和有关主管部门的肯定，并被中国法学会能源法研究会编的普通高等教育法学规划教材《能源法学总论》作为重要参考文献。在研究制定能源基本法的过程中，我的一些关于能源法基本原则和基本制度的一些观点被《能源法（草案）》所采纳。

尽己之力，积极参与国家生态文明立法

记者：到目前为止您共参加了多少部法律的制定和修改工作？

于文轩：近二十年间我参与制定和修改了我国大部分重要的生态环境保护相关的立法，包括《环境保护法》《水污染防治法》《大气污染防治法》《环境噪声污染防治法》《固体废物污染环境防治法》《野生动物保护法》等。在资源和能

源立法方面，不仅参与了《土地管理法》《森林法》《湿地保护法》等重要立法的修改和制定，而且曾作为法律专家在国家能源局借调支持国家能源法治建设，参加了《能源法（建议稿）》的研究工作，参与起草国家能源局内部规范并处理多起能源行政复议案件，受到国家能源局的好评。目前还正在参加《野生动物保护法》《消耗臭氧层物质管理条例》等立法的修订工作。同时，作为中国政法大学环境与资源保护法学科的负责人，近几年来每年都办理 10 件左右全国人大、司法部、生态环境部等立法机关和有关主管部门安排的立法征求意见答复工作，为国家生态文明制度体系建设积极建言献策。

作为专注于生态环境法治教学和研究的学者，理应为生态文明法治的有效实施和法律普及尽己之力。我还在为律师、法官、企业法务人员等提供培训，培训内容涉及生物安全法、生态法、环境司法、能源法等方面，而且还基于自己的国际视野和语言优势，面向非洲国家行政官员开展培训，介绍我国在生态环境司法改革，特别是环境法庭建设方面的有益经验。我还在《人民日报》《光明日报》《解放日报》《检察日报》《学习时报》等重要媒体发表文章，推动生态环境相关立法的普及。

立德树人，将生态文明法治教育与课程思政有机结合

记者： 您是如何为同学们讲好生态文明法治课程的呢？

于文轩： 立德树人、站好讲台，是作为教师的首要职责。党的十八大以来，特别是生态文明入宪以来，生态文明建设得到了前所未有的重视。正是在这一背景下，我积极推动习近平生态文明思想、习近平法治思想与教学和科研工作的有机融合，将习近平生态文明思想和习近平法治思想中关于生态文明法治的论述作为环境法基本原则的重要理论基础进行归纳、整理并向本科生讲授，使学生能够更加深刻地理解习近平生态文明思想和习近平法治思想在环境法治中的具体体现。我还牵头开设中国政法大学第一批课程思政示范课重点建设课程——"习近平生态文明思想的法治实践"，将习近平生态文明思想与习近平法治思想中同环境法治相关的内容相结合，关注习近平生态文明思想与习近平法治思想之间的内在关联及其对环境法治实践的指引作用。由此，中国政法大学环境与资源保护法学专业形成了以"习近平生态文明思想的法治实践"为龙头，以"环境法学""自然资源法学"和"环境法律诊所"为重要支柱的思政课程与专业课程相互支撑、相互呼应、有机衔接的健全课程思政体系。"习近平生态文明思想的法治实

践"课程一经推出，在全国范围内广受关注，中央媒体几次作详细报道，全国高校院（系）立德树人知行联盟的其他成员学校的学生也积极参与这门课程的学习。

推进国际交流，传递中国的"绿色之声"

记者： 生态治理关系全球，您是如何向世界展示中国决心、中国力量的呢？

于文轩： 我曾多次参加生物安全国际谈判和履约研究相关工作。2005 年 5 月，我作为中国政府代表团成员，参加在加拿大举行的《联合国生物多样性公约卡塔赫纳生物安全议定书》缔约方大会第二次会议，参与谈判方案的制定、修改和总结工作。2018 年 7 月，我作为教育界代表赴加拿大参加了《联合国生物多样性公约》科学、技术和工艺咨询附属机构第二十二次会议和执行问题附属机构第二次会议，代表中国学者就生物安全国际法的相关问题阐释立场和观点。

此外，我还曾赴美国、德国、意大利等国进行访问交流。2011 年，在美国国家环境保护总署访问交流期间，我作为中国法律专家负责协调我国环境保护部和美国国家环境保护总署有关环境立法及其实施的项目活动，获中美双方的一致认可。2017 年 7 月，我赴美国佛蒙特法学院讲学，就我国生态环境司法专门化经验与美国师生展开深入交流。我还赴印度尼西亚、荷兰等国访问、参加国际会议，在了解国外生态环境法制状况的同时，积极发出中国声音、传递中国经验，为生态环境法制领域的国际交流与合作贡献力量。

上下求索，徜徉于面向未来的生态环境法治之维

记者： 生态环境法治建设的未来，路在何方？

于文轩： 如果把生态环境法治建设比喻为一艘"乘风破浪的巨轮"，把握好这艘巨轮的航向，事关生态环境法治建设的成败。

一是习近平生态文明思想和习近平法治思想在生态环境法治建设中的指引作用。在新时代背景下，应当在对习近平生态文明思想和习近平法治思想中生态文明法治理论开展深入研究的基础上，在法哲学层面探索生态环境法治转型与优化的理论基础，并就环境法治的基本原则体系的构成和演进、生态环境法制体系化的方式、生态环境协同治理的实践路径等方面展开专题研究，从而为生态文明制度体系建设提供理论依据。马克思主义生态观和法治观、中华传统生态智慧与法治理念以及可持续发展理念，为生态文明法治理论提供了思想根基、本土资源与

全球视野，并为生态文明法治理论继承和发展；生态文明法治理论的发展经历了产生阶段、发展阶段和成熟阶段；推进生态文明法治实践，应以法治国家建设推动生态文明法治的顶层设计，以法治政府建设完善生态文明法治的体制机制，以法治社会建设保障生态文明法治的社会基础，这也是践行习近平法治思想的生态文明法治理论的内在要求。

二是生态环境法治原则的转向。风险预防原则是必须关注的问题。预防原则经由国际环境法普遍认可后，在国家立法层面逐步得到确立；目前在生态环境保护的一些领域内，正在经历从预防原则到风险预防原则的理路转向过程；中华人民共和国 70 年以来，我国环境法的基本原则也经历了这样的变化，这在土壤污染防治法等领域体现得尤为明显；在程序法层面，预防性环境公益诉讼在近些年来备受关注，也体现了风险预防原则适用领域的延展。

风险预防原则在国家立法和司法裁判领域的逐步确立和展开，内在地要求国家生态环境保护以协同治理模式展开。生态环境协同治理是法律主体基于共同认可的规则，开展多面向、多角度、多层次的协作性行动，从而实现既定的环境治理目标。在现代环境法的视野下，对生态环境和自然资源的开发利用行为所造成的损害采取单独、分散的对策性措施，已无法满足风险预防原则的要求。要在生产力高度发达的现代社会规避风险，就要求对此种开发利用行为的每一个细节开展规划与控制，所有这些都要在科学和科层制的"庇护"之下实施。生态环境协同治理提供了一个可行的模式，成为从源头上有效规避生态环境风险的方法。这标志着国家生态环境治理模式由单一维度的管理控制模式向多元主体共同参与的互动模式和多区域联合治理的模式转变。我国 70 年以来环境法治的发展历程也印证了这一点。

在有限环境资源和既定资源禀赋的条件下应对日益严峻的生态环境挑战，可在贯彻预防原则的基础上，在某些领域内施行风险预防原则，推动多主体、多要素、多方面的生态环境协同治理，也是解决生态环境保护领域政府失灵的有效途径。在某种意义上讲，现代生态环境问题是市场失灵与政府失灵叠加作用的结果。这种叠加作用，加剧了生态环境管理关乎多元主体、关乎多元利益、面临多样态风险的挑战。在此情形下，更新和完善治理模式，基于生态环境协同治理推进生态文明建设，便成为必由之路。

三是生态环境协同治理方面的基础理论和制度建构研究。在八年之前我提出生态环境协同治理机制时，有些观点认为生态环境协同治理只具有"解释论"

的价值。但是我认为在推进生态文明建设的宏观背景下，生态环境协同治理已从理念迈向实践。生态环境协同治理对于解决目前突出的环境问题、加大生态保护力度、健全生态环境监管体制、推动绿色发展，均具有重要意义。在实践层面，我国目前已形成京津冀地区、长三角地区、中原城市群等不同样态的跨区域生态环境治理实践，一些地区也在探索进行跨行政区的协同立法和执法模式。在这一探索过程中，也存在一些亟待解决的问题，需要从理念基础、规则创制、制度体系化路径以及实施机制等方面作出努力。对于绿法之治，我充满信心。

刘继峰

良法作筏经千世　消保为媒济万民[*]

关键词：反垄断法、消费者权益保护法

　　刘继峰，中国政法大学教授、博士生导师，民商经济法学院副院长，研究方向为经济法、竞争法、知识产权法、消费者权益保护法等。兼任中国商业法研究会副会长、中国法学会经济法学研究会副秘书长、北京市法学会经济法研究会副会长、北京市法学会互联网研究会副会长、最高人民检察院民事行政诉讼监督案件专家委员会委员等。

立经世济民之法

　　记者：刘老师，您参与了这么多法律的制定，哪一次给您留下的印象最为深刻？

　　刘继峰：1992 年到现在可以说是我国法治事业的一个春天，而我刚好赶上了这个年代。1992 年是我国改革开放的一个重要时间节点，它确定了我国的社会主义市场经济体制，并且把它写入宪法，我所在的经济法学科中的诸多制度是从那时开始才逐渐建立的，一系列重要法律相继出台，包括《消费者权益保护法》《反不正当竞争法》《商业银行法》等。因为我们这种社会主义市场经济体制是一次前所未有的探索，相应地，就没有国外成熟的制度、模式可以复制，在借鉴域外经验做法时，要特别注意本土化改造，使其符合我国的国情。

　　*　采访于 2021 年。

　　我本人确实参与了经济法诸法的立法，无论是法律的出台，还是行政法规、部门规章的制定；参与的形式也多种多样，既有直接呈交相应报告，也有经济法学科同仁群策群力，然后以法大的名义提交意见稿，还有直接参加现场讨论会。

　　在我参与的诸多法律制定中，给我留下印象最深的是《反垄断法》的制定出台。

　　记者： 刘老师，为什么《反垄断法》的制定给您留下的印象这么深？

　　刘继峰： 原因主要有以下几方面：首先，《反垄断法》直接涉及我们国家大的产业政策和产业环境，直接关系到"市场在资源配置中的作用"，也是窥测我们国家开放程度的一个重要窗口；其次，也是一个时间节点，当时国企改革还在不断进行，而国有企业很多都处于垄断性的行业，《反垄断法》适不适用于国有企业，在当时有很大的争论；最后，我们国家并不像欧美国家那样完整地经历了商品经济的各个阶段，市场的信号并不那么灵敏，所以，在这样的国情下，《反垄断法》能否发挥配置资源、传递信号、激发市场活力的作用就存在很大的疑问。

　　记者： 刘老师，在《反垄断法》的制定过程中，您还记得在哪些问题上争论比较多？

　　刘继峰： 首先就是前面提到的关于国有企业的问题，怎么在《反垄断法》中去描述它？也就是现在《反垄断法》第7条的规定，在这个问题上，有两种意见：一种意见就是不要写、不匹配，将其作为反垄断法的一个例外或者叫适用除外；另一种意见是国有企业也还是可以适用反垄断法的，但是有垄断状态上的例外。具体而言就是特殊行业的产业问题进行特殊处理，但企业的行为还是要管的。在观念上，把国有企业分成两个部分做技术上的处理，国有企业在反垄断法视角上不仅仅是一类主体，而是涉及两类性质不同的问题，要区别对待。一是牵涉国有企业在行业中的状态。一个行业内到底需要几家国有企业来运营？这不完全是由市场决定的问题。比如说，之前有南车、北车，现在合并成一个中车，在某类机车制造行业只有一家了。再如，在电信行业，之前有7家，现在又合并成了3家，这个问题不是反垄断法上的单一问题，而首先是产业政策的问题，这就形成了一个如何落实这类产业政策和竞争政策之间关系的挑战。我国的国有企业经历多次战略性调整，调整的方式主要是重组，调整战略的决策者也不是国有企业本身，而是国务院及其所属国有资产管理部门。当然，从反垄断法的角度看，这种战略性整合，其市场不局限于国内市场，更多的是着眼于国际市场。其次，不管是哪种状态下的国有企业，其经营行为都应该受反垄断法的调整，比如说三家电信公司约定一个套餐的最低价格，这属于垄断协议问题。烟草公司将不同品类的烟草制品捆绑销售，这属于反垄断法规定的搭售。不能因为它是国有企业或特殊国有企业就网开一面。相反，国有企业所提供的产品或服务具有公共性，受其影响的主体是全体社会公众。如果行为存在危险，影响面会更大。我们现在的《反垄断法》第 7 条没有明确表达出这层意思，但是也没有将国有企业明确排除在反垄断适用范围之外，因为当时很多人主张国有企业不应该受反垄断法规制。我个人到现在也坚持这样的观念，不能偏向两极：完全适用或完全不适用。实践中也证明，国有企业不会因为《反垄断法》的出台而被拆分，即使是被拆分，也不是因为违反反垄断法的缘故。当然，也要承认，一些相关领域的国有企业对反垄断法的认识还存在不完全正确或不够清晰等问题，例如，在专卖领域的国有企业多次出现垄断行为，实际上就是认识不足导致的。

在这个问题上，大家争论的时间比较长，每一次开会大家都各讲各的道理，但是讲出应当如何把它技术化地处理才更具有说服力，这个也是最重要的，所以，这个事情，我个人的印象还是比较深的。

除此之外，关于《反垄断法》第 13 条禁止垄断协议中协同行为的认定问题，怎么认定一个行为构成协同？这非常具有技术性，当时较早文本中写的条件是两个，一是经营者之间的行为具有紧密的联系；二是双方之间进行意思联络或信息交流。我当时就提出一个意见："紧密联系"这个标准高度模糊，很难把握，参照有关国家的立法，建议把"紧密联系"改成"一致性或相对一致性"，并讲了俄罗斯的一个案子，包括俄罗斯反垄断立法上最初用的是什么概念，后来如何改，改的效果等，最后相关部门采纳了我的意见，出台的时候用了"一致性"。但是稍微遗憾的是，没有在立法上体现"相对一致性"，也许是因为我们的立法还是以稳步推进为基本原则吧。相比较，我当时提出的观念是希望"迈两步"，如果迈一步就是把"紧密联系"改成"一致性"，迈两步的意思是把这样一个条文细化到叫"一致性"或"相对一致性"，既包括绝对一致，也包括相对一致。我充分说明了自己建议的理由，当然最后没有迈出第二步。从反垄断法实施的过程经验上，如艾司唑仑案，涉及的就是相对一致性。那意味着，我们解释现有立法中的"一致性"时，也需要将其扩大到相对一致性。所以，可以在立法上明确的问题变成了法律解释的问题。当然，仍然会存在什么叫相对一致性的问题，因为市场越长，幅度越大，越接近市场的本相，越远离违法。所以这也是印象比较深的一个方面。

记者：刘老师，除了《反垄断法》，其他法律中您觉得有什么要给我们分享的吗？

刘继峰：《消费者权益保护法》在修正过程中，第一个版本就增加了冷静期制度，当时对增加这个制度大家意见都是非常统一的，但是在关于这个制度怎么样描述上意见不太一致。很多人就特别强调坚持消费者主权，把消费者放到一个更高的地位，但是考虑到我国互联网上的经营者有大部分是中小经营者的实际状况，立法太倾向于消费者的利益，会挤压中小经营者的生存和发展空间，所以还是要平衡好消费者与其他主体，尤其是网络上的中小经营者之间的权利义务关系。当时设定的冷静期是 30 天，也就是说我买到一个货以后，只要在 30 天内表明这个货我不想要了，并且不需要说理由，就可以退货了。在第一版本中，退货的费用还由经营者承担。可以想象一下，时间越长，经营者的负担越重，国外很多国家也有类似的规定，时间长的有 14 天的，时间短一点的还有 7 天的，甚至还有 3 天的。参照哪一个国家，这个和经济发达和不发达，可能也没有特别大的关系。而且在有关国家不同的产品，比如说服务类和商品类也还是有所不同的。在谁承担退货费用的问题上，西方国家更多的是由经营者来承担，所以，草案也是以国外为依据的，这明显是消费者主权的观念在起主导性作用。我们现在看到的这个关于冷静期制度，我们采取的是 7 天，通常也叫 7 天无理由退货，然后退货费用由消费者承担。从政策解读上说，无理由退货制度不是鼓励反悔，而是说要冷静，在下单时要多些理性，思考一下是不是需要的？是不是合理的？不是跟着商家或大家的情绪走。

再讲一个事情。一次在某部门开会，讨论绿皮车涨价的问题，与会的专家有铁路部门的、有会计行业的，我是唯一一个法律专业的。开始讨论的主题是绿皮车如何涨价，涨多少？思路大致是绿皮车在成本上是赔钱的，每年赔的额度很多，绿皮车应当涨价。到我发言的时候，我首先反对不考虑其他因素直接讨论如何涨价，要不要涨本身是一个更重要的问题。我的基本理由是，需要将铁路服务细分为几个相关市场，而不是一律都走高铁。因为还有很多人不需要以时间换金钱，于他们而言，时间换不来金钱，但时间可以帮助他们省钱。另外，不是所有的服务都应当赚钱，这是由公共服务、国有企业等特殊性质决定的。会后发现，只有我一个人提出了反对意见。虽然觉得有点违和，但心里还是坚持自己的观念。

寄语青年学者

记者：刘老师，参与了这么多法律的制定，您有什么感悟想对我们法大学生、年轻学者说的吗？您这一路走来的心路历程又是什么？

刘继峰：我还是希望我们的学生、青年学者有机会多走出校园，积极参与各种立法过程，把自己学到的东西用到国家的法治建设中去，这样对自己也是一个很好的学习过程。立法是一个集理论、实践、逻辑、文字为一体的高度综合的过程，参与其中非常锻炼人。

另外，我们不要轻易被社会生活中的具体事件、孤立的案件所遮蔽，动摇或障蔽了我们对一个事件的基本立场和看法，甚至轻易去怀疑一个法律文本、一项规章制度。我们法大的老师不管上课也好，从事其他法律活动也罢，都要特别坚定树立法治理想，并用我们的行动带动更多的人相信法治的力量。即使某些规则在实践中可能会被挑战，但是这不足以构成将其污名化的理由。梳理法治理想，首先就是要坚信，然后去践行。为此，还需要做基础准备，就是要努力学习，体会所学这些东西是必要的，也是有用的。那些因为看到一些社会上个别的、负面的事例而轻易否定一项制度规则、怀疑自己所学的人，不够理性，也不是一个合格的法律人。我们参与立法过程的人会看到一项规则从最初版本一步步修订变成最终文本，然后不断被修改完善。不仅仅在中国，在其他法治成熟的国家也是如此。

法律要及时回应社会生活的变化而不断完善，法律本身的变动性并不是被动的，而恰恰是一种主动性，在这个过程中，我们青年学者要不断丰富自身技能，多理解同类制度在有关国家是怎样的，但更重要的是思考我们能不能用，我们如何用。这样一旦有需要时，就可以把它贡献出来。在这过程中，希望我们的青年学者要注意把握制度的本土化。我们要有这样的自信：我们现在的制度总体上已经相对完善了，2011 年全国人大常委会委员长也庄严宣布，我们中国特色社会主义法律体系已经基本建成。至于进一步完善，那是一个过程，也是另一个层面的问题。我们的年轻学者和学生好多都有国外的学习、工作经验，比我们这一代人有更开阔的视野，但是在学习国外经验时，要注意把握国情，无论是经济环境还是社会文化制度，中外差异还是很大的，我们要以自己的经济状况、社会背景来制定我们的法律，可以学习借鉴，但是是万万抄不得的。法律更重要的是实施，在提意见时，要讲清楚这些问题：国外做法是什么，中国的特色是什么，我们现有的制度是什么，我们国家该怎么样，等等，都要说出来，像答一个论述题一样。

法大人是一个共同体

记者： 刘老师，刚才听您讲了这么多立法层面的问题，您认为我们法大人对这个国家、这个民族，对共和国法治事业的担当是什么？

刘继峰： 我认为，法大人首先是要站位高，我们要关注国家的法治事业，站在整个法治的立场上而不是站在个人的立场上来发声，来讨论制度有什么问题，如何完善制度；其次是要勤奋，我身边的人包括我的学生都非常勤奋，之所以要如此，是因为要把法学当作一门技术去学，努力掌握这门技能，这是我们有担当的一个基本保障；再次是要树立法治理想，这是行动的目标；最后就是要坚持，从心里想要把一件事情做好，自然就会有行动和投入。

我们法大人是一个共同体，共同为国家的法治贡献自己的力量。祝愿所有的法大人学有所成，学有所用。

冯晓青

固产权激励创新　稳制度助力法治*

关键词：知识产权法

冯晓青，中国政法大学教授、博士生导师，知识产权法国家重点学科负责人和学术带头人、知识产权法研究所所长、中国政法大学无形资产管理研究中心主任、中国政法大学知识产权研究中心执行主任，同时兼任中国法学会理事、中国法学会知识产权法学研究会副会长、中国知识产权研究会学术顾问委员会委员，中国知识产权研究会高校知识产权专业委员会副主任委员，最高人民法院案例指导工作专家委员会委员，最高人民法院知识产权司法保护研究中心研究员。

多途径参与知识产权立法

记者： 您是国内著名的知识产权法专家，能否简单介绍一下您都以什么形式参与过这方面的立法工作呢？

冯晓青： 知识产权法律制度从广义上讲包括法律、相关司法解释、国家知识产权局等部门出台的部门规章、地方立法等。作为知识产权法领域的学者，我曾以受委托撰写专家建议稿、出席立法机构召开的会议并提出修法意见、接受知名媒体采访、论文及专著撰写这四种主要形式参与知识产权立法、修法与完善研究与咨询。

---

* 采访于 2021 年。

第一种形式是通过受委托撰写专家建议稿的方式参与立法工作。例如，全国人大常委会法工委、原国务院法制办、国家知识产权局条法司、北京市人大常委会曾通过给专家个人函件的形式，委托我出具知识产权相关法律法规的专家建议稿等。国家知识产权局相关部门认为知识产权一些重点领域立法比较重要，属于前瞻性立法研究，通过委托专家课题研究的形式，委托我做了知识产权基本法项目。国家知识产权局条法司也曾委托我作为专家组组长出具《专利保护与促进法》专家建议稿与立法说明。又如，北京市人大常委会去年委托我出具《北京市知识产权保护与促进条例》专家建议稿与说明。

第二种形式是参加立法部门组织的研讨会议，提出立法或修法建议。如《著作权法》第三次修改过程中，部分条款的争议比较大，全国政协社会和法制委员会就邀请了包括我在内的部分专家学者代表参会，提出了一些意见。还有之前《侵权责任法》第 36 条修改、《商标法》修改过程中，全国人大常委会法工委民法室、全国人大办公厅也曾邀请我参会听取专家意见，提出针对部分条文的看法。最高人民法院知识产权审判庭也曾多次邀请我到最高人民法院参与会议，提出针对司法解释草案的意见。

第三种形式是接受媒体采访，提出针对立法、修法的意见、看法。比如 2013 年《人民日报》《光明日报》、新华社等知名媒体曾对我和李顺德教授进行《商标法》修法的专访，我对当时修法的一些意见、学界的研究进行了说明。

第四种形式是论文及专著撰写，对立法制度完善进行学术研究，这也是学者的一些日常工作。如 2017 年，我在《法学评论》上发文章，对《民法总则》中的"知识产权条款"进行了评析与展望。再如 2021 年出版的一部个人专著《知识产权法律制度反思与完善　法理·立法·司法》，系统论述了我针对立法修改和完善的一些意见和建议。

总体而言，我在这些年通过这四种形式多维度地参与了我国知识产权立法、修法的进程。

知识产权法的逆水行舟式改革

记者：请您介绍一下我国最近几年知识产权相关法律修改的背景？

冯晓青：近几年包括专利法、著作权法、商标法、反不正当竞争法都进行了大范围的修改。相关法律修改进程，具体包括商标法修改（从 2013 年到 2019 年两次修改）、著作权法修改（2012 年启动到 2020 年的第三次修改）、专利法修改

（2008年到2020年两次修改）、反不正当竞争法修改（2017年、2019年两次修改），以及2020年12月最高人民法院修订了十八个知识产权类司法解释，还有各类司法政策文件等。整体而言，我认为近些年知识产权法律制度修改的背景及原因主要包括以下几方面。

第一，技术发展驱动知识产权法律制度的变革。美国、日本、欧洲等国家或地区频繁修改其知识产权法律制度，与科学技术的发展是密切相关的。古代中国虽然四大发明很早，但是受制于封建制度的束缚，知识产权制度并未发展起来。最早的知识产权制度起源于英国，因为工业革命带来的商品经济唤醒了知识产权的意识，而商品的流通则为知识产权制度的孕育提供了客观基础；同样地，知识产权制度的发展提升了交易效率，维护了市场竞争秩序，推动了工业革命初期经济的发展。

第二，社会主义市场经济的发展推动中国知识产权法律制度的完善。从中国知识产权制度发展的历史来看，新中国成立以后一直到1978年，商品经济发展不足，知识产权制度的推进亦较为缓慢。改革开放后，科技驱动、经济发展，催生了新经济、新业态、新模式的发展，为我国建立全面的知识产权法律制度提供了沃土。社会主义市场经济发展到现在这个阶段，仍然存在知识产权法律制度的现代化问题。因为法律存在一定的滞后性，客体类型、权利人使用方式、侵权方式等都在变化。同时，社会主义市场经济的发展，强调意思自治，尊重市场规律，破除体制机制障碍。如职务发明、职务成果制度应进行改革，以调动发明人和单位运用科技成果的积极性，提高科技成果转化率。近年来我国知识产权主要的法律制度修改，都是朝着社会主义市场经济下的知识产权法律制度现代化在努力。

第三，国际知识产权立法的发展推动中国知识产权法律制度变革与完善。国际知识产权制度在不断发展，与国际接轨、国际化，始终是我国知识产权立法完善的一个重要原则。特别是在世界贸易组织体制之下，要完全能融入国际保护这个大家庭，需要通过修法的形式实现国际保护的要求。最近几次知识产权有关的法律的修正，尤其是2000年的《专利法》、2001年的《商标法》和《著作权法》，修改的重要目的就是要与《与贸易有关的知识产权协议》接轨。当然，现在主要不是接轨的问题，而是适应国内的需求。但是，国际化不是说没有了，有的国际条约我国还没有参加。参加的时候要达到其保护标准，达不到就要修改法律。

第四，我国知识产权法律的修改与完善也是提高知识产权保护水平的需要。我国知识产权法律修改的一大特点在于，每一次修法都适当提高了知识产权保护水平。以侵权损害赔偿为例，以前是法定赔偿 50 万元以下，后来到现在规定的是 500 万元以下。以前没有惩罚性赔偿，后来先是商标法规定为侵权损害赔偿额的 1 倍到 3 倍，之后修改到 1 倍到 5 倍。当然，提高保护水平，也不仅限于赔偿、行政处罚强度提高到了非法经营额的 1 倍到 5 倍。再如知识产权诉讼程序的优化，包括诉前禁令、诉前财产保全、证据保全，还有举证责任规则和举证责任分配，其实都体现了知识产权保护水平的提高。

第五，知识产权司法实践的发展有利于中国知识产权法律漏洞的填补。一些被认为比较成熟、比较典型的知识产权案件的裁判法理其实可以吸收到法律中去，以弥补法律漏洞。这些年来，我国知识产权案件的数量可以说是飙升。有一些经典案件，尤其是指导案例、公报案例等，其中涉及的裁判法理可以很好地吸收到法律中。

此外，我认为适当地借鉴和参考国外知识产权立法的经验也是需要重视的，毕竟很多发达国家知识产权相关立法历史悠久，更何况立法确实还有一些共性的方面。当然，最重要的还是要适应我国经济社会发展，符合我国的国情。还有，立法修改也应关注体系化问题，如法律内部可能不是很协调，就可以通过修法形成一个内部的比较完整的有机联系的体系。

记者： 您刚刚提到了国家对于知识产权的保护其实是非常重视的。习近平总书记在多个场合也论述到创新是引领发展的第一动力，保护知识产权就是保护创新。那我想借着这个问题，向您深入了解一下，您认为知识产权保护和目前我国所要重点实现的营商环境优化，它们两者之间是什么样的关系呢？

冯晓青： 一般认为，无论是从法理，还是从政策、立法角度看，知识产权法律制度是一种保护机制和激励创新的法律机制。尤其是在我国社会主义市场经济的条件下，营商环境优化亟需法律制度的维护。其中，知识产权法律制度功不可没。如果没有知识产权保护所形成的一定法律秩序，可能会造成什么后果呢？那就是一个好的发明、一个好的商标、一个好的作品出来之后，仿冒、假冒等行为会接踵而至。这类侵害知识产权行为不仅会损害知识产权人和消费者的利益、损害竞争对手的利益，也会破坏市场秩序。这种仿冒、假冒行为会对创造者的创新积极性造成严重打击，因为他可能连成本都收不回，而仿冒、假冒者成本更低，会破坏正当竞争。因此，营商环境的优化特别需要知识产权保护制度为其保驾护航。2019 年中共中央办公厅、国务院办公厅印发了《关于强化知识产权保护的意见》，也强调了营造良好的营商环境问题，并强调知识产权的"严保护""大保护""快保护"和"同保护"。

知识产权法律制度强调保护权利人的利益，实际上也具有促进营商环境的完善、维护公平竞争的重要目的和功能。知识产权法和竞争法，尤其是反垄断法、反不正当竞争法的功能和作用固然不一样。其中，反不正当竞争法侧重于维护公平竞争、正当竞争，反垄断法侧重于维护自由竞争。但是，这两个法律和知识产权法都有千丝万缕的关系。知识产权法律制度和竞争法，都有促进公平竞争的价值取向。竞争法学者重视创新、公平竞争、效率，认为推进公平竞争机制有利于实现效率提升，这也是竞争法的根本价值取向。知识产权法律也一样，如专利法促进技术领域的公平竞争，商标法促进商品流动秩序的正常进行，打击仿冒、假冒等行为，而著作权法对抄袭、剽窃、非法复制等行为重拳出击，一些知识产权侵权行为同时也是违背诚信原则和商业道德，破坏市场竞争秩序的不正当竞争行为。因此，它们是殊途同归的，都是为了维护市场竞争秩序。还有反垄断法侧重于维护自由竞争，对于知识产权中不正当的排除、限制竞争行为，《反垄断法》第 55 条也涉及了。简言之，知识产权法通过对侵权的有效打击，来促进公平竞争、制止不正当竞争、维护正当竞争秩序，促进经济社会发展。从制止不正当竞争、维护竞争秩序角度，也可以深刻理解知识产权法律促进营商环境优化的机理。

记者：刚才您从一个比较广泛的层面，谈了知识产权保护和我们国家的经济发展相辅相成的关系。接下来想请您从一个更加整体的脉络谈一下我们国家知识产权立法的整体趋势如何？以及对我们国家未来的知识产权立法，您有一个什么样的展望？

冯晓青：两个问题，一个是立法的趋势，还有一个是对未来立法的展望，这两个问题可以从多个角度去解读。第一个方面是立法的构架和模式，因为以前存在一些争议，如要不要像《民法典》那样出台单行知识产权法典，就是典型例子。第二个方面可以从立法的定位、价值取向、制度变革、知识产权法律的使命和功能等谈一谈。

第一个方面是从立法的模式来讲。我们可以简单地了解一下国外的知识产权立法模式。绝大多数国家和地区都是像我国一样采取单行立法模式，因为知识产权法不是某一个具体的法律，它实际上是一个笼统的法律，我们并没有哪一部法律被称为知识产权法，即知识产权法只是一个类称。《民法典》第 123 条第 2 款规定了一些知识产权客体，立足于调整这些客体有关的法律关系。我认为单行法还是有它的优势的，因为不同类型知识产权法的调整对象、要求不一。单行法就可以根据自己的调整对象及时修订，要是都混在一起，某一个法要改，整个法典就都要改。为什么当时民法典没有规定知识产权编呢？全国人大对此专门有一个解释。知识产权制度和科技发展关系十分密切，技术发生变化，很容易导致知识产权领域产生新的问题，知识产权方面的法律经常要修改。《民法典》则具有相对稳定性，所以知识产权法律不宜放在《民法典》中作出专篇规定。此外，还有一个理由，即知识产权相对于一般的民事权利，具有一定的特殊性。基于上述考虑，我国《民法典》没有单独规定知识产权编。目前很多国家也是这样的。

当然，国内知识产权法学界对于知识产权立法体系也有不同观点。在中国法学会知识产权法学研究会的努力下，完成了《民法典》知识产权编的学者建议稿，一共 108 条。我也参与了相关研究。该研究会曾组成一个针对知识产权编的课题组，由 7 家单位组成，中国政法大学是其中之一，我则作为学校代表参与研究。从国际上看，知识产权法典化方面，代表性的如法国知识产权法典，还有俄罗斯民法典以及越南民法典中的知识产权编。我国在民法典制定中也并非没有考虑过设立知识产权编问题，但最终没有通过。现在很多知识产权学者仍然坚持在民法典中加入知识产权编，《民法典》现在没有知识产权编，未来会不会有呢？

我有一些建议。第一，十年左右后修改《民法典》是有可能的。鉴于知识产权属于民事权利范畴，建议国内民法学者关注、关心、熟悉知识产权法。目前许多知识产权问题没有民法学者的研究和参与，民法学者与知识产权学者合作研究的情况不多见。希望下一次修改时，知识产权学者提出的方案不仅仅是被参考，一个先进的、完善的、科学的知识产权编需要与侵权责任编等平起平坐、并列实施。这是我的一个愿景，也是我的一个建议和想法。第二，毕竟第一条路可能很艰难。《民法典》的路行不通可以换一条路，未来可以借鉴法国的知识产权法典。因为未来社会是一个知识经济社会，是一个智能网络时代、大数据时代、人工智能时代，技术的发展会使知识产权这种无形财产的受保护地位更高、价值更大。许多知识产权领域的权威学者都认为知识产权在未来社会将一直发展，并且会越来越重要，未来无形财产发展会越来越快，将成为经济财产的中流砥柱，所以知识产权法典化也是一条路，具有可行性，还有国际上的可借鉴性。第三，如果这两条路都行不通，可以通过单行立法来实现知识产权法律制度的完善，其中要注意单行法之间的和单行法内部体系的协调。

以上是从第一个方面，也就是立法模式的角度探讨对未来知识产权立法的展望。下面我想换一个角度，从立法的定位、立法的内容、立法理念与技术等角度，探讨这个立法完善的走向。

立法定位上，目前的知识产权法是一部所有权法，它围绕着知识产品保护的客体，研究控制权、收益权、处分权等权属及其保护。例如，著作权法的立法宗旨围绕保护的客体、主体、权利的归属、权利的限制、权利的利用等，专利法也大致如此。从法理的角度讲，知识产权制度不仅包括这些，它还与国际治理、治理体系现代化等密切相关，所以现在的知识产权法没有发挥它更大的作用。原国务院法制办曾邀请我参加一个小范围的知识产权会议讨论知识产权立法定位问题，我认为立法定位上不能只是强调权利的保护和限制，在这个基础上应当注重知识产权成果的转化利用、保值增值。十八届三中全会专门提到过要加强知识产权的运用和保护，把运用放在了保护的前面，这是立法定位上的重大转变。我们可以通过知识产权立法推进知识产权强国建设，让中国成为知识产权强国，从知识产权数量和规模大国变成质量大国，从中国制造变成中国智造，这对经济转型升级、经济发展方式的转变、从劳动密集型产业变成知识密集型产业，形成集约型经济、创新型经济等具有重大作用。总之，知识产权的保护不是目的，而是要营造良好的环境，促进知识产权成果保值增值和转化率提升，从国际竞争角度来说还要提高企业和产业的国际市场竞争力。因此，知识产权立法宗旨不能仅要求鼓励创造和传播，传播是不够的，还应当往前走一步，促进成果转化为价值、形成产业、提高国际竞争力。

立法内容上，知识产权立法定位一定要高，要与时俱进，对部分条款应当进行强化，添加促进运用的内容。多年以来知识产权法不断地修改中已对此有所体现，如专利法的许可制度完善，很多规定就是在促进运用，著作权法修改草案曾经增加过一个针对促进运用和价值转化的条款，后来却删掉了，我认为在这方面应当予以强化。

立法理念和立法技术上，我国在 20 世纪 80 年代初的知识产权法律比较朴素，条文数量很少，毕竟那时的理论水平、立法水平和立法经验都处于刚开始发展的阶段，和西方国家有很大的差距。我们不能照抄照搬西方模式，但也不应排斥适当地借鉴。发达国家知识产权法律条文都很长、数量多。当然，我国知识产权法律不一定必须条文很长、数量很多。但是，我国知识产权法律多年以来的修订仍然属于简约、粗线条的状况，要逐渐改进立法条文和数量过于粗线条、过于抽象的问题，使得法律内容更加饱满、更加精细化。我国知识产权法律不一定要达到西方国家的几百条，但是有必要多增加几十条，将一些重要内容规定进去，包括中国审判经验、理论界的成果、西方国家部分成功经验等。现今知识产权法律仍存在较多待完善之处，法官在审判时常面临没有法条适用的困境。因此，有必要改变几十年来粗线条立法的习惯，改变立法理念，提高立法技术水平。

记者：马上就是法大 70 周年校庆了，请问您对法大有什么寄语呢？

冯晓青：创新与法治是国家发展的希望。中国政法大学是以法律为最强学科的大学，我们的教师队伍和人才培养都引以为豪，希望将来能够培养出更多立法、司法、理论、实务等方面的法治人才，并且希望学校强化知识产权法学科建设和人才培养力度，为创新型国家建设作出更大贡献。

马呈元

研精覃思三十载　国平家安促法兴[*]

关键词：国家安全立法

马呈元，中国政法大学国际法学院教授、博士生导师、国际法学院学术委员会主任、中国国际法学会常务理事、G20 反腐败追逃追赃研究中心研究员、国家领土主权与海洋权益协同创新中心中国政法大学分中心主任。

新形势下的国家安全法

记者：请马老师介绍一下您参与立法工作的基本情况。

马呈元：全国人民代表大会负责立法具体事务的有全国人大常委会法制工作委员会，全国人大宪法和法律委员会、外事委员会等机构。全国人大的立法工作主要是由它们主导的，其中，全国人大常委会法制工作委员会发挥了非常重要的作用。一般情况下，法律草案也由它们负责起草。有了法律草案以后，其他部门或机关怎么看呢？比如，对《陆地国界法》，军队怎么看？边境地区的省、自治区有什么意见？武警有什么意见？另外，国界还涉及海关，海关有什么看法呢？也就是说，要征求各个单位和地方以及学者的意见。

目前情况下，学者参加国家立法的基本形式主要有三种。第一种是提供与立法有关的意见，这是主要形式。学者参加立法，就是要提供与立法有关的意见，

---

[*]　采访于 2021 年。

以利于法律草案的修改完善，包括参加座谈会发表意见、提交书面材料。当然，更多的是既参加座谈会，也提交书面材料，这是一种最普遍的方法。

第二种是像一些大型的立法，比如民法典，学者参与的程度就比较高。因为这样的立法篇幅很长，工作量很大，负责立法工作的机关没有那么多的精力，因而可能会把最初法律草案的起草工作委托给有关领域的部分学者去做。在这种情况下，就可能需要学者提交草案。不过，这种情况很少。学者参与立法工作大多数是就拟定的法律草案内容发表意见。

第三种是完全由学者来拟定某些法律草案。学者一般是把某个立法工作作为一个科研项目来做的，学者像完成科研项目一样，提交一个完整的立法草案。这种草案本质上属于法律的民间编纂，不是正式的法律草案。但由于这样的项目是国家机关发布或者委托的，预示着未来的立法方向，因此，会对以后国家的立法产生间接的影响。这种情况还是比较多的。例如，外交部曾经有一个关于《国家豁免法》的项目。鉴于我国已签署联合国制定的《国家及其财产管辖豁免公约》，我们有必要未雨绸缪，我国批准这一公约之后，国内法应该如何应对？这是需要研究的问题。毕竟我国现在在国家豁免问题上采取的是绝对豁免的立场，而联合国《国家及其财产管辖豁免公约》承认国家的某些行为和财产在外国法院是不能主张豁免的。

总之，学者直接或间接参与立法活动就是这样三种情况。第一种是最普遍的，国家机关牵头立法，学者通过提交书面材料或者参加座谈会的方式对立法内容的完善提供意见。第二种是在很少的情况下，立法的草案或者基本框架设计可能是由学者来做的。第三种就是作为一种法律的民间编纂，完全由学者自己以项目的方式来制定立法草案。参与国家安全法和反恐怖主义法的立法活动，显然是属于第一种情形。也就是由国家机关制定立法草案，再由一些学者参加座谈会，提供意见和必要的材料。

记者：请马老师谈谈《国家安全法》立法的基本思路，以及在《国家安全法》立法过程中，您具体参与了哪些方面的工作？

马呈元：这里我们所说的应该是 2015 年《国家安全法》。实际上，早在 1993 年《国家安全法》就通过了，名称和 2015 年的立法完全相同。不过，1993 年《国家安全法》可以说是一个狭义的国家安全法。从现今的角度来看，它只是 2015 年《国家安全法》的一个"部分"，即关于反间谍的法律。1993 年通过的《国家安全法》除总则以外，主要规定了国家安全机关在反间谍工作中的职责；公民和组织在反间谍工作中的权利和义务；法律责任。它本质上是狭义的国家安全法，也就是反间谍法。2014 年 11 月 1 日，全国人大常委会通过了一部新的法律——《反间谍法》，取代了 1993 年的《国家安全法》。《反间谍法》明确规定其自通过之日起生效，1993 年《国家安全法》同时废止。因此，我们在谈到《国家安全法》的时候，应该注意，2015 年《国家安全法》是一个新的、广义的《国家安全法》。

制定 2015 年《国家安全法》的主要原因是，在 2012 年党的十八大上，党中央提出了一个新的观点——总体的国家安全观。在总体的国家安全观指导之下，国家安全显然指的不是狭义的，而是广义的国家安全，因此，国家需要制定一部综合性、全局性和基础性的《国家安全法》。十八届三中全会后，中共中央成立了国家安全委员会。国家安全委员会决定，2015 年 4 月起草新的《国家安全法》，到 2015 年 7 月通过。应该说，时间还是比较紧凑的。

正是在总体国家安全观的指导之下，我国起草了这样一部新的法律，作为以后制定有关部门法的基础。《国家安全法》的范围比较广，它的起草由国家安全委员会办公室和全国人大常委会法制工作委员会牵头，联合十几个单位起草立法草案。在起草过程中，要了解历届全国人大代表和政协委员提出过的议案和提案，还要了解其他国家的国家安全法，所以，我们还有一些任务，即翻译外国立法及资料。此外，草案还要征求有关机关、地方以及专家学者的意见。在这个过程当中，我们提供了外国的一些资料，也参加了座谈会并提出了意见。

从《国家安全法》这部法律本身来讲，它突破了传统的国家安全理念，从传统的国家安全，扩大到了整体的国家安全。我们现在的《国家安全法》不光是领土主权、军事安全、领土完整，还涉及经济安全、社会安全、科学技术安全、信息安全，甚至还有中国参加的、在不属于任何国家管辖区域的活动的安全，比如在南极、北极、国际海底区域以及将来在月球和其他天体可能进行的活动的安全。

除覆盖的国家安全领域比较多以外，新的《国家安全法》还对国家安全制度的各个方面作了规定。国家安全制度包括情报信息、预防和风险评估、审查监督、危机监管。此外，一个很重要的方面是它规定了公民与组织的义务和权利。在《国家安全法》的制度下，公民和组织有什么义务和权利？在反对间谍活动、维护国家安全的同时，怎样保障公民的基本权利？我们参加讨论比较多的是这些方面的问题。像规定维护国家安全的哪一方面的具体工作应该由哪个单位负责等问题，实务部门的讨论更多一些。对于这些问题，学者主要提供一些资料，特别是外国的有关资料。

事实上，《国家安全法》从起草到通过的时间比较短，学者的参与基本属于前面讲过的第一种情况。

记者： 新《国家安全法》的出台，有何重要意义？

马呈元： 首先，新的《国家安全法》是一部综合性、全局性和基础性的国家安全立法，为其他领域的立法提供了基础和依据；其次，它突破了传统的国家安全观，涉及新型的非传统安全的领域，即随着国家活动范围的扩展或者科学技术的发展而出现的新领域；最后，更重要的是，它为《香港特别行政区维护国家安全法》提供了法律基础。《国家安全法》第40条规定，香港特别行政区、澳门特别行政区应当履行维护国家安全的责任。也就是说，它规定了特别行政区在维护国家安全方面的义务或者责任。为了维护香港地区的社会稳定和发展，2020年6月，全国人大常委会通过了《香港特别行政区维护国家安全法》，其中规定了几种罪行，分裂国家罪、颠覆国家政权罪、恐怖活动罪、勾结外国和境外势力危害国家安全罪，明确了对这些犯罪进行打击的责任和程序，有效地遏制了分裂势力和外国势力对香港稳定的破坏和干涉。这个意义值得特别强调。

记者：《国家安全法》在修订过程中遇到了哪些困难，还存在哪些不足？未来有没有修订的可能或修订的方向？

马呈元：《国家安全法》的制定时间比较短。大家在领会十八大确立的总体的国家安全观的思想后，对它的必要性还需要有一个统一的认识。由于这部法律是一部基础性的立法，涉及许多方面，其中的确有一些比较大的争论。首先，把哪些内容或项目列入《国家安全法》中，例如，把极地和国际海底区域的活动列入《国家安全法》的国际法依据是什么？其次，对于某些领域的问题，应该由哪些或哪个国家机关来管？最后，由于《国家安全法》的立法时间比较紧，涉及的范围又比较广，因此，从立法技术的角度看，难免存在某些不够全面或完善的地方。

《国家安全法》将来可能会进行修订，但估计短期内不会。因为整个《国家安全法》是一部原则性的立法，是为其他立法提供一个基础，通过其他立法使它在各个领域得到贯彻和落实。虽然现在发现芯片问题对国家安全非常重要，但它完全可以被包括在科学技术安全的范围内。对国家来说，法律的修订，特别是《国家安全法》的修订，需要审慎考虑，不好对此进行预测。

《反恐怖主义法》与《国家豁免法》

记者： 请谈谈《反恐怖主义法》的立法背景及立法意义。

马呈元： 我们国家反恐怖主义的立法最早是 1997 年《刑法》第 120 条，规定了组织领导参加恐怖组织罪。2001 年发生的"9·11"恐怖事件对世界各国的震动很大。因此，2001 年 12 月，全国人大常委会对《刑法》进行了修订，即《刑法修正案（三）》，对《刑法》第 120 条作了补充：第一，提高了原来组织领导参加恐怖组织罪的法定刑罚，原来是 3 年到 10 年，现在是 10 年以上到无期徒刑。第二，增加了资助恐怖活动罪。这一方面是因为 1999 年联合国制定了《制止向恐怖主义提供资助的国际公约》，我国参加了这个公约；另一方面是因为"9·11"恐怖事件的影响。第三，在洗钱罪中把恐怖主义罪作为洗钱罪的一个上游犯罪，这是我国在 2001 年对恐怖主义犯罪的一个新修订。

2011 年 10 月 29 日，全国人大常委会通过了《关于加强反恐怖工作有关问题的决定》，这是我国在反恐立法方面采取的另外一个步骤。2015 年 8 月 29 日，《刑法修正案（九）》在《刑法》第 120 条中又规定了帮助恐怖活动罪，准备实施恐怖活动罪，宣扬恐怖主义、极端主义、煽动实施恐怖主义罪，利用极端主义破坏法律实施罪等。修正后的《刑法》第 120 条规定得十分详细具体，特别是第 120 条之五规定了强制穿戴宣扬恐怖主义、极端主义的服饰和标志的行为。此次《刑法》的修正与 2014 年昆明发生的非常恶劣的恐怖主义事件有关。

应该说明的是，无论是 1997 年《刑法》，还是《刑法修正案（三）》《刑法修正案（九）》，以及全国人大常委会《关于加强反恐怖工作有关问题的决定》，它们都属于刑法方面的规定，但是，它们也的确和后来制定的《反恐怖主义法》是有联系的，特别是《刑法修正案（九）》和《反恐怖主义法》的联系非常密切。

关于《反恐怖主义法》的立法意义，应当说这是中国制定的第一部全面的以"反恐怖主义"为名称的法律。《反恐怖主义法》反对的是恐怖主义，但什么是恐怖主义却是一个争议很大的问题。即便是联合国，到目前为止也没有制定出一个全面的反对恐怖主义的国际公约，而其中争议很大的一个问题就是恐怖主义的定义是什么。不过，我国《反恐怖主义法》定义了恐怖主义，也定义了恐怖活动，还定义了恐怖活动组织、恐怖活动个人和恐怖事件。《反恐怖主义法》给出了这五个名词的定义。这一点无论在实践中，还是对研究恐怖主义的理论问题，都有重要的意义。

我国《反恐怖主义法》在立法的时候，可以借鉴的材料比较多，其立法成熟度较高。当然，《反恐怖主义法》也存有争议之处，比如有的定义是否准确和恰当等。但总的来说，因为我国之前在《刑法》中对恐怖主义犯罪已经有了比较周密的规定，《反恐怖主义法》又在行政方面加以配套，所以，我国已经构筑了比较完整的反对恐怖主义的法律体系。

记者：您在这一立法过程中具体参与了哪些方面的工作？

马呈元：对于学者来说，参与《反恐怖主义法》的立法活动同样属于前面说过的第一种情况。《反恐怖主义法》是由国家反恐怖主义领导机构，会同全国人大常委会法制工作委员会，当然包括当时的国务院法制办、公安部、国家安全部等机关——甚至包括中国人民银行，因为涉及洗钱的问题——牵头起草的。各个部门，特别是军队和边防武警，提出了意见，同时征求了全国人大代表、政协委员、专家学者的意见。鉴于国家反恐形势比较严峻，大家都认为有必要制定这样一部法律。我个人认为，我国制定《反恐怖主义法》的基础是比较扎实的。

在《反恐怖主义法》的制定过程中，我们参与的工作还是比较多的。一方面是提供世界其他国家反恐怖主义立法的一些材料，涉及翻译和介绍；另一方面是对《反恐怖主义法》涉及的重要理论和实践问题，特别是普遍管辖权等问题，提供参考意见。《反恐怖主义法》第11条明确规定，对在中国领域外对中国国家、公民或者机构实施的恐怖活动犯罪，或者实施的中国缔结、参加的国际条约所规定的恐怖活动犯罪，中国行使刑事管辖权，依法追究刑事责任。实际上，这一条规定和《刑法》第9条一样，有一个普遍管辖权的问题。《刑法》第9条规定，对于中国缔结或者参加的国际条约，中国在承担条约义务范围内行使刑事管辖权的，适用本法。也就是说，只要是中国参加的条约，即使犯罪人不是中国人，受害人也不是中国人，犯罪行为也没有发生在中国，我们都要行使管辖权。这就是所谓"普遍管辖权"。《反恐怖主义法》是《刑法》之后，我国第二部规定普遍管辖权的法律。在这个问题上，我们目前在理论上和实践中还存在比较多的争议和问题。另外，关于"法律责任"这一部分我们参加的讨论也比较多。因为恐怖主义犯罪已经规定在《刑法》中，《反恐怖主义法》规定的是行政责任，主要是拘留和罚款等行政处罚措施。总的来说，管辖权和法律责任是《反恐怖主义法》中规定比较多的方面。

记者：我们了解到马老师也参与了《国家豁免法》的项目，请您介绍一下具体情况。

马呈元：国家豁免是指国家行为不受外国法院管辖。这种情况在中国是很典型的。任何一个中国的自然人或法人到中国法院去起诉一个外国国家，中国法院一概不受理。这是因为外国和中国都是具有平等主权的国家，相互之间不能对对方行使管辖权。这就是所谓的国家管辖豁免。

在目前的情况下，外国国家无论对你采取了什么行为，你要在中国法院起诉是不可以的。《刑法》第 12 条规定了享有特权与豁免权的外国人的刑事责任问题，即通过外交途径解决。例如，一个外国驻中国的外交官打伤一个中国公民，不能适用中国《刑法》的规定，因为他是代表外国国家的，享有中国法院的管辖豁免权。

联合国 2005 年通过了《国家及其财产管辖豁免公约》，按照这个公约的规定，对于八种国家行为，国家不得主张外国法院的管辖豁免。例如，如果你到外国驻本国使馆当雇员，使馆不按合同规定支付报酬，你就可以到本国法院起诉。我国也签署了这个公约，但还没有得到全国人大常委会的批准。不过，既然签署了，就有批准的可能性。批准之后，对于公约规定的八种外国国家的行为，中国人就可以到中国法院起诉外国国家；同样，外国人也可以在外国起诉中国国家。为了应对将来可能发生的情况，我们在搜集其他国家现有国家豁免法和《国家及其财产管辖豁免公约》起草过程中各种资料的基础上，初步拟定了我国的立法草案。

我认为，在国家豁免问题上，我国也应该放弃绝对豁免的做法。因为如果我国坚持绝对豁免，但外国却实行有限豁免，那就会出现中国公民在中国法院不能起诉外国国家，而外国人却可以在本国法院起诉中国国家的局面。这是不符合我国的国家利益的。不过，现在讨论中国的国家豁免法还为时尚早，因为它必然是和联合国《国家及其财产管辖豁免公约》联系在一起的。我国只有在批准这个公约之后，才可能制定国家豁免法，而且这也意味着我国国家豁免的立场将发生大的改变。

国际法在中国

记者：您是如何开始您的国际法学术之路的呢？

马呈元：实际上，我本科学的是英语。毕业时面临的选择是要么继续研究英语，要么转而学习其他专业。当时，我觉得应该把外语作为一个工具，在此基础上学习其他专业比较好。也就是在这个思想的指导之下，那时经常来中国政法大学听课。由于国际法对外语有比较高的要求，因此，我有幸考到中国政法大学学习了国际法。我记得那一年考上国际公法专业的 5 个同学中，有 4 个本科是学外语的。

记者：您如何看待国际法在当今中国的地位和作用，包括未来国际法在中国的发展方向？

马呈元：习近平法治思想要求我们统筹国内法治和国际法治，近几年国家也提出了大力培养涉外法律人才的目标。当前，中国正面临百年未有之大变局，我们正逐步走向国际舞台的中心，努力增加在国际社会的话语权和规则制定权，因此，必须加强对国际法的学习和对国际法人才的培养。

的确，现在国际法在我国国内法中的地位还不很明确。世界上有成文宪法的国家大多数在宪法中规定了国际法或者国际条约在国内法中的地位，但我国从1954 年第一部《宪法》到 1982 年《宪法》，都没有规定国际法或国际条约在我国国内法中的地位，我国《立法法》也没有这样的规定。这就导致了国际条约在我国国内法中适用的不统一。

根据《立法法》，我国的国内法有不同的位阶：有全国人大制定的法律，如《民法典》；有全国人大常委会制定的法律；有国务院制定的条例；还有各部委制定的部门规章；等等。对于条约，我国有一部专门的立法——《缔结条约程序法》。按照该法的规定，中国缔结或参加的条约也有不同等级。在缔约名义上，有以中华人民共和国名义缔结的条约，这是最高的；有以中华人民共和国政府名义缔结的条约，也就是国务院缔结的条约；还有中华人民共和国政府部门缔结的条约，如外交部或者教育部对外签订的条约。另外，条约的生效程序也不同。有全国人大常委会批准的条约；有国务院核准的条约；还有外交部登记或国务院备案的条约。这些不同等级的条约和不同等级的国内法之间的关系的确不好处理。

对于国际法或者国际条约与我国国内法的关系，不仅《宪法》中没有规定，具体的法律规定也有不一致的地方。这个问题应该解决，最好能在《宪法》中解决。

记者：如何理解国际法的新疆域问题？

马呈元：按照我的理解，国际法的新疆域实际上是国际法适用范围扩大的问题。首先，原来国际法只适用于国家之间的关系，在现代，它至少适用于国家与国家之间、国家与国际组织之间，以及国际组织相互之间的关系。其次，国际刑法、国际人权法、国际环境法等新的国际法分支的出现也是国际法适用范围扩大的体现。最后，国际法的新疆域还包括国际法对极地、外层空间等传统上不属于国家管辖区域的活动的适用，以及对网络空间等虚拟空间的适用。国际法的新疆域说明了国际法在当今世界具有强大的生命力和广阔的发展空间。

法大是一个有人文关怀的学校

记者： 法大即将迎来 70 周年校庆，想请马老师谈一谈您与法大的故事，以及您对法大学子的期盼。

马呈元： 我留校任教已超过 30 年了，一生的主要工作就是在法大当老师。从硬件上说，法大是比较差的。但你会发现，法大的毕业生对学校的印象还很好，至少是比较好，感情也比较深。从社会总体评价来看，法大在法学领域的地位也很高。我觉得主要有两个方面的原因：第一，横向比较，法大的领导对教职工和学生的人文关怀较多，这似乎是一个传统。在我的印象中，从江平先生、陈光中先生到后来的校领导，都比较平易近人和宽容，也关心年轻教师和学生的成长。我认为这是应该保持的一个好的传统。第二，法大在转属教育部之后，其学术地位相应地得到了提升。21 世纪以来，由于学校领导对学术研究的重视，当然也是外部压力所致，学校在法学领域的学术地位和知名度稳步上升，与此相适应，学校的生源也越来越好，希望这种良性循环能够一直保持下去。

我认为，对学生来说，无论是本科生还是研究生，尽管法大的硬件设施比较差，但能够进入法大学习还是值得骄傲的一件事情。法大有浓厚的学术氛围和雄厚的师资力量，学校不仅注重科学研究，也十分重视课堂教学，特别强调教授面对本科生授课，这是对同学十分有益的做法。

我希望我们的同学，无论是本科生、硕士生还是博士生，都能够充分利用学校比较好的学术资源，在学术能力上提升自己，为今后的职业生涯打好基础。现在，法大的毕业生就业情况显然还比较好，社会评价也比较高，这是我感到十分欣慰的一点。

马宏俊、王小平

燃奥林匹克之光　走科学规范之路[*]

关键词：体育法

　　马宏俊，中国政法大学教授、硕士生导师。中国法学会法律文书学研究会会长、中国法学会体育法学研究会常务理事、国家体育总局战略发展研究会会员、国家体育总局体育行风监督员。司法部《律师法》修订专家咨询组成员、北京市司法局公证员系列高级职称评审委员会专家库成员、海淀区劳动人事争议仲裁委员会委员兼仲裁员、中央电视台《今日说法》栏目嘉宾。《体育法》修改专家组成员。

　　王小平，中国政法大学教授，硕士生导师。兼任亚洲体育法学会理事、中国法学会体育法学研究会常务副会长。2009 年起担任中国足协纪律委员会主任，其独立公正执法赢得外界好评。曾赴土耳其、韩国等国参加学术、调研活动。曾获国家体育总局"十一五"体育哲学社会科学优秀成果奖。《体育法》修改专家组成员。

---

　　* 采访于 2021 年。

I

体育法的前世今生

记者： 马老师好，感谢接受我们的采访！首先，我们了解到您多次参与了我们国家的立法活动，您能否为我们介绍一段您印象深刻的参与立法或者修法的经历呢？

马宏俊： 我现在参加《体育法》的修改，早几年还参加过《北京市全民健身条例》的修改。

记者： 您能介绍一下此次《体育法》修改的背景吗？

马宏俊：《体育法》1995 年 8 月 29 日经第八届全国人大常委会第十五次会议审议通过并公布，自同年 10 月 1 日起实施，是中国体育发展史上的一个里程碑，标志着中国体育开始进入法治时代，实现了有法可依。2016 年《体育法》第 32 条规定："在竞技体育活动中发生纠纷，由体育仲裁机构负责调解、仲裁。体育仲裁机构的设立办法和仲裁范围由国务院另行规定。"早在 2005 年，有关部门就曾经考虑制定《体育仲裁条例》。

后来立法部门考虑到《立法法》《仲裁法》《体育法》三部法律之间围绕体育仲裁制度存在一些难以解决的矛盾。具体而言，就是体育仲裁制度是不是一个基本制度？体育仲裁和商事仲裁是不是一样？体育仲裁和劳动争议仲裁以及农村土地承包仲裁是什么关系？如果作为一项基本制度，就要通过法律来制定，而不是出台一部行政法规性质的《体育仲裁条例》。因此，《体育仲裁条例》一直没有制定，体育仲裁制度也就没有建立起来。借着举办北京冬奥会的东风，面对诸多体育纠纷的困扰，我国对体育仲裁的特殊性和紧迫性有了新的认识，《仲裁法》的修订程序开始启动，体育仲裁制度的建立再次提上了日程，修改《体育法》水到渠成。

2021 年 1 月，全国人大新闻发言人公布了当年的立法规划，《体育法》的修改纳入其中。这次《体育法》的修改不同于一般的法律修改程序，由全国人大社会建设委员会直接起草。以往很多法律都是由国务院的各个主管部门进行立法调研，然后提出立法的建议，报国务院常务会议通过以后，由国务院向全国人大提起。

《体育法》的修改直接由全国人大的专门委员会提起，省略了前面的两个程序，直接进入了快车道。所以我们戏说这是弯道超车，高效率地完成修法过程。

大的背景就是北京冬奥会，还有就是现在国际国内的形势。同时，和新冠肺炎疫情的发生也有一定的关联。面对突如其来的病毒，最好的药就是自身的免疫力。人们更加重视健康健身的重要性以及科学和法治对体育的引领与保障。综合上述几个方面，《体育法》的修改就提上了日程。

此外，立法进程的加速与党和国家领导人的高度关注也是密不可分的。高层很多领导纷纷对《体育法》修改作出批示。在 2021 年的两会上，全国人大代表、政协委员们也纷纷地提出相关议案、提案，方方面面的努力使得体育法进入修法程序。

潜心研究，学科领头

记者： 能请老师和我们分享下您参与立法修法的心路历程吗？

马宏俊： 我是 2000 年开始关注和研究体育法的。2002 年我和焦洪昌教授、王小平教授发起成立了中国政法大学体育法研究中心，2019 年法学院成立了体育法研究所。2020 年 12 月学校批准建立了中国政法大学体育法治研究基地，这是我们学校和国家体育总局共同建设的一个高层次的研究基地，其宗旨就是承担国家体育法治建设的智库职能。目前，我们已经领受并出色完成了一些任务，例如中国体育法治蓝皮书的撰写，还有《体育法》修改的学校科研创新年度项目、国家体育总局"十四五"体育法治规划咨询研究项目、北京和国家社科基金重大研究项目等。同时，还发起成立了体育法治高校联盟，不仅在校内跨学科地形成了一支强有力的教学科研团队，在国内外高校体育法领域结成了有较高凝聚力、梯次配置的教学科研及智库团队，在国内首次建立了体育法律师库，我们这个团队还组织和参加了数十次的专题学术会议、对策研究，成绩斐然。我们在体育法研究生中开设了体育法律诊所，在训练学生实务技能的同时，搭建起国家体育法律援助的专业平台，为预防和化解体育纠纷作出我们的贡献，实现了教学、科研、智库及社会服务的一体化建设。

就我个人而言，值得说一下的就是 2019 年由我作为首席专家领衔，成功申请了北京社科基金重大项目《北京冬奥会反兴奋剂法律体系及防控机制研究》，2020 年又申请立项了国家社科基金重大项目《反兴奋剂法治体系及防控机制研究》。在 2020 年 9 月 22 日，我参与了习近平总书记主持召开的关于"十四五"规划的座谈会，此外，还作为法律专家参加了其他党和国家领导人主持召开的"十四五"规划座谈会。

20 年来，我们在体育法学方面的努力获得了学界及实务界的认可，培养了一批骨干力量，在国家体育总局、北京冬奥组委、体育俱乐部的法务人员中，都有我们毕业生的身影，体育律师更是比比皆是。这些方面都彰显了我们学校这个学科的重要作用。

前路漫漫，且琢且磨

记者：在《体育法》的修订过程中遇到了哪些分歧呢？能请老师谈一谈吗？

马宏俊：《体育法》的修改在很多方面依然存在分歧。目前来看，我们准备在原有的基础上增加两章，一章是反兴奋剂，另一章是体育仲裁。这两章的增加可以说是一个比较大的贡献，在打击兴奋剂、保障体育公平竞争、彰显公平正义等方面发挥重要的作用。怎么对待反兴奋剂的问题呢？习近平总书记的要求是"零出现""零容忍"，这两个零目标定得很高。为了实现这个目标，修改法律是必不可少的。

再就是对于体育纠纷的解决，其性质很难界定。从事实判断、性质确定、责任承担等方面都有很多特殊性。作为能够有效彰显专业化、时效性和国际化的独立的体育仲裁制度的建立呼之欲出、水到渠成，通过修改《体育法》来解决是一个最便捷的途径。

建立体育仲裁制度可以有多种路径，从国际上来看，就是独立的法律，比如有专门的《体育仲裁法》，或者在相关法律中设置一个章节。到目前来，我们提出的方案就是在修改《体育法》过程中增加章节。其实这个立法的推动还有一个重要的原因，也是我们一个得天独厚的优势——我们体育法团队的知名学者、法学院的院长焦洪昌教授，2020 年他作为专家学者入选了国务院参事。他作为国务院参事的第一个议案，就是关于体育仲裁制度的建立，而且提出了一个相对详细的、系统化的方案，这是我们团队集体智慧的结晶。

记者：目前咱们取得了哪些研究成果呢？

马宏俊：就成果而言，我们团队发表的论文在体育学的权威期刊、核心期刊都有，我个人也有几篇。团队对体育法学制度的建设，对立法成果的形成都起到了积极作用。

记者：老师作为前辈，对刚参与立法修法的青年学者有什么建议呢？

马宏俊：对青年学者，我的建议有这么几点：首先是不能够急功近利，要踏踏实实做学问，认认真真搞研究，在教学过程当中深入社会调研，只有深入社会才能够发现问题；其次是对于问题要进行梳理，进行分析，有问题意识并不是说问题出现了，就一定能够形成相应的成果，而是要对问题进行梳理、分析、归类，再去寻找它的规律；最后是掌握对策研究的基本方法。在修法过程中，我感觉跟我们平常的研究还是有所不同。单纯的学术研究是进行一种独立的研究，提出自己相应的观点，更多的还是文本研究，而修法面临的是实际发生的问题，要求你拿出切实解决问题的方案。我个人认为，现在的研究生、青年教师在这些方面面临着一个困境，就是我们从理论上看，我们进行文本研究的成果是不错的。但是在解决实际问题时，特别是对制度的建立和完善，可能就面临一些障碍，尤其是它的可行性方面，这个是需要特别关注的。对策研究是我们高校学者面对的一个普遍性的瓶颈，如何能够让实践部门采纳意见，形成切实可行的方案，需要我们再下功夫，需要我们长时间的沉淀和积累。如果说没有长时间的沉淀，没有现实环境的熏陶和影响，读再多书可能也很难解决问题。这就是我们平常所说的理论与实践相结合。要形成这样的习惯，最终形成对策，提出解决方案，这是我们今后教学和研究的方向之一。

最后说说未来的发展。体育法作为一个交叉学科，在我们学校的历史并不是很长，学校的资源也不是很充裕。最近这几年学校对交叉学科建设日益重视起来，应该说交叉学科在社会生活中有很重要的现实意义，学校的领导、有关部门也意识到、正视了这个问题。体育法现在并没有形成一个独立的学科，在资源配置上不占优势，需要学校给予支持。

可喜的是，最近教育部在学科列表中增加了第14项，就是交叉学科，我们学校现在的改革举措也非常切合实际。我们不仅仅是在建设交叉学科，还在建设新兴学科，这两种情况是齐头并进，体育法可以说既属于交叉学科，又属于新兴学科，希望学校今后能够重视起来。如果我们形成了独立的学科，今后在招生、资源和社会关注度等方面，就都有优势。

记者： 我们马上迎来法大的70华诞，马老师有什么校庆寄语吗？

马宏俊： 发扬优良传统，办出法大特色，培养高素质的法治人才。

Ⅱ

体育事业的法制保障

记者： 老师能给我们分享一下您参与修法的经历吗？

王小平： 我作为中国政法大学法学院体育法研究所的教师，同时兼任中国法学会体育法学研究会常务副会长，有责任有义务为体育法研究和《体育法》修改作贡献。近几年我参加了多次《体育法》修改会议和各种形式的研讨会，每次参加都有很大的收获，尤其 2021 年 6 月 16 日受全国人大有关部门的邀请，在南京体育学院参加了《体育法》修改的专家座谈会，大家普遍认识到《体育法》修法工作意义和责任重大。

我参与了《体育法》的修改工作，我先介绍一下《体育法》修改的背景情况。《体育法》在 1995 年 8 月 29 日第八届全国人大常委会第十五次会议上获得了全票通过，自 1995 年 10 月 1 日起正式实施。《体育法》的颁布和实施为我国体育事业的全面发展提供了保障，特别是为增强人民体质，维护人民群众的健康权益，提高我国运动技术水平起到了很重要的作用。20 世纪 90 年代之前，我国还没有体育方面的综合法律，《体育法》也填补了我国的立法空白，解决了我国的体育事业发展无"法"可依的大问题。

随着我国社会主义经济的发展和体育事业的改革，《体育法》中一些条款的规定不能够适应新时代体育发展的要求，《体育法》必须要进行修改。严格地说，《体育法》已经进行过两次修改，都只是进行了个别条款的修改，此次修法是《体育法》的一次大修改。在全国人大常委会法制工作委员会、全国人大社会建设委员会和国家体育总局的领导下以及全体体育法专家学者共同努力下，修法工作已取得了很大的成效。特别是全国人大将《体育法》修改作为近几年立法、修法的一项重要任务，这就意味着我国未来体育事业发展必将全面走向依法治"体"的轨道上来。

我个人认为《体育法》修改一定要充分体现人民的意愿，反映人民的心声，一定要突出基层主体，规范什么、依据什么、保障什么。习近平总书记非常重视体育发展，把体育强国建设作为国家战略发展的重要一环。习近平总书记指出，体育承载的是国家的强盛，民族的振兴。加快体育强国就是要坚持以人民为中心的思想，把人民作为发展体育事业的主体，把满足人民健身需求、促进人的全面发展作为体育工作的出发点和落脚点。所以要全面实施全民健身的国家战略，不断提高人民健康的水平。

从法治来讲，法治兴则国家兴，法治衰则国家乱。良法善治是中国特色社会主义法治的目标，法治是社会主义体育强国建设的一个根本保障。所以，在《体育法》修改中，要坚决贯彻执行习近平法治思想和体育发展的重要指示，一定要根据国情来做修改。

百家争鸣，人民为本

记者：请问王老师，在修法的过程中主要有哪些分歧呢？

王小平：《体育法》修改中各位研究者和决策者其观点和认识问题的思路不同，会有些争论是很正常的，如《体育法》基本框架体系、制度设计规范、全民健身和学校体育与竞技体育之间的关系、体育纠纷解决以及重点领域规定、加强的部分、有必要增加的内容，等等。总体来讲，《体育法》修改重点要在总则、全民健身、学校体育、竞技体育、体育纠纷解决（特别是体育仲裁制度建立）、法律责任和体育法与其他法律冲突等方面加强与完善。第一个方面从《体育法》总则来讲，涉及立法目的与依据、体育事业发展的方向与目标、工作方针与规划、管理体制与相关主体权益保障等方面内容，应当具有很强的引领性，这些应当在总则中得以充分体现。第二个方面关于全民健身问题，涉及公民体育活动的场地、设施、经费、组织和配备体育健身辅导员等方面的保障，同时也包括农村、山区公民以及老弱病残幼特殊群体的体育锻炼保障，现有的《体育法》规定相对滞后。第三个方面关于学校体育的问题争论比较多，如学校体育的定位，如何贯彻落实学校要树立"健康第一"的指导思想和体教融合的方针政策，如何深度理解体教融合内在的远景功效，另外就是要特别保障广大学生体育权利和体育教师的权益，这些都需要法律上给予规定和引导。第四个方面关于竞技体育的问题，竞技体育中更多涉及体育竞赛环境秩序维护和违规违纪违法行为的治理，如操控比赛、打假球、吹黑哨、恶意暴力伤害他人的行为，特别是大家都很关注的兴奋剂问题，要坚决贯彻习近平总书记对兴奋剂"零出现、零容忍"的指示，所以针对兴奋剂的问题一定要在《体育法》中作出明确规定。为了吸取2021年5月22日甘肃白银山地马拉松赛的教训，对一些高风险高危险的项目必须要坚持行政审批许可，这一许可的设定就需要有法律依据。第五个方面关于修法中一个很重要的环节，即体育纠纷解决的问题。在国际上，解决体育纠纷有国际体育仲裁院，很多国家都有体育仲裁的机构，而我国在这方面还需完善和加强。目前体育纠纷都是在行业内部解决，唯一有仲裁机构的只有中国足协内部的仲裁委员会。但是这个仲裁委员会的相关裁决的效力还存在很多问题，它毕竟是内部的仲裁机构，对其权威性、独立性和中立性存在很多的质疑。与此同时，在纠纷解决中，运动员、体育竞赛参加者的权益保障和体育仲裁机构的建立，这些都需要法律上给予明确的规定。第六个方面关于法律责任，不管是个人还是组织都要依法履行相关的义务，承担相应的责任，对违反者都要依法给予处置。最后，所要增加的内容，体育产业和体育知识产权是体育法律中一个重要内容，也应当在《体育法》中有所规定。

记者：我们知道您不仅在国家立法过程当中发挥重要的作用，您在平常也非常爱护小动物，比如说随身携带一些猫粮，救助流浪猫，等等。我们想请教王老师您觉得法大人的使命担当除在法治方面能够有所体现之外，还在哪些方面能够得到体现呢？

王小平：我认为作为法学最高学府的学生，首先要善待生命，包括对动物，必须要发扬法大人的优良传统，既讲法律又有人情，这是我们法大人一直坚持的指导思想，我也特别期盼中国出台一部《动物保护法》。谢谢！

秦奥蕾

党内法规拓荒人　三尺讲台洒青春[*]

关键词：党内法规

秦奥蕾，中国政法大学教授，博士生导师，中国政法大学法学院宪法学研究所副所长，中国政法大学地方立法与政府法制研究中心主任。北京市第三届政府立法专家委员，中国法学会宪法学研究会理事，北京航空航天大学备案审查制度研究中心研究员。曾获第五届北京市高校青年教师教学基本功大赛一等奖、北京市第四届高等学校青年教学名师奖、北京市总工会教育创新标兵。

党内法规编纂的从无到有

记者： 党内法规的概念和学科，是很新的东西，我们 2016 年入学的时候，那段时间还没有听说过党内法规这个概念，2017 年、2018 年之后开始广泛流行。我们之前都不怎么了解，老师可以给我们简单介绍一下吗？您是怎么看待党内法规体系的发展的呢？

秦奥蕾： 习近平总书记在庆祝中国共产党成立 100 周年大会上宣布，我们党已经"形成比较完善的党内法规体系"，党内法规的概念在全社会获得了空前的认知。党内法规概念被学界即使是法学界逐渐熟悉也不过是最近几年的事情，在这么的短时间里党内法规制度体系和党内法规学科都获得了飞速的发展，其原因

---

[*] 采访于 2021 年。

要在历史背景和时代需求当中找寻。

1938年10月，毛泽东同志在扩大的六届六中全会上作报告时提出，要制定一种较为详细的党内法规以统一各级领导机关的行动，这是党的历史上首次明确提出"党内法规"概念，也是现在实证化的制度建设所采用的"党内法规"概念的历史渊源。党内法规制度发展的进行是内嵌于中国共产党的百年历史发展中的，是与其相伴随的。在新民主主义革命时期、社会主义革命与建设时期、改革开放和社会主义现代化建设新时期都制定有党内法规，党内法规的发展经历了从无到有、从少到多、从点到面、从面到体的过程，并呈现日益体系化特征。党内法规体系加速形成是在党的十八大以后，其直接原因是基于全面从严治党、依规治党的制度建设需要，而更大的历史背景则要从走向中华民族伟大复兴之路的执政党的自身建设与国家治理能力建设角度去理解。截至2021年7月1日，现行有效的党内法规共3615部，中央以及部委党内法规374部，地方党内法规3241部，构成了以党章为根本，以准则、条例等中央党内法规为主干，以部委党内法规、地方党内法规为重要组成部分，由各领域各层级党内法规组成的有机统一整体。党内法规体系以"1+4"为基本框架体系。这个体系的客观存在催生了党内法规学研究。

党的十八大以来，党内法规体系的加速形成有一些关键的时间节点。2013年中共中央印发中央党内法规制定工作的第一个五年规划。2014年党的十八届四中全会将"形成完善的党内法规体系"纳入全面推进依法治国总目标，提出党内法规体系是中国特色社会主义法治体系的组成部分。2017年中共中央印发《关于加强党内法规制度建设的意见》，明确提出"到建党100周年时，形成比较完善的党内法规制度体系"。2017年党的十九大强调"依法治国和依规治党有机统一"。2018年中央党内法规制定工作第二个五年规划出台。从2017年开始，一方面推动党内法规体系建设的顶层设计日益增多，另一方面党内法规学的教学科研与人才培养也开始进入高校。《关于加强党内法规制度建设的意见》同时提出，"要加强党内法规理论研究，适时成立全国党内法规研究会，支持有条件的党校、行政学院、高等学校、科研院所成立党内法规研究基地或研究中心"。这意味着确立党内法规体系作为制度建设抓手的同时，对支撑其实施的科学研究与人才队伍要同步建设，以支持党内法规制度的可持续发展。中国政法大学的党内法规学科正是在这个背景下、这个时间点开始建设的。中国政法大学是教育部首批试点的十所院校之一。所以，你说2016年入学的时候，那段时间还没有听说过党内法规这个概念，2017 年、2018 年就成为显学，跟这几年上述工作的开展有很大的关系。

记者：秦老师，您刚才说到中国政法大学是首批十所教育部试点的党内法规学人才培养与科学研究试点院校，您能跟我谈一下我们学校在这方面的工作和状况吗？

秦奥蕾：党内法规学研究与专业人才培养开展的背景我已经介绍了。2017 年中共中央《关于加强党内法规制度建设的意见》出台后，法大迅速响应，同时积极投入教育部对相关工作的具体安排中。依托于法大雄厚的公法学科资源，以及政治学、马克思主义等兄弟学科的大力支持与配合，法大党规专业的科学研究与人才培养工作起步是最早最有效的。

马怀德校长领导和直接部署了法大的党内法规专业建设，法学院焦洪昌院长亲自负责、参与了专业的具体工作建设，李树忠教授是学科带头人。2018 年初法学院宪法学与行政法学科下设独立的党内法规方向，进行硕士、博士的招生工作，开始相关人才培养，法大党内法规专业正式建立。法学院党内法规研究中心与中国政法大学党内法规研究中心也分别于 2017 年、2019 年成立，这两个中心成立时学校党委胡明书记亲自到场予以支持。所以，法大党规专业自始就是在学校和法学院的高度关注和支持下建立的。

因为我接受学校学院工作安排，参与了从 2018 年初开始的头三届硕士研究生培养的行政管理工作，包括招生、课程设置、培养方案拟定等，也进行专业与各方面的对接工作，所以对许多情况比较了解。从目前全国高校党内法规科学研究与人才培养的整体状况来看，法大是相关工作开展最好的院校之一，发展非常迅速。我介绍一些我了解的情况。马怀德校长是中国法学会、中共中央办公厅法规局牵头编写的马工程教材《党内法规学》的重要作者之一，而参与该教材编写的学者是比较有限的，这本教材的出版在一定程度上标志着党内法规学的学科独立。马校长作为学术顾问或者课题负责人也承担了党内法规的国家社科特别委托项目以及中共中央办公厅法规局委托的课题，学术攻关党内法规体系完善以及重要党内法规的草拟工作，姚国建教授以及我本人承担了这些课题的具体工作。再譬如，曾经担任党内法规专业博士生导师，现任职对外经济贸易大学的王敬波教授参与了《中国共产党党内法规制定条例》专家论证，这部条例于党内法规体系而言，是国家法律中的"立法法"，其重要性可见一斑。所以，法大的党内法规专业建立伊始就站在了国家智库服务、参与中央党内法规制定的最前沿与最高端，比较完善的党内法规体系形成与相关制度建设都凝结了法大党规学科的智慧与心血。另外，法大的党内法规科研工作也呈现很高的活跃度，成果丰硕。李树忠教授撰写的《党内法规与国家法律关系的再阐释》现在是党规专业的经典论文文献，王建芹老师的论文成果与项目成果居于全国党规学者前列。最后说说人才培养。2018 年，法学院开始招收党内法规硕士和博士研究生，截至目前，共招收研究生 65 人，其中硕士生 53 人，博士生 12 人。2021 年 7 月份，党内法规 2021 届也就是首届毕业生共 7 位同学获得学位，如期毕业，其中博士 1 名、硕士 6 名，法学院特别为这 7 位同学举行了单独的学位授予仪式。这 7 位同学顺利获得学位大有深意，不但标志着法大党内法规专业由最初的建设阶段走向成熟，更标志着法大党内法规专业的建成。

经过三年的前期建设，今年七一前夕，由张劲副教授担任所长的法学院党内法规研究所正式成立。研究所整合现有的法大党内法规教学科研资源，为未来党规专业发展提供稳定的组织保障、人员保障和领导力量。从"三无"走向正规军，党内法规研究所在法大未来党内法规学科发展中的力量被寄予厚望。我本人也算顺利完成学校学院交给的专业初创期的建设工作，会继续从事我在宪法学研究所的工作。从开始接受专业建设任务、边悟边干，到告别专业管理工作，期间陪伴着法大党内法规专业迅速走上正轨，进入蓬勃期和高速发展期，内心是高兴、有成就感的。祝愿法大党规专业未来的发展之路越走越好，越行越宽。

记者： 老师，刚才您提到党内法规在我们法大的蓬勃发展，您也是学科发展的建设者和见证人，那么老师这三年研究党内法规有什么体会吗？

秦奥蕾： 尽管党内法规体系以及党内法规研究在最近几年当中有了快速发展，但是作为一个新兴学科，仍然需要对其自身的意义、功能等基本价值进行理解和阐释。根据目前国家的制度体系和国家治理的实际运行逻辑，党内法规研究的必要性至少可以来自三个方面：首先，前述已经谈到，截至 2021 年 2 月现行有效的党内法规共 3615 部，这个法规体系的客观存在催生了党内法规研究，即关于党内法规自身的解释、执行、适用问题要解决；其次，全面依法治国将依规治党纳入国家治理体系，国家治理的制度形式包括以宪法为首的国家法律和以党章为首的党内法规体系，最近一次的党政机构改革也产生了党政合署合并的现状，这意味着，在面对具体问题时党内法规和国家法律规定的交叉重合是存在的，实践当中也不乏案例，研究党内法规以解决党内法规和国家法律在具体问题中的适用是必要的；最后，从我国国家治理的实际运行逻辑来看，许多推动国家重大的制度发展、社会变迁的顶层设计是从党的规范性文件或者党内法规规定开始的（例如社会主义市场经济的提出），然后推动宪法修改和法律修改使其获得国家实施和社会实施。所以，只有全面地对包括宪法制定之前的制度部分进行研究分析，才能获得国家治理法治化轨道的系统的闭环认知。党内法规研究方兴未艾之时，要把党内法规研究的意义讲清楚。

"奥蕾姐姐"的法大情缘

记者：谢谢老师！受益匪浅。老师之前获得过很多次"最受本科生欢迎的十位老师"称号，我们作为法学院的学生，很多人都上过老师的课，同学们都很亲切地叫您"奥蕾姐姐"，可以和我们介绍一下，您是如何和同学们交流沟通开展教学的呢？

秦奥蕾："最受本科生欢迎的十位老师"是法大"民间"奖项的至高奖，但是只得到过一次，其他是提名，远比不了罗翔、家安等老师拿奖拿到手软，不得已被以致敬奖终结。但一次得奖于我也足矣！法大名师云集，同学们目光如炬还加之三头六臂的功夫，能够得到他们没有功利的真爱之心足够幸运且幸福，也是一个老师孜孜不倦以脑力，甚至体力奉献于课堂的真诚回馈。2007 年，我来法大工作的第二年，学校和学院安排我参加北京市高校青年教师教学基本功比赛，得了一等奖，据说这是法大第一个北京市的教学基本功比赛一等奖，为当年的教育部本科教学评估贡献了一项指标，也是在教学上让我感到很开心的一件事情。

人过中年，岁已逾四十，回首执教法大十余年，只是一瞬，但甘苦也在其中，宪法学的教书育人是一份初心，如何守住这份初心我一直在体悟中。关于如何开展教学，我的个人感受有几点：第一，要建立教学的问题意识。大学的专业教学，老师应该有呈现和传达问题意识的自觉意识与能力，这一方面令教学沟通科研，教学本质上就是我们在课堂上"写"一篇论文，以"讲"代"写"；另一方面要求教师自修内功而完成知识输入与输出的转化，需要讲授的专业知识首先要在老师自身进行深刻地发酵和寰转，形成完整的、融会贯通的知识体系之后才能把它更好地表达出来，从而对受学者产生影响。这个影响看似无形，但其实来源于自我累积和持续思考增进的有形。第二，对教学要构建自我信仰，追问职业意义，信之奉之行之，教学提升才有内驱力。与科研对个人的意义而言，教学更似有他无我的良心活儿。科研于老师们是著书立说、声名远播，教学是春风化雨、浸润他人；前者是对自己负责，后者是对学生负责。一个人写不好专著可能被人笑说水平不够，但如果教不好学生就可能是误人子弟。高校教学是立德树人的最前沿，要守好讲台，课比天大，通过课堂传承发展专业。第三，教学要坚持，要思考和总结，也要享受其中，与学生们一起成长。教学有很多需要领悟的地方，教学内容、教学目标、教学方法要因教学对象而异。教学也需要积累，久久为功。教学是个辛苦活儿，来到法大之后，昌平八个阶梯教室进出过多少回我是不记得了，如果说有时面对如山一样大的教室，仰望才能见到的后排学生，心里没有畏难的情绪那是假话，但传道授业解惑是每一位老师的职守。盛夏时节的教学楼里，我见过穿过走廊的、汗水湿透后背的老师同行，背影令人动容，有的也是法学界垂范，但是在法大他们也是默默无闻、兢兢业业的众多奉献于讲台的老师中的一员，他们都激励着我。吉林大学法学院李海平教授有一次跟我说："秦老师，我们教研室邢斌文博士是一位很有才华和前途的宪法学青年学者，他说在您的课堂上受到了宪法学启蒙，走上了宪法学研究道路。"那一刻我的内心岂止是甘之如饴，职业褒奖的最大荣誉之一就在于此了。

说到教学的收获，我的幸运力量还来自于我身后的宪法学研究所这个非常优异的、成绩卓著的教学团队。"最受本科生欢迎的十位老师"这个称号在宪法所前有焦洪昌、王人博、罗晓军老师，后有张劲、朱铮老师，相信还会有更多老师名列其中。除此之外，这个团队拥有的教学成就还很多，例如国家级精品课程、北京市精品课程、北京市教学名师、北京市青年教学名师、北京市青年教师教学基本功比赛一等奖、中国政法大学青年教师教学基本功比赛一等奖等。宪法所其他没有走上"最受本科生欢迎的十位老师"领奖台的老师们也同样具有自己不可取代的课堂风采，吸引了众多追随和仰慕的青年学生。这样的一个教学团队虽然让人常感压力，不能懈怠，但从旁观察他们，撷取他们的智慧，吸收他们分享的经验，可以壮大自身，在教学中增益良多。入职十多年，由衷感谢各位宪法所的老师给予我的砥砺、加持和增进，作为宪法所的一员倍感幸福。

记者：确实，法学院的老师都特别亲切。老师现在在法大教书育人，老师的本科和硕士是在山东大学，博士是在中国人民大学，老师是如何和法大结缘的呢？

秦奥蕾：当初来法大工作的初衷是为了找一份安身立命的教职，并没有多少宏大的想法，博士毕业时候做论文拿学位以及找工作的需求都很急迫。现在回想起来，2001年底到昌平参加法学院试讲的情形还历历在目。讲完了，宪法所薛小建老师还关切地告知我回城的公交车应该怎么坐。当时我递交了几份简历给不同的单位，其中也有单位觉得我是个女生而放弃了我。所以每次讲平等权的时候，跟大家讲授讨论就业中的性别歧视问题就比较生动，因为可以现身说法。引用我曾经听到过的瞬间共情的一位法大同事的话，不是我选择了法大，而是法大选择了我，法大给予了我信任和期许。

但是与法大的结缘也是冥冥之中的。2000 年我在山东大学读研究生一年级的时候参加过全国大学生辩论赛华东赛区的比赛，我当时是山东大学的四辩，对手不是别人，正是中国政法大学，法大的带队老师是民商院的王涌老师。所以很多年后，有一天下午在法大的教师休息室不期而遇王老师时，他就像见了故人一般地跟我说："你是不是就是 2000 年全国大专辩论赛山大的那个四辩？"休息室的阳光照在他的脸上，恍惚有种时光穿越之感，像是回到了 2000 年青岛电视台的录播现场。

记者：马上就是法大建校 70 周年，这也是我们这次采访的契机，老师在法大工作这么多年，想必对学校也有什么寄语吧。

秦奥蕾：中国政法大学被公认为中国法学教育的最高学府，这个称号基于法大在国家法治建设和发展中所发挥的作用，学术研究、人才培养的成就以及社会认可度。2022 年将迎来学校 70 岁的生日。70 年来，法大与国家的民主法治共命运，以培育法律人、创新学术发展、服务国家与社会为使命，贡献着法大力量。今天的法大是 70 年来所有法大人共同的家园，即寄托着无数法律人青春年少启航的梦想，更是一代又一代学校工作者服务学校实现个人价值与个人发展的园地。每一个法大人与学校发展休戚与共，学校声誉日炽，个人发展的起点愈高，成长的机会与条件越充分。我们要守护和建设好我们这个共同的家园，为之贡献力量，祝愿法大越来越好！

吴宏耀

十载耕耘法援法　公平正义耀人间[*]

关键词：法律援助

吴宏耀，中国政法大学刑事诉讼法教授、博士生导师，中国政法大学国家法律援助研究院院长。曾任中国政法大学国际教育学院副院长、教务处副处长；2020年中组部、团中央第二十批西部博士服务团重庆团组副秘书长（任西南政法大学校长助理）。作为法律援助法专家，全程参与见证了我国《法律援助法》的立法过程。

在全面依法治国的背景下，推动"法律面前人人平等"的宪法原则从"形式平等"转向"实质平等"，让更广泛的社会阶层、更基层的人民群众都能够"共享"现代法治发展的红利、感受到法治的力量和温暖，是我国法治高质量发展的内在要求和应有之义。2021年8月20日，十三届全国人大常委会第三十次会议表决通过《法律援助法》；根据中华人民共和国主席令（第九十三号），该法自2022年1月1日起施行。

作为全国唯一一家以法律援助制度研究为特色的国家智库型研究机构，中国政法大学国家法律援助研究院及其研究团队，全程参与、见证了《法律援助法》的立法过程。为了更好地理解学术理论研究与立法制度建设之间的互动关系，我们采访了学校吴宏耀教授。

---

* 采访于 2021 年。

推动法律援助立法的探索者

记者：您为何在法学研究过程中将目光聚焦到法律援助事业上？

吴宏耀：这是一个逐渐清晰的认识变化过程。高中的时候，我对自己的定位是做一名伸张正义的律师，但本科阶段我修读的专业是哲学。1996年，我考取了法大刑事诉讼法学专业的研究生；在硕士、博士期间，我受到樊崇义等老师的影响，最终选择做一名大学老师。在博士阶段以及之后的学术研究中，我主要侧重于基础理论研究，如与宋英辉教授合著《刑事审判前程序研究》；出版《诉讼证明原理》《诉讼认识论纲》等著作。当时，我和很多老师一样，坚信通过学术理论研究可以推动刑事法律制度的发展与完善，为我国法治进步尽绵薄之力。

从纯粹的学术理论研究转向以实践为导向的法律援助制度研究，是多种因素共同促成的。在我读博期间，陈光中教授主持的刑事法律研究中心设有一个刑事法律援助工作站。耳闻目染，当时就对法律援助有了一些粗浅的认识。2008年，我在美国耶鲁大学中国法中心做访问学者的时候，认识了法大的杰出校友佟丽华主任——佟主任是国内法律公益服务领域的领军人物，先后在未成年法律援助、农民工法律援助等领域做了很多工作，也取得了引人瞩目的成绩。在交往中，佟主任每一次谈到自己的工作，都会结合个案讲述他们帮助未成年人、农民工等弱势群体的经历。通过与佟主任的交流，我逐渐认识到，法律不仅仅是抽象的知识，同样也是可以付诸实践、为民众服务的有效手段。当然，纯粹的法学理论研究也可以推动法治的进步，但是从理论到制度往往需要较长的时间，而且相对间接一些；但是，以问题为导向的法律实践，却可以让法律知识通过个案直接帮助一些有迫切需要的人。在法律实践中，法律援助服务为法律人带来正义感和成就感。2009年回国后，佟主任先后邀请我参加了一些他们组织的法律援助培训活动。由此，我对法律援助实践也多了一层了解和认识。

大概是在2012年，在顾永忠教授大力支持下，我和佟丽华主任合作成立了刑事法律援助研究中心。我的学术研究主要限于刑事法领域，因此，当时我们关注的也主要是刑事法律援助问题。当时的想法是：一则借助该中心，可以团结一些志同道合的朋友，共同推动刑事法律援助制度的学术研究；二则依托中国政法大学的优质资源，把大学的老师和学生们组织起来，为社会公众提供一些力所能及的刑事法律援助。当时，我们还开通了电话咨询热线，也接待了很多来信来访。但就我个人而言，我仍希望通过推动制度变革实现法律援助的均等化和可及化。所以，当时我主要还是学习、研究域外的法律援助制度。尤其是在此前研究项目的基础上，我一直在呼吁最高人民法院关注死刑复核案件的法律援助问题。在此期间，顾永忠教授也就我国法律援助实践进行了一系列实证调研，组织了几次大规模的学术研讨会。这些活动，为后来国家法律援助研究院的成立奠定了坚实的基础。

除了上述因素，真正促使我关注刑事法律援助制度的，还有 2012 年暑假的一段经历。2012 年，中国政法大学力推实践教学，而当时法院没有庭审直播平台。为了让法大的本科生能够直观地参与庭审实践，教务处开始着手建设庭审视频资料库。当时，教务处从全国各级法院征集了很多真实的庭审视频；受教务处委托，我负责从刑事庭审视频中遴选一些有价值的作为教学视频使用。那年暑假，我利用一个多月的时间集中观看了近二百个庭审视频。此前，我虽然也旁听过一些庭审，但在认真看完这些庭审视频后，却不啻于受到"触及内心的灵魂洗礼"。由于拍摄角度问题，视频中辩护人席位的牌子很大，但辩护人的位置基本上都是空的。通过这近二百个视频，我真切地认识到：我们在理论上一直为之呼号呐喊的辩护制度，在司法实践中却只是服务于少数人的"特权性制度"。对于绝大多数刑事案件的犯罪嫌疑人、被告人而言，因为经济困难等原因根本不会有专业律师的帮助，而只能靠自己对法律的一知半解进行自行辩护。这让我想起此前肖胜喜教授的一段话：这些被告人"抱着一生只有一次的鲁莽，闯进了刑事诉讼的丛林"。面对辩护制度的实践状况，我深切地意识到法律援助制度的现实意义和实践价值。

在这些庭审视频中，有一个关于信用卡诈骗案的庭审视频，给我留下了非常深的印象。该案被告人因多张信用卡逾期未还被起诉至法院。在庭审中，被告人尝试为自己辩护，但是其辩护内容却令人哭笑不得：被告人说"我有六张信用卡，你们为什么起诉说我只有五张？"而且被告人在庭审中一直强调这样一个事实："我不是不想还；只要把我放出去，找到我二哥，我一定还。"很显然，被告人主观上是否属于"恶意透支"是需要证据进一步证明的。而且，即便构成"恶意透支"，是否构成信用卡诈骗罪依然需要满足更多的要件事实：恶意透支是一个事实概念，信用卡诈骗是一个法律概念。仅有恶意透支的客观事实，还不足以构成信用卡诈骗罪，还需要结合银行是否有合格的催收行为、催收次数、两次催收之间的时间间隔等情节综合认定。虽然我不是刑法老师，但简单看看相关的司法解释就可以找到本案的许多疑点。然而，由于缺少法律专业人士的帮助，被告人根本不知道哪些事实是重要的、是具有法律意义的。同时，在高度程序化的法庭审理过程中，被告人根本不知道在什么阶段才能为自己辩解。因此，在庭审中，审判长一次次提醒他"这些过一会儿再说"。

总之，这些庭审视频深深触动了我。在理论界研究中，我们会基于理想提出这样或那样的完善建议，我们建议扩大辩护律师的诉讼权利、建议提前辩护律师的介入时间……但是，在司法实践中，我们呼吁多年的辩护制度，却只能惠及为数不多的犯罪嫌疑人、被告人。更令人遗憾的是，在许多案件中，哪怕有一个学过刑法的大学生在场，都可能会让辩护变得更有针对性。当时，我对自己的研究道路进行了反省：纯粹的、形而上的学术研究不能说没有价值，但是，对于我国法治发展而言，我们更需要立足中国实际，多一点问题意识，多一点脚踏实地的研究。就辩护制度而言，扩大、强化辩护律师的诉讼权利当然重要；但是，就绝大多数案件而言，更为迫切的是要解决有没有辩护律师的问题。

在上述因素影响下，我开始越来越多地关注刑事法律援助制度问题，希望能够通过法律援助制度的研究，推动我国辩护制度的良性发展，让辩护制度真正能够惠及更多的民众。幸运的是，这种认识转变也"恰逢其时"：党的十八届三中、四中全会明确提出要完善法律援助制度、扩大援助范围。2015年5月5日，习近平总书记主持召开中央全面深化改革领导小组第十二次会议，审议通过了《关于完善法律援助制度的意见》。2015年6月，"两办"印发《关于完善法律援助制度的意见》，对进一步加强法律援助工作、完善法律援助制度做出了全面部署。2017年，党的十九大报告指出我国社会主要矛盾已发生了历史性变化，法律援助作为满足人民群众日益增长的法律服务需求的重要途径，也成为人民群众法治生活中的重要组成部分。在这样的大背景下，在樊崇义教授、顾永忠教授支持下，我们成立了中国政法大学国家法律援助研究院，希望能够通过推动专题化的智库研究，为我国法律援助制度的完善和变革贡献绵薄之力。在研究中，我们坚持问题导向、需求导向，努力让我们的法律从纸面走向实践，从少数人享有转向惠及多数人，从一种"奢侈品"变成一种更多的人、更广泛的群体可以享有的基本公共服务。

法律援助的"国家法时代"

记者：《法律援助法》的出台标志着我国的法律援助制度进入国家法时代。樊崇义教授曾概括《法律援助法》的核心是"国家责任、政府职责；个体权利、社会参与"。您在公开场合也经常提及法律援助是"国家责任"，能就此具体谈一谈您的理解吗？

吴宏耀：在《法律援助法》出台前，法律援助领域的国家规定主要是国务院 2003 年颁布的《法律援助条例》。该条例第 3 条规定：法律援助是政府的责任。据此，我国法律援助在很多时候被定位为"政府责任"。但是，我们一直坚持，法律援助是一项"国家责任"。法律援助制度及其实施，必然会涉及人民法院、人民检察院、公安机关等国家机关的保障职责，必然需要律师协会、共青团、妇联、工会等社会组织的政策支持和实际参与。因此，为了推动我国法律援助制度的发展完善，必须着眼于国家治理能力现代化的高度，以国家立法的形式，整合相关制度资源，建立一套易于获得的、负担得起的、平等、高效、可信赖、可持续的法律援助制度。明确法律援助属于国家责任，不仅在于政府与国家这两个概念在内涵上存在着本质差异，也是法律援助作为国家基本公共服务事项之一的必然要求。

具体而言，法律援助的"国家责任"应该从两个层面去理解。一方面，就刑事法律援助而言，在刑事诉讼活动中，国家追诉犯罪，有责任为犯罪嫌疑人、被告人提供公正的审判程序。这是现代刑事诉讼的本质性要求。换句话说，国家在追诉犯罪过程中，应该保障犯罪嫌疑人、被告人得到一种公正的程序待遇，而辩护人的参与是现代刑事诉讼不可或缺的一个结构性要素。只有保障犯罪嫌疑人、被告人的辩护权，才能保障其得到公正的程序待遇。因此，法律援助作为一项保障辩护人参与刑事诉讼的制度，作为一项人权司法保障制度，应当是国家责任。

另一方面，就民事、行政领域的法律援助而言，法律援助服务又是一项"弱有所扶"的基本公共服务，是保民生、保基本、"兜底帮扶"的民生工程。在西方法治国家，法律援助制度主要是指与辩护权相关的刑事法律援助制度。在我国，作为中国特色社会主义法律体系的组成部分，法律援助制度从建立之日起就包括两方面的内容：其一，以保障刑事辩护权为核心的刑事辩护制度，这是人权司法保障制度的一部分；其二，"弱有所扶"的民生工程，即从民生、社会保障的层面，把法律援助作为一种由国家建立、提供和保障的基本公共法律服务。所以《法律援助法》关注社会弱势群体、紧紧"围绕人民群众的实际需要"规定了民事、行政领域的法律援助事项，目的就是让每一个人都能够平等享受到法治发展的阳光和温暖。法治作为现代社会生活的一个重要组成部分，不应该因为经济状况的差异而带来法律地位上的不同。国家应该赋予法律援助普适性的价值，法律服务应该作为一个惠及民生的社会保障措施纳入国家基本公共服务体系之中。这当然也是"国家责任"。

记者： 作为国家立法的《法律援助法》，相较《法律援助条例》有许多创新之处。您作为研究院专家团队成员，曾深入参与立法过程。能否向我们介绍本次《法律援助法》有哪些颇具创新性的制度？

吴宏耀： 我们认为，《法律援助法》是将"经实践检验已经比较成熟的"法律援助实践及其规定上升为国家立法。因此，表面上，与现行法律援助实践相比，《法律援助法》并没有提出太多新的要求；有些人甚至将《法律援助法》与2003年国务院《法律援助条例》进行条文对比，认为二者差异不大。这种思维方式显然是有问题的。《法律援助法》是一部包含着新的时代要求、时代精神的法律。因此，绝对不能"新瓶装老酒"！

立足我国现有法律援助实践经验和制度，《法律援助法》有继承，更有顺应新时代要求的创新发展。就整部法律精神而言，我认为要注意以下几点。

首先，《法律援助法》特别强调法律援助服务的质量。立法新增了第五章"保障和监督"的规定。其中，第57条、第59条是两条创新性规定，要求法律援助服务应当进行第三方质量评估、完善全过程监督。"保障和监督"一章实际上就是为了提升法律援助服务的质量。为什么要提高法律援助服务的质量？因为法律援助服务旨在通过提供无偿的法律服务，维护当事人的合法权益、保障法律正确实施。因此，法律援助服务尽管是无偿的，也必须体现法律服务的专业水平，符合法律服务的质量标准。即不仅要提供服务，更要提供优质的服务，而优质的服务其实就是习近平总书记所讲的"提高人民群众的获得感"的具体表现。因此，我们对质量的强调、对质量的保障就是对受援人获得感的保障。这体现出《法律援助法》坚持以人民为中心，以提高人民群众的法治获得感为目标。所以我认为从更好满足公众法律服务需求的角度来讲，《法律援助法》不仅从量上，更是从质上有了提升。

其次，这部法律试图以制度化的方式解决不同地区法律援助服务发展的不均衡、不充分问题。本法第4条在规定政府责任的同时，特别强调法律援助一方面要和社会经济发展的状况相协调，另一方面要促进"法律援助的均衡发展"。法律援助均衡发展意味着不同地区之间要保持平衡，不能让一个人在不同地区获得的法律援助服务不同。由此，针对我国东西部地区法律援助服务发展不平衡的问题，这部法律新设"跨区域流动制度机制"，鼓励和支持律师、法律援助志愿者等在法律服务资源相对短缺的地区提供法律援助服务。

再次，这部法律秉持以人民为中心的理念，从满足需求入手，通过供给侧结构性改革，确立了多元化的法律援助服务供给新格局；通过简化获得法律援助的程序，从制度上确保更多的人可以更方便地获得更高质量的法律援助服务。以第41条规定为例，从"证明—审查制"到"说明—核查制"，几字之差，制度的重心却明显转移到了需求一方，旨在帮助需求一方"更方便地获得法律援助服务"。

除此之外，《法律援助法》还有很多具体制度的创新。比如《法律援助法》第4条高度重视经费的保障，要求"县级以上人民政府应当将法律援助相关经费列入本级政府预算"，着力解决我国法律援助实践中存在的经费不足的问题。同时，在保障体系方面，规定了信息化保障措施、质量保障体系和信息公开制度等。这些制度创新贯穿着一条红线：通过推动法律援助制度的可持续、高质量均衡发展，切实保障人民群众更方便地获得必要的法律援助服务。

在既有的制度外，《法律援助法》也根据时代的需求进行了一些貌似不起眼但意义重大的修改。比如，第5条关于司法行政管理部门的职责规定，从原来的"监督、管理"修改为"指导、监督"。这意味着，司法行政管理部门的管理方式要适应"放管服改革""管办分离"的要求，从具体管理转向宏观政策指导。再如第25条第1款，将原来《刑事诉讼法》第35条规定的"盲、聋、哑人"和"尚未完全丧失辨认或者控制自己行为能力的精神病人"，修改为"视力、听力、言语残疾人""不能完全辨认自己行为的成年人"。立法用语的修改，不仅体现了立法用语的科学性、规范性，同时也进一步扩大了残疾人的法律援助保护范围，折射出法治的进步及法律对人的关怀。

记者：通过您的介绍，我们感受到《法律援助法》中人性的温暖和法治的进步。但"法律的生命力在于实施"，您认为我们应该怎样去真正实施好这部惠及民生的法律？

吴宏耀：《法律援助法》的实施要避免"新瓶装老酒"。这部法律立足于法律援助实践以及原有规范，所以有些制度虽似曾相识，但一定要立足于《法律援助法》的立法本意，将其置于新时代的背景下去理解。例如，原来都是经济困难"审查"，现在改为经济困难"核查"。虽然只是一字之差，但它体现的是立法者对于经济困难审查要求的变化。再比如经济困难标准的设定，从扩大法律援助的受援群体的角度来思考，省级人民政府确定基本标准后，各地方根据当地的经济社会状况设定适应本地的经济困难标准，能够让更多的群体受益。但《法律援助法》规定经济困难标准应该由省级人民政府确定，省级人民政府可以根据本省的不同地区的社会经济发展状况来确定不同的、有差异的经济困难标准，但省级以下的地方政府不能自行设立单独的标准。所以，在未来的法律援助实践中，相关部门和人员要转变观念，不要让《法律援助法》适应既有制度；而是要考虑既有制度是否有助于实现《法律援助法》的立法目的，站在新时代的视角解决当前迫切需要解决的问题。

此外，《法律援助法》涉及的部门不仅是各级政府及其司法行政部门，还包括人民法院、人民检察院、公安机关、群团组织和社会团体等。因此《法律援助法》的实施需要相关人员、部门共同参与、共同推进。如果单纯依靠司法行政部门，则《法律援助法》与2003年《法律援助条例》无异。因此，明确法律援助的国家责任，克服先前"法律援助仅由司法行政部门负责"的错误观念，对于推动法律的实施非常重要。如何让不同机关、个人按照《法律援助法》的要求改进自己的工作，形成分工合作、相互配合的格局，是未来该法实施的重点。

除此之外，如何及时有效解决《法律援助法》生效后出现的问题，也是影响该法"扎根"的重要因素。如果将一部法律比作一粒种子，它可能需要两到三年的萌芽期。在这一阶段会出现各主体对于《法律援助法》部分规定的理解不一致，甚至冲突的情况。而能否及时、有效地解决上述问题，将影响《法律援助法》的实施效果。

记者：您刚才提到《法律援助法》的实施是一个需要不断观察和探索的过程。那么包括您在内的立法专家，以及法大的老师们未来会怎样继续推动这部法律的有效实施？

吴宏耀：在《法律援助法》制定过程中，为了应对立法需要，中国政法大学国家法律援助研究院成立了专门的法律援助立法课题组并就相关立法问题展开了一系列的专题研究；现在法律已经顺利颁布，我们当下主要的工作是希望能够就《法律援助法》进行学理解释，期待通过对该法的解读，让更多相关人员认识、理解这部法律。研究院已完成《法律援助法注释书》的写作，现已公开出版发行。

另外我们还计划通过对《法律援助法》实施问题的研究，以持续的观察和研究推动理论和实务部门的互动。因为推动一部法律的实施仅有学理的解释是不够的，还需要实务部门共同参与，从而形成共识性的解决问题的方案。总体而言，我国关于法律援助制度的研究还不够成熟。对法律援助制度实践的观察，身处法律援助实践一线的工作人员会有更多思考。所以让实务部门的思考和理论层面的思考实现有效的对接，是我们努力的另一个方向。

校庆寄语

记者：感谢吴老师对于《法律援助法》的解读，也期待老师和研究院团队能就《法律援助法》的实施取得更多成果！采访进入尾声，我们回到"校庆"的主题。您从法大学子，到法大教授，讲台上下的转变，是您在法大的青春与奋斗。您愿意谈谈您和法大的情缘吗？

吴宏耀：从 1996 年 5 月为了参加研究生面试第一次踏入法大研究生院的大门到现在，转眼已经 25 年时间了。仔细算来，我人生一多半的时间都是在法大度过的。这些年，我从老一代学者身上受益良多；现在也慢慢变成资历比较老的那批老师了。硕士三年、博士三年，然后留校工作一直到现在，我亲眼看见了学校的巨大变化：看到学生数量的增加，学校教学质量、排名的提升；看到学校有更多年轻教师的加入，看着一届届的学生毕业走向新的工作岗位……法大已经融入我的血脉当中，是我生活的一部分。如果说，这些年我学术上有所成长、有一点点成绩的话，也都是与法大、与教诲我的老师、与一届届学生分不开的。因此，在任何时候，我都毫不掩饰地说，谈起法大，我必然会有一些溢美之词。因为法大给了我实现人生理想和人生价值的平台。

记者：在法大校庆 70 周年之际，您对法大和法大学子有何寄语或期盼？

吴宏耀：寄语和期盼谈不上，但是，我觉得每一个法大人都会希望自己的母校越来越好，每一个法大人都会希望在这里有所收获、有所成长。我们当年读研究生的时候有一个口号：今日我以法大为荣，希望明天我们能成为法大的骄傲。所以，如果说对学校有期待，其实就是对每一个法大人的期待，希望每个法大人都能够通过在法大的学习和成长，在未来的工作岗位上为祖国的法治事业贡献自己的力量，成为中国政法大学未来的骄傲！

后　记

　　本书其实由前后跨度达十年的两个版本接合而成。2011年，作为刚入职不久的青年教师，我被中国政法大学宣传部抽调参加学校60周年校庆系列丛书的编纂，负责其中《法大群英——参与共和国立法的法大人》一书。在时间和人力比较紧张的情况下，全力完成了这一任务，为校庆献礼尽了绵薄之力。十年匆匆白驹过隙，在法大70周年校庆之际，我再次受命对本书进行续写。续写的内容主要是对从2012年至2021年6月法大人参与国家各层次立法的统计，以及对这一期间重要立法的参与人的专访进行了补充。同时，也对十年前书中的某些内容进行了调整，某些信息进行了更新。

　　本书第一部分是编年式的立法统计，作为主体的第二部分则以个人事件——心路史为主线，以"采访体（问答体）"为行文方式。当然，出于某些现实的原因，少数几位老师的篇章使用了第三人称的"描述体"或纯第一人称的"自叙体"的形式。两部分的编写原则有所不同。第一部分"立法年谱"的编写以"全面、客观"为原则，尽可能完整地将法大人在各个历史时期参与立法的情况都展现出来，内容上包含"时间（年月）""人物""立法名称""参与形式"（简要描述）四个部分。第二部分"法治印记"的编写遵循以下原则：（1）"一人一法"原则。针对参与立法种类众多的老师，就其着力最多、印象最为深刻的一次立法活动进行具体描绘（少数情形例外）。此外，有的老师既参与了某部法律的制定，又参与了其后续修改或者配套立法活动，这在原则上也被定性为"一法"。当然，也有个别老师出现了两次，这也是出于内容的完整所需。（2）"平衡各时间段内容"原则。有的老师参与的立法活动跨越了本书划分的时间段，在选取其重点立法与安置其位置时考虑到了各时间段容量的平衡。（3）"重点倾斜与各部门兼顾"原则。一方面，国家重点立法（基本法律，如宪法、民法典、刑法）的分量自然较大；另一方面，对于小部门法，尤其是法大特色专业的教师参与的立法活动，如体育法、党内法规、法律援助等方面的立法活动特别予以顾及，以全面、饱满地展现法大教师参与立法的面貌。

本书得以完成，端赖众人之力。要感谢学校的高度重视和学校宣传部门予以提供的最大程度的指导和协助。要感谢接受采访的诸位法大教师，他们牺牲了自己的休息时间，从沉睡的记忆中唤醒闪光的片段，尽管有时由于时代的久远和记忆的模糊而难免是一件十分艰难的事。当然，由于信息与人力物力的有限，对本应采访对象与采访内容的遗漏和疏忽在所难免，在此一并致歉！要感谢编纂第一版时的校史编纂顾问委员会委员曹子丹、李书灵、陈光中、程味秋、郭成伟等前辈，他们牺牲诸多休息时间为本书的完善提出了各个方面的改进意见。也要感谢诸学院、研究单位负责科研行政工作的老师们，他们所提供的立法统计资料则为本书的第一部分直接提供了素材。

在前后十年的时间里，有两批次法大学子参与了本书的编写。参与第一版的有十年前法学院的研究生郭晔、宋旭光、张途、张文臻、金婧、陈大创、刘静、何秀娟、王全、谭强杰。如今，他们中的不少人已成为各高校的青年教师，在学界崭露头角，或者成为法律实践部门的佼佼者。而在读的法学院法学实验班的同学们则参与了第二版的编写，他们是吴琼、潘华杰、赵豪、田淼鑫、龚超宇、杜鑫宇、邵红红、王静伟、訾姝瑶、陈境峰、郭家琪、林怡汝、吕抒恒、王毅丹、张瑜、王秋阳和贾萌。他们以身为法大人的自豪感充满热情地参与了这一任务。他们组成了数个采编小组，各自承担了联系、采访、录音整理和润色的繁重工作。法学院院长助理、团委书记杨婷婷老师积极组织联系，协调各项工作，同样费力甚多。在此一并感谢！

学术传统需薪火相传，服务社会的责任担当亦需薪火相传。编写本书的过程也正是这样一个师生间传薪火、续道统的教习过程。法大一脉，灯火相传。法大的未来，必然更加美好。

雷　磊

2021 年 10 月 23 日